〔宋〕黄士毅 編
徐時儀 楊艷 彙校

朱子語類彙校

修訂本

伍

上海古籍出版社

晦庵先生朱文公語類卷第六十四

中庸三

第二十章

「中庸言[一]『修道以仁』。修道，便是言上文修身之道，自『爲政在人』轉説將來。『修道以仁』，仁是築底處，試商量如何？」伯豐言：「克去己私，復此天理，然後得其修。」先生曰：「固是。然聖賢言『仁』字處，便有個温厚慈祥之意，帶個愛底道理。下文便言『親親爲大』。」㽦。

問：「『修道以仁』，繼之以『仁者人也』，何爲下面又添説義禮？」曰：「仁便有義，如陽便有陰。親親尊賢皆仁之事。親之尊之，其中自有個差等，這便是義與禮。親親，在父子如此，在宗族如彼，所謂『殺』也；尊賢，有當事之者，有當友之者，所謂『等』也。」僩。

節[二]問：「仁亦是道，如何却説『修道以仁』？」曰：「道是泛説，「泛」字，疑是「統」字。仁是切要底。」又問：「如此則這個『仁』字是偏言底？」曰：「『仁者人也，親親爲大』，如此説則此是偏言。」節。

「思修身不可以不事親，思事親不可以不知人，思知人不可以不知天。」[三]知天是起頭處，能知天，則知人、事親、修身皆得其理矣。聞見之知與德性之知皆知也，只是要知得到信得及。如君之仁，子之孝之類，人所共知而多不能盡者，非真知故也。謨。

問「思修身不可不事親，思事親不可不知人，思知人不可不知天」。曰：「此處却是倒看，根本在修身，然修身得力處却是知天。知天是知至物格，知得個自然道理。學若不知天，便記得此又忘彼，得其一失其二。未知天見事頭緒多，既知天了這裏便都定。這事也定，那事也定。」淳。

問：「諸説皆以生知安行爲仁，學知利行爲知，先生獨反，是何也？」曰：「論語説『仁者安仁，智者利仁』，與中庸説『知仁勇』意思自别。生知安行便是仁在智中，學知利行便是仁在知外。既是生知必能安行，所以謂仁在知中。若是學知便是知得淺些了，須是力行方始至仁處，所以謂仁在智外。譬如卓子，論語説仁便是直脚處，説智便是横擋處；中庸説仁便是横擋處，説智便是直脚處。且將諸公説録出，看這一邊了又看那一邊，便自見得不相疑。[四]」問「智[五]勇」。曰：「理會得底是智，行得底是仁，着力去做底是勇。」賜。[六]

仁則力行工夫多，智則致知工夫多。「好學近乎智，力行近乎仁」，意自可見。德明。[七]

「思事親不可不知人」，只如「知人則哲」之「知人」[八]，不是思欲事親先要知人，只是思欲事親更要知人。若不好底人與它處，豈不爲親之累？「知天」是知天道。淳。[九]

知恥，如「舜，人也，我亦人也。舜爲法於天下，可傳於後世，我猶未免爲鄉人也，是則可憂也」。既恥爲鄉人，進學安得不勇！

爲學自是用勇方行得徹，不屈懾。若纔行不徹，便是半塗而廢。所以中庸說「知、仁、勇三者」。勇本是個[一〇]没緊要物事，然仁、知了，不是勇便行不到頭。僩。

問：「『爲天下有九經』，若論天下之事，固不止此九件，此但舉其可以常行而不易者否？」曰：「此亦大概如此說，然其大者亦不出此。」又問：「呂氏以『有此九者，皆德懷之事，而刑不與焉』，豈以爲此可以常行，而刑則期於無刑，所以不可常行而不及之歟？」曰：「也不消如此說。若說不及刑，則禮樂亦不及。此只是言其大者，而禮樂刑政固已行乎其間矣。」又問：「養士亦是一大者，不言何也？」曰：「此只是大概說。若如此窮，有甚了期？若論養士，如『忠信重祿』、『尊賢』、『子庶民』，則教民之意固已具其中矣。」僩。

「柔遠」解作「無忘賓旅」。孟子注：「賓客羈旅。」古者爲之授節，如照身、憑子之類，謹[一一]時度關皆給之。「因能授任以嘉其善」，謂願留於其國者也。德明。

問「餼廩」。曰：「餼，牲餼也，如今官員請受有生羊肉。廩，即廩給，折送錢之類是也。」賜。

問：「『送往迎來』，集注云『授節以送其往』。」曰：「遠人來，至去時有節以授之，過所在爲照。如漢之出入關者用繻，唐謂之『給過所』。」賜。

豫，先知也，事未至而先知其理之謂豫。「凡事豫則立，不豫則廢」，横渠曰「事豫吾内，求利吾外也」，又曰「精義入神者，豫而已矣」，皆一義也。僴。

或問「言前定則不跲」。曰：「句句着實，不脱空也。今人纔有一句言語不實，便説不去。」賀孫。

「事前定則不困」，閑時不曾做得，臨時自是做不徹，便至於困。「行前定則不疚」，若所行不前定，臨時便易得屈折枉道以從人矣。「道前定則不窮」，這一句又局[一二]得大，連那上三句都包在裏面，是有個妙用，千變萬化而不窮之謂。事到面前都理會得，它人處置不得底事自家便處置得，它人理會不得底事自家便理會得。僴。

問：「『誠者天之道，誠之者人之道』，如何？[一三]」曰：「誠是天理之實然，更無纖毫作爲。聖人之生，其稟受渾然，氣質清明純粹，全是此理，更不待修爲，而自然與天爲一。若其餘則須是『博學、審問、謹思、明辨、篤行』，如此不已，直待得仁義禮智與夫忠孝之道。日用本分事無非實理，然後爲誠。有一毫見得與天理不相合，便於誠有一毫未至。如程先生説常人之畏虎，不如曾被虎傷者畏之出於誠實，蓋實見得也。今於日用間若不實見得是天理之自然，則終是於誠爲未至也。」大雅。

敬之問：「『誠者，天之道也；思誠者，人之道也』，思誠莫須是明善否？」曰：「明善自是明善，思誠自是思誠。明善是格物、致知，思誠是毋自欺、謹獨。明善固所以思誠，而思誠上面又自有工夫在。誠者都是實理了，思誠者恐有不實處，便思去實它。『誠者，天之道』，天無不實，寒便是寒，暑便是暑，更不待使它恁地。聖人仁便真個是仁，義便真個是義，更無不實處。在常人，說仁時恐猶有不仁處，說義時恐猶有不義處，便須[一四]着思有以實之始得。」時舉。[一五]

誠是天道，纔人只說得「思誠」。泳。[一六]

或問：「明善、擇善，何者爲先？」曰：「譬如十個物事，五個善，五個惡。須揀此是善，此是惡，方分明。」從周。

問：「舜是生知，何[一七]謂之『擇善』？」曰：「聖人也須擇，豈是全然[一八]無所作爲！它做得更密。生知、安行者只是不似它人勉强耳。堯稽于衆，舜取諸人，豈是信采行將去？某嘗思目[一九]見朋友好論聖賢等級，看來都不消得如此，聖人依舊是這道理。如千里馬也須使四脚行，駑駘也是使四脚行，不成說千里馬脚都不用動[二〇]便到千里！只是它行得較快耳。」又曰：「聖人說話都只就學知利行上說。」賜。[二一]

問：「所引[二二]『大學[二三]小人之陰惡陽善，而以誠於中者目之』，且有『爲善也誠虛，爲惡也何實如之』[二四]語，何也？」曰：「『小人閑居爲不善』是誠心爲不善也，『掩其不善，而著其善』是爲善不誠也。」因舉往年胡文定嘗說：「朱子發雖修謹，皆是僞爲。」是時范濟美天資豪傑，應云：「子發誠是僞爲，如公輩却是至誠。」文定遜謝曰：「某何敢當『至誠』二字？」濟美却戲云：「子發是僞於爲善，公却是至誠爲惡也。」乃是此意。德明。

或問：「『篤行』是有急切之意否？」曰：「篤，厚也，是心之懇惻。」履孫。

學聚、問辨，明善、擇善，盡心、知性，此皆是知，皆始學之功也。道夫。〔二五〕

中庸言「謹思之」，思之粗後〔二六〕不及固是不謹，到思之過時亦是不謹。所以它聖人不說深思，不說別樣思，却說個「謹思」。道夫。

吕氏說「博學、審問、謹思、明辨、篤行」一段煞好，皆是他平日做工夫底。淳。

或問「人一能之己百之，人十能之己千之」〔二七〕。曰：「此是言下工夫，人做得一分自己做百分。」節。

問：「『博學之』至『明辨之』是致知之事，『篤行』則力行之事否？」曰：「然。」又問：「『有弗學』至『行之弗篤弗措也』，皆是勇之事否？」曰：「此一段却只是虛說，只是應上面『博學之』五句反說起。如云不學則已，學之而有弗能定不休。如云『有不戰，戰必勝矣』之類也。『弗措』也未是勇事，到得後面說『人一己百，人十己千』，方正是說勇處。『雖愚必明』是致知之效，『雖柔必强』是力行之效。」僩。

漢卿問「哀公問政」章。曰：「舊時只零碎解。某自初讀時只覺首段尾與次段首意相接，如云『政也者，蒲盧也。故爲政在人，取人以身；修身以道，修道以仁』，便説『仁者，人也，親親爲大。義者，宜也，尊賢爲大』，都接續説去，遂作一段看，始覺貫穿。後因看家語，乃知是本來只一段也。中庸三十三章，其次第甚密，古人著述便是不可及。此只將別人語言鬬湊成篇，本末次第終始總合，如此縝密！」賀孫。〔二八〕

問：「中庸第二十章，初看時覺得渙散，收拾不得。熟讀先生章句，方始見血脈通貫處。」曰：「前輩多是逐段解去。某初讀時但見『思修身』段後便繼以『天下之達道五』，『知此三者』段後便繼以『爲天下國家有九經』，似乎相接續。自此推去，疑只是一章。後又讀家語，方知是孔子一時問所説。」廣云：「豈獨此章？今次讀章句，乃知一篇首尾相貫，只是説一個中庸底道理。」曰：「固是。它古人解做得這樣物事，四散收拾將來，及併合聚，則便有個次序〔二九〕，又直得如此縝密！〔三〇〕」廣。

第二十一章

「自誠明」，性之也；「自明誠」，充之也。轉一轉説。「天命之謂性」以下舉體統説。人傑。

「自誠明，謂之性。」誠，實然之理，此堯舜以上事。學者則「自明誠，謂之教」，明此性而求實然之理。經禮三百，曲禮三千，無非使人明此理。此心當提撕喚起，常自念性如何善？因甚不善？人皆可爲堯舜，我因甚做不得？立得此後，觀書亦見理，靜坐亦見理，森然於耳目之前。可學。

第二十二章

或問：「如何是『唯天下至誠』？」曰：「『唯天下至誠』，言其心中實是天下至誠，非止一家一國而已。不須説至於實理之極，纔説個『至於』，則是前面有未誠底半截。此是説聖人，不説這個未實底。況聖人亦非向[三一]未實處到這裏方實也。『贊化育，與天地參』是説地頭。」履孫。

問「『惟天下至誠爲能盡人之性[三二]』一段。且如性中有這仁，便真個盡得仁底道理；性中有這義，便真個盡得義底道理」云云。曰：「如此説，盡説不著。且如人[三三]能盡父子之仁，推而至於宗族亦無有不盡，又推而至於鄉黨亦無不盡，又推而至於一國、至於天下亦無有不盡。若只於父子上盡其仁，不能推之於宗族，便是不能盡其仁。能推之於宗族，而不能推之於鄉黨，亦是不能盡其仁。能推之於鄉黨，而不能推之於一國、天下，亦是不能盡其仁。能推於己而不能推於彼，能盡於甲而不能盡於乙，亦是不能盡。且如十件事，能盡得五件而五件不能盡，亦是不能盡。如兩件事，盡得一件而一件不能盡，亦是不能盡。只這一事上，能盡其初而不能盡其終，亦是不能盡；能盡於早而不能盡於莫，亦是不能盡。就仁上推來是如此，義、禮、智莫不然。然自家一身也，如何做得許多事？只是心裏都有這個道理。且如十件事，五件事是自家平生曉得底，或曾做來；那五件平生不曾識也不曾做，卒然至面前，自家雖不曾做，然既有此道理便識得破，都處置得下，無不盡得這個道理。如『能盡人之性』，人之氣稟有多少般樣，或清或濁，或昏或明，或賢或鄙，或壽或夭，隨其所賦，無不可［三四］以全其性而盡其宜，更無些子欠闕處。是它元有許多道理，自家一一都要處置教是。如『能盡物之性』，如鳥獸草木有多少般樣，亦莫不有以全其性而遂其宜，所以説『惟天下之至誠，爲能盡人物之性』。蓋聖人通身都是這個真實道理了，拈出來便是道理，東邊拈出東邊也是道理，西邊拈出西邊也是道理。如一斛米初間量有十斗，再量過也有十斗，更無些子少欠。若是不能盡其性，如元有十斗，再量過却只有七八斗，少了三二斗，便是不能盡其性。天與你許多道理，本自具足無些子欠闕，只是人自去欠闕了它底。所以中庸難看，便是如此。須是心地大段廣大方看得出，須是大段精微方看得出，精密而廣闊方看得出。」或曰：「中庸之盡性，即孟子所謂盡心否？」曰：「只差些子。」或問差處。曰：「不當如此問。今夜且歸去與衆人商量，曉得個『至誠能盡人物之性』分曉了，却去看盡心，少間差處自見得，不用問。如言黑白，若先識得了，同異處自見。只當問黑白，不當問黑白同異。」久之，又曰：「盡心是就知上説，盡性是就行上説。」或曰：「能盡得真實本然之全體是盡性，能盡得虛靈知覺之妙用是盡心。」曰：「然。盡心就所知上説，盡性就事物上説。事事物物上各要盡得它道理，較零碎，盡心則渾淪。蓋行處零碎，知處却渾淪。如盡心，纔知些子，全體便都見。」又問：「盡心了方能盡性否？」曰：「然。孟子云『盡其心者知其性也，知性則知天』，便是如此。」僩。〔三五〕

問：「至誠盡人物之性，是曉得盡否？」曰：「非特曉得盡，亦是要處之盡其道。若凡所以養人教人之政，與夫利萬物之政，皆是也。故下文云『贊天地之化育，而與天地參矣』。若只明得盡，如何得與天地參去？這一個是無不得底，故曰『與天地參而爲三矣』。」大雅。

盡人性，盡物性，性只一般。人物氣禀不同。人雖禀得氣濁，善底只在那裏，有可開通之理。是以聖人有教化去開通它，使復其善底。物禀得氣偏了，無道理使開通，故無用教化。盡物性只是所以處之各當其理，且隨他所明處使之。它所明處亦只是這個善，聖人便是用它善底。如馬悍者，用鞭策亦乘得〔三六〕。然物只到得這裏，此亦是教化，是隨它天理流行發見處使之也。如虎狼，便只得陷而殺之，驅而遠之。淳。

盡己之性，如在君臣則義、在父子則親、在兄弟則愛之類，己無一之不盡。盡人之性，如黎民時雍，各得其所。盡物之性，如鳥獸草木咸若。如此，則可以「贊天地之化育」矣，皆是實事，非私心之做像也。人傑。〔三七〕

「能盡其性則能盡人之性，能盡人之性則能盡物之性」，只是恁地貫將去，然[三八]有個「則」字在。節。

聖人「贊天地之化育」，有[三九]不恰好處被聖人做得都好。丹朱不肖，堯則以天下與人。洪水泛濫，舜尋得禹而民得安居。桀、紂暴虐，湯、武起而誅之。

「贊天地之化育。」人在天地中間雖只是一理，然天人所爲各自有分，人做得底却有天做不得底。如天能生物，而耕種必用人；水能潤物，而灌溉必用人；火能熯物，而薪爨必用人。財[四〇]成輔相須是人做，非贊助而何？程先生言「參贊」之義非謂贊助，此説非是。閎祖。

程子説贊化處，謂「天人所爲各自有分」，説得好！淳。

問「惟天下至誠，惟[四一]能盡其性」。答曰：「此已到到處，説著須如此説，又須分許多節次。只聖人之至誠，一齊具備。中庸於此皆分作兩截言。至誠則渾然天成，更無可説。如下文却又云『誠之者人之道』，『其次致曲，曲能有誠』，皆是教人做去。如『至誠無息』一段，諸儒説多不明，却是古注是。此是聖人之至誠，天下久則見其如此，非是聖人如此節次。雖堯舜之德，亦久方著於天下。」問：「贊化育，常人如何爲得？」曰：「常人雖不爲得，亦各有之。」曰：「此事惟君相可爲。」曰：「固然。以下亦有其分，如作邑而禱雨之類皆是。」可學。

問：「中庸兩處説『天下之至誠』，而其結語一則曰『贊天地之化育』，一則曰『知天地之化育』。『贊』與『知』兩字如何分？」曰：「前一段是從裏面説出，後段是從下而[四二]説上，如『修道之謂教』也。『立天下之本[四三]』是静而無一息之不中。知化者則知天理之流行。」廣。按集賀孫録同，[四四]云：「或問：『贊天地之化育與知天地之化育，[四五]何如？』曰：『「感其性」者是從裏面説將出，故能盡其性，則能盡人物之性，以贊天地之化育也。「經綸天下之大經」者是從下面説上去，如「修道之教」是也。「立天下之大本」是静而無一息之不中處。知化育則知天理之流行矣。[四六]』」

第二十三章

問「致曲」。曰：「須件件致去，如孝、如悌、如仁義，須件件致得到誠處始得。」賜。

問：「『致曲』是就偏曲處致力否？」曰：「如程子説『或孝或弟，或仁或義』，所偏發處推致之，各造其極也。」問：「如此，恐將來只就所偏處成就。」曰：「不然。或仁或義，或孝或弟，更互而發，便就此做致曲工夫。」德明。

問：「『其次致曲』與易中『納約自牖』之意亦略相類。『納約自牖』是因人之明而導之，『致曲』是因己之明而推之。是如此否？」曰：「正[四七]是如此。」時舉。

問：「『其次致曲』，注所謂『善端發見之偏』，如何？」曰：「人所禀各有偏善，或禀得剛强，或禀得和柔，各有一偏之善。若就它身上更求其它好處，又不能如此。所以就其善端之偏而推極其全。惻隱、羞惡、是非、辭遜四端隨人所禀，發出來各有偏重處，是一偏之善。」寓。

問：「前夜與直卿論『致曲』一段，或問中舉孟子『四端擴而充之』，直卿以爲未安。既是四端，安得謂之『曲』？」曰：「四端先後互發，豈不是曲？孟子云『知皆擴而充之』則自可見。若謂只有此一曲則是夷惠之偏，如何得該偏？聖人具全體，一齊該了，然而當用時亦只是發一端。如用仁則義、禮、智如何上來得？」問：「聖人用時雖發一端，然其餘只平鋪在，要用即用。不似以下人有先後間斷之異，須待擴而後充。」曰：「然。」又問：「顏曾以下皆是致曲？」曰：「顏子體段已具，曾子却是致曲，一一推之，至答一貫之時，則渾合矣。」問：「所以必致曲者，只是爲氣禀隔，必待因事逐旋發見？」曰：「然。」又問：「程子説『致曲』云『於偏勝處發』似未安，如此則專主一偏矣。」曰：「此説甚可疑。須於事上論，不當於人上論。」可學。

劉潛夫問「其次[四八]致曲」。曰：「只爲氣質不同，故發見有偏。如至誠盡性則全體著見，次於此者未免爲氣質所隔。只如人氣質溫厚，其發見者必多與[四九]仁，仁多便侵却那義底分數；氣質剛毅，其發見者必多與[五〇]義，義多便侵却那仁底分數。」因指面前燈籠曰：「且如此燈，乃本性也，未有不光明者。氣質不同，便如燈籠用厚紙糊，燈便不甚明；用薄紙糊，燈便明似紙厚者；用紗糊，其燈又明矣。撤去籠則燈之全體著見，其理正如此也。」文蔚。

曲是氣禀之偏，如禀得木氣多便溫厚慈祥，從仁上去發，便不見了發強剛毅。就上推長充擴，推而至於極便是致。氣稟篤於孝便從孝上致曲，使吾之德渾然是孝而無分毫不孝底事。至於動人而變化之，則與至誠之所就者無殊。升卿。

元德問「其次致曲，曲能有誠」。曰：「凡事皆當推致其理，所謂『致曲』也。如事父母便來這裏推致其孝，事君便推致其忠，交朋友便推致其信。凡事推致便能有誠。曲不是全體，只是一曲。纔遇着曲處，便與它推致。[五一]」時舉。

問：「『致曲』莫是就其所長上推致否？」曰：「不只是所長，謂就事上事事推致。且如事父母，便就這上致其孝；處兄弟，便致其友弟[五二]；交朋友，便致其信，此所謂『致曲』也。能如此推致則能誠矣。曲不是全體，只是一面[五三]曲。」洽。

林子武問「曲能有誠」。曰：「若此句屬上句意則曲是誠有誠，若是屬下句意讀則曲若能有誠則云云。」又問：「此有二意，不知孰穩？」曰：「曲也是誠有誠，但要之不若屬下意底爲善。」又問「誠者自成，道者自道」。曰：「自成是就理說，自道是就我說。有這實理所以有。」[五四]問「其次[五五]致曲」。曰：「伊川先生說得好，將曲專做好處，所以云『或仁或義，或孝或弟』，就此等處推致其極。」又問：「先生或問却作『隨其所稟之厚薄』，而以伊川之言爲未盡，不可專就偏厚處說者，如何？」曰：「不知舊時何故如此說。」或曰：「所稟自應有厚薄，或厚於仁，薄於義；或厚於義，薄於仁。須是推致它恰好，則亦不害爲有[五六]厚薄矣。」曰：「然，也有這般處。然觀其下文『曲能有誠』一句，則專是主好説。蓋上章言『盡性』，則統體都是誠了。所謂『誠』字，連那『盡性』都包在裏面，合下便就那根頭一盡都盡，更無纖毫欠闕處。『其次致曲』則未能如此，須是事事上推致其誠，逐旋做將去，以至於盡性也。『曲能有誠』一句，猶言若曲處能盡其誠，則『誠則形，形則著』云云也。蓋曲處若不能有其誠，則其善端之發見者或存或亡，終不能實有諸己。故須就此一偏發見處便推致之，使有誠則不失也。」又問：「『明、動、變、化』，伊川以『君子所過者化』解『動』字，是和那『變化』二字都説在裏面否？」曰：「動是方感動[五七]。變則已改其舊俗，然尚有痕瑕在。化則都消化了，無復痕迹矣。」僩。

「明則動，動則變，變則化。」動與變化皆主乎外而言之。人傑。

第二十五章第二十四章無[五八]

問：「『誠者自成』便是『鬼神體物而不可遺』，『而道自道』便是『道不可離』。如何？」曰：「也是如此。『誠者物之終始』，説得來好。」廣。

問：「『道自道也』，『道』也只作人解，則文義無窒礙。」先生曰：「『物』字正是兼人物而言，若專説人，則所該有不盡矣。」僩。[五九]

問「誠者自成也，而道自道也」。曰：「誠者，是個自然成就底道理，不是人去做作安排底物事。道自道者，道却是個無情底道理，却須是人自去行始得。這兩句只是一樣，而義各不同。何以見之？下面便分説了。」又曰：「誠者自成，如這個草樹所以有許多根株枝葉條榦者，便是它實有。所以有許多根株枝葉條榦，這個便是自成，是你自實有底。如人便有耳目鼻口手足百骸，都是你自實有底。道[六〇]雖是自然底道理，然却須你自去做始得。」僩。

「『誠者自成也，而道自道也。』上句是孤立懸空説這一句，四旁都無所倚靠。蓋有是實理則有是天，有是實理則有是地。如無是實理，則便没這天也没這地。凡物都是如此，故云『誠者自成』，蓋本來自成此物。到得『道自道』便是有這道在這裏，人若不自去行，便也空了。」賀孫問：「既説『物之所以自成』，下文又云『誠以心言』，莫是心者物之所存主處否？」曰：「『誠以心言』者是就一物上説。凡物必有是心，有是心然後有是事。下面説『誠者物之終始』，是解『誠者自成』一句。『不誠無物』已是説着『自道』一句了。蓋人則有不誠，而理則無不誠者。恁地看，覺得前後文意相應。」賀孫。

某[六一]問：「『誠者自成也，而道自道也』，兩句語勢相似，而先生之解不同，上句工夫在『誠』字上，下句工夫在『行』字上。」先生曰：「亦微不同。『自成』若只做『自道』解亦得。」某因言：「妄意謂此兩句只是説個爲己不但[六二]爲人，其後却説不獨是自成，亦可以成物。」先生未答，久之，復曰：「某舊説誠有病。蓋誠與道皆泊在『誠之爲貴』上了，後面却便是説個合内外底道理。若如舊説，則誠與道成兩物也。」義剛。

「誠者自成也」，下文云「誠者物之終始，不誠無物」，此二句便解上一句。實有此理，故有是人；實有此理，故有是事。賜。〔六三〕

問：「『誠者物之終始』，而命之曰〔六四〕道。」答〔六五〕曰：「誠是實理，徹上徹下只是這個。生物都從那上做來，萬物流形天地之間，都是那底做。五峰云『誠者命之道，中者性之道，仁者心之道』，此數句説得密，如何大本處却含糊了！以性爲無善惡，天理人欲都混了，故把作同體。」或問：「『同行』語如何？」曰：「此却是只就事言之。」黄直卿〔六六〕曰：「它既以性無善惡，何故云『中者性之道』？」曰：「它也把中做無善惡。」淳。〔六七〕

蜚卿嘗言：「『誠』字甚大，學者未容驟語。」道夫以爲：「『誠者物之終始』，始學之士所當盡心，而聖人之所以爲聖人者亦不過如此，正所謂徹上徹下之理也。」一日，以語曹丈進叔。曹曰：「如何？」答曰：「誠者，實然之理而已。」曹曰：「也説實然之理未得。誠固實，便將實來做誠却不是。」因具以告先生。曰：「也未可恁地執定説了。誠有主事而言者，有主理而言者。蓋『不誠無物』是事之實然，至於參贊化育，則便是實然之理。」道夫。

「誠者物之終始」猶言「體物而不可遺」，此是相表裏之句。「物之終始」，謂從頭起到結尾〔六八〕，更〔六九〕是有物底地頭。〔七〇〕方子。〔七一〕

「誠者，物之終始」以理而言，「不誠無物」以人而言。〔七二〕以人而言〔七三〕則有空闕，有空闕則如無物相似。節。

正淳問：「『誠者物之終始，不誠無物』，此兩句是泛說。『故君子誠之爲貴』，此却說從人上去。先生於『不誠無物』一句亦以人言，何也？」曰：「『誠者物之終始』，此固泛說。若是『不誠無物』，這個『不』字是誰不它？須是有個人不它方得。」賀孫。〔七四〕

「誠者，物之終始」，物之終始皆此理也，以此而始，以此而終。物，事也，亦是萬物。「不誠無物」以在人者言之，謂無是誠則無是物。如視不明則不能見是物，聽不聰則不能聞是物，謂之無物亦可。又如鬼怪妖邪之物，吾以爲無便無，亦是。〔七五〕德明。

或問：「誠者物之終始，不誠無物，是故君子誠之爲貴。」曰：〔七六〕「『誠者物之終始』，來處是誠，去處亦是誠。誠則有物，不誠則無物。且如而今對人說話，若句句說實，皆自心中流出，這便是有物。若是脫空誑誕〔七七〕，不說實話，雖有兩人相對說話，如無物也。且如草木自萌芽發生以至枯死朽腐歸土，皆是有此實理方有此物。若無此理，安得有此物！」僩。卓録同。〔七八〕

「誠者物之終始，不誠無物。」如讀書，半版以前心在書上，則此半版有終有始。半版以後心不在焉，則如不讀矣。閎祖。

「誠者物之終始，不誠無物。」誠者，事之終始。不誠如不曾做得事相似。且如讀書，一遍至三遍無心讀，四遍至七遍方有心讀，八遍又無心，則是三遍以下與八遍如不曾讀相似。節。

問：「誠者物之終始，不誠無物，是實者[七九]是理而後有是物否？」曰：「且看它聖人説底正文語脈，蓋『誠者物之終始』却是事物之實理始終無有間斷，自開闢以來以至人物消盡只是如此。在人之心，苟誠實無僞，則徹頭徹尾無非此理。一有間斷，則就間斷處即非誠矣。如聖人至誠，便是自始生至没身首尾是誠。顔子不違仁，便是自三月之初爲誠之始，三月之末爲誠之終，三月以後便不能不間斷矣。『日月至焉』只就至焉時便爲終始，至焉之外即間斷而無誠，無誠即無物矣。不誠則『心不在焉，視不見，聽不聞』，是雖謂之無耳目可也。且如『禘自既灌而往不欲觀』，是方灌時誠意存焉，即有其祭祀之事物，戾[八〇]及其誠意一散，則雖有升降威儀，已非所以爲祭祀之事物矣。」大雅。[八一]

「『誠者物之終始，不誠無物。』做萬物看亦得，就事物上看亦得。物以誠爲體，故不誠則無此物。終始是徹頭徹尾底意。」問：「或問中云『自其間斷之後，雖有其事，皆無實之可言』，何如？」曰：「此是説『不誠無物』。如人做事，未做得一半便棄了，即一半便不成。」問楊氏云「四時之運已即成物之功廢」。先生曰：「只爲有這些子，如無這些子，其機關都死了。」再問：「爲其『至誠無息』，所以『四時行，百物生』更無已時。此所以『維天之命，於穆不已』也。」先生曰：「然。」德明。

文蔚。

問「不誠無物」。曰：「誠，實也。且如人爲孝，若是不誠，恰似不曾，誠便是事底骨子。」

不誠，雖有物猶無物。如禘自既灌而往者〔八二〕，誠意一散，如不祭一般。閎祖。〔八三〕

「不誠無物」，人心無形影，惟誠時方有這物事。今人做事，若初間有誠意，到半截後意思懶散，漫做將去，便只是前半截有物，後半截無了。〔八四〕傳。〔八五〕

問「不誠無物」。曰：「實有此理便實有此事。且如今日向人説我在東却走在西，説在這一邊却自在那一邊，便都成妄誕了。」榦。

「誠者，物之終始」指實理而言，「君子誠之爲貴」指實心而言。僩。

「誠者非自成己而已」，此「自成」字與前面不同。蓋怕人只説「自成」，故言「非自成己，乃所以成物」，成〔八六〕己便以仁言，成物便以知言。故〔八七〕成己、成物固無内外之殊，但必先成己然後能成物，此道之所以當自行也。夔孫。

「成己，仁也」，是體；「成物，知也」，是用。「學不厭，知也」，是體；「教不倦，仁也」，是用。閎祖。

問：「『成己，仁也；成物，知也』，成物如何説知？」曰：「須是知運用方成得物。」問：「『時措之宜』是顔稷閉户纓冠之義否？」曰：「亦有此意。須是仁知具、内外合，然後有個『時措之宜』。」又云：「如平康無事時是一般處置，倉卒緩急時又有一樣處置。」德明。

問：「『成己，仁也；成物，智也。』以某觀之，成己却是智，成物却是仁。」曰：「顏子克己復禮爲仁，非成己而何？智周乎萬物而道濟天下，非成物而何？」僩。[八八]

第二十六章

問：「『至誠無息，不息則久，[八九]久則徵』，徵是徵驗發見於外否？」曰：「除是久然後有徵驗，只一日兩日工夫，如何有徵驗！」德明。

再[九〇]問「悠久、博厚、高明」。曰：「此是言聖人功業，自『徵則悠久[九一]』至『博厚、高明、無疆』，皆是功業著見如此。故鄭氏云『聖人之德，著於四方』。又『致曲』章『明則動』，諸說多就性分上理會，惟伊川云『「明則動」是誠能動人也』。」又說：「『著則明』，如見面盎背是著，若明則人所共見，如『令聞廣譽施於身』之類。」德明。

問：「『至誠無息』一章，自是聖人與天爲一處，廣大淵微，學者至此不免有望洋之歎。」曰：「亦不須如此。豈可便道自家終不到那田地？只是分別義理令分明，旋做將去。」問：「『悠遠、博厚、高明』，章句中取鄭氏説，謂『聖人之德，著於四方』。豈以聖人之誠自近而遠，自微而著，如書稱堯『光被四表，格於上下』者乎？」曰：「亦須看它一個氣象，自『至誠不[九二]息，不息則久』，積之自然如此。」德明。

「至誠無息」一段，鄭氏曰「言至誠之德著於四方」，是也。諸家多將做進德次第說。只一個「至誠」已該了，豈復更有許多節次，不須說入裏面來。古注有不可易處，如「非天子不議禮」一段，鄭氏曰「言作禮樂者，必聖人在天子之位」，甚簡當。〔九三〕

問：「中庸二十六章中〔九四〕『博厚、高明、悠久』六字，先生解云『所積者廣博而深厚，所〔九五〕發者高大而光明』，是逐字解，至『悠久』二字，却只做一個說了。據下文『天地之道，博也，厚也，高也，明也，悠也，久也』，則『悠』與『久』字其義恐亦各別？」先生良久曰：「悠，長也。悠是自今觀後，見其無終窮之意。久是就它骨子裏說鎮常如此之意。」翌早又云：「昨夜思量下得兩句『悠是據始以要終，久是隨處而常在』。」廣。

吕氏說「有如是廣博則〔九六〕不得不高，有如是深厚則〔九七〕不得不明」，此兩句甚善。章句中雖是用它意，然當初只欲辭簡，故反不似它說得分曉。譬如爲臺觀，須是大做根基方始上面可以高大。又如萬物精氣蓄於下者深厚，則其發越於外者自然光明。廣。

或問「今夫〔九八〕天昭昭之多」。曰：「昭昭，小明也。管中所見之天也是天，恁地大底也是天。」節。

第二十七章

「大哉聖人之道」，此一段有大處做大處，有細密處做細密處，有渾淪處做渾淪處。公晦。〔九九〕

或問「聖人之道，發育萬物，峻極於天」，曰：「即春生夏長、秋收冬藏，便是聖人之道，不成須要聖人使它發育，方是聖人之道。『峻極於天』只是充塞天地底意思。」〔一〇〇〕

「禮儀三百，威儀三千，優優大哉」皆是天道流行，發見爲用處。祖道。

「優優大哉！禮儀三百，威儀三千」，一事不可欠闕，纔闕一事，便是於全體處有虧也。佛釋之學只説道無不存，無適非道，只此便了，若有一二事闕着，説也不妨〔一〇一〕。人傑。

「經禮三百」便是儀禮中士冠、諸侯冠、天子冠禮之類。此是大節，有三百條。如始加、再加、三加，又如甚〔一〇二〕「坐如尸，立如齊」之類，皆是其中之小目，便有三千條。或有變禮，亦是小目。吕與叔云「經便是常行底，緯便是變底」，恐不然。經中自有常、有變，緯中亦自有常、有變。〔一〇三〕

問「苟不至德，至道不凝焉」。曰：「至德固是誠，但此章却漾了誠不説，若牽來説又亂了。蓋它此處且是要説道非德不凝，而下文遂言修德事。」或問：「『大德必得其位，必得其祿，必得其壽。』堯舜不聞子孫之盛，孔子不享祿位之榮，何也？」曰：「此是〔一〇四〕或非常理。今所説乃是〔一〇五〕常理也。」因言：「董仲舒云『固當受禄於天』，雖上面疊説將來不好，只轉此句，意思儘佳。」賀孫。

「『德性』猶言義理之性？」曰：「然。」閎祖。處謙録同。〔一〇六〕

不「尊德性」則懈怠弛侵〔一〇七〕矣，學問何從而進？升卿。

問：「『尊德性而道問學』，〔一〇八〕如何是『德性』？如何可尊？」曰：「玩味得，却來商量。」祖道。

聖人將那廣大底收拾向實處來，教人從實處做將去。老佛之學則説向高遠處去，故都無工夫了。聖人雖説本體如此，及做時須事事着實。如禮樂刑政，文爲制度，觸處都是。體用動靜，互換無端，都無少許空闕處。若於此有一毫之差，則便於本體有虧欠處也。「洋洋乎，禮儀三百，威儀三千」，「洋洋」是流動充滿之意。廣。

廣大似所謂理一，精微似所謂分殊。升卿。〔一〇九〕

「致廣大」，謂心胸開闊，無此疆彼界之殊。「極高明」，謂無一毫人欲之私以累於己，纔汩於人欲便卑污矣。賀孫。

問：「『極〔一一〇〕高明』是以理言，『道〔一一一〕中庸』是以事言否？」曰：「不是理與事。『極高明』是言心，『道中庸』是言學底事。立心超乎萬物之表而不爲物所累，是高明；及行事則恁地

細密無過不及，是中庸。」〔一一二〕

問：「『致廣大』，章句以爲『不以一毫私意自蔽』，『極高明』是『不以一毫私欲自累』。豈以上面已說『尊德性』是『所以存心而極乎道體之大』，故於此略言之歟？」曰：「也只得如此說。此心本廣大，若有一毫私意蔽之便狹小了；此心本高明，若以一毫私欲累之便卑污了。若能不以一毫私意自蔽，則其心開闊，都無此疆彼界底意思，自然能『致廣大』。惟不以一毫私欲自累，則其心峻潔，決無汙下昏冥底意思，自然能『極高明』。」因舉張子言曰：「陽明勝則德性用，陰濁勝則物欲行。」〔一一三〕

義剛〔一一四〕問：「『廣大高明』，〔一一五〕注云：『不以一毫私意自蔽，不以一毫私欲自累。』意是心之所發處言，欲是指物之所接處言否？」曰：「某本意解『廣大高明』不在接物與未接物上，且看何處見得高明廣大氣象。此二句全在自蔽與自累上。蓋爲私意所蔽時，這廣大便被它隔了，所以不廣大。爲私欲所累時，沉墜在物欲之下，故卑污而無所謂高明矣。」義剛。

「温故而知新」，温故有七分工夫，知新有三分工夫。其實温故則自然知新，上下五句皆然。人傑。

「敦厚」者，本自厚，就上更加增益底功。升卿。

「敦厚以崇禮」，厚是資質恁地朴實，敦是愈加它重厚，此是培其基本。賜。〔一一六〕

「温故」只是存得這道理在，便是「尊德性」。「敦厚」只是個朴實頭，亦是「尊德性」。閎祖。處謙録同。〔一一七〕

問：「『温故而知新，敦厚以崇禮』，『而』與『以』字義如何？」曰：「温故自知新者，『而』，順詞也。敦厚者又須當崇禮是〔一一八〕得，『以』者，反説上去也。世固有一種人，天資純厚而不曾去學禮而不知禮者。」廣。

問：「德性、問學，廣大、精微，高明、中庸，據或問中所論皆具大小二意。如温故，恐做不得大看？」曰：「就知新言之，便是新來方理會得那枝分節解底，舊來已見得大體，與它温尋去，亦有大小之意。『敦厚以崇禮』，謂質厚之人又能崇禮，如云『質直而好義』。」問：「高明、中庸，龜山每譏王氏心迹之判。」曰：「王氏處己處人之説固不是，然高明、中庸亦須有個分別。」德明。

「居〔一一九〕上不驕，爲下不倍。國有道，其言足以興；國無道，其默足以容。」舉此數事，言大小精粗一齊理會過，貫徹了後盛德之效自然如此。閎祖。

「尊德性而道問學」一句是綱領。此五句，上截皆是大綱工夫，下截皆是細密工夫。「尊德性」故能「致廣大、極高明、温故、敦厚」，「温故」是温故〔一二〇〕習此，「敦厚」是篤實此。「道問學」故能「盡精微、道中庸、知新、崇禮」。閎祖。〔一二一〕

節〔一二二〕問：「『尊德性而道問學』，何謂尊？」曰：「只是把做一件物事，尊崇抬夯〔一二三〕

它。」「何謂道？」曰：「只是行，如去做它相似。這十件相類。『尊德性、致廣大、極高明、温故、敦厚』，只是『尊德性』；『盡精微、道中庸、知新、崇禮』，便是『道問學』。如程伊川[一二四]言『涵養須用敬，進學則在致知』，道問學而不尊德性則云云，尊德性而不道問學則云云。」節。

問：「『尊德性而道問學』，行意在先；『擇善而固執之[一二五]』，知意又在先。如何？」曰：「此便是互相爲用處。『大哉聖人之道！洋洋乎發育萬物，峻極於天』，是言道體之大處。『禮儀三百，威儀三千』，是言道之細處。只章首便分兩節來，故下文五句又相因。『尊德性』至『敦厚』，此上一截便是渾淪處；『道問學』至『崇禮』，此下一截便是詳密處。道體之大處直是難守，細處又難窮究。若有上面一截而無下面一截，只管道是我渾淪，更不務致知，如此則茫然無覺。若有下面一截而無上面一截，只管要纖悉皆知，更不去行，如此則又空無所寄。如有一般人實是敦厚淳樸，然或箕踞不以爲非，便是不崇禮。若只去理會禮文而不敦厚，則又無以居之。所以『忠信之人可[一二六]學禮』，便是『敦厚以崇禮』。」淳。

問中庸二十七章。[一二七]廣謂：「『洋洋乎發育萬物，峻極於天』，此是指道體之形於氣化者言之。『優優大哉！禮儀三百，威儀三千』，此是指道體之形於人事者言之。雖其大無外，其小無內，然必待人然後行。」曰：「如此說也得，只說道自能如此也得。須看那『優優大哉』底意思。蓋三千、三百之儀，聖人之道無不充足，其中略無些子空闕處，此便是『語小，天下莫能破』也。」

廣云：「此段中間説許多存心與致知底工夫了，末後却只説『居上不驕，爲下不倍。國有道，其言足以興；國無道，其默足以容』，此所以爲中庸之道。」曰：「固是。更須看中間五句，逐句兼小大言之，此〔一二八〕章首兩句相應，工夫兩下皆要到。『尊德性而道問學』，此句又是總説。」又問：「二十九章『君子之道本諸身』以下，廣看得第一第二句是以人己對言，第三第六句是以古今對言，第四第五句是以隱顯對言，不知是否？」曰：「也是如此。『考諸三王而不繆，百世以俟聖人而不惑』，猶釋子所謂以過去未來言也。後面説知天知人處，雖只舉後世與鬼神言，其實是總結四句之義也。中庸自首章以下多是對説將來，不知它古人如何做得這樣文字，直是恁地整齊！」因言：「某舊年讀中庸都心煩，看不得，且是不知是誰做。若以爲子思做，又却時復有個『子曰』字，更没理會處。〔一二九〕蓋某僻性，讀書須先理會得這樣分曉了，方去涵泳它義理。後來讀得熟後，方見得是子思參取夫子之説著爲此書。自是沉潛反覆，遂〔一三〇〕漸得其旨趣，定得今章句一篇。其擺布得來直恁麽細密！又如太極圖，〔一三一〕若不分出許多節次來，後人如何看得？但未知後來讀者知其用功如是之至否？」〔一三二〕廣。〔一三三〕

第二十八章

問：「中庸『非天子不議禮，不制度，不考文』，注云：『文，書名也。』何以謂之『書名』？」

曰：「如『大』字喚做『大』字，『上』字喚做『上』字，『下』字喚做『下』字，此之謂書名，是那字底名。」又問數處小節。曰：「不必泥此等處。道理不在這樣處，便縱饒有道理，寧有幾何！如看此兩段，須先識取聖人個[一三四]功用之大、氣象規模廣闊[一三五]處。『非天子不議禮，不制度，不考文』，只看此數句是甚麼樣氣象！若使有王者受命而得天下，改正朔，易服色，殊徽號，天下事一齊被他改換一番。其切近處，則自它一念之微而無毫釐之差。其功用之大，則天地萬物一齊被它剪截裁成過，截然而不可犯。須先看取它這樣大意思方有益。而今區區執泥於一二沒緊要字之間，果有何益！」又曰：「『考文』者，古者人不甚識字，字易得差，所以每歲一番，使大行人之屬巡行天下，考過這字是正與不正。這般事有十來件，每歲如此考過，都匝了，則三歲天子又自巡狩一番。須看它這般做作處。」僩。

第二十九章

問：「『建諸天地而不悖』，以上下文例之，此天地似乎是形氣之天地。蓋建諸天地之間而其道不悖於我也。」曰：「此天地只是道耳，謂吾建於此而與道不相悖也。」時舉。

問：「『質諸鬼神而無疑』，只是『龜從，筮從』、『與鬼神合其吉凶』否？」曰：「亦是，然不專在此，只是合鬼神之理。」問：「『君子之道本諸身』，章句中云『其道即議禮、制度、考文之事』，如何?」曰:「君子指在上之人。上章言『雖有其德,苟無其位,不敢作禮樂』,就那身上説只做得那般事者。」德明。

第三十章

文蔚〔一三六〕問:「『下襲水土』,是因土地之宜否?」曰:「是所謂『安土敦乎仁故能愛』,無往而不安。」文蔚。

大德是敦那化底,小德是流出那敦化底出來。這便如忠恕,忠便是做那恕底,恕便是流出那忠來底。如中和,中便是「大德敦化」,和便是「小德川流」。自古亘今都只是這一個道理。「天高地下,萬物散殊,而禮制行矣;流而不息,合同而化,而樂興焉」,聖人做出許多文章制度禮樂,顛來倒去都只是這一個道理做出來。以至聖人之所以爲聖,賢人之所以爲賢,皆只是這一個道理。人若是理會得那源頭只是這一個物事,許多頭項都有個〔一三七〕歸着,如天下雨,一點一點都著在地上。僩。

第三十一章

問:「『至誠』、『至聖』如何分?」曰:「『至聖』、『至誠』只是以表裏言。至聖是其德之發見乎外者，故人見之，但見其『溥博如天，淵泉如淵，見而民莫不敬，言而民莫不信』，至『凡有血氣者莫不尊親』，此其見於外者如此。至誠則是那裏面骨子，『經綸大經』、『立大本』、『知化育』，此三句便是骨子，那個聰明睿知却是這裏發出去。至誠處非聖人不自知，至聖則外人只見得到這處。」自「溥博如天」至「莫不尊親」處。或曰：「『至誠』、『至聖』亦可以體用言否？」曰：「體用也不相似，只是說得表裏。」僩。

陳安卿[一三八]問：「『仁義禮智』之『智』與聰明睿知想是兩樣。禮智是自然之性能辨是非者，睿知是說聖人聰明之德無所不能者。」曰：「便只是這個[一三九]物事。禮智是通上下而言，睿知是擴充[一四〇]得較大。爐中底便是那禮智，如睿知則是那照天燭地底。『睿知聰明，[一四一]足有臨也』，某初曉那『臨』字不得。後思之，大概是有過人處方服得人。且如臨十人須是強得那十人方得，至於百人、千人、萬人皆然。若臨天下，便須強得天下方得，所以道是『亶聰明，作元后』，又[一四二]曰『聰明文思』，又曰『聰明時憲』，便是大故底[一四三]要那聰明。」義剛。

問：「『文理密察』，龜山解云『「理於義」也』。」曰：「便是怕如此，說這一句了未得，又添一句，都不可曉。此是聖人於至纖至悉[一四四]無不詳[一四五]審。且如一物初破作兩片，又破作四片，若未恰好，又破作八片，只管詳密。文是文章，如物之文縷。理是條理。每事詳密審察，故曰『足以有別』。」德明。

聰察便是知，强毅便是勇。季札。

「溥博淵泉。」溥，周遍。博，宏大。淵，深沉。泉便有個發達不已底意。道夫。

問：「上章言『溥博如天，淵泉如淵』，下章只言『其淵其天』，章句中云『不但如之而已』，如何？」曰：「此亦不是兩人事。上章是以聖言之，聖人德業著見於世，其盛大自如此。下章以誠言之，是就實理上說，『其淵其天』，實理自是如此。」德明。

第三十二章

魏材仲問「惟天下至誠爲能經綸」以下。曰：「從上文來，經綸合是用，立本合是體。」問：「『知天地之化』是與天地合否？」曰：「然。」又問：「四『强哉矯』欲駢合爲一。」曰：「不然。」大雅云：「此是説强底體段，若做强底工夫，則須自學問思辨始。」曰：「固是。智、仁、勇，須是智能知，仁能守，斯可言勇。不然則恃個甚！」大雅。

林正卿問「焉有所倚」。曰：「堂堂然流出來，焉有倚靠？」節。

「夫焉有所倚」，聖人自是無所倚，若是學者須是靠定一個物事做骨子方得。聖人自然如此，它纔發出來，便「經綸天下之大經，立天下之大本」。僩。

問：「『惟天下至誠爲能經綸天下之大經』一章，鄭氏注云『唯聖人乃能知聖人』，恐上面聖人是人，下面聖人只是聖人之道耳。」曰：「亦是人也。惟有其人而後至誠之道乃始實見耳。」時舉。

第三十三章

問絅衣之制。曰：「古注以爲襌衣，所以襲錦衣者。」又問「襌」與「單」字同異。曰：「同。沈存中謂絅與檾同，是用檾麻織疏布爲之，不知是否。」廣。

問：「『衣錦尚絅』章，首段雖是再敘初學入德之要，然也只是説個存養致知底工夫，但到此説得來尤密。思量來『衣錦尚絅』之意大段好，如今學者不長進，都緣不知此理，須是『闇然而日章』。」曰：「中庸後面愈説得向裏來，凡八引詩，一步退似一步，都用那般『不言、不動、不顯、不大』底字，直説到『無聲無臭』則『至』矣！」廣。〔一四六〕

漢卿問「衣錦尚褧」章。曰：「自此凡七引詩，一步退一步，極至於『無聲無臭』而後已。」賀孫云：「到此方還得它本體。」曰：「然。」又曰：「漢卿看文字忒快，如今理會得了，更要熟讀，方有汁水。某初看中庸都理會不得，又是子思之言，又有子曰，不知是誰做，只管讀來讀去，方見得許多章段分明。後來人看不知如前人恁地用心否？且如周子太極圖，經許多人不與它思量出，自某逐一與它思索，方見得它如此精密。」賀孫。〔一四七〕

問「知風之自」。曰：「凡事自有個來處，所以與『微之顯』厮對着。只如今日做一件事是也是你心下正，一事不是也是你心下元不正。推此類以往，可見。」大雅。

林子武[一四八]説「衣錦」章。先生曰：「只是收斂向内，工夫漸密，便見[一四九]得近之可遠。『風之自，微之顯』，按，[一五〇]黄録無近之以下十字。君子之道固是不暴著于外。然曰『惡其文之著』，亦不是無文也，自有文在裏。淡則可厭，簡則不文，温則不理。而今却不厭而文且理，只緣有錦在裏。若上面着布衫[一五一]，裏面着布襖，便是内外黑窣窣地。明道謂『中庸始言一理，中散爲萬事，末復合爲一理』，雖曰『合爲一理』，然自[一五二]有萬物住[一五三]在。如云『不動而敬，不言而信』，也是自有敬信在。極而至於『無聲無臭』，然自有『上天之載』在。蓋是其中自有，不是都無也。」黄録此下有云：[一五四]「且[一五五]天下只是這道理，走不得。如佛老雖滅人倫，然在[一五六]他却拜其師爲父，以其弟子爲子，長者謂之師兄，少者謂之師弟，只是護得個假底。」賀孫。[一五七]義剛録同。[一五八]

先生檢中庸諸先生「知風之自」説，[一五九]令看孰是。伯豐以吕氏略本，正淳以游氏説對。曰：「游氏便移來『知遠之近』上説，亦得。吕氏雖近之，然却是『作用是性』之意，於學無所統攝。此三句，『知遠之近』是以己對物言之，知在彼之言[一六〇]是非，由在我之得失，如『行有不得，反求諸己』；『知風之自』是知其身之得失，由乎心之邪正；『知微之顯』又專指心，説就裏來。大抵游氏説話全無氣力，説得徒膀浪，都説不殺，無所謂『聽其言也厲』氣象。」㽦。

「潛雖伏矣」便覺有善有惡，須用察。「相在爾室」只是教做存養工夫。大雅。

李丈問：「中庸末章引詩『不顯』之義，只是形容前面『戒謹不睹，恐懼不聞』，而極其盛以言之否？」曰：「是也。此所引與詩正文之義同。」淳。〔一六一〕

中庸末章，恐是説只要收斂近裏如此，則工夫細密。而今人只是不收向裏，做時心便粗了。然而細密中却自有光明發出來。中庸一篇，始只是一，中間却事事有，末後却復歸結於一。義剛。

「不大聲以色」只是説至德自無聲色。今人説篤恭了便不用刑政，不用禮樂，豈有此理！古人未嘗不用禮樂刑政，但自有德以感人，不專靠它刑政爾。正卿。〔一六二〕

問：「卒章引詩『不大聲以色』，云『聲色之於化民，末也』。又推至『德輶如毛』而曰『毛猶有倫』，直至『無聲無臭』，然後爲『至矣』。此意如何？」曰：「此章到『篤恭而天下平』，已是極至結局處。所謂『不顯維德』者，幽深玄遠，無可得而形容。雖『不大聲以色』，『德輶如毛』，皆不足以形容。直是『無聲無臭』，到無迹之可尋然後已。它人孰不恭敬，又不能平天下。聖人篤恭，天下便平，都不可測了。」問：「『不顯維德』，按詩中例是言『豈不顯』也。今借引此詩便真作『不顯』説，如何？」曰：「是個幽深玄遠意，是不顯中之顯。此段自『衣錦尚絅』、『闇然日章』，漸漸收領〔一六三〕到後面，一段密似一段，直到聖而不可知處，曰『無聲無臭，至矣』。」德明。

因問孔子「空空」、顏子「屢空」與中庸所謂「無聲無臭」之理。曰：「以某觀論語之意，自是孔子叩鄙夫，鄙夫空空，非是孔子空空。顏子簞瓢屢空自對子貢貨殖而言，始自文選中説顏子屢空，空心受道，故疏論語者亦有此説。要之，亦不至如今日學者直是懸空説入玄妙處去也。

中庸『無聲無臭』本是説天道。彼其所引詩，詩中自説須是『儀刑文王』然後『萬邦作孚』，詩人意初不在『無聲無臭』上也。中庸引之結中庸之義。嘗細推之，蓋其意自言謹獨以修德。至詩曰『不顯維德，百辟其刑之』，乃『篤恭而天下平』也。後面節節贊歎其德如此，故至『予懷明德』以至『「德輶如毛」，毛猶有倫，「上天之載，無聲無臭」，至矣』，蓋言天德之至而微妙之極，難爲形容如此。今〔一六四〕爲學之始，未知所有而遽欲一蹴至此，吾見其倒置而終身迷亂矣。」〔一六五〕

公晦問「無聲無臭」與老子所謂「玄之又玄」、莊子所謂「冥冥默默」之意〔一六六〕。先生不答。良久，曰：「此自分明，可子細看。」廣云：「此須看得那不顯底與明著底〔一六七〕方可。」曰：「此須是自見得。」廣因曰：「前日與公晦論程子『鳶飛魚躍，活潑潑地』。公晦問：『畢竟此理是如何？』廣云：『今言道無不在，無適而非道，固是。只是説得死搭搭地。若説「鳶飛戾天，魚躍於淵」與「必有事焉而勿正心，勿忘，勿助長」，則活潑潑地。』」曰：「也只説得到這裏，由人自看。且如孔子説『天何言哉？四時行焉，百物生焉』，如今只看『天何言哉』一句耶？唯復是看『四時行焉，百物生焉』兩句耶？」又曰：「『天有四時，春秋冬夏，風雨霜露，無非教也。地載神氣，神氣風霆，風霆流形，庶物露生，無非教也。』聖人説得如是實。」廣。〔一六八〕

公晦問：「中庸末章説及本體微妙處，與老子所謂『玄之又玄』、莊子所謂『冥冥默默』之意同。不知老莊是否？」先生不答。良久，曰：「此自分明，可且自看。」某從前趂口答將去，諸公便更不思量。」臨歸，又請教。先生曰：「開闊中又着細密，寬緩中又着謹嚴，這是人自去做。夜來所説『無聲無臭』亦不離這個。自『不顯維德』引至這上，豈特老莊説得恁地？佛家也説得相似，只是它個虛大。凡看文字要急迫亦不得，有疑處且漸漸思量。若一下便要理會得，如何會見得意思出！」賀孫。

【校勘記】

〔一〕中庸言　成化本無。

〔二〕節　成化本無。

〔三〕思修身……不可以不知天　成化本無。

〔四〕譬如卓子……便自見得不相疑　成化本無。

〔五〕智　成化本此下有「仁」。

〔六〕此條賜録成化本以部分内容作爲注，附於夔孫録後，參成化本卷六十四「問中庸以生知安行爲知……

著力去做底是勇」條。

〔七〕德明　成化本爲「道夫」。

〔八〕人　成化本無。

〔九〕淳　成化本無。

〔一〇〕個　成化本無。

〔一一〕謹　王本作「近」。

〔一二〕局　成化本作「包」。

〔一三〕如何　成化本無。

〔一四〕須　成化本無。

〔一五〕此條時舉録成化本載於卷五十六。

〔一六〕此條泳録成化本載於卷五十六。

〔一七〕何　成化本爲「如何」。

〔一八〕然　成化本無。

〔一九〕思目　成化本無。

〔二〇〕脚都不用動　成化本爲「都不用動脚」。

〔二一〕成化本此下注曰：「夔孫録云：『問：「『舜大知』章是行底意多，『回擇中』章是知底意多？」曰：

「是。」又問：「『擇』字，舜分上莫使不得否？」曰：「好問好察，執其兩端，豈不是擇？嘗見諸友好論聖賢等級，這都不消得，它依舊是這道理。且如説聖人生知、安行，只是行得較容易，如千里馬云云，只是他行得較快爾，而今且學他如何動脚。」』」

[二二] 所引　成化本爲「或問引」。

[二三] 學　成化本此下有「論」。

[二四] 之　成化本此下有「之」。

[二五] 成化本此下注曰：「以下專論知。」且此條載於卷九。

[二六] 後　王本作「淺」。

[二七] 人一能之己百之人十能之己千之　成化本爲「人一己百人十己千」。

[二八] 成化本此下注曰：「廣録意同，別出。」

[二九] 序　成化本此下有「如此」。

[三〇] 又直得如此縝密　成化本爲「其次序又直如此縝密」。

[三一] 向　成化本爲「向有」。

[三二] 人之性　成化本爲「其性」。

[三三] 人　成化本作「仁」。

[三四] 可　成化本作「有」。

〔三五〕成化本此下注曰「枅録别出。」且下條爲枅録，參成化本卷六十四「問至誠盡性盡人盡物……故於事事物物無不盡也」條。
〔三六〕乘得　成化本爲「可乘」。
〔三七〕此條人傑録底本卷六十重複載録。
〔三八〕然　成化本此下有「却」。
〔三九〕有　成化本此上有「蓋天下事」。
〔四〇〕財　朱本作「裁」。
〔四一〕惟　朱本及中庸作「爲」。
〔四二〕而　朱本作「面」。
〔四三〕本　成化本爲「大本」。
〔四四〕按集賀孫録同　成化本爲「賀孫録」。按，底本「集賀孫」之「集」似爲「葉」之誤。
〔四五〕贊天地之化育與知天地之化育　成化本爲「贊化育與知化育」。
〔四六〕立天下之大本……天理之流行矣　成化本爲「云云」。
〔四七〕正　此字原缺，據成化本補。
〔四八〕其次　成化本無。
〔四九〕與　成化本作「是」。

〔五〇〕與　成化本作「是」。

〔五一〕纔遇着曲處便與它推致　成化本爲「人能一一推之以致乎其極則能貫通乎全體矣」。

〔五二〕友弟　成化本爲「恭敬」。

〔五三〕面　成化本無。

〔五四〕林子武問曲能有誠……有這實理所以有　成化本無。

〔五五〕其次　成化本無。

〔五六〕有　成化本無。

〔五七〕動　成化本此下有「他」。

〔五八〕第二十四章無　成化本無。按，成化本有「第二十四章」，且其下載一條銖録，參成化本卷六十四「問至誠之道……却不能見也」條。

〔五九〕此條僩録成化本無。

〔六〇〕道　朱本爲「道理」。

〔六一〕某　成化本無。

〔六二〕但　成化本作「得」。

〔六三〕賜　成化本爲「夔孫」。

〔六四〕曰　成化本無。

〔六五〕答　成化本無。
〔六六〕黄直卿　成化本爲「直卿」。
〔六七〕淳　成化本無，且此條載於卷一百一，底本卷一百三重複載録。
〔六八〕物之終始謂從頭起到結尾　成化本爲「從頭起至結局」。
〔六九〕更　成化本作「便」。
〔七〇〕頭　成化本此下有「着一些急不得。又曰：『有一尺誠便有一尺物，有一寸誠便有一寸物』」。
〔七一〕方子　成化本作「高」。按，朱子語録姓氏有名「舒高」者。
〔七二〕丄人而言　成化本無。按，「丄」似爲「㠯」，即「以」。
〔七三〕以人而言　成化本爲「不誠」。
〔七四〕賀孫　成化本爲「人傑」。
〔七五〕是　成化本此下注曰：「今按，『無物』謂不能聞見是物，及『以爲無便無』，皆與章句不合。姑存之。」
〔七六〕或問誠者物之終始……曰　成化本無。
〔七七〕誕　成化本作「誕」。
〔七八〕卓録同　成化本無。
〔七九〕者　成化本作「有」。

〔八〇〕戾　成化本無。
〔八一〕成化本此下附閎祖録爲注，參底本閎祖録「不誠雖有物猶無物……如不祭一般」條。
〔八二〕而往者　成化本無。
〔八三〕此條閎祖録成化本作爲注，附於大雅録後，參本卷「問誠者物之終始……爲祭祀之事物矣」條。
〔八四〕成化本此下有「若做到九分，這一分無誠意便是這一分無功」。
〔八五〕傳　成化本無。
〔八六〕成　成化本此上有「故」。
〔八七〕故　成化本作「蓋」。
〔八八〕此條僩録成化本無。
〔八九〕至誠無息不息則久　成化本無。
〔九〇〕再　成化本無。
〔九一〕久　成化本作「遠」。
〔九二〕不　成化本作「無」。
〔九三〕成化本此下注有「閎祖」。
〔九四〕中庸二十六章中　成化本無。
〔九五〕所　成化本此上有「則」。

〔九六〕則　成化本此下有「其勢」。
〔九七〕則　成化本此下有「其精」。
〔九八〕今夫　成化本無。
〔九九〕公晦　成化本爲「方子」。
〔一〇〇〕成化本此下注有「學蒙」。
〔一〇一〕有一二事闕着説也不妨　成化本爲「有一二事差也不妨」。
〔一〇二〕甚　成化本無。
〔一〇三〕此條成化本載於卷八十七。
〔一〇四〕是　成化本無。
〔一〇五〕是　成化本無。
〔一〇六〕處謙録同　成化本無。
〔一〇七〕侵　成化本作「慢」。
〔一〇八〕尊德性而道問學　成化本無。
〔一〇九〕此條升卿録成化本無。
〔一一〇〕極　成化本無。
〔一一一〕道　成化本無。

〔一一二〕成化本此下注有「淳」。

〔一一三〕成化本此下注有「廣」。

〔一一四〕義剛　成化本無。

〔一一五〕廣大高明　成化本無。

〔一一六〕賜　成化本爲「夔孫」。

〔一一七〕處謙録同　成化本無。

〔一一八〕是　成化本作「始」。

〔一一九〕居　成化本此上有「『尊德性而道問學』一句是綱領。此五句，上截皆是大綱工夫，下截皆是細密工夫，『尊德性』故能『致廣大、極高明、温故、敦厚』。『温故』是温習此，『敦厚』是篤實此。『道問學』，故能『盡精微、道中庸、知新、崇禮』。其下言」。底本以此另作一條，參下條。

〔一二〇〕故　成化本無。

〔一二一〕此條與上條闕祖録成化本合爲一條。參上條。

〔一二二〕節　成化本無。

〔一二三〕夯　朱本作「起」。

〔一二四〕程伊川　成化本爲「伊川」。

〔一二五〕之　成化本無。

［一二六］可　成化本爲「可以」。

［一二七］問中庸二十七章　成化本無。

［一二八］此　成化本作「與」。

［一二九］處　成化本此下注曰：「賀録云：『漢卿看文字忒快。如今理會得了，更要熟讀方有汁水。某初看中庸，都理會不得云云。只管讀來讀去，方見得許多章段分明。』」

［一三〇］遂　朱本作「逐」。

［一三一］圖　成化本此下注曰：「賀孫録云：『經許多人不與他思量出。自某逐一與他思索，方見得他如此精密。』」

［一三二］否　成化本此下注曰：「賀孫録云：『亦如前人恁地用心否？』」

［一三三］此條廣録成化本以部分賀孫録爲注，夾於其中。賀孫録底本另作一條，參底本本卷賀孫録「漢卿問衣錦尚褧章……方見得它如此精密」條。

［一三四］個　成化本無。

［一三五］闊　朱本作「大」。

［一三六］文蔚　成化本無。

［一三七］個　成化本無。

［一三八］陳安卿　成化本爲「安卿」。

〔一三九〕個　成化本爲「一個」。
〔一四〇〕擴充　成化本爲「充擴」。
〔一四一〕睿知聰明　成化本爲「聰明睿知」。
〔一四二〕又　成化本此上有「又曰『天生聰明』」。
〔一四三〕底　成化本作「地」，朱本作「也」。
〔一四四〕悉　成化本此下有「處」。
〔一四五〕詳　成化本作「謹」。
〔一四六〕成化本此下注曰：「賀孫録云：『賀孫云：「到此方還得他本体？」曰：「然。」』」賀孫録底本另作一條，參底本下條。
〔一四七〕此條賀孫録成化本以部分内容爲注，分別附於兩條廣録後，參本卷廣録「問中庸二十七章……知其用功如是之至否」條，與廣録「問衣錦尚絅章……直説到無聲無臭則至矣」條。
〔一四八〕林子武　成化本爲「子武」。
〔一四九〕見　成化本此上有「自」。
〔一五〇〕按　成化本無。
〔一五一〕衫　朱本作「衣」。
〔一五二〕自　成化本爲「自然」。

〔一五三〕住　成化本無。

〔一五四〕黄録此下有云　成化本爲「義剛録云」。

〔一五五〕且　成化本無。

〔一五六〕在　成化本無。

〔一五七〕賀孫　此二字成化本置於「不是都無也」後，黄義剛録語之前。

〔一五八〕義剛録同　成化本無。

〔一五九〕先生檢中庸諸先生知風之自説　成化本爲「先生檢知風之自諸説」。

〔一六〇〕言　成化本無。

〔一六一〕淳　成化本爲「義剛」。

〔一六二〕正卿　成化本爲「學蒙」。

〔一六三〕領　成化本作「斂」。

〔一六四〕今　成化本無。

〔一六五〕成化本此下注有「大雅」。且此條底本卷三十六重複載録。

〔一六六〕意　成化本此下有「如何分別」。

〔一六七〕底　成化本此下有「一般」。

〔一六八〕成化本此下注曰：「賀孫録別出。」

晦庵先生朱文公語類卷第六十五

易一

綱領上之上

陰陽

陰陽只是一氣，陽之退便是陰之生，不是陽退了又别有個陰生。淳。

陰陽做一個看亦得，做兩個看亦得。做兩個看，是「分陰分陽，兩儀立焉」；做一個看，只是一個消長。〔一〕

陰陽各有清濁偏正。僩。

陰陽之理有會處，有分處，事皆如此。今浙中學者只説合處、混一處，都不理會分處。去僞。

陰陽有個流行底，有個定位底。「一動一静，互爲其根」便是流行底，寒暑往來是也；「分陰分陽，兩儀立焉」便是定位底，天地上下四方是也。「易」有兩義：一是變易，便是流行底；一是交易，便是對峙[二]底。如[三]魂魄，以二氣言，陽是魂，陰是魄；以一氣言，則伸爲魂，屈爲魄。恪。按黄義剛録同。[四]

天地間道理有局定底，有流行底。淵。

陰陽，論推行底只是一個，對峙底則是兩個。如日月、水火之類，皆[五]是兩個。推行底，如「一動一靜，互爲其根」；對峙底，如「分陰分陽，兩儀立焉」。[六]方子。喚[七]做一氣，固是如此。然看他日月、男女、牝牡處，便見周先生所以説「一動一靜，互爲其根」，此是説那個對立底無一物無陰陽，[八]如至微之物也有個背面。若説流行處，却只是一氣。淵。[九]

氣無始無終，且從元處接起，元之前又是貞了。如子時是今日，子之前又是昨日之亥，無空缺時。有個局定底，有個推行底，天地間理都如此。四方是局定底，四時是推行底。[一〇]方子。[一一]

陽氣只是六層，只管上去。上盡後下面空缺處便是陰。方子。

天[一二]地間只是一個氣，自今年冬至到明年冬至是他氣[一三]周匝底[一四]。把來折做兩截時，前面底便是陽，後面底便是陰。又折做兩截也如此，便是天地[一五]四時。天地間只有六層陽氣，到地面[一六]時地下便冷了。只是這六位陽長到底，那第一位極了，[一七]無去處，上面即[一八]是漸次消去[一九]。上面消去[二〇]些個時下面便生了些個，那便是陰。只[二一]是個嘘吸，嘘是陽，吸是陰。[二二]淵。[二三]

徐元震問：「自十一月至正月方三陽，是陽氣自地上而升否？」曰：「然。只是陽氣既升之後看看欲絕，便有陰生，陰氣將盡，便有陽生，其已升之氣便散矣。所謂消是理，其來無窮。[二四]」又問：「雷出地奮，豫之後，六陽一半在地下，是天與地平分否？」曰：「若謂平分則天却包着地在，此不必論。」因舉康節漁樵問對之説甚好。㽦。

陰陽有以動静言者，有以善惡言者。如「乾元資始，坤元資生」，則獨陽不生，獨陰不成，造化周流，須是並用。如「履霜堅冰至」，則一陰之生便如一歲[二五]。這道理在人如何看，直看是一般道理，横看是一般道理，所以謂之「易」。道夫。

天地間無兩立之理，非陰勝陽即陽勝陰，無物不然。寒暑[二六]、君子小人、天理人欲。道夫。

陰陽不可分先後説，只要人去其中自主静。陰爲主，陽爲客。僩。

都是陰陽，無物不是陰陽。淳。

無一物無陰陽。方子。[二七]

無一物不有陰陽乾坤。至於至微至細、草木禽獸，亦有牡牝陰陽。康節云「坤無一，故無首；乾無十，故無後」，所以坤常是得一半。砥。

天地之間無往而非陰陽，一動一靜，一語一默，皆是陰陽之理。至如搖扇便屬陽，住扇便屬陰，莫不有陰陽之理。「繼之者善」是陽，「成之者性」是陰。陰陽只是此陰陽，但言之不同。如二氣迭運，此兩相爲用不能相無者也。至以陽爲君子，陰爲小人，則又自夫剛柔善惡而推之以言其德之異爾。「繼之者善」是已發之理，「感之者性」是未發之理。自其接續流行而言故謂之已發，以賦受成性而言則謂之未發。及其在人則未發者固是性，而其所發亦只是善。凡此等處皆須各隨文義所在變通而觀之，纔拘泥便相梗説不行。譬如觀山，所謂「横看成嶺側成峰」也。謨。

「易」字義只是陰陽。閎祖。

易只是個陰陽。莊生曰「易以道陰陽」，亦不爲無見。如奇耦、剛柔便只是陰陽做了易。等而下之，如醫技養生家之説，皆不離陰陽二者。魏伯陽參同契，恐希夷之學有些自其源流。㽦。

楊至之[二八]曰：「正義謂：『「易」者，變化之總號，代换之殊稱，乃陰陽二氣生生不息之理。』竊見此數語亦説得好。」先生曰：「某以爲『易』字有二義：有變易，有交易。先天圖一邊本都是陽，一邊本都是陰，陽中有陰，陰中有陽，便是陽往交易陰，陰來交易陽，兩邊各各相對。其實非此往彼來，只是其象如此。然聖人當初亦不恁地思量，只是畫一個陽、一個陰，每個使[二九]生兩個。就一個陽上又生一個陽、一個陰，就一個陰上又生一個陰、一個陽。只管恁地去。自一爲二，二爲四，四爲八，八爲十六，十六爲三十二，三十二爲六十四。既成個物事便自然如此齊整，皆是天地本然之妙元如此，但略假聖人手畫出來。如乾一索而得震，再索而得坎，三索而得艮；坤一索而得巽，再索而得離，三索而得兑。初間畫卦時也不是恁地，只是畫成八個卦後便見有此象耳。」義剛。陳淳録同。[三〇]

龜山過黄亭詹季魯家。季魯問易。龜山取一張紙畫個圖子，用墨塗其半，云：「這便是易。」此説極好。易只是一陰一陽做出許多般様。淵。甘節同。[三一]

「諸公且試看天地之間别有甚事？只是『陰』與『陽』兩個字，看是甚麽物事都離不得。只就身上體看，纔開眼，不是陰便是陽，密拶拶在這裏，都不着得别物事。不是仁便是義，不是剛便是柔。只自家要做向前便是陽，纔收退便是陰意思。纔動便是陽，纔静便是陰。未消别看，只是一動一静便是陰陽。伏羲只因此畫卦以示人，若只就一陰一陽又不足以該衆理，於是錯綜爲六十四卦三百八十四爻。初只是許多卦爻，後來聖人又繫許多辭在下。如他書則元有這事方説出這個道理。易則未曾有此事，先假託都説在這裏。如書便有個堯舜，有個禹、湯、文、武、周公出來做許多事便説許多事。今易則元未曾有，聖人預先説出，得人占考，大事小事無一能外於此。聖人大抵多是垂戒。」又云：「雖是一陰一陽，易中之辭大抵陽吉而陰凶。間亦有陽凶而陰吉者，何故？蓋有當爲有不當爲。若當爲而不爲，不當爲而爲之，雖陽亦凶。」又云：「聖人因卦爻以垂戒，多是利於正，未有不正而利者。如云『夕惕若厲，无咎』，若占得這爻必是朝兢夕惕、戒謹恐懼，可以无咎。若自家不曾如此，便自有咎。」又云：「『直方大，不習無不利』，若占得這爻須是將自身己體看是直、是方、是大，去做某事必得其利。若自家未是直、不曾方、不曾大，則無所往而得其利，此是本爻辭如此。到孔子又自添説了，如云『敬以直内，義以方外』本來只是卜筮，聖人爲之辭以曉人，便説許多道理在上。今學易，非必待遇事而占方有所戒，只平居玩味，看他所説道理於自家所處地位合是如何，故云『居則觀其象而玩其辭，動則觀其變而玩其占』。孔子所謂『學易』，正是平日常常學之。想見聖人之所謂讀異乎人之所謂讀，想見胸中洞然，於易之理無纖毫蔽處，故云『可以無大過』。」又曰：「聖人繫許多辭包盡天下之理。止緣萬事不離乎陰陽，故因陰陽中而推説萬事之理。今要占考，雖小小事都有。如占得『不利有攸往』便是不可出路，『利涉大川』便是可以乘舟。此類不一。」賀孫問：「乾卦文言聖人所以重疊四截説在此，見聖人學易只管體出許多意思。又恐人曉不得，故説以示教。」曰：「大意只管怕人曉不得，故重疊説在這[三三]裏，大抵多一般，如云『陽在下也』，又云『下也』。」賀孫問：「聖人所以因陰陽説出許多道理，而所説之理皆不離乎陰陽者，蓋緣所以爲陰陽者元本於實然之理。」曰：「陰陽是氣，纔有此理便有此氣，纔有此氣便有此理。天下萬物萬化，何者不出於此理？何者不出於陰陽？」賀孫問：「此程先生所以説道『天下無性外之物』。」曰：「如云『天地間只是個感應』，又如云『誠者物之終始，不誠無物』。」賀孫。

程子言「易中只是言反復、往來、上下」，這只是一個道理。陰陽之道，一進一退，一長一消，反復、往來、上下，於此見之。道夫。

易中説到那陽處便扶助推移他，到陰處便抑遏壅絕他。淵。

數

問理與數。先生曰：「有是理便有是氣，有是氣便有是數，蓋數乃是分界限處。」又曰：「『天一地二，天三地四，天五地六，天七地八，天九地十』，是自然如此，走不得。如水數六，雪花便六出，不是安排做底。」又曰：「古者用龜爲卜，龜背上紋，中間有五個，兩邊有八個，後有二十四個，亦是自然如此。」夔孫。

石子餘問易數。答曰：「都不要説聖人之畫數何以如此。譬之草木，皆是自然恁地生，不待安排。數亦是天地間自然底物事，纔説道聖人要如何便不是了。」植。

某嘗問蔡季通〔三三〕：「康節之數，伏羲也曾理會否？」曰：「伏羲須理會過。」某以爲不然。伏羲只是據他見得一個道理恁地便畫出幾畫，他也那裏知得疊出來恁地巧？此伏羲所以爲聖。

若他也恁地逐一推排，便不是伏羲天然意思。史記曰「伏羲至淳厚，作易八卦」，那裏恁地巧推排！賀孫。按，後劉砥先天圖一段，亦與此意同。

大凡易數皆六十：三十六對二十四，三十二對二十八，皆六十也。以十甲十二辰亦湊到六十也，鍾律以五聲十二律亦積爲六十也。以此知天地之數皆至六十爲節。大雅。

河圖洛書

先生謂甘叔懷曰：「曾看河圖洛書數否？無事時好看。雖未是要切處，然玩此時且得自家心流轉得動。」廣。

河圖常數，洛書變數。淵。節録同。〔三四〕

明堂篇説其制度有「二九四七五三六一八」，鄭氏〔三五〕注云「法龜文」也。此又九數之爲洛書驗也。〔三六〕廣。〔三七〕

河圖中宫，天五乘地十而得。七八九六，因五爲〔三八〕得數。積五奇五偶而爲五十有五。淵。

中數五，衍之而各極其數以至於十者，一個衍成十個，五個便是五十。聖人説這數，不是只説得一路。他説出這個物事，自然有許多樣通透去。如五奇五耦成五十五。又一説，六七八九十因五得數，是也。淵。

河圖五十五是天地自然之數。大衍五十，是聖人去這河圖裏面取那天五地十衍出這個數。不知他是如何。大概河圖是自然底，大衍是用以揲蓍求卦者。淵。

天地生數，到五便住。那一二三四遇着五便成六七八九。五却只自對五成十。淵。一節録同。[三九]

一二三四九八七六最妙。一藏九，二藏八，三藏七，四藏六。德功[四〇]云：「一得九，二得八，三得七，四得六，皆爲十也。觀河圖可見。丙辛合、丁壬合[四一]之類，皆自此推。」德明。

「一始」者，一爲陽始，二爲陰始。「二中」者五、六，「二終」者九、十。五是[四二]十干所始，六是十二律所生。圓者星也。「圓者河圖之數」，言無那四角底其形便圓。以下皆啓蒙圖書。淵。節録同。[四三]

「一與六共宗」，蓋是那一在五下便有那六底數。「二與七同位」，是那二在五邊便有七底數。淵。

成數雖陽，固亦本晏作「生」字。之陰也。如子者父之陰，臣者君之陰。節。按晏淵録同。[四四]

陰少於陽，氣、理、數皆如此。用全用半，所以不同。淵。

問：「前日承教云：『老陽少陰，少陽老陰，老除了本身一二三四，便是九八七六之數。』今觀啓蒙陽退陰進之説似亦如此。」先生曰：「他進退亦是自然如此，不是人去攢教他進退。以十言之，即如前說，大故分曉。若以十五言之，九便對六，七便對八，曉得時也好則劇。」又問：「河圖，此數控定了。」先生曰：「天便[四五]只是不會說，倩他聖人出來說。若天地自會說話，想更說得好在。且如河圖、洛書便是天地畫出底。」夔孫。

所謂「得五成六」者，一纔勾素[四六]着五便是個六。下面都恁地。淵。

老陰老陽所以變者無他，到極處了，無去處便只得變。九上更去不得了，只得變回來做八。六下來便是五生數了，也去不得，所以却去做七。便是五生數了，亦去不得。[四七]節。淵同，但無注。[四八]

伏羲卦畫先天圖

問：「先生說：『伏羲畫卦皆是自然，不曾用些子心思志[四九]慮，只是借伏羲手畫出爾。』唯其出於自然，故以之占筮則靈驗否？」曰：「然。自『太極生兩儀』只管畫去，到得後來更畫不迭。正如磨麪相似，四下都恁地自然撒出來。」廣。

淳問：「先天圖有自然之象數，伏羲當初亦知其然否？」曰：「直圖據見在底畫較自然。圓圖作兩段來拗曲，恁地轉來底是奇，恁地轉去底是偶，有些造作，不甚依他元初底。伏羲當初只見太極下面有人陰陽，便知得一生二，二又生四，四又生八，恁地推去做成這物事，不覺成來却如此齊整。淳。[五〇]

問：「先天圖陰陽自兩邊生，若將坤爲太極，與太極圖不同，如何？」曰：「他自據他意思說，即不曾契勘濂溪底。若論他太極，中間虛者便是。他亦自說『圖從中起』，今不合被横圖在中間塞却。待取出放外，他兩邊生者即是陰根陽、陽根陰。這個有對，從中出即無對。」文蔚。

又說：「康節方圖子，自西北之東南便是自乾以之坤，自東北以之西南便是否以至泰[五一]。其間有咸恒損益、既濟未濟，所以又於此八卦見義。蓋爲是自兩角尖射上與乾坤相對，不知得怎生恁地巧。某嘗說伏羲初只是畫出八卦，見不到這裏。蔡季通以爲不然，却說某與太史公一般。某問云：『太史公如何說？』他云：『太史公云「伏羲至淳厚，畫八卦」。』便是某這說。看來也是聖人淳厚，只據見定見得底畫出。如伊川說：『若不因時，則一個聖人出來，許多事便都做了。』」砥。

四象不必說陽向上。更合一畫爲九，方成老陽，到兑便推不去了。兑下一畫却是八卦，不是四象。淵。

陰陽老少以少者爲主。如震是少陽，却奇一耦二。淵。

老陰老陽交而生艮兑，少陰少陽交而生震巽。離坎不交，各得本畫。離坎之交是第二畫，在生四象時交了。老陽過去交陰，老陰過來交陽，便是兑艮第三畫。少陰少陽交，便生震巽上第三畫。所以知其如此時，他這位次相挨旁。兼山謂聖人不分別陰陽老少，卜史取動爻之後卦，故分別老少。若如此則卦遂無動，占者何所用觀變而玩占？淵。

一卦又各生六十四卦，則本卦爲內卦，所生之卦爲外卦，是個十二爻底卦。淵。

問：「昨日先生說：『程子謂「其體則謂之易」，體猶形體也，乃形而下者。易中只說個陰陽交易而已。』然先生又嘗有言[五二]曰『在人言之則其體謂之心』。又是如何？」曰：「心只是個動靜感應而已，所謂『寂然不動，感而遂通』者是也。看那幾個字便見得。」因言：「易是互相博易之義，觀先天圖便可見。東邊一畫陰便對西邊一畫陽。蓋東一邊本皆是陽，西一邊本皆是陰。東邊陰畫皆是自西邊來，西邊陽畫都是自東邊來。姤在西是東邊五畫陽過，復在東是西邊五畫陰過，互相博易而成。易之變雖多般，然此是第一變。」廣云：「程子所謂『易中只說反復往來上下』者，莫便是指此言之否？」曰：「看得來程子之意又別。邵子所謂易，程子多理會他底不得。蓋他只據理而說，都不曾去問他。」廣。

乾坤相爲陰陽。乾後面一半是陽中之陰，坤前面一半是陰中之陽。方子。

乾巽一邊爲上，震隨坤爲下。伏羲八卦。[五三]淵。

陽上交於陰、陰下交於陽而生四象，便是陰陽又各生兩畫了。陰交剛、陽交柔，便是陰陽又各生兩畫了。就乾兩畫邊看，乾兌是老陽，離震是少陰；就坤兩畫邊看，坤艮是老陰，坎巽是少陽。又各添一畫，則八卦全了。淵。

陰下交生陽，陽上交生陰。陰交陽，剛交柔，是博易之易。這多變是變易之易，所謂「易」者只此便是。那個是易之體，這個[五四]是易之用。那是未有這卦底，這是有這卦了底。那個喚做體時是這易從那裏生，這個喚做用時揲蓍取卦便是用處。節。淵同。[五五]

驤[五六]問：「邵先生説『無極之前』，無極如何説前？」先生曰：「邵子就圖上説循環之意。自姤至坤是陰含陽，自復至乾是陽分陰。復坤之間乃無極，自坤反姤是無極之前。」道夫。[五七]

「無極之前」一段。問：「既有前後，須有有無？」曰：「本無間斷。[五八]」閎祖。

康節云「動静之間」，是指冬至夏至。閎祖。

淳[五九]問：「先天圖説曰：『陽在陰中，陽逆行；陰在陽中，陰逆行。陽在陽中，陰在陰中，皆順行。』何[六〇]也？」曰：「圖左一邊屬陽，右一邊屬陰。左自震一陽，離兑二陽，乾三陽，爲陽在陽中，順行；右自巽一陰，坎艮二陰，坤三陰，爲陰在陰中，順行。坤無陽，艮坎一陽，巽二陽，爲陽在陰中，逆行；乾無陰，兑離一陰，震二陰，爲陰在陽中，逆行。」按，黄本以上自作一段。[六一]問：[六二]「『先天圖，心法也』，何也？[六三]『圖皆自中起，萬化萬事生乎心』，何也？」曰：「其中白處者太極也。三十二陰、三十二陽者，兩儀也；十六陰、十六陽者，四象也；八陰、八陽，八卦也。」按，黄本以上又自作一段。[六四]問：「『圖雖無文，終日言之，不離乎是』，何也？」

曰：「一日有一日之運，一月有一月之運，一歲有一歲之運。大而天地之終始，小而人物之生死，遠而古今之世變，皆不外乎此，只是一個盈虛消息之理。本是個小底變成大底，到那大處又變成小底。如納甲法，乾納甲，黄本此下有「壬」字。[六五]坤納乙，黄本此下有「癸」字。[六六]離納己，坎納戊，巽納辛，震納庚，兑納丁，艮納丙，[六七]亦是此。又如火珠林，若占一屯卦則初九是庚子，六二是庚寅，六三是庚辰，六四是戊午，九五是戊申，上六是戊戌，亦是此。又如道家以坎離爲真水火，爲六卦之主，而六卦爲坎離之用。自月初三爲震，上弦爲兑，望日爲乾，望後爲巽，下弦爲艮，晦爲坤，亦不外此。」[六八]淳。義剛録同，但分作三條。[六九]

先天圖更不可易。自復至乾爲陽，自姤至坤爲陰。以乾坤定上下之位[七〇]、坎離列左右之門爲正。以象言之，天居上；地居下；艮爲山，故居西北；兑爲澤，故居東南；離爲日，故居於東；坎爲月，故居於西；震爲雷，居東北；巽爲風，居西南。方子。

康節「天地定位，否泰反類」詩八句，是説方圖中兩交股底。且如西北角乾，東南角坤，是「天地定位」，便對東南[七一]角泰，西南角否。次乾是兑，次坤是艮，便對次否之咸、次泰之損。後四卦亦如是。共十六卦。淵。

康節「乾南坤北，離東坎西」之説，言人立時全見前面，全不見後面，東西只見一半，便似他這個意思。淵。

先天圖直是精微，不起於康節。希夷以前元有，只是秘而不傳。次第是方士輩所相傳授底。參同契中亦有些意思相似，與曆不相應。季通云「紐捻將來亦相應也，用六日七分」，某却不見康節説用六日七分處。文王卦序亦不相應，他只用義理排將去。如復只用一陽生處，此只是用物，而此也不用生底次第，也不應氣候。揚雄太玄全模放易。他底用三數，易却用四數。他本是模易，故就他模底句上看易，也可略見得易意思，温公集注中可見也。康節云「先天圖心法皆從中起，且如説圓圖」，又云「文王八卦應地之方」，這是見他不用卦生底次第，序四正卦出四角，似那方底意思。這個只且恁地，無大段分曉證左。未甚安。淵。

「易之精微在那『兩儀生四象，四象生八卦』，八卦生六十四卦，萬物萬化皆從這裏流出。緊要處在那復姤邊。復是陽氣發動之初。」因舉康節詩「冬至子之半」。「六十四卦流布一歲之中，離坎震兑巽[七二]做得那二十四氣，每卦當六日[七三]四分，乾坤不在四正，此以文王八卦言也。」淵。

先天圖，八卦爲一節，不論月氣先後。閎祖。

先天圖，今所寫者是以一歲之運言之。若大而古今十三萬五千六百年亦只是這圈子，小而一日一時亦只是這圈子。都從復上推起去。公晦。

先天圖，一日有一個恁地道理，一月有一個恁地道理，以至合元、會、運、世，十二萬九千六百歲亦只是這個道理。且以月言之，自乾[七四]而震，月之始生，初三日也；至兑則月之上弦，初八日也；至乾則月之望，十五日也；至巽則月之始虧，十八日也；至艮則月之下弦，二十三日也；至坤則月之晦，三十日也。廣。

先天圖與納音相應，故季通言與參同契合。以圖觀[七五]之，坤復之間爲晦；震爲初三，一陽生；初八日爲兑，月上弦；十五日爲乾；十八日爲巽，一陰生；二十三日爲艮，月下弦。坎離爲日月，故不用。參同契以坎離爲藥，餘者以爲火候。此圖自陳希夷傳來，如穆李，想只收得，未必能曉。康節自思量出來，故墓誌云云。參同契亦以乾坤坎離爲四正，故其言曰「運轂正軸」。

謨[七六]問：「先天圖卦位，自乾一兑二離三右行，至震四住，揭起巽五作左行，坎六艮七，至坤八住，接震四。觀卦氣相接皆是左旋。蓋乾是老陽，接巽末姤卦便是一陰生；坤是老陰，接震末復卦便是一陽生。自復卦一陽生，十一月之卦。[七七]盡震四離三，一十六卦然後得臨卦；十二月之卦。[七八]又盡兑二，凡八卦然後得泰卦；正月卦。[七九]又隔四卦得大壯；二月卦。[八〇]又隔大有一卦得夬；三月卦。[八一]夬卦接乾，乾卦接姤。自姤卦一陰生，五月卦。[八二]盡巽五坎六，一十六卦然後得遯卦；六月卦。[八三]又盡艮七，凡八卦然後得否；七月卦。[八四]又隔四卦得觀；八月卦。[八五]又隔比一卦得剥；九月卦。[八六]剥卦接坤，坤卦接復。周而復始，循環無端。卦氣左旋而一歲十二月之卦皆有其序，但陰陽初生，各歷十六卦而後爲一月，又歷八卦再得一月。至陰陽將極處，只歷四卦爲一月，又歷一卦，遂一併三卦相接。其初如此之疏，其末如此之密，此陰陽嬴縮當然之理歟？然此圖於復卦之下書曰『冬至子中』，於姤卦之下書曰『夏至午中』，此固無可疑者。獨於臨卦之下書曰『春分卯中』，則臨卦本爲十二月之卦，而春分合在泰卦之下。於〔八七〕遯卦之下書曰『秋分蜀本脱此十五字。〔八八〕酉中』，則遯卦本爲六月之卦，而秋分合在否卦之下。昨侍坐復庵，聞王講書所説卦氣之論，皆世俗淺近之語，初無義理可推。竊意此圖『春分卯中』、『秋分酉中』字，或恐後人誤隨世俗卦氣之論，遂差其次，却與文王卦位相合矣。不然，則離兑之間所以爲春、坎艮之間所以爲秋者，必當别有其説？」先生曰：「伏羲易自是伏羲説話，文王易自是文王説話，固不可以交互求合。所看先天卦氣嬴縮極子細，某亦嘗如此理會來，尚未得其説。陰陽初生，其氣中〔八九〕固緩，然不應如此之疏，其後又却如此之密。大抵此圖布置皆出乎自然，不應無説，當更共思之。」謨。

學者欲看易。曰：「聖人不曾教學者看易，詩書執禮皆以爲教，獨不及易。至於『假我數年，卒以學易』乃是聖人自説，非學者事。蓋易是個極難理會底物事，非他書之比。如古者先王順詩書禮樂以造士，只是以此四者，亦不及於易。蓋易是個卜筮書，藏於太史、太卜以占吉凶，亦未有許多説話。及孔子始取而敷繹，爲十經，彖象繫辭文言雜卦之類，方説出道理來。當初只是卜筮之書耳。」僩。〔九〇〕

【校勘記】

［一］成化本此下注有「文蔚」。

［二］峙　成化本作「待」。

［三］如　成化本無。

［四］恪按黄義剛録同　成化本爲「義剛」，且其下附方子録爲注。底本以方子録另作一條，參本卷「陰陽論推行底……兩儀立焉」條。又，底本卷九十四載夔孫同聞所録，參底本該卷「陰陽有個流行底……則伸爲魂屈爲魄」條。

［五］皆　成化本無。

［六］推行底……兩儀立焉　成化本無。

［七］喚　成化本此上有「方其有陽，那裏知道有陰？有乾卦，那裏知道有坤卦？天地間只是一個氣，自今年冬至到明年冬至是他地氣周匝。把來折做兩截時，前面底便是陽，後面底便是陰。又折做四截也如此，便是四時。天地間只有六層陽氣，到地面上時地下便冷了。只是這六位陽，長到那第六位時極了無去處，上面只是漸次消了。上面消了些個時，下面便生了些個，那便是陰。這只是個嘘吸。嘘是陽，吸是陰」。此部分内容底本另作一條，參本卷「天地間只是一個氣……嘘是陽吸是陰」條。

［八］便見周先生……無一物無陰陽　成化本爲「方見得無一物無陰陽」。

〔九〕淵　成化本爲「佐淵同」。

〔一〇〕有個局定底……四時是推行底　成化本所録有異，云「然天地間有個局定底，如四方是也；有個推行底，如四時是也。理都如此。元亨利貞只就物上看亦分明。所以有此物便是有此氣，所以有此氣便是有此理。故易傳只説『元者萬物之始，亨者萬物之長，利者萬物之遂，貞者萬物之成』，不説氣只説物者，言物則氣與理皆在其中。伊川所説四句自動不得，只爲『遂』字、『成』字説不盡，故某略添字説盡」。此部分内容底本另作一條載於卷六十八，參底本該卷方子録「元亨利貞只就物上看……故某略添幾個字説教盡」條。

〔一一〕方子　成化本作「高」。

〔一二〕天　成化本此上有「方其有陽，那裏知道有陰？有乾卦，那裏知道有坤卦」。

〔一三〕氣　成化本爲「地氣」。

〔一四〕底　成化本無。

〔一五〕天地　成化本無。

〔一六〕面　成化本爲「面上」。

〔一七〕只是這六位陽長到底那第一位極了　成化本爲「只是這六位陽長到那第六位時極了」。

〔一八〕即　成化本作「只」。

〔一九〕去　成化本作「了」。

［二〇］去　成化本作「了」。

［二一］只　成化本此上有「這」。

［二二］陰　成化本此下有「唤做一氣，固是如此。然看他日月男女牝牡處，方見得無一物無陰陽，如至微之物也有個背面。若説流行處，却只是一氣」，此部分内容底本另作一條，參本卷「唤做一氣……却只是一氣」條。

［二三］淵　成化本爲「佐淵同」。

［二四］所謂消是理其來無窮　成化本爲「所謂消息之理其來無窮」。

［二五］歲　成化本作「賊」。

［二六］暑　成化本此下有「晝夜」。

［二七］此條方子録成化本無。

［二八］楊至之　成化本爲「至之」。

［二九］使　成化本作「便」。

［三〇］陳淳録同　成化本無。

［三一］甘節同　成化本無。

［三二］這　成化本無。

［三三］蔡季通　成化本爲「季通」。

〔三四〕節録同　成化本無。
〔三五〕鄭氏　成化本作「鄭」。
〔三六〕九數之爲洛書驗也　成化本爲「九數爲洛書之一驗也」，且「也」下注曰：「賀孫録云：『他那時已自把九疇作洛書看了。』」
〔三七〕此條廣録成化本載於卷八十八。
〔三八〕爲　成化本無。
〔三九〕一節録同　成化本無。按，據底本本卷其他淵録後所注，皆爲「節録同」，疑「一節」之「一」爲「甘」之誤。
〔四〇〕德功　朱本爲「德明」。
〔四一〕丙辛合丁壬合　成化本爲「丙丁合、辛壬合」。
〔四二〕是　成化本爲「便是」。
〔四三〕節録同　成化本無。
〔四四〕按燙淵録同　成化本無。
〔四五〕便　成化本作「地」。
〔四六〕素　成化本作「牽」。
〔四七〕便是五生數了亦去不得　成化本無。

〔四八〕節淵同但無注　成化本作「淵」。
〔四九〕志　成化本作「智」。
〔五〇〕此條淳録成化本以部分内容爲注，夾於卷六十六載義剛録中，參底本卷六十六義剛録「或問易解伊川之外誰説可取……蓋是得土之象」條。
〔五一〕否以至泰　王本爲「泰以至否」。
〔五二〕有言　成化本無。
〔五三〕伏羲八卦　成化本無。
〔五四〕個　成化本無。
〔五五〕節淵同　成化本作「淵」。
〔五六〕驤　成化本無。
〔五七〕道夫　成化本作「驤」。
〔五八〕間斷　成化本爲「前後」。
〔五九〕淳　成化本作「安卿」。
〔六〇〕何　成化本爲「何謂」。
〔六一〕按黄本以上自作一段　成化本無。
〔六二〕問　成化本爲「又問」。

〔六三〕何也　成化本無。
〔六四〕按黄本以上又自作一段　成化本無。
〔六五〕黄本此下有壬字　成化本無。
〔六六〕黄本此下有癸字　成化本無。
〔六七〕離納己坎納戊巽納辛震納庚兑納丁艮納丙　成化本爲「艮納丙兑納丁震納庚巽納辛離納壬坎納癸」。
〔六八〕成化本此下有「又曰：『乾之一爻屬戊，坤之一爻屬己。留戊就己方成坎離。蓋乾坤是大父母，坎離是小父母』」。
〔六九〕淳義剛録同但分作三條　成化本爲「義剛」。
〔七〇〕位　成化本爲「位次」。
〔七一〕南　朱文公易説卷二作「北」。
〔七二〕離坎震兑撰　朱文公易説卷二爲「離坎巽震」，王本爲「離坎震艮兑巽」。
〔七三〕日　成化本作「十」。
〔七四〕乾　成化本作「坤」。
〔七五〕觀　此字原缺，據成化本補。
〔七六〕謨　成化本無。

〔七七〕十一月之卦　成化本無。
〔七八〕十二月之卦　成化本無。
〔七九〕正月卦　成化本無。
〔八〇〕二月卦　成化本無。
〔八一〕三月卦　成化本無。
〔八二〕五月卦　成化本無。
〔八三〕六月卦　成化本無。
〔八四〕七月卦　成化本無。
〔八五〕八月卦　成化本無。
〔八六〕九月卦　成化本無。
〔八七〕於　成化本此上有「又」。
〔八八〕蜀本脱此十五字　成化本無。按，底本「蜀」上「春分合在泰卦之下於遯卦之下書曰秋分」十五字爲小字。
〔八九〕中　成化本無。
〔九〇〕此條僩録成化本無。

晦庵先生朱文公語類卷第六十六

易二

綱領上之下

卜筮

易本爲卜筮而作。古人淳質，初無文義，故畫卦爻以「開物成務」。故曰：「夫易，何爲而作也？夫易，開物成務，冒天下之道，如斯而已矣。」此易之大意如此。謨。

古人淳質，遇事無許多商量，既欲如此，又欲如彼，無所適從。故作易示人以卜筮之事，故能通志、定業、斷疑，所謂「開物成務」者也。人傑。

上古民淳，未有如今士之[一]識理義嶢崎，蠢然而已，事事都曉不得。聖人因做易，教他占，吉則爲，凶則否，所謂「通天下之志，定天下之業，斷天下之疑」者，即此也。及後來理義明，有事則便斷以理義。如舜傳禹曰：「朕志先定，鬼神其必依，龜筮必協從。」已自吉了，更不用重去卜吉也。周公營都，意主在洛矣，所卜「澗水東，瀍水西」只是對洛而言。其他事惟盡人謀，未可曉處方卜。故遷國、立君，大事則卜。洪範「謀及乃心，謀及卿士」，盡人謀然後卜筮以審之。淳。

「且如易之作，本只是爲卜筮。如『極數知來之謂占』、『莫大乎蓍龜』、『是與神物，以前民用』、『動則觀其[二]占』等語，皆見得是占筮之意。蓋古人淳質，不似後世人心機巧，事事理會得。古人遇一事理會不下，便須去占。占得乾時，『元亨』便是大亨，『利貞』便是利在於正，便是利意。[三]古人便守此占。知其大亨却守其正以俟之，只此便是『開物成務』。若不如此，何緣見得『開物成務』底道理？即此是易之用。人人皆決於此，便是聖人之[四]家至户到以教之也。若似後人事事理會得，亦不待占。蓋『元亨』是示其所以爲卦之意，『利貞』便因以爲戒耳。」又曰：「聖人恐人一向只把做占筮看，便以義理説出來。『元亨利貞』，在文王之辭只作二事，止是大亨[五]，至孔子方作[六]四件。然若是『坤，元亨，利牝馬之貞』，不成把『利』字絶句，後云『主利』，却當如此絶句。至於他卦，却只作『大亨以正』。後人須要把乾坤説大於他卦，畢竟在占法却只是『大亨以正』而已。」嵤。

問：「易以卜筮設教。卜筮非日用，如何設教？」曰：「古人未知此理時，事事皆卜筮，故可以設教。後來知此者衆，必大事方卜。」可學。

魏丙材仲問「元亨利貞」之説[七]。先生曰：「易繫云[八]『夫易，開物成務，冒天下之道』。蓋上古之時民淳俗朴，風氣未開，於天下事全未知識。故聖人立龜以與之卜，作易以與之筮，使之趍利避害，以成天下之事，故曰『開物成務』。然伏羲之卦又[九]也難理會，故文王從而爲之辭，然於其間又却[一〇]無非教人之意。如曰『元亨利貞』則雖大亨，然亦利於正。如不貞，雖有大亨之卦，亦不可用。如曰『潛龍勿用』則陽氣在下，故教人以勿用。『童蒙』則又教人以須是如童蒙而求資益於人方吉。凡言吉則不如是，便有個凶在那裏；凡言不好則莫如是，然後有個好在那裏，他只是不曾説出耳。『物』只是人物，『務』只是事務，『冒』只是罩得天下許多道理在裏。自今觀之，也是如何出得他個。」道夫。

易本卜筮之書，後人以爲止於卜筮。至王弼用老莊解，後人便只以爲理而不以爲卜筮，亦非。想當初伏羲畫卦之時，只是陽爲吉、陰爲凶，無文字。某不敢説，竊意如此。後文王見其不可曉，故爲之作彖辭，或占得爻處不可曉，故周公爲之作爻辭，又不可曉，故孔子爲之作十翼，皆解當初之意。今人不看卦爻而看繫辭，是猶不看刑統而看刑統之序例也，安能曉？今人須以卜筮之書看之方得，不然不可看易。嘗見艾軒與南軒争，而南軒不然其説。南軒亦不曉。節。

八卦之畫本爲占筮。方伏羲畫卦時止有奇偶之畫，何嘗有許多説話！文王重卦作繇辭，周公作爻辭，亦只是爲占筮設。到孔子方始説從義理去。如「乾，元亨利貞；坤，元亨，利牝馬之貞」，與後面「元亨利貞」只一般。元亨謂大亨也，利貞謂利於正也。占得此卦者，則大亨而利於正耳。至孔子乃將乾坤分作四德説，此亦自是孔子意思。伊川先生云：「元亨利貞，在乾坤爲四德，在他卦只作兩事。」不知别有何證據，故學易者須將易各自看。伏羲易自作伏羲易看，是時未有一辭也；文王易自作文王易看［一一］；周公易自作周公易看［一二］；孔子易自作孔子易看。必欲牽合作一意看，不得。今學者諱言易本爲占筮作，須要説做爲義理作。若果爲義理，作時何不直述一件文字，如中庸、大學之書言義理以曉人，須得畫八卦則甚？周官唯太卜掌三易之法，而司徒、司樂、師氏、保氏諸子之教國子、庶民，只是教以詩書，教以禮樂，未嘗以易爲教也。廣。

或問：「易解，伊川之外誰説可取？」先生曰：「如易，某便説道聖人只是爲卜筮而作，不解有許多説話。但是此説難向人道，而今［一三］人不肯信。向來諸公力來與某辨，某煞費氣力與他分析。而今思之只好不説，只做放那裏，信也得，不信也得，無許多氣力分疏。且聖人要説理，何不就理上直剖判説？何故恁地回互假託，教人不可曉？又何不别作一書？何故要假卜筮來説？又何故説許多『吉凶悔吝』？此只是理會卜筮後，因其中有些子理，故從而推明之，所以大象中只是一句兩句子解了。但有文言與繫辭中數段説得較詳，然也只是取可解底來解，如不可曉底也不曾説。而今人只是眼孔小，見他説得恁地便道有那至理，只管要去推求。且孔子當時教人只說『詩、書、執禮』，只說『學詩乎』與『興於詩，立於禮，成於樂』，只說『人而不爲周南召南』、『詩三百，一言以蔽之曰「思無邪」』，元不曾教人去讀易。但有一處說『假我數年，五十以學易，可以無大過矣』，這也只是孔子自恁地說，不曾將這個去教人。如周公做一部周禮，可謂纖悉畢備，而周易却只掌於太卜之官，却不似大司樂教成均之屬重［一四］。緣這個只是理會卜筮，說個陰陽消長，［一五］却有些子理在其中。伏羲當時偶然見得一是陽、二是陰［一六］，從而畫放那裏。當時人一也不識、二也不識，陰也不識、陽也不識，伏羲便與他剔開這一機。然纔有個一二，後來便生出許多象數來。恁地時節他也自遏不住，然當初也只是理會罔罟等事，也不曾有許多嶢崎，如後世經世書之類。而今人便要說伏羲如神明樣、無所不曉得［一七］。伏羲也自純朴，也不曾去理會許多事來。自他當時剔開這一個機後，世間生得許多事來，他也自不奈何，他也自不要得恁地。但而今所以難理會時，蓋緣亡了那卜筮之法。如周禮太卜『掌三易之法』，連山歸藏周易，便是別有理會周易之法。而今却只有上下經兩篇，皆不見許多法了，所以難理會。今人却道聖人言理，而其中因有卜筮之說。他說理後，說從那卜筮上來做麼？若有人來與某辯，某只是不答。」次日，義剛問：「先生昨言易只是爲卜筮而作，其說已自甚明白。然先生於先天後天、無極太極之說，却留意甚切，不知如何。」曰：「卜筮之書如火珠林之類，［一八］許多道理依舊在其間。但是因他作這卜筮後，却去推出許多道理來。他當初做時却只是爲卜筮畫在那裏，不是曉盡許多道理後方始畫。這個道理難説。向來張安國兒子來問，某與説云：『要曉時[一九]，便只似靈棋課模樣。』有一朋友言：『恐只是以其人未能曉而告之以此説。』某云：『是誠實恁地説。』」良久，曰：「『通其變遂成天下之文，極其數遂定天下之象。』」陳安卿[二〇]問：「先天圖有自然之象數，伏羲當初亦知其然否？」曰：「也不見得如何。但圓圖是有些子造作模樣。如方圖只是據見在底畫，[二一]圓圖便是就這中間拗做兩截，[二二]恁地轉來底是奇，恁地轉去底是偶，便有些不甚依他當初畫底。然伏羲當初也只見個[二三]太極下面有個[二四]陰陽，便知是一生二，二又生四，四又生八，恁地推將去做成這物事。[二五]想見伏羲做得這個成時也大故地喜歡，自前不曾見一個物事子[二六]恁地齊整。」因言：「夜來有一説，説不曾盡。通書言『聖人之精，畫卦以示；聖人之蘊，因卦以發』，精是聖人本意，蘊是偏旁帶來道理。如春秋，聖人本意只是載那事，要見世變，『禮樂征伐，自諸侯出』，『臣弑其君，子弑其父』，如此而已。就那事上見得是非美惡曲折，便是因卦以發[二七]。如『易有太極，是生兩儀，兩儀生四象，四象生八卦』，這四象生八卦以上便是聖人本意底。如象辭文言繫辭皆是因而發底，不可一例看。今人只把做占去看便活，若是的定把卦爻來作理看，恐死了。國初講筵講『飛龍在天，利見大人』，太祖遽云：『此書豈可令凡民見之！』某便道是解易者錯了。這『大人』便是『飛龍』，言人若占得此爻，便利於見那大人，謂如人臣占得此爻，則利於見君而爲吉也。如那『見龍在田，利見大人』，有德者亦謂之大人，言人若尋師、若要見好人時〔二八〕占得此爻則吉。然而此兩個『利見大人』皆言『君德』也者，亦是說有君德而居下者。今却說九二居下位而無應，又如何這個無頭無面？又如何見得應與不應？如何恁地硬說得？若是把做占看時，士農工商事事人用得。這般人占得便把做這般用，那般人占得便把做那般用。若似而今說時，便只是秀才用得，別人都用不得了。今人說道明理，〔二九〕事來，便看道理如何後作區處。古時人蠢蠢然，事都不曉，做得是也不知，做得不是也不知。聖人便作易教人去占，占得恁地便吉，恁地便凶。所謂『通天下之志，定天下之業，斷天下之疑』者，即此是也。而今若把作占說時，吉凶悔吝便在我，看我把作甚麼用皆用得。今若把作文字解，便是硬裝了。」安卿問：「如何恁地？」先生曰：「而今把作理說時，吉凶悔吝皆斷定在九二、六四等身上矣，〔三〇〕如此則吉凶悔吝是硬裝了，便只作得一般用了。」黃本止此。〔三一〕林擇之云：「伊川易說得理也太多。」先生曰：「伊川求之太深。嘗說『三百八十四爻，不可只作三百八十四爻解』，其說也好。而今似他解時依舊只作得三百八十四般用。」安卿問：「彖象莫也是因爻而推其理否？」曰：「彖象文言繫辭皆是因而推明其理。」胡叔器〔三二〕問：「吉凶是取定於揲蓍否？」曰：「是。」「然則洪範『龜從，筮從』又要卿士、庶民從，如何？」曰：「決大事也不敢不恁地兢謹，如遷國、立君之類不可不恁地。若是其他小事，則亦取必於卜筮而已。然而聖人見得那道理定後常不要卜，且如舜所謂『朕志先定，詢謀僉同，鬼神其依，龜筮協從』。若恁地便是自家所見已決，而卜亦不過如此，故曰『卜不習吉』。且如周公卜宅，云『我卜河朔黎水，我乃卜澗水東，瀍水西，惟洛食[三三]』，瀍澗只在洛之旁，這便見得是周公先自要都洛，後但夾將瀍澗來卜，所以每與洛對説。而兩卜所以皆言『惟洛食』，以此見得也是人謀先定後，方以卜來決之。」擇之言：「『筮短龜長，不如從長』，看來龜又較靈。」先生曰：「揲蓍用手，又不似鑽龜較自然。只是將火一鑽便自成文，却就這上面推測。」叔器問：「龜卜之法如何？」曰：「今無所傳，看來只似而今五兆卦。此間人有五兆卦，將五莖茅自竹筒中寫出來，直向上底爲木，横底爲土，向下底爲水，斜向外者爲火，斜向内者爲金。便如文帝兆得大横。横，土也。所以道『予爲天王，夏啓以光』，蓋是得土之象。」義剛。按，陳淳録同而略，今附。云：「擇之問筮短龜長，先生曰：『揲蓍用手，不似備龜又較自然。』今人有爲五兆卦者用竹五，莖直上者爲木，向下者爲水，斜向外者爲火，斜向内者爲金，横者爲土。所謂「大横庚庚」者，言占得國之象也。今看易把做占看便活，人人都用得。這般人占得便做這般人用，那般人占得便做那般人用。國初經筵講「飛龍在天，利見大人」，太祖曰：「此書豈可令凡民見之。」不知此「大人」即是那飛龍，人臣占得此爻，則利於見大人之君。又如「見龍在田，利見大人」兩言君德，是有君得而居下位者，若求師親賢而占得此爻，則利見此大人也。作占看則吉凶悔吝都在我爲之，作理説則吉凶悔吝皆斷定在九二、六四等身上矣。彼九二、六四無頭無面，何以見得如此？亦只是士人用得也。』」[三四]

「民可使由之，不可使知之。」上古聖人不是著此垂教，只是見得天地萬物[三五]變化之理，畫而爲卦，使因卜筮而知所修爲避忌。至周公孔子，一人又説多了一人。某不敢教人看易，爲這物闊大，且不切己，兼其間用字與今人皆不同。如説田獵祭祀，侵伐疾病，皆是古人有此事去卜筮，故爻卜出去。〔三六〕今無此事了，都曉不得。砥。〔三七〕

古人凡事必占，如「田獲三禽」，則田獵之事亦占也。僴。

又曰：〔三八〕「易只是個卜筮之書。孔子却就這上依傍説些道理教人。雖似〔三九〕孔子也只得隨他那物事説，不敢別生説。」僴。

「看繫辭須先看易。自『大衍之數』以下皆是説卜筮，若不是説卜筮，却是説一無底物。今人誠不知易。」南升〔四〇〕云：「今人只見説易爲卜筮作，便群起而争之，不知聖人乃是因此立教。」先生曰：「聖人丁寧曲折極備。因舉乾〔四一〕「九三，良馬逐」。讀易當如筮相似，上達鬼神，下達人道，所謂『冒天下之道』。只如此説出模樣，不及作爲，而天下之道不能出其中。」南升〔四二〕云：「今人皆執畫前易，皆一向亂説。」先生曰：「畫前易亦分明。〔四三〕」可學。

「易書本原於卜筮。」又説：「邵子之學，只把『元、會、運、世』四字貫盡天地萬物。」友仁。

先生論易云：〔四四〕「易本是卜筮之書。若人卜得一爻便要人玩此一爻之義，如『利貞』之類只是正者便利，不正者便不利，不曾説道利不貞者。人若能見得道理已十分分明，則亦不須更卜。如舜之命禹曰：『官占，惟先蔽志，昆命于元龜。朕志先定，詢謀僉同，鬼神其依，龜筮協從，卜不習吉。』其，猶將也。言雖未卜而吾志已是先定，詢謀已是僉同，鬼神亦必將依之，龜筮亦必須協從之。所以謂『卜不習吉』者，蓋習，重也，這個道理已是斷然見得如此，必是吉了，便自不用卜，若卜則是重矣。」時舉。

劉用之問坤卦「直方大，不習無不利」。曰：「坤是純陰卦，諸爻皆不中正。五雖中，亦以陰居陽。惟六二居中得正，爲坤之最盛者，故以象言之，則有三者之德而不習無不利。占者得之，有是德則吉。易自有一個本意直從中間過，都不着兩邊。須要認得這些小[四五]分曉方始橫三竪四說得，今人不曾識得他本意要便[四六]橫三竪四說，都無歸着。」文蔚曰：「易本意只是爲占筮。」曰：「便是如此。易當來只是爲占筮而作。文言彖象卻是推說做義理上去，觀乾坤二卦便可見。孔子曰『聖人設卦觀象，繫辭焉而明吉凶』，若不是占筮，如何說『明吉凶』？且如需九三，『需于泥，致寇至』，以其逼近坎險有致寇之象。象曰：『需于泥，災在外也。自我致寇，敬慎不敗也。』孔子雖說推明義理，這般所在又變例推明占筮之意。『需于泥，災在外』，占得此象，雖若不吉，然能敬慎則不敗，又能堅忍以需待，處之得其道，所以不凶。或失其剛健之德，又無堅忍之志，則不能不敗矣。」文蔚曰：「常愛先生易本義云：『伏羲不過驗陰陽消息兩端而已。』只是一陰一陽便分吉凶了。只管就上加去，成八卦以至六十四卦，無非是驗這兩端消息。』」先生曰：「易不離陰陽，千變萬化只是這兩個。莊子云『易道陰陽』，他亦自看得好[四七]。」文蔚。[四八]

乾坤六爻不相似。某常説聖人做這物事不用將個印板子脱出來，一個個得一樣，他各自隨他道理，若個個得一樣，便是揚子雲書了。故説道易難看，蓋緣後世諸儒都將這易做發明天地造化之理。易本不如是，蓋易之作本專爲教人用做卜筮。然而他取象如那「隨之時義，遯之時義」，這般底倒是後來添底，初做卦爻時本不如此，只是因那卦爻中有這個道理故説出來。説出來時本不爲要發明這道理，只是説道理在卦爻中時有這象，人若占得這爻時，便當因這象了看他下面占底。且如坤六二云「直方大」，坤卦中唯這一爻最精粹，蓋五雖尊位，却是陽爻破了體了，四重陰而不中，三又不正，惟此爻得中正，所以就這説個「直方大」，此是説坤卦之本體。然而本意却是教人知道這爻有這個德，不待習學而無不利，人得這個時若能直能方能大，則亦「不習無不利」，却不是要發明坤道。伊川有這個病，從頭到尾皆然。淵。[四九]

曼亞夫問「坤六二，直方大」。先生云：「易不是聖人須要説出六爻如此，只是爲占得此卦合當如此，不足以合此卦。」黄直卿云：「觀象玩辭自不同。若只推從易爻上去，則是觀象；推從人上去，則是玩辭。」蓋卿。[五〇]

用之問：「易坤六二爻[五一]『直方大，不習無不利』。學須用習，然後至於不習。」先生曰：「不是如此。聖人作易只是説卦爻中有此象而已。如坤六二『直方大，不習無不利』，自是他這一爻中有此象。人若占得，便應此事、有此用也，未説到學者須習至於不習。在學者之事固當如此，然聖人作易未有此意在。」用之曰：「然『不習無不利』，此成德之事也。」先生曰：「亦非也。未說到成德之事，只是卦爻中有此象而已。若占得便應此象，都未說成德之事也。某之說易，所以與先儒、世儒之說皆不同，正在於此。學者須曉某之正意，然後方可推說其他道理。某之意思極直，只是一條路徑去。若纔惹着今人便說差着[五二]了，便非易之本意矣。」[五三]才卿云：「先生解易之本意只是爲卜筮爾。」曰：「然。據某解，一部易只是作卜筮之書。今人說得來太精了，更入粗不得。如某之說雖粗，然卻入得精，精義皆在其中。若曉得某一人說則曉得伏羲、文王之易本是如此[五四]，元未有許多道理在，方不失易之本意。今未曉得聖人作易之本意便先要說道理，縱饒說得好，[五五]只是與易元不相干。聖人分明說昔者聖人之作易，『觀象設卦，繫辭焉以明吉凶』，幾多分曉！某所以說易只是卜筮書者，此類可見。」僩。[五六]

易中言占者，有其德則其中[五七]如是言，無其德而得是占者卻是反說。如南蒯得「黃裳元吉」，疑吉矣，而蒯果敗者，蓋卦辭明言黃裳則元吉，無黃裳之德則不吉也。又如適所說「直方大，不習無不利」，占者有直方大之德則不習而無不利，占者無此德即雖習而不利也。如奢侈之人而得共儉則吉之占，明不共儉者是占爲不吉也。他皆放此。如此看自然意思活。銖。

論易云：「其他經先因其事，方有其文。如書言堯、舜、禹、成湯、伊尹、武王、周公之事，因有許多事業方說到這裏，若無這事亦不說到此。若易則[五八]是個空底物事，未有是事，預先說是理，故包括得盡許多道理，看人做甚事皆撞着他。」又曰：「『易無思也，無爲也』，易是個無情底物事，故『寂然不動』；占之者吉凶善惡隨事著見，乃『感而遂通』。」又云：「易中多言正，如『利正』、『正吉』[五九]『利永貞』之類，皆是要人守正。」又云：「人如占得一爻，須是反觀諸身果盡得這道理否也？坤之六二『直方大，不習無不利』，須看自家能直、能方、能大，方能『不習無不利』。凡皆類此。」又云：「所謂『大過』，如當潛而不潛、當見而不見、當飛而不飛，皆是過。」又曰：「如坤之初六，須知『履霜堅冰』之漸，要人恐懼修省。不知恐懼修省便是過。易大概欲人恐懼修省。」又曰：「文王繫辭本只是與人占底書，至孔子作十翼方説『君子居則觀其象而玩其辭，動則觀其變而玩其占』。」又曰：「夫子讀易與常人不同。是他胸中洞見陰陽剛柔、吉凶消長、進退存亡之理。其贊易即就胸中寫出這道理。」味道問：「聖人於文言，只把做道理説。」先生曰：「有此氣便有此理。」又問：「文言反覆説，如何？」曰：「如言『潛龍勿用，陽在下也』，又『潛龍勿用，下也』，只是一意重疊説。伊川作兩意，未穩。」時舉。

聖人作易本爲欲定天下之志，斷天下之疑而已，不是要因此説道理也。如人占得這爻，便要人知得這爻之象是吉是凶，吉便爲之，凶便不爲。然如此，理卻自在其中矣。如剥之上九「碩果不食，君子得輿，小人剥廬」，其象如此，謂一陽在上，如碩大之果，人不及食而獨留於其上，如君子在上而小人皆載於下，則是君子之得輿也；然小人雖載君子，而乃欲自下而剥之，則是自剥其廬耳。蓋唯君子乃能覆蓋小人，小人必賴君子以保其身。今小人欲剥君子，則君子亡，而小人亦無所容其身，如自剥其廬也。且看自古小人欲害君子，到害得盡後國破家亡，其小人曾有存活得者否？故聖人象曰：「『君子得輿』，民所載也。『小人剥廬』，終不可用也。」若人占得此爻，則爲君子之所爲者必吉，而爲小人之所爲者必凶矣。其象如此而理在其中，卻不是因欲説道理而後説象也。時舉。按：潘植録同而有詳略，今附。云：〔六〇〕「『易只是説象，初未有後人所説許多道理堆垛在上面，蓋聖人作易本爲卜筮設，上自王公而下達于庶人，故曰「以通天下之志，以定天下之業，以斷天下之疑」，但聖人説象則理在其中矣。』因舉剥之上九：『碩果不食』，五陰在下，來剥一陽，一陽尚存，如碩大之果不食。『君子得輿』是君子在上，爲小人所載，乃下五陰載上一陽之象。『小人剥廬』者言小人既剥君子，其廬亦將自剥，看古今小人既剥君子而小人亦死亡滅族，豈有存者！聖人之象只如是。後人説易只愛將道理堆垛在上面，聖人本意不解如此。」

先之問易。曰：「坤卦大抵減乾之半。據某看來，易本是個卜筮之書，聖人因之以明教，因其疑以示訓。如卜得乾卦云『元亨利貞』，本意只説大亨利於正，若不正便會凶。如卜得爻辭如『潛龍勿用』，便教人莫出做事；如卜得『見龍在田』，便教人可以出做事。如説『利見大人』，一個是五在上之人，一個是二在下之人，看是甚麼人卜得。天子自有天子『利見大人』處，大臣自有大臣『利見大人』處，群臣自有群臣『利見大人』處，士庶人自有士庶人『利見大人』處。當時又那曾有某爻與某爻相應？那自是説這道理如此，又何曾有甚麼人對甚麼人説？有甚張三李四？中間都是正吉，不曾有不正而吉。大率是爲君子設，非小人盜賊所得竊取而用。如『黃裳元吉』，須是居中在下方始〔六一〕會大吉，不然則大凶。此書初來只是如此。到後來聖人添許多説話，也只是怕人理會不得，故就上更説許多教分明，大抵只是因是以明教。若能恁地看，都是教戒。恁地看來，見得聖人之心洞然如日星，更無些子屈曲遮蔽，故曰『聖人以通天下之志，以定天下之業，以斷天下之疑』。」賀孫。

又曰：「看他本來裏面都無這許多事，後來人説不得便去白撰個話。若做卜筮看，這説話〔六二〕極是分明。某如今看來直是分明。若聖人有甚麽説話要與人説便分明説了，若不要與人説便不説，不應恁地千般百樣，藏頭伉腦，無形無影，教後人自去多方推測。聖人一個光明盛大之心，必不如此。故曰『君子居則觀其象而玩其辭，動則觀其變而玩其占』者〔六三〕，這般處自分曉。如今讀書，恁地讀一番過了須是常常將心下温過，所以孔子説『學而時習之』。若只看過便住，自是易得忘記了，故須常常温習，方見滋味。」賀孫。〔六四〕

易本爲卜筮設。如曰「利涉大川」是利於行舟也，「利有攸往」是利於啓行也。易之書大率如此。〔六五〕後世儒者鄙卜筮之説，以爲不足言，而所見太卑者又泥於此而不通。故曰：易者，難讀之書也。不若且從大學做工夫，然後循次讀論、孟、中庸，庶幾切己有益也。蓋卿。

易爻只似而今發課底卦影相似。如云「初九，潛龍勿用」，這只是戒占者之辭。解者遂去這上面生義理，以初九當「潛龍勿用」，九二當「利見大人」。初九是個甚麽？如何會潛？如何會勿用？試討這個人來看。九二爻又是甚麽人？他又如何會「見龍在田，利見大人」？嘗見林艾軒云：「世之發六壬課者，以丙配壬則吉。」蓋火合水也。如卦影云「朱鳥翾翾，歸于海之湄，吉」，這個只是説水火合則吉爾。若使此語出自聖人之口，則解者必去上面説道理，以爲朱鳥如何、海湄如何矣。僩。按，林夔孫録同而略，無「初九」以下，止「利見大人」。[六六]

問：「易中也有偶然指定一兩件實事言者，如『亨于岐山』、『利用征伐』、『利遷國』之類是也。」先生云：「是如此。亦有兼譬喻言者，如[六七]『利涉大川』則行船之吉占，而濟大難大事亦如之。」賜。[六八]

凡占得卦爻，要在互分賓主，各據地位而推。如九五「飛龍在天，利見大人」，若揣自己有大人之德，占得此爻則如聖人作而萬物咸覩，作之者在我而覩之者在彼，我爲主而彼爲賓也。自己無大人之德，占得此爻則利見彼[六九]大人，作之者在彼而覩之者在我，我爲賓而彼出[七〇]爲主也。僩。[七一]

易只是古人卜筮之書，如五雖主君位而言，然實不可泥。人傑。

問：「左傳載卜筮，有能先知數世之後之事[七二]，有此理否？」曰：「此恐不然。只當時子孫欲僭竊，故爲此以欺上罔下爾。如漢高帝斬[七三]蛇，也只是脱空。陳勝王凡六月，便只是他

做不成，故人以爲非；高帝做得成，故人以爲符瑞。」庚。〔七四〕

說卦中說許多卜筮，今人說易卻要掃去卜筮，如何理會得易？每恨不得古人活法，只說得個半死半活底。若更得他那個活法，卻須更看得高妙在。古人必自有活法，且如筮得之卦爻，卻與所占底事不相應時如何？他到這裏又須別有個活底例子括將去，不只恁死殺看〔七五〕。或是用支干相合配處，或是因他物象。揲蓍雖是占筮，只是後人巧去裏面見個小小底道理，旁門曲徑，正理不只如此。淵。

「今之說易者先掊擊了卜筮。如下繫說卜筮，是甚次第！某所恨者，不深曉古人卜筮之法，故今說處多是想象古人如此。若更曉得，須更有奧義可推。」或曰：「布蓍求卦即其法也。」曰：「爻卦與事不相應則推不去，古人於此須有變通。」或以支干推之。方子。

「熟讀六十四卦，則覺得繫辭之語直爲精密，是易之括例。要之，易書是爲卜筮而作。如云『定天下之吉凶，成天下之亹亹者，莫大乎蓍龜』，又云『天生神物，聖人則之』，則專爲卜筮也。」魯可幾曰：「古之卜筮恐不如今日所謂火珠林之類否？」曰：「以某觀之，恐亦自有這法。如左氏所載，則支干納音配合之意，似亦不廢。如云『得屯之比』既不用屯之辭，亦不用比之辭，卻自別推一法，恐亦不廢這理也。」道夫。

「以四約之者」，「揲之以四」之義也。以下啓蒙占門。淵。

「五四爲奇」各是一個四也，「九八爲偶」各是兩個四也。淵。按，甘節録同。〔七六〕

因一二三四便見得〔七七〕六七八九在裏面。老陽占了第一位便含個九，少陰占第二位便含個八，少陽、老陰亦如此，〔七八〕數不過十。惟此一義先儒未曾發，先儒但只説得他個〔七九〕中間進退而已。節。〔八〇〕按，曼淵録同。〔八一〕

老陰老陽爲乾坤，然而皆變；少陰少陽亦皆爲乾坤，然而皆不變。節。按，曼淵録同。〔八二〕

老陰老陽不專在乾坤上，亦有少陰少陽。如乾坤，六爻皆動底是老，六爻皆不動底是少。六卦上亦有老陰老陽。淵。

所以到那三畫變底第三十二卦以後占變卦象、爻之辭者，無他，到這裏時離他那本卦分數多了。到四畫五畫則更多。淵。

問：「占法：四爻不變，二爻變，占變爻則以上爻爲主；四爻變，二爻不變，占不變爻則以下爻爲主。是如何？」先生云：「變者，下至上而止。不變者，下便是不變之本，故以之爲主。」學蒙。〔八三〕

問：「卜卦：二爻變則以二變爻占，仍以上爻爲主，四爻變則以之卦二不變爻占，仍以下爻爲主。」曰：「凡變須就其變之極處看，所以以上爻爲主。不變者是其常，只順其先後，所以以下爻爲主。亦如陰陽、老少之義，老者變之極處，少者便只是初。」賀孫。〔八四〕

内卦爲貞，外爲悔。因説：「生物只有初時好，凡物皆然。康節愛説。」僩。

貞悔即「占用二」之謂。貞是在裏面做主宰底，悔是做出了末後闌珊底。貞是頭邊。淵。

問：「『内卦爲貞，外卦爲悔』，貞悔何如？」曰：「此出於洪範。貞，看來是正。悔是過意。凡『悔』字都是過了方悔，這『悔』字是過底意思，亦是多底意思。下三爻便是正卦，上三爻似是過多了，恐是如此。這貞悔亦似今占卜分甚主客。」問：「兩爻變則以兩變爻占，仍以下爻爲主，何也？」曰：「卦是從下生，占事都有一個先後首尾。」賀孫。

陳日善問：「『内卦爲貞，外卦爲悔』是何義？」先生曰：「『貞』訓『正』，問事方正如此。『悔』是事已如此了。凡悔吝者，皆是事過後方有悔吝。内卦之占是事方如此，外卦之占是事之已然者如此。二字又有始終之意。」雉。

貞是事之始，悔是事之終；貞是事之主，悔是事之客；貞是在我底，悔是應人底。三爻變，則所主不一，以二卦彖辭占而以本卦爲貞、變卦爲悔。六爻俱不變，則占本卦彖辭而以内卦爲貞、外卦爲悔。凡三爻變者有二十卦，前十卦爲貞，後十卦爲悔。後十卦是變盡了又反來。有圖，見啓蒙。義剛。

胡叔器[八五]問「内卦爲貞，外卦爲悔」。先生曰：「『貞悔』出洪範。貞是正底，便是體；悔是過底，動則有悔。」又問「一貞八悔」。先生曰：「如乾、夬、大有、大壯、小畜、需、大畜、泰，内

一乾，是貞；〔八六〕外八卦，是悔。〔八七〕餘放此。」義剛。按，陳淳録同。〔八八〕

問：「卦爻，凡初者多吉，上者多凶。」先生曰：「時運之窮自是如此。内卦爲貞，外卦爲悔。貞是貞正底意，悔是事過有追不及底意。」砥。〔八九〕

占法：陽主貴，陰主富。淵。

悔陽而吝陰。方子。

巽離兑，乾之所索乎坤者；震坎艮，坤之所索乎乾者。本義揲蓍之説恐不須恁地。方子。

凡爻中言人者，必是其人嘗占得此卦。如「大横庚庚」，必請〔九〇〕啓未歸時，那〔九一〕曾占得。淵。

易中言「帝乙歸妹」、「箕子明夷」、「高宗伐鬼方」之類，疑皆當時帝乙、高宗、箕子曾占得此爻，故後人因而記之，而聖人以入爻也。如漢書「大横庚庚，余爲天王，夏啓以光」，亦是啓曾占得此爻也。火珠林亦如此。僩。

程昌寓守蔡州，卜遇益之六四，曰「利用爲依，遷國遂退」，保鼎州後平楊么有功。方子。〔九二〕

王子獻卜，遇夬之九二，曰「惕號，莫夜有戎，勿恤，吉」。卜者告之曰：「必夜有驚恐，後有兵權。」未幾果夜遇寇，旋得洪帥。方子。淵録同。〔九三〕

今人以三錢當揲蓍，不能極其變，此只是以納甲附六爻。納甲乃漢焦贛、京房之學。可學。

火珠林猶是漢人遺法。方子。

「筮短龜長」，近得其説。是筮有個病子〔九四〕。纔一畫定便只有三十二卦，永不到是那三十二卦。又二畫便只有十六卦，又三畫便只有八卦，又四畫便只有四卦，又五畫便只有二卦。這二卦便可以着意揣度了。不似龜，纔鑽拆便無救處，全不可容心。賀孫。

問：「『筮短龜長』，如何？」曰：「筮已費手。」可學。

因言筮卦，先生曰：「卦雖出於自然，然一爻成則止有三十二卦，二爻成則止有十六卦，三爻成則止有八卦，四爻成則止有四卦，五爻成則止有二卦，是人心漸可以測知。不若卜，龜文一兆則吉凶便見，更無移改。所以古人言『筮短龜長』。」廣因言：「浙人多尚龜卜，雖盜賊亦取決於此。」曰：「左傳載臧會卜信與僭，『僭吉』，此其法所以不傳。聖人作易示人以吉凶，卻無此弊。故言『利貞』不言利不貞，『貞吉』不言不貞吉，言『利禦寇』不言利爲寇也。」廣。

易占不用龜而每言蓍龜，皆具此理也。筮即蓍也。「筮短龜長，不如從長」者，謂龜有鑽灼之易而筮有扐揲之煩。龜之卦，一灼便成，亦有自然之意。洪範所謂「卜五占用二」者，卜五即龜，用二即蓍。「曰雨，曰霽，曰蒙，曰驛，曰克」即是五行，雨即水，霽即火，蒙即土，驛是木，克是金。「曰貞，曰悔」即是内、外卦也。謨。

占龜。土兆大横，木兆直，或曰「火兆直」，只周禮曰「木兆直」。金兆從右邪上，火兆從左邪上，或曰

「木兆從左邪上」。水兆曲。以大小、長短、明暗爲吉凶。或占凶事，又以短小爲吉。又有旋者吉，大橫吉。「大横庚庚」，庚庚是豹起恁地庚庚然，不是金兆也。賀孫。

漢卿説鑽龜法云：「先定四嚮，欲求甚紋兆，順則爲吉，逆則爲凶。」正淳云：「先灼火，然後觀火之紋而定其吉凶。」先生曰：「要須先定其四向而後求其合，從逆則凶，如『亦惟洛食』。乃先以墨畫定，看食墨如何。『筮短龜長』，古人固重此。洪範謂『龜從筮逆』，若『龜筮共違于人』，則『用静吉，用作凶』。」漢卿云：「今爲賊者多卜龜，以三龜連卜，皆順則往。」賀孫云：「若『石祁子兆，衛人以龜爲有知』，此却是無知也。」先生曰：「所以古人以易而捨龜，往往以其難信。易則有『貞吉』，無不貞吉；『利禦寇』，不利爲寇。」賀孫。

象

嘗謂伏羲畫八卦，只此數畫，該盡天下萬物之理。陽在下爲震，震，動也；在上爲艮，艮，止也。陽在下自動，在上自止。歐公卻説繫辭不是孔子作，所謂「書不盡言，言不盡意」者非。蓋他不曾看「立象以盡意」一句。惟其「言不盡意」，故立象以盡之。學者於言上會得者淺，於象上會得者深。廣。

伊川説象只似譬喻樣説。看得來須有個象如此，只是如今曉他不出。淵。

某嘗作易象說，大率以簡治繁，不以繁御簡。晦夫。

前輩也曾說易之取象似詩之比興。如此卻是虛說，恐不然。如「田有禽」，須是此爻有此象，但今不可考。數，則只是「大衍之數五十」與「天數五，地數五」兩段。「大衍之數」是說蓍，天地之數是說造化生生不窮之理。除此外，都是後來人推說出來底。淵。

以上底推不得，只可從象下面說去。王輔嗣、伊川皆不信象。如今卻不敢如此說，只可說道不及見這個了。且從象以下說象[九五]，免得穿鑿。淵。

問：「易之象似有三樣，有本畫自有之象，如奇畫象陽、偶畫象陰是也；六十四卦之爻，一爻各是一象。有實取諸物之象，如乾坤六子，以天地雷風之類象之是也；有則[九六]是聖人以意自取那象來明是義者，如『白馬翰如』、『載鬼一車』之類是也。實取諸物之象決不可易。聖人始假[九七]是象以明義者，當初若別命一象亦通得，不知是如此否？」先生云：「聖人自取之象也不見得如此，而今且據[九八]因象看義。恁地說則成鑿了。[九九]」學蒙。[一〇〇]

他所以有象底意思不可見，卻只就他那象上推求道理。不可爲求象不得便喚做無，如潛龍便須有那潛龍之象。淵。

取象各不同，有就自己身上取底，有自己當不得這卦爻[一〇一]卻就那人身上取。如「潛龍勿用」是就占者身上言。到那「見龍」，自家便當不得，須把做在上之大人。九五「飛龍」便是人君，「大人」卻是在下之大人。淵。

易之象理會不得。如「乾爲馬」，而乾之卦卻專説龍，如此之類皆不通。恪。

易中取象不如卦德上命字較親切。如蒙「險而止」、復「剛動而上[一〇二]行」，此皆親切。如「山下出泉」、「地中有雷」，恐是後來又就那上面添出。所以易中取象處亦有難理會也。學蒙。[一〇三]

「易畢竟是有象，只是今難推。如既濟『高宗伐鬼方』在九三，未濟卻在九四。損『十朋之龜』在六五，益卻在六二，不知其象如何？又如履卦、歸妹卦皆有『跛能履』，皆是艮體，此可見。」問：「諸家易除易傳外，誰爲最近？」曰：「難得。其間有一二節合者卻多，如『渙其群』，伊川解卻成『渙而群』，卻是東坡説得好：群謂小隊，渙去小隊便合於大隊。」問：「孔子專以義理説易，如何？」曰：「自上世傳流至此，象數已分明，不須更説，故孔子只於義理上説。伊川亦從孔子。今人既不知象數，但依孔子説，只是説得半截，不見上面來歷。大抵去古既遠，書多散失。今且以占辭論之，如人占婚姻卻占得一病辭，如何用？似此處，聖人必有書以教之。如周禮中所載，今皆亡矣。」問：「左氏傳卜易與今異？」曰：「亦須有所傳。向見魏公在揆路，敬夫以易卜得睽卦，李壽翁爲占曰：『離爲戈兵，兑爲説。用兵者不成，講和者亦不成。』其後魏公罷相，湯思退亦以和反致虜寇而罷。」問：「康節於易如何？」曰：「他又是一等説話。」問：「渠之學如何？」曰：「專在數上，卻窺見理。」曰：「可用否？」曰：「未知其可用，但與聖人之學自不同。」曰：「今世學者言易，多要入玄妙。卻是遺書中有數處，如『不只是一部易書』之類。今人認此意不着，故多錯了。」曰：「然。」可學。

嘗得郭子和書云，其先人說：「不獨是天地、雷風、水火、山澤謂之象，只是卦畫便是象。」亦說得好。學蒙。

「川壅爲澤」，坎爲川，兑爲澤。澤是水不流底。坎下一畫閉合時便成兑卦，便是川壅爲澤之象。淵。

易象自是一法。如「離爲龜」則損益二卦皆說龜。易象如此者甚多。僩。

凡卦中說龜底，不是正得一個離卦，必是伏個離卦，如「觀我朵頤」是也。「兑爲羊」，大壯卦無兑，恐便是三四五爻有個兑象。這說取象底是不可曉處也多。如乾之六爻，象皆說龍，常[一〇四]說到乾卻不爲龍。龍卻是變化不測底物，須着用龍當之。如「夫征不復，婦孕不育」，此卦是取「離爲大腹」之象。本卦雖無離卦，卻是伏得這卦。淵。

或說易象云：「『果行育德』，育德有山之象，果行有水之象。『振民育德』，則振民有風之象，育德有山之象。」先生云：「此說得好。如『風雷，益』，則遷善當如風之速，改過當如雷之決。『山下有澤，損』，則懲忿有摧高之象，窒慾有塞水之象。次第易之卦象都如此，不曾一一推究。」

又云：「遷善工夫較輕，如己之有善，以爲不足，而又遷於至善。若夫改過者，非有勇决不能，貴乎其[一〇五]用力也。」人傑。

卦中要看得親切，須是兼象看，但象學[一〇六]不傳了。鄭東卿易專取象，如以鼎爲鼎、革爲爐、小過爲飛鳥者[一〇七]，亦有義理。其他更有好處，亦有杜撰處。砥。[一〇八]

鄭東卿少梅説易象亦有是者。如鼎卦分明是鼎之象。他説革是爐之象，亦恐有此理。「澤中有火，革」，䷰上畫是爐之口，五四三是爐之腹，二是爐之下口，初是爐之底。然亦偶然此兩卦如此耳。廣。

鄭東卿説易亦有好處。如説中孚有卵之象，小過有飛鳥之象。「孚」字從「爪」從「子」，如鳥以爪抱卵也。蓋中孚之象，以卦言之，四陽居外，二陰居内，外實中虚，有卵之象。又言鼎象鼎形，革象風爐，亦是此義。此等處説得有些意思，但易一書盡欲如此牽合附會，少間便疏脱。學者須是先理會得正當道理了，然後於此等些小零碎處收拾以柎[一〇九]資益，不爲無補。若未得正路脈，先[一一〇]去理會這樣處，便疏略。僩。按，陳蔚同而略。[一一一]

程沙隨以井卦有「井谷射鮒」一句，鮒，蝦蟆也，遂説井有蝦蟆之象。「木上有水，井」，䷯云：「上，前兩足也；五，頭也；四，眼也；三與二，身也；初，後兩足也。」其穿鑿一至於此。某嘗謂之曰：「審如此，則此卦當爲『蝦蟆卦』方可，如何卻謂之井卦？」廣。

【校勘記】

［一］之　成化本作「人」。
［二］其　成化本此下有「變而玩其」。
［三］便是利意　成化本無。
［四］之　成化本無。
［五］亨　成化本此下有「以正」。
［六］作　成化本爲「分作」。
［七］之説　成化本無。
［八］易繫云　成化本無。
［九］又　文淵本作「爻」。
［一〇］然於其間又却　成化本爲「於其間」。
［一一］看　成化本無。
［一二］看　成化本無。
［一三］而今　成化本無。
［一四］成均之屬重　成化本爲「成均之屬樣恁地重」。

［一五］說個陰陽消長　成化本爲「大概只是說個陰陽因陰陽之消長」。
［一六］一是陽二是陰　成化本爲「一便是陽二便是陰」。
［一七］得　成化本無。
［一八］類　成化本此下注曰：「淳録云：『公謂卜筮之書便如今火珠林樣。』」
［一九］時　朱本作「得」。
［二〇］陳安卿　成化本爲「安卿」。
［二一］畫　成化本此下注曰：「淳録云：『較自然。』」
［二二］截　成化本此下注曰：「淳録云：『圓圖作兩段來拗曲。』」
［二三］個　成化本無。
［二四］個　成化本無。
［二五］事　成化本此下注曰：「淳録云：『不覺成來却如此齊整。』」
［二六］見一個物事子　成化本爲「見個物事」。
［二七］因卦以發　成化本爲「因以發底」。
［二八］時　成化本此下注曰：「淳録作『求師親賢』。」
［二九］人說道明理　成化本爲「而今人便說道解明理」。
［三〇］矣　成化本此下注曰：「淳録云：『彼九二、六四無頭無面，何以見得如此？亦只是在人用得也。』」

［三一］黄本止此　成化本無。

［三二］胡叔器　成化本爲「叔器」。

［三三］食　成化本此下有「我又卜瀍水東，亦惟洛食」。

［三四］按陳淳録同而略……亦只是士人用得也　成化本爲「淳録略」。

［三五］萬物　成化本爲「陰陽」。

［三六］故爻卜出去　成化本爲「故爻中出此」。

［三七］砥　成化本作「礪」。

［三八］又曰　成化本無。

［三九］似　成化本無。

［四〇］南升　成化本爲「可學」。

［四一］乾　成化本爲「大畜」。

［四二］南升　成化本爲「可學」。

［四三］明　成化本此下有「居則玩其占，有不待占而占自顯者」。

［四四］先生論易云　成化本無。

［四五］些小　成化本爲「些子」。

［四六］要便　成化本爲「便要」。

〔四七〕好　成化本無。

〔四八〕成化本此下注曰：「僩録詳。」

〔四九〕此條淵録成化本無。

〔五〇〕此條蓋卿録成化本無。

〔五一〕易坤六二爻　成化本爲「坤六二」。

〔五二〕着　成化本作「錯」。

〔五三〕矣　成化本此下注曰：「池録云：『如過劍門相似，須是驀直攛過，脱得劍門了，卻以之推説易之道理，横説竪説都不妨。若纔挨近兩邊觸動那劍，便是攛不過，便非易之本意矣。』」

〔五四〕本是如此　成化本爲「本是作如此用」。

〔五五〕好　成化本此下注曰：「池録云：『只是無情理。』」

〔五六〕成化本此下注曰：「蜀録析爲三，池録文差略。」據比勘，成化本此條僩録底本析爲三條，分别載於卷六十六、六十七。另參底本卷六十七僩録「今人未曾明得乾坤之象……發明誨人之理也」條，及卷六十七僩録「又曰文王之心……又不知後人以爲如何」條。

〔五七〕中　成化本作「占」。

〔五八〕則　成化本此上有「只」。

〔五九〕正吉　成化本爲「正言」。

[六〇] 按潘植録同而有詳略今附云　成化本爲「植録云」。
[六一] 始　成化本無。
[六二] 這説話　成化本爲「説這話」。
[六三] 者　成化本無。
[六四] 此條與上條賀孫録，成化本合爲一條。
[六五] 易之書大率如此　成化本無。
[六六] 按林夔孫録同而略無初九以下止利見大人　成化本無。
[六七] 如　成化本無。
[六八] 成化本此下注有「學履」。
[六九] 彼　成化本此下有「之」。
[七〇] 出　成化本無。
[七一] 此條僩録成化本載於卷六十八。
[七二] 之後之事　成化本爲「後事」。
[七三] 斬　成化本無。
[七四] 庚　成化本此條載於卷八十三。
[七五] 看　成化本作「着」。

〔七六〕按甘節録同　成化本無。

〔七七〕得　成化本無。

〔七八〕少陽老陰亦如此　成化本爲「少陽占第三位便含個七老陰占第四位便含個六」。

〔七九〕個　成化本無。

〔八〇〕此條成化本作爲注，附於卷六十五義剛録後，但注爲至録，參成化本該卷義剛録「問理與數……都遏他不住」條。

〔八一〕按夒淵録同　成化本爲「淵同」。

〔八二〕節按夒淵録同　成化本作「淵」。

〔八三〕此條學蒙録成化本無，但卷六十六以學履録爲注，附於賀孫録後，其内容與此相似，參底本下條。又，林學履乃林學蒙之弟。

〔八四〕成化本此下注曰：「學履録云：『變者，下至上而止。不變者，下便是不變之本，故以之爲主。』」

〔八五〕胡叔器　成化本爲「叔器」。

〔八六〕内一乾是貞　成化本爲「内體皆乾是一貞」。

〔八七〕外八卦是悔　成化本爲「外體八卦是八悔」。

〔八八〕按陳淳録同　成化本無。

〔八九〕砥　成化本作「礪」。

［九〇］請　成化本無。
［九一］那　成化本無。
［九二］此條方子録成化本以部分内容爲注，附於卷七十二淵録後，參底本卷七十二「利用遷國……遷來鼎州」條。
［九三］方子淵録同　成化本作「淵」。此條成化本載於卷七十二。
［九四］有個病子　成化本爲「有箇病」。
［九五］象　成化本無。
［九六］則　成化本作「只」。
［九七］聖人始假　成化本爲「若聖人姑假」。
［九八］據　成化本爲「只得」。
［九九］恁地説則成鑿了　成化本此上有「若恁地説則成穿鑿了」。
［一〇〇］學蒙　成化本爲「學履」。
［一〇一］爻　成化本作「象」。
［一〇二］上　成化本作「順」。
［一〇三］學蒙　成化本爲「學履」。
［一〇四］常　成化本作「至」。

［一〇五］其　成化本無。

［一〇六］學　成化本無。

［一〇七］者　成化本無。

［一〇八］砥　成化本作「礪」。

［一〇九］柎　成化本作「相」。

［一一〇］先　成化本作「光」。

［一一一］按陳蔚同而略　成化本爲「文蔚同」。按，底本「陳蔚」當爲「陳文蔚」之誤。

晦庵先生朱文公語類卷第六十七

易三

綱領下[一]

乾之「元亨利貞」，本是謂筮得此卦則大亨而利於守正，而彖辭文言皆以爲四德。某常疑如此等類皆是別立説以發明一意，至如坤之「利牝馬之貞」，則發得不甚相似矣。道夫。

上古之易方是「利用厚生」，周易始有「正德」意，如「利貞」是教人利於貞正，「貞吉」是教人貞正則吉。至孔子則説得道理又多。閎祖。[二]

上古之易只是「利用厚生」，周易始有「正德」意。[三]「利貞」、「貞吉」，文王説底方是教人「隨時變易以從道」。道夫。[四]

伏羲自是伏羲易，文王自是文王易，孔子自是孔子易。伏羲分卦，乾南坤北。文王卦又不同，故曰周易。「元亨利貞」，文王以前只是大亨而利於正，至[五]孔子方解作四德。易只是尚占之書。德明。

須是將伏羲畫底卦做一樣看，文王卦做一樣看。文王、周公說底彖、象做一樣看，孔子說底做一樣看，王輔嗣、伊川說底各做一樣看，方得。[六]伏羲是未有卦時畫出來，文王是就那見成底卦邊說。「畫前有易」，真個是恁地。這個卦是畫不迭底，那許多都在這裏了，不是畫了一畫又旋思量一畫，纔一畫時畫畫都具。淵。[七]

易只是說個卦象以明吉凶而已，更無他說。如乾有乾之象，坤有坤之象，人占得此卦者則有此用以斷吉凶，那裏說許多道理？今人讀易當自[八]分爲三等，伏羲自是伏羲之易，文王自是文王之易，孔子自是孔子之易。讀伏羲之易，如未有許多彖象文言說話，方見得易之本意只是要作卜筮之[九]用。如伏羲畫八卦，那裏有許多文字言語，只是說八個卦有某象，乾有乾之象而已。其大要不出於陰陽剛柔、吉凶消長之理。然亦未嘗說破，只是使人知卜得此卦如此者吉，彼卦如此者凶。今人未曾明得乾坤之象，便先說乾坤之理，所以說得都無情理，爲此也。[一〇]及文王周公分爲六十四卦，添入「乾元亨利貞」、「坤元亨利牝馬之貞」，早是非[一一]伏羲之意，已是文王、周公自說他一般道理了。然猶是就人占處說，如卜得乾卦，則大亨而利於正耳。及孔子繫易，作彖象文言，則以「元亨利貞」爲乾之四德，又非文王之易矣。到得孔子盡是說道理。然猶就卜筮上發出許多道理，欲人曉得所以凶、所以吉。卦爻好則吉，卦爻不好則凶。若卦爻大好而自家之福[一二]相當，則吉；若[一三]卦爻雖吉而自家之德[一四]不足以勝之，則雖吉亦凶；若[一五]卦爻雖凶而自家之德[一六]足以勝之，則雖凶猶吉，反覆都就占筮上發明誨人底道理。如云「需于泥，致寇至」，此卦爻本自不好，而象卻曰「自我致寇，敬慎不敗也」。蓋卦爻雖不好，而占之者能敬慎畏防，則亦不至於敗。蓋需者，待也。需有可待之時，以[一七]就需之時思患預防，而不至於敗也。此則聖人就占處發明誨人之理也。僩。[一八]

問易。曰：「聖人作易之初，蓋是仰觀俯察，見得盈乎天地之間無非一陰一陽之理。有是理則有是象；有是象則其數便自在這裏，非特河圖洛書爲然。蓋所謂數者，祇是氣之分限節度處，得陽必奇，得陰必偶，凡物皆然，而圖書爲特巧而著耳。於是聖人因之而畫卦，其始也只是畫一奇以象陽，畫一偶以象陰而已。但纔有兩則便有四，纔有四則便有八，又從而再倍之便是十六。蓋自其無朕之中而無窮之數已具，不待安排而其勢有不容已者。卦畫既立，便有吉凶在裏。蓋是陰陽往來交錯於其間，其時則有消長之不同，長者便爲主，消者便爲客；事則有當否之或異，當者便爲善，否者便爲惡。即其主客善惡之辨而吉凶見矣，故曰『八卦定吉凶』。吉凶既決定而不差，則以之立事，而大業自此生矣。此聖人作易教民占筮，而以開天下之愚、以定天下之志、以成天下之事者如此。但自伏羲而上，但有此六畫而未有文字可傳，到得文王、周公乃繫之以辭，故曰『聖人設卦觀象，繫辭焉而明吉凶』。蓋是卦之未畫也，因觀天地自然之法象而畫。及其既畫也，一卦自有一卦之象，象謂有個形似也，故聖人即其象而命之名。以爻之進退而言，則如剥、復之類；以其形之肖似而言，則如鼎、井之類，此是伏羲即卦體之全而立個名如此。及文王觀卦體之象而爲之彖辭，周公視卦爻之變而爲之爻辭，而吉凶之象益著矣。大率天下之道只是善惡而已，但所居之位不同、所處之時既異，而其幾甚微。只爲天下之人不能曉會，所以聖人因此占筮之法以曉人，使人居則觀象玩辭，動則觀變玩占，不迷於是非得失之塗，所以是書夏商周皆用之。其所言雖不同，其辭雖不可盡見，然皆太卜之官掌之以爲占筮之用。有所謂『繇辭』者，左氏所載，尤可見古人用易處。蓋其所謂『象』者，皆是假此衆人共曉之物以形容此事之理，使人知所取舍而已。故自伏羲而文王、周公，雖自略而詳，所謂占筮之用則一。蓋即那占筮之中，而所以處置是事之理，便在那裏了。故其法若粗淺，而隨人賢愚，皆得其用。蓋文王雖是有定象、有定辭，皆是虛説此個地頭合是如此處置，初不黏着物上，故一卦一爻足以包無窮之事，不可只以一事指定説。他裏面也有指一事説處，如『利建侯』、『利用祭祀』之類，其他皆不是指一事説。此所以見易之爲用無所不該、無所不遍，但看人如何用之耳。到得夫子方始純以理言，雖未必是羲文本意，而事上説理亦是如此，但不可便以夫子之説爲文王之説。」又曰：「易是個有道理底卦影。易以占筮作，許多理□□□曰「用」字，無「許多」二字，而「理」上有「道」字。[一九]便也在裏，但是未便説到這處。如楚詞以神爲君，以林無此字。[二〇]祀之者爲臣，以寓林作「見」。[二一]其敬事林作「奉」。〔二二〕不可忘之意。林此處有「他意」二字。〔二三〕固是説君臣，林此處有「但假托事神而説」一句。〔二四〕但是林無此二字，有「今也須」三字。〔二五〕先且爲他林無此字。〔二六〕説事神，然後及他事君，意趣始得。林無此三字，有「處」字。〔二七〕今人解説，便林無此四字，有「解者」二字。〔二八〕直去解作事君底意思，也不喚做不是林自「底」以下九字但曰「未爲不是」。〔二九〕他意，林無此二字。〔三〇〕但須是〔三一〕先與林無「與」字，有「爲他」二字。〔三二〕結了那林無「那」字，有「事神」二字。〔三三〕一重了，方可及這裏，方得本末周備。林自「了」以下至此皆無，但曰「方及那處」。〔三四〕易便是如此。今人心性褊急，更不待先説他本意，便將道林無「道」字。〔三五〕理來衮説了。自「易以占筮」止此，與林録同。〔三六〕易如一個鏡相似，看甚物來都能照得。如所謂『潛龍』，只是有個潛龍之象，自天子至於庶人，看甚人求〔三七〕都便〔三八〕得。孔子説作『龍德而隱，不易乎世，不成乎名，遯世無悶，不見是而無悶，樂則行之，憂則違之，確乎其不可拔，潛龍也〔三九〕』，便是就事上指殺説了〔四〇〕。然會看底，雖孔子説也活也無不通；不會看底，雖文王周公説底也死了。須知得他是假託説，是包含説。假託謂不惹着那事，包含是説個影象在這裏無所不包。」又曰：「卦雖八，而數須是十。八是陰陽數，十是五行數。一陰一陽便是二，以二乘二便是四，以四乘四便是八。五行本只是五而有十者，蓋是一個便包兩個，如木便包甲乙，火便包丙丁，土便包戊己，金便包庚辛，水便包壬癸，所以爲十。彖辭，文王作；爻辭，周公作，是先儒從來恁地説，且得依他。謂爻辭爲周公者，蓋其中有説文王，不應是文王自説也。」賀孫。按「易

以占筮作」以下，下至「衮説了」，與林夔孫同。[四一]

孔子之易非文王之易，文王之易非伏羲之易，伊川易傳又自是程氏之易也。故學者且依古易次第，先讀本爻，則自見本旨矣。方子。

凡人看易須是[四二]將伏羲畫卦、文王重卦、周公爻辭、孔子繫辭及程氏傳各自看，不要相亂惑，無牴牾處也。處謙。[四三]

又曰：「文王之心已自不如伏羲寬闊，急要説出來。孔子之心不如文王之心寬大，又急要説出道理來。所以本意浸失，都不顧元初聖人畫卦之意，只認各人説自家[四四]一副當道理而已[四五]。及至伊川之易，[四六]又説[四七]他一樣，微似孔子之易而又甚焉。其所以説易之説，[四八]自伏羲至伊川自成四橫[四九]。某所以不敢從，而原易之所以作而爲之説，爲此也。」用之云：「聖人作易，只是明個陰陽剛柔、吉凶消長之理而已。」先生曰：「雖是如此，然伏羲作易只是畫八卦如此，也何嘗明説陰陽剛柔吉凶之理？然其中則具此道理。想得個古人教人也不甚説，只是説個方法如此，使人依而行之，如此則吉，如此則凶。伏羲八卦那裏有許多言語在？某之此説據某所見如此。東坡解易自云『有易以來，未有此書』，又不知後人以爲如何。」[五〇]僩。[五一]

邵子易數[五二]

康節易數出於希夷。他在静中推見得天地萬物之理如此，又與他數合，所以自樂。今道藏中有此卦數。謂魏伯陽參同契。魏，東漢時[五三]人。德明。

王天悦雪夜見康節於山中，猶見其儼然危坐。蓋其心地虛明，所以推得天地萬物之理。其數以陰陽剛柔四者爲準，四分爲八，八分爲十六，只管推之無窮。有太陽、太陰、少陽、少陰、太剛、太柔、少剛、少柔。今人推他數不行，所以無他胸中。德明。

康節也則是一生二，二生四，四生八。淵。

問：「康節云『天根月窟閑來往，三十六宮都是春』，蓋云天理流行，而己常周旋乎其間，天根月窟是個總會處，如『大明終始，時乘六龍』之意否？」先生曰：「是。」砥。[五四]

聖人説數説得疏，到康節説得密了。他也從一陰一陽起頭。他卻做陰、陽、太、少，乾之四象；剛、柔、太、少，坤之四象。又是那八卦。他説這易，將那「元亨利貞」全靠着那數。三百八十四爻管定那許多數，説得太密了。易中只有個奇耦之數是自然底，「大衍之數」卻是用以揲蓍底。康節盡歸之數，所以二程不肯問他學。若是聖人用數，不過如「大衍之數」便是。他須要先揲蓍以求那數，起那卦，數是恁地起，卦是恁地求。不似康節坐地默想推將去，便道某年某月某

日當有某事。聖人決不恁地！淵。池本注云：「此條有誤可詳之。」〔五五〕

「聖人數説〔五六〕，説得簡略高遠疏闊。易中只有個奇耦之數天一地二。〔五七〕是自然底數也，大衍之數是揲蓍底數也，惟此二者而已。康節卻盡歸之數，切恐聖人必不爲也。」因言：「或指一樹問康節曰：『此樹有數可推否？』康節曰：『亦可推也，但須待其動爾。』頃之，一葉落，便從此推去，此樹甚年生，甚年當死。凡起數，靜則推不得，須動方推得起。」方子。〔五八〕

用之〔五九〕云：「康節説易極好〔六〇〕，見得透徹。」先生曰：「然伊川不服他，常忽其説。〔六一〕嘗有一柬〔六二〕與横渠云：『康節〔六三〕説易好聽。今夜試來聽他説看。』某嘗言〔六四〕，此理〔六五〕便是伊川不及孔子處。只觀孔子便不如此。」〔六六〕用之云：〔六七〕「康節心胸如此快活，如此廣大，人如何似他？」〔六八〕先生曰：「他〔六九〕甚麽樣做工夫！」僩。〔七〇〕

程子易傳

已前人〔七一〕解易多只説象數，自程門以後，人方都作道理説了。砥。〔七二〕

伊川先生晚年所見甚實，更無一句懸空説底話。今觀易傳可見，何嘗有一句不着實！大雅。

伯恭謂「易傳理到語精，平易的當，立言無毫髮遺恨」，此乃名言。今作文字不能得如此，自是牽强處多。一本云：「自然」，無「自是」以下一句。〔七三〕閎祖。

「易傳明白，無難看。但伊川以天下許多道理散入六十四卦中，若作易看即無意味，唯將來作事看，即句句字字有用處。」問胡文定春秋。曰：「他所説盡是正理，但不知聖人當初是恁地不是恁地？今皆見不得。所以某於春秋不敢措一辭，正謂不敢臆度爾。」道夫。

易傳，須先讀他書理會得義理了，方有個入路，見其精密處。蓋其所言義理極妙，初學者未曾使著，不識其味，都無啓發。如遺書之類，人看著卻有啓發處。非是易傳不好，是不合使未當看者看，須是已知義理者得此便可磨礲入細。此書於學者非是啓發工夫，乃磨礲工夫。㽦。

程氏[七四]易傳難看，其用意精密、道理平正，更無抑揚。若能看得有味，則其人亦大段知義理矣。蓋易中説理是豫先説下個[七五]未曾有底事，故乍看甚難。不若大學中庸有個準則，讀着便令人識蹊徑。詩又能興起人意思，皆易看。如謝顯道論語卻有啓發人處，雖其説或失之過，識得理後卻細密商量、令平正也。人傑。

伯恭多勸人看易傳，一禁禁定，更不得疑著。局定學者只得守此個義理，固是好。但緣此使學者不自長意智，何緣會有聰明！㽦。

看易傳若自無所得，縱看數家底，被惑。[七六]伊川先生教人看易須[七七]只看王弼注，胡安定、王介甫解。今有伊川傳，只看此尤妙。辛。[七八]

銖[七九]問：「易傳如何看？」先生曰：「且只恁地看。」又問：「程易於本義如何？」曰：

「程易不説易文義，只説道理處，極好看。〔八〇〕」又問：「乾繫辭〔八一〕下解云：『聖人始畫八卦，三才之道備矣。因而重之以盡天下之變，故六畫而成卦。』據此説，卻是聖人始畫八卦，每卦便是三畫，聖人因而重之爲六畫。似與邵子兩〔八二〕生四，四生八，八生十六，十六生三十二，三十二生六十四，爲六畫，不同。」曰：「康節〔八三〕此意不曾説與程子，程子亦不曾問之，故一向只隨他所見去。但説〔八四〕『聖人始畫八卦』，不知聖人畫八卦時先畫甚卦？此處便曉他不得。」又問：「啓蒙所謂『自太極而分兩儀，則太極固太極，兩儀固兩儀；自兩儀而分四象，則兩儀又爲兩〔八五〕太極，而四象又爲兩儀』，以至四象生八卦，節節推去，莫不皆然。可見一物各具一太極，是如此否？」曰：「此只是一分爲二，節節如此，以至於無窮，皆是一生兩爾。」〔八六〕又問：「『以功用謂之鬼神，以妙用謂之神』，二『神』字不同否？」曰：「『鬼神』之『神』説得粗，此『神』又是説『妙用』也者。〔八七〕繫辭〔八八〕言『鬼〔八九〕神也者，妙萬物而爲言』，此所謂『妙用謂之神』也；言『知鬼神之情狀』，此所謂『功用謂之鬼神』也，只是推本繫辭説。程易除去解易文義處，只單説道理處，則如此章説『天，專言之則道也』以下數句皆極精。」又〔九〇〕問：「『元亨利貞』，乾之四德；仁義禮智，人之四德。然亨却是禮，次序却不同，何也？」曰：「此仁義禮智猶言春夏秋冬也。〔九一〕」因問李子思易説。曰：「他是胡説。」因問：「或云『先生許其説乾坤二卦本於誠敬』，果否？」曰：「就他説中，此條稍是。但渠只是以乾卦説『修辭立其誠』、『閑邪存其誠』，坤卦說『敬以直内』，便説是誠敬爾。」銖云：「恐渠亦未曾實識得誠敬。」曰：「固是。且謾説耳。」

又問：「『天，專言之則道也』，又曰『天地者，道也』，不知天地即道耶？[九二]」曰：「天[九三]地只以形言之[九四]。『先天而天弗違』，如『禮或[九五]先王未之有而可以義起』之類，雖天之所未爲，而吾意之所爲自與道契，天亦不能違也。『後天而奉天時』，如『天敘有典，天秩有禮』之類，雖天之所已爲，而理之所在，吾亦奉而行之耳。蓋大人無私，以道爲體，此一節只是釋大人之德。其曰『與天地合其德，與日月合其明，與四時合其序，與鬼神合其吉凶』，將天地對日月鬼神説，便是指有形者[九六]言。伊川此句，某未敢道是。」銖。[九七]

「易傳言理甚備，象數却欠在。」又云：「易傳亦有未安處。如无妄六二『不耕穫，不菑畬』，只是説一個無所作爲之意。易傳却言『不耕而穫，不菑而畬，謂不首造其事』，殊非正意。」閎祖。

易要分内外卦看，伊川却不甚理會。如巽而止則成蠱，止而巽便不同。蓋先止後巽，却是有根株了方巽將去，故爲漸。㽦。

問：「伊川易説理太多。」曰：「伊川言：『聖人有聖人用，賢人有賢人用。若一爻止做一事，則三百八十四爻止做得三百八十四事。』也説得極好。然他辭[九八]解依舊是三百八十四爻止做得三百八十四事用也。」淳。義剛録小異，今附，云：[九九]「林擇之云：『伊川易説得理也太多。』先生曰：『伊川求之便是太深。嘗説三百八十四爻不可只作三百八十四爻解，其説也好。而今似他解時，依舊三百八十四爻只作得三百八

十四般用了。』」〔一〇〇〕

問：「程傳大概將三百八十四爻做人説，恐通未盡否？」曰：「也是。則是不可粘定做人説。看占得如何。有就事言者，有以時節言者，有以位言者。以吉凶言之則爲事，以初終言之則爲時，以高下言之則爲位，隨所值而看，皆通。繫辭云『不可爲典要，惟變所適』，豈可粘定做人説！」學蒙。〔一〇一〕

伊川易煞有重疊處。孔明出師表，文選與三國志所載字多不同，互有得失。「五月渡瀘」是説前輩〔一〇二〕。如孟獲之七縱七擒正其時也。渡瀘是先理會南方許多去處。若不先理會許多去處，到向北去，終是被他在後乘間作撓。既理會得了，非惟不被他來撓，又却得他兵衆來使。賀孫。〔一〇三〕

易傳説文義處猶有些小未盡處。公謹。

學者須讀詩與易。易〔一〇四〕尤難看。伊川易傳亦有未盡處。當時邵康節〔一〇五〕傳得數甚佳，却輕之不問。天地必有倚靠處，如復卦先動而後順，豫卦先順而後動，故其象辭極嚴。似此處却閑過了。可學。

易，變易也。「隨時變易以從道」，正謂伊川這般説話難説。蓋他把這書硬定做人事之書。他説聖人做這書，只爲世間人事本有許多變樣，所以做這書出來。淵。

易傳序：[一〇六]「至微者，理也；至著者，象也。體用一原，顯微無間。『觀會通以行其典禮』，則辭無所不備。」此是一個理，一個象，一個辭。然欲理會理與象又須就[一〇七]辭上理會，辭上所載皆「觀會通以行其典禮」之事。凡於事物須就其聚處理會，尋得一個通路行去。若不尋得一個通路，只驀地行去，則必有礙。「典禮」只是常事，「聚」[一〇八]是事之合聚交加難分別處。如庖丁解牛固是「奏刀劃[一〇九]然，莫不中節」，若至那難處便着些氣力方得通。故莊子又說：「雖然，每至於族，吾見其難爲，怵然爲戒，視爲止，行爲遲。」莊子說話雖無頭當，然極精巧，說得到。今學者卻於辭上看「觀其會通以行典禮」也。

「體用一源」，體雖無迹，中已有用。「顯微無間」者，顯中便其[一一〇]微。天地未有，萬物已具，此是體中有用；天地既立，此理亦存，此是顯中有微。節。

劉用之問易傳序「觀會通以行典禮」。曰：「如堯舜揖遜，湯武征伐，皆是典禮處。只[一一一]是常事。」

「求言必自近，易於近者非知言者也」，此伊川喫力爲人處。寓。

朱子易本義易學啓蒙[一一二]

方叔問：「易[一一三]本義何專以卜筮爲主？」曰：「且須熟讀正文，莫看注解。蓋古易，彖、象、文言各在一處，至王弼始合爲一，後世諸儒遂不敢與移動。今難卒説，且須熟讀正文，久當自悟。」大雅。

某之易簡略者，當時只是略搭記。兼文義，伊川及諸儒皆已説了，某只就語脈中略牽過這意思。砥。〔一一四〕

聖人作易，有説得極疏處，甚散漫。如爻象，蓋是泛觀天地萬物取得來闊，往往只髣髴有這意思，故曰「不可爲典要」。又有説得極密處，無縫罅，盛水不漏，如説「吉凶悔吝」處是也。學者須是大着心胸方看得。譬如天地生物有生得極細巧者，又自有突兀粗拙者。近趙子欽有書來云，某説語孟極詳，易説卻太略。譬之此燭籠，添得一條骨子則障了一路明，若能盡去其障，使之統體〔一一五〕光明，豈不更好！蓋着不得詳説故也。方子。淵録同而略，今附，云：〔一一六〕「易中取象似天地生物，有生得極細巧底，有生得粗拙突兀底。趙子欽云『本義太略』。此譬如燭籠，添了一條竹片便障却〔一一七〕一路明，盡徹去了，使它統體光明，豈不更好！蓋是着不得詳説，如此着〔一一八〕來則取象處如何拘得！」

啓蒙，初間只因看歐陽公集内或問易「大衍」，遂將來考算得出。以此知諸公文集雖各自成一家文字，中間自有好處。緣是這道理人人同得，看如何也自有人見得到底。賀孫。

先生於詩傳自以爲無復遺恨，曰：「後世若有揚子雲，必好之矣。」而意不甚滿於易本義。

蓋先生之意，只欲作卜筮用，而爲先儒説道理太多，終是翻這窠臼未盡，故不能不致遺恨云。僩。

先生問時舉：「看易如何？」時舉云：〔一一九〕「只看程易，見其只就人事上説，無非日用常行底道理。」先生云：〔一二〇〕「易最難看，須要識聖人當初作易之意。且如泰之初九『拔茅茹，以其彙，征吉』，謂其引賢類進也，都不正説引賢類進而云『拔茅』，何耶？如此之類要須思看。某之啓蒙自説得分曉，且試去看。」因云：「某少時看文字時，凡見有説得合道理底須旁搜遠取，必要看得他透。今之學者多不如是，如何？」時舉退看啓蒙。晚往侍坐，時舉云：「向者看程易只就注解上生議論，卻不曾靠得易看，所以不見得聖人作易之本意。今日看啓蒙，方見得聖人一部易皆是假借虛設之辭。蓋緣天下之理若正説出便只作一件用，唯以象言，則當卜筮之時看是甚事都求應得。如泰之初九，若正作引賢類進説，則後便只作得引賢類進用。唯以『拔茅茹』之象言之，則其他事類此者皆可應也。啓蒙警學篇云『理定既實，事來尚虛。用應始有，體該本無』，便見得易只是虛設之辭，看事如何應耳。未知如此見得否？〔一二一〕」先生頷之。因云：「程易中有甚疑處，可更商量看。」時舉問：「坤六二爻傳云『由直方而大』，切意大是坤之本體，安得由直方而後大耶？」曰：「直、方、大是坤有此三德。若就人事上説，則是『敬義立而德不孤』，豈非由直方而後大耶？」時舉。

敬之問啓蒙「理定既實，事來尚虛。用應始有，體該本無。稽實待虛，存體應用。執古御今，以靜制動」。曰：「聖人作易只是説一個理，都未曾有許多事，卻待他甚麽事來湊。所謂『事來尚虚』，蓋謂事之方來尚虚而未有，若論其理則先自定，固已實矣。『用應始有』謂理之用實，故有。『體該本無』，謂理之體該萬事萬物，又初無形迹之可見，故無。下面云，稽考實理以待事物之來，存此理之體以應無窮之用。『執古』，古便是易書裏面文字言語。『御今』，今便是今日之事。『以靜制動』，理便是靜底，事便是動底。且如『即鹿無虞，惟入於林中。君子幾，不如舍，往吝』，其理謂將即鹿而無虞，人必陷於林中，若不舍而往，是取吝之道。這個道理，若後人做事，如求官爵者求之不已，便是取吝之道，求財利者求之不已，亦是取吝之道。又如『潛龍勿用』，其理謂當此時只當潛晦，不當用。若占得此爻，凡事便未可做，所謂『君子動則觀其變而玩其占』。若是無事之時觀其象而玩其辭，亦當知其理如此。某每見前輩説易止把一事説。某之説易所以異於前輩者，正謂其理人人皆用之，不問君臣上下、大事小事，皆可用。前輩止緣不把做占説了，故此易竟無用處。聖人作易，蓋謂當時之民遇事都閉塞不知所爲，故聖人示以此理，教他恁地做便會吉，如此做便會凶，必恁地則吉而可爲，如此則凶而不可爲。大傳所謂『通天下之志』是也。通是開通之意，是以易中止説道善則吉，卻未嘗有一句説不善亦會吉。仁義忠信之事占得其象則吉，卻不曾説不仁不義不忠不信底事占得亦會吉。如南蒯得『黄裳』之卦，自以爲大吉，而不知黄中居下之義方始會元吉，反之則凶。大傳説『上下無常，剛柔相易，不可爲典要，惟變所適』，便見得易人人可用，不是死法。雖道是二五是中，卻其間有位二五而不吉者，有當位而吉，亦有當位而不吉者。若揚雄太玄，皆排定了第幾爻便吉，第幾爻便凶，此便是死法。故某嘗說學者未可看易，雖是善則吉、惡則凶，〔一二二〕然其規模甚散，其辭又澁，學者驟去理會他文義已自難曉，又且不曾盡經歷許多事意，都去湊他意不着。所以孔子晚年方學易，到得平常教人，亦只言『興於詩，立於禮，成於樂』，卻未曾說到易。」又云：「易之卦爻，所以該盡天下之理。一爻不止於一事，而天下之理莫不具備，不要拘執着。今學者涉世未廣，見理未盡，湊他底不着，所以未得他受用。」賀孫。

讀易之法

說及讀易，曰：「易是個無形影底物，不如且先讀詩書禮，卻緊要。『子所雅言，詩、書、執禮，皆雅言也。』」淳。

問：「看易如何？」先生曰：「『詩、書、執禮』，聖人以教學者，獨不及於易。至於『假我數年，五十以學易』，乃是聖人自說，非學者事。蓋易是個極難底事〔一二三〕，非他書之比也。如古者先王『順詩書禮樂以造士』，亦只是以此四者，亦不及於易。蓋易只是個卜筮書，藏於太史、太卜以占吉凶，亦未有許多說話。及孔子始取而敷繹爲十經〔一二四〕，文言、雜卦、彖、象之類，〔一二五〕方說出道理來。當初只是個卜筮之書耳。〔一二六〕」僩。

易只是空說個道理，只就此理會能見得如何？不如「詩、書、執禮，皆雅言也」，一句便是一句，一件事便是一件事。如春秋，亦不是難理會底，一年事自是一年事。且看禮樂征伐是自天子出？是自諸侯出？是自大夫出？今人只教〔一二七〕去一字上理會褒貶，要求聖人之意。千百年後如何知得他肚裏事？聖人說出底猶自理會不得，不曾說底便〔一二八〕如何理會得！淳。

易與春秋難看，非學者所當先。蓋春秋所言以爲褒亦可，以爲貶亦可。易如此說亦通，如彼說亦通。大抵不比詩書的確，難看。

問：「易如何讀？」曰：「只要虛其心以求其義，不要執己見讀。其他書亦然。」以上答萬人傑問、金去僞問。〔一二九〕又曰：〔一三〇〕「人讀書不可攙前去，下梢必無所得。如理會論語，只得理會論語，不得存心在孟子。如理會里仁一卷〔一三一〕，且逐章相挨理會去〔一三二〕，却〔一三三〕然後從公治長理會去，此讀書之常法也。〔一三四〕」謨。〔一三五〕

人自有合讀底書，如大學語孟中庸等書豈可不讀！讀此四書，便知人之所以不可不學底道理，與其爲學之次序，然後更看詩書禮樂。某纔見人說看易便知他錯了，未嘗識那爲學之序。易自是別是一個道理，不是教人底書。故記中只說先王「崇四術，順詩書禮樂以造士」，不說易也。語孟中亦不說易。至左傳、國語方說，然亦只是卜筮爾。蓋易本爲卜筮作，故夫子曰：「易有聖人之道四焉：以言者尚其詞，如程子所説是也。以動者尚其變，已是卜筮了，易以變者占，故曰：「君子居則觀其象而玩其詞，動則觀其變而玩其占。」以制器者尚其象，十三卦是也。以卜筮者尚其占。」文王、周公之詞皆是爲卜筮。後來孔子見得有是書必有是理，故因那陰陽消長盈虛説出個進退存亡之道理來。要之，此是[一三六]聖人事，非學者可及也。今人説[一三七]伏羲作易，示人以天地造化之理，便是[一三八]自家又如何知得伏羲意思？兼之伏羲畫易時亦無意思，他自見得個自然底道理了，因借他手畫出來爾，故用以占筮無不應。其中言語亦煞有不可曉者，然亦無用盡曉。蓋當時事與人言語，自有與今日不同者。然其中有那事今尚存，言語有與今不異者，則尚可曉爾。如「利用侵伐」是事存而詞可曉者。只如比卦初六「有孚比之，無咎。有孚盈缶，終來有他吉」之類，便不可曉。某嘗語學者，欲看易時且將孔子所作十翼[一三九]分明易曉者看，如文言中「元者善之長」之類。如中孚九二「鳴鶴在陰，其子和之」，亦不必理會鶴如何在陰？其子又如何和？且將那繫辭傳中所説言行處看。此雖至[一四〇]淺，然卻不到差了。蓋爲學只要理會自己胸中事爾。某嘗謂上古之書莫尊於易，中古後書莫大於春秋，然此兩書皆未易看。今人纔理會二書便入於鑿。若要讀此二書，且理會他大義：易則是個[一四一]尊陽抑陰，進君子而退小人，明消息盈虛之理；春秋則是個[一四二]尊王賤伯，內中國而外夷狄，明君臣上下之分。廣。

敬之問易。曰：「如今不曾經歷得許多事過，都自凑他道理不着，若便去看也卒未得他受用。孔子晚而好易，可見這書卒未可理會。如春秋、易，都是極難看底文字。聖人教人自詩禮起，如鯉趨過庭，曰：『學詩乎？學禮乎？』詩是吟詠情性、感發人之善心，禮使人知得個定分，這都是切身工夫。如書亦易看，大綱亦似詩。」賀孫。

易道神便如心性情。淵。[一四三]

「『潔靜精微』是不犯手。」又云：「是各自開去，不相沾黏。去聲。」方子。[一四四]

看易須是看他卦爻未畫以前是怎模樣，卻就這上見得他許多卦爻象數是自然如此，不是杜撰。且詩則因風俗世變而作，書則因帝王政事而作。易初未有物，只是懸空説出。當其未有卦畫，則渾然一太極，在人則是喜怒哀樂未發之中。一旦發出，則陰陽吉凶事事都有在裏面。人須是就至虛靜中見得這道理周遮通瓏方好，若先靠定一事説，則滯泥不通了。此所謂「潔靜精微，易之教也」。學蒙。[一四五]按，沈僩録同而少異，今附於下，云：[一四六]「看易須是看他未畫卦以前是怎生模樣，卻就這裏看他許多卦爻象數非是杜撰，都是自然如此。[一四七]未畫之前，在易只是渾然一理，在人只是湛然一心，都未有一物在，便是寂然不動、喜怒哀樂未發之中也。忽然在這至虛至靜之中有個象，方發出許多象數吉凶道理來，所以靈，所以説『潔靜精微』之謂易。易只是個『潔靜精微』，若似如今人説得恁地拖泥帶[一四八]水，有甚理會處！」[一四九]

易難看，不比他書。易説一個物，非真是一個物，如説龍非真龍。若他書則真是實[一五〇]，孝弟便是孝弟，仁便是仁。易中多有不可曉處，如「王用亨于西山」，此卻是「享」

字，只看「王用亨于帝，吉」則如[一五一]此是祭祀山川底意思。如「公用亨于天子」，亦是「亨」字，蓋朝覲燕饗之意。易中如此類甚多。後來諸公解只是以己意牽强附合，終不是聖人意。易難看，蓋如此。賜。

「易最難看。其爲書也廣大悉備，包涵萬理，無所不有。其實是古者卜筮書，不必只說理，象數皆可說。將去做道家、醫家等說亦有，初不曾滯於一偏。某近看易，見得聖人本無許多勞攘。自是後世一向亂說，妄意增減，便[一五二]要作一說以强通其義，所以聖人經旨愈見不明。且如解易，只是添虛字去迎過意來便得，今人解易迺去添他實字，卻是借他做己意說了。又恐或者一說有以破之，其勢不得不支離，更爲一說以護吝之。說千說萬，與易全不相干。此書本是難看底物，不可將小巧去說，又不可將大話去說。」又云：「易難看，不惟道理難尋，其中或有用當時俗語，亦有他事後人不知者。且如『樽酒簋貳』，今人硬說作二簋，其實無二簋之實。陸德明自注斷，人自不曾去看。如所謂『貳』乃是周禮『大祭三貳』之『貳』，是『副貳』之『貳』，此不是某穿鑿，卻有古本。若是强爲一說，無來歷，全不是聖賢己[一五三]語。」[一五四]

易不須說得深，只是輕輕地說過。淵。

和靜學易，從伊川。一日只看一爻。此物事成一片，動着便都成片，不知如何只看一爻得。砥。[一五五]

看易須着四日看一卦：一日看卦辭、彖、象，兩日看六爻，一日統看，方細〔一五六〕。因吳宜之記不起，云然。閎祖。

「讀易之法，先讀正經，不曉則將彖、象、繫辭來解。」又曰：「易爻辭如籤解。」節。

易中彖辭最好玩味，説得卦中情狀出。季札。

八卦爻義最好玩味。祖道。

先就乾坤二卦上看得本意了，則後面皆有通路。砥。〔一五七〕

繫辭中説「是故」字都是喚那下文起，也有相連處，也有不相連處。淵。

張欽夫〔一五八〕説易，謂只依孔子繫辭説便了。如説「公用射隼于高墉之上，獲之，無不利」，子曰：「隼者，禽也。弓矢者，器也。射之者，人也。君子藏器于身，待時而動，何不利之有？動而不括，是以出而有獲，語成器而動者也。」只如此説便了。固是如此，聖人之意只恁地説不得。緣在當時只理會象數，故聖人明之以理。賀孫。

「佛〔一五九〕家有三包〔一六〇〕，有函蓋乾坤句，有隨波逐流句，有截斷衆流句。聖人言語亦然。如『以言乎遠則不禦，以言乎邇則靜而正』，此函蓋乾坤句〔一六一〕。如『井以辨義』等句，只是隨道理説得將出去〔一六二〕，此隨波逐流句〔一六三〕。如『復〔一六四〕見天地之心』、『神者妙萬物』之句〔一六五〕，此截斷衆流句也。」學蒙。〔一六六〕

總論卦彖爻

古易十二篇，人多説王弼改今本，或又説費直初改。只如乾坤卦次序，後來王弼盡改彖象各從爻下。近日吕伯恭卻去後漢中尋得一處，云是韓康伯改，都不説王弼。據某考之，其實是韓康伯初改，如乾卦次序。其他是王弼改。雉。

卦，分明自將一片木畫掛於壁上，所以爲卦。爻是兩個交义〔一六七〕，是交變之義，所以爲爻。學蒙。〔一六八〕

問：「見朋友記答〔一六九〕，云先生謂〔一七〇〕『伏羲只畫八卦，未有六十四卦』。今看先天圖則是那時都有了，不知如何。」曰：「不曾恁地説。那時六十四卦都畫了。」又問云：「那時未有文字言語，恐也只是卦畫，未有那卦名否？」曰：「而今見不得。」學蒙。〔一七一〕

卦體如内健外順、内陰外陽之類，卦德如乾健坤順之類。淵。

有一例，成卦之主皆説於彖詞下，如屯之初九「利建侯」，大有之五，同人之二，皆如此。砥。〔一七二〕

或説一是卦〔一七三〕初畫。某謂那時只是陰陽，未有乾坤，安得乾初畫？初間只有一畫者二，到有三畫，方成乾卦。淳。

問：「『乾一畫，坤兩畫』，如何？」曰：「觀『乾一而實與坤二而虛』之說可見。〔一七四〕乾只是一個物事充實遍滿，天之包内皆天之氣。〔一七五〕坤便有開闔，乾氣上來時，坤便開從兩邊去，如兩扇門相似。」〔一七六〕僩。〔一七七〕

凡易一爻皆具兩義，如此吉者，不如此則凶；如此凶者，不如此則吉。如「出門同人」，須是自出去與人同方吉，若以人從欲則凶。亦有分明〔一七八〕說破底，如〔一七九〕「婦人吉，夫子凶」、「咸其腓，雖凶居吉」、「君子得輿，小人剥廬」。如「需于泥，致寇至」更不決吉凶，夫子便象辭中說破，云「若敬慎則不敗也」，此是一爻中具吉、凶二義者。如小過「飛鳥以凶」，若占得此爻，則更無可避禍處，故象曰「不可如何也」。𣵀。

六爻不必限定是說人君。且如「潛龍勿用」，若是庶人得之自當不用，人君得之也當退避。「見龍在田」，若是衆人得亦可用事。「利見大人」，如今人所謂宜見貴人之類。易不是限定底物。伊川亦自說「一爻當一事，則三百八十四爻只當得三百八十四事」，說得自好。不知如何到他解卻恁地說。淵。

易中緊要底只是四爻。淵。

伊川云「卦爻有相應」，看來不相應者多。且如乾卦，如其說時除了二與五之外，初何嘗應四？三何嘗應六？坤卦更都不見相應。此似不通。淵。

伊川多説應，多不通。且如六三便夾些陽了，陰則渾是不發底。如六三之爻有陽，所以言「含章」，若無陽何由有章？「含章」爲是有陽，半動半静之爻。若六四則渾是柔了，所以「括囊」。淵。

問：「王弼説『初上無陰陽定位』，如何？」曰：「伊川説『陰陽奇偶，豈容無也？乾上九「貴而無位」，需上九「不當位」，乃爵位之位，非陰陽之位』，此説極好。」學蒙。〔一八〇〕

卦爻象初無一定之例。淵。

卦體卦變

伊川不取卦變之説。至「柔來而文剛」、「剛自外來而爲主於内」，諸處皆牽强説了。王輔嗣卦變又變得不自然。某之説卻覺得有自然氣象，只是换了一爻。非是聖人合下作卦如此，自是卦成了自然有此象。砥。〔一八一〕

漢上易卦變只變到三爻而止，於卦辭多有不通處，某更推盡去方通。如无妄「剛自外來而爲主於内」，只是初剛自訟二移下來。晉「柔進而上行」，只是五柔自觀四挨上去。此等類，按漢上卦變則通不得。舊與蔡季通〔一八二〕在旅邸推。淳。義剛録同而無注。〔一八三〕

卦有兩樣生，有從兩儀四象加倍生來底，有卦中互换自生一卦底。互换成卦，不過换兩爻。

這般變卦，伊川破之，及到那「剛來而得中」却推不行。大率是就義理上看，不過如「剛自外來而得中」、「分剛上而文柔」等處看，其餘多在占處用也。賁，變節之象，這雖無緊要，然後面有數處象辭不如此看，無來處，解不得。淵。

易上經始乾、坤而終坎、離，下經始艮、兑、震、巽而終坎、離。楊至之云：「上經反對凡十八卦，下經反對亦十八卦。」先生曰：「林黄中算上下經[一八四]陰陽爻適相等。某算來誠然。」方子。

問：「乾、坤、坎、離、中孚、小過、大過[一八五]、頤八卦，反覆不成兩卦，是如何？」曰：「兑只是番轉底巽，震只是番轉底艮。六十四卦，自此八卦外，只二十[一八六]八卦番轉爲五十六卦。就此八卦中又只是四正卦[一八七]，乾坤坎離是也。中孚又是大底離，小過又是大底坎。是雙夾底坎。大過是厚畫底坎，頤是個大畫底離。」學□。[一八八]

卦有反，有對，乾、坤、坎、離是反，艮、兑、震、巽是對。乾、坤、坎、離倒轉也只是四卦。艮、兑、震、巽倒轉則爲中孚、頤、小過、大過。其餘皆是對卦。淵。

「互體」自左氏已言，亦有道理。只是今推不合處多。可學。

王弼破互體，朱子發用互體。淵。

朱子發互體，一卦中自二至五又自有兩卦，這兩卦又伏兩卦。林黄中便倒轉推成四卦，四卦裏又伏四卦。此謂「互體」。這自那「風於[一八九]天於土上」有個艮之象來。淵。他本無「這自」以

下十四字。〔一九〇〕

一卦互換是兩卦，伏兩卦是四卦。反看又是兩卦，又伏兩卦，共成八卦。淵。

時舉〔一九一〕問：「易中『互體』之說，其共又〔一九二〕以爲『雜物撰德，辨是與非，則非其中爻不備』，此是說互體。」先生曰：「今人言互體者，皆以此爲說，但亦有取不得處也，如頤卦、大過之類是也。王輔嗣又言『納甲飛伏』，尤更難理會。納甲是震納庚、巽納辛之類，飛伏是坎伏離、離伏坎、艮伏兑、兑伏艮之類也。此等皆支蔓，不必深泥。」時舉。

辭義

易有象辭，有占辭，有象、占相渾之辭。節。

「彖詞極精，分明是聖人所作。」魯可幾曰：「彖是總一卦之義。」曰：「也有別說底。如乾彖却是專說天。」道夫。

晏亞夫問「中」、「正」二字之義。先生曰：「中須以正爲先。凡人做事須是剖決是非邪正，却就是與正處斟酌一個中底道理。若不能先見正處，又何中之可言？譬如欲行賞罰，須是先看當賞與不當賞，然後權量賞之輕重。若不當賞矣，又何輕重之云乎！」處謙。

凡事先理會得正方到得中，若不正，更理會甚中！顯仁陵寢時，要發掘旁近數百家墓，差御史往相度。有一人説：「且教得中。」曾文清説：「只是要理會個是與不是，不理會中。若還不合如此，雖一家不可發掘，何處理會中？」且如今賞賜人，與之百金爲多，五十金爲少，與七十金爲中。若不合與，則一金不可與，更商量甚中！淵。

二卦有二中，二陰正，二陽正。言「乾之無中正」者，蓋云不得兼言中正。二五同是中，如四上是陽，不得爲正。蓋卦中以陰居陽、以陽居陰是位不當，陰陽各居本位乃是正當。到那「正中」、「中正」，又不可曉。淵。

林安卿問：「伊川云『中無不正，正未必中』，如何？」先生曰：「如『君子而時中』則是『中無不正』，若君子有時乎[一九三]不中即『正未必中』。蓋正是骨子好了，而所作事有不恰好處，故未必中也。」義剛。

「中重於正，正不必中」，一件物事自以爲正，却有不中在。且如饑渴飲食是正，若過些子便非中節。中節處乃中也。責善，正也，父子之間不責善[一九四]。泳。

「中重於正，正不必中」，中能度量而正在是中。可學。

厲，多是在陽爻裹説。淵。

「吉凶悔吝」，聖人説得極密。若是一向疏去却不成道理，若一向密去却又不是易底意思。淵。

「吉凶悔吝」，吉過則悔，既悔必吝，吝又復吉。如「動而生陽，動極復靜，靜而生陰，靜極復動」。悔屬陽，吝屬陰。悔是逞快做出事來了有錯失處，這便生悔，所以屬陽。吝則是那隈隈衰衰不分明底，所以屬陰。亦猶驕是氣盈，吝是氣歉。淵。

問：「時與位，古易言〔一九五〕之。自孔子以來方〔一九六〕說出此義。」曰：「易雖說時與位，亦有無時義可說者。」歷舉易中諸卦爻無時義可言者。德明。

仁父問時與義。先生曰：「『夏日、冬日』時也，『飲湯、飲水』義也。許多名目須是逐一理會過，少間見得一個却有一個落着。不爾，都只恁地鶻突過。」〔一九七〕

問：「讀易貴知時，今觀爻辭皆是隨時取義。然非聖人見識卓絶，盡得義理之正，則所謂『隨時取義』安得不差？」先生曰：「古人作易只是爲卜筮，今說易者乃是硬去安排。聖人隨時取義，只事到面前審驗個是非，難爲如此安排下也。」德明。

聖人說易逐卦取義。如泰時則〔一九八〕以三陽在内爲吉，至否又以在上爲吉，大概是要壓他陰說〔一九九〕。六三所以不能害君子，亦是被陽壓了，但「包羞」而已。「包羞」是他〔二〇〇〕做得不好事，只得慚惶，更不堪對人說。砥。〔二〇一〕

福州韓云：「能安其分則爲需，不能安其分則爲訟；能通其變則爲隨，不能通其變則爲蠱。」文蔚、林椿録同，並止此，而陳注云福州劉砥信說。〔二〇二〕此是說卦對，然只是此數卦對得好，其他底又

不然。淵。[二〇三]

上下經上下繫

上經猶可曉，易解。下經多有不可曉、難解處。不知是某看到末梢懶了解不得，爲復是難解？砥。[二〇四]

六十四卦只是上經說得齊整，下經便亂董董地。繫辭也如此，只是上繫好看，下繫便没理會。論語後十篇亦然。孟子末後却剗地好，然而如那般「以追蠡」樣說話，也不可曉。[二〇五]

論易明人事

孔子之辭說向人事上者，正是要用得。淵。

須是以身體之。且如六十四卦須做六十四人身上看，三百八十四爻又做三百八十四人身上小底事看。易之所說皆是假說，不必是有恁地事，假設如此則如此，假設如彼則如彼。假設有這般事來，人處這般地位便當恁地應。淵。

易中說卦爻多只是說剛柔。這是半就人事上說去，連那陰陽上面，不全就陰陽上說。卦爻是有形質了，陰陽全是氣。彖辭所說剛柔半[二〇六]在人事上。此四爻[二〇七]件物事有個精粗顯微分別。健順，剛柔之精者；剛柔，健順之粗者。淵。

橫渠云「易爲君子謀，不爲小人謀」，極好。方子。〔二〇八〕

問：「橫渠先生説『易爲君子謀，不爲小人謀』，蓋自太極一判而來便已如此了。」曰：「論其〔二〇九〕極是如此。然小人亦是〔二一〇〕此理，只是他自反悖了。君子治之，不過即其固有者以正之而已。易中亦有時而爲小人謀，如『包承，小人吉，大人否，亨』，言小人當否之時能包承君子則吉。但此雖爲小人謀，乃所以爲君子謀也。」廣。

論後世易象

京房卦氣用六日七分。季通云：「康節亦用六日七分。」但不見康節説處。方子。

京房輩説數，捉他那影裏〔二一一〕纔發見處便算將去。且如今日一個人來相見，便就那相見底時節算得這個是好人、不好人，用得極精密。他只是動時便算得，靜便算不得。〔二一二〕淵。

太玄紀日而不紀月，無弦望晦朔。方子。

問太玄。先生曰：「天地間只有陰陽二者而已，便會有消長。今太玄有三個了，如冬至是天元，到三月便是地元，七月便是人元。夏至却在地元之中，都不成物事。」夔孫。〔二一三〕

太玄中高處只是黄老，故其言曰：「老子之言道德，吾有取焉。」方子。

太玄甚拙。蓋是方底物，他以三數乘之，皆算不着。庚。〔二一四〕

自晉以來，解經者却改變得不同，如王弼、郭象輩是也。漢儒解經，依經演繹。晉人則不然，捨經而自作文。方子。

潛虛只是「吉凶臧否平，王相休囚死」。閎祖。

潛虛後截是張行成續，不押韻，見得。閎祖。

伊川先生與謝湜持正書，曰：「若欲治易，請先尋繹令熟。且看王弼、胡先生、王介甫三家文字，令通貫再三。」云：「此是讀書要法。」閎祖。〔二一五〕

歐陽公所以疑十翼非孔子所作者，他童子問中說道：「仰以觀於天文，俯以察於地理」，又說「河出圖，洛出書，聖人則之」，只是說作易一事，如何有許多般樣？又疑後面有許多「子曰」，既言「子曰」則非聖人自作。這個自是他曉那前面道理不得了，却只去這上面疑。他所謂「子曰」者，往往是弟子後來旋添入，亦不可知。近來胡五峰將周子通書盡除去了篇名，却去上面各添一個「周子曰」，此亦可見其比。淵。

問：「籍溪見譙天授問易，天授令先看『見乃謂之象』一句。籍溪未悟，他日又問，天授曰：『公豈不思象之在〔二一六〕道，猶易之有太極耶？』此意如何？」曰：「如此教人，只好聽耳。使某答之，必先教他將六十四卦自乾、坤起，至離卦，且熟讀。曉得源流，方可及此。」晦夫。〔二一七〕

問：「籍溪胡先生[二一八]見譙天授問易，天授曰：『且看「見乃謂之象」一句。通此一句則六十四卦、三百八十四爻皆通。』籍溪思之不得。天授曰：『豈不知「易有太極」者乎？』」先生曰：「若做個說話，乍番[二一九]看似好，但學易功夫不是如此。[二二〇]不過熟讀精思，自首至尾章章推究、字字玩索，以求聖人作易之意，庶幾其可。一言半句，如何便了得他！」謨。

問：「譙居士教人看易先看『見乃謂之象』一句，是如何？」先生云：「他自是一家說，能誤人，其說未是。」學蒙。[二二一]

郭先生[二二二]說「見乃謂之象」有云：「象之在道，乃易之在太極。」其意想是說道，念慮纔動處便有個做主宰底。然看得繫辭本意，只是說那「動而未形有無之間者幾」底意思。幾雖是未形，然畢竟是有個物了。淵。

老蘇說易，專得於「愛惡相攻而吉凶生」以下三句。他把這六爻似那累世相讎相殺底人相似，看這一爻攻那一爻，這一畫克那一畫，全不近人情！東坡見他恁地太粗疏，却添得些佛老在裏面。其書自做兩樣，亦間有取王輔嗣之說以補老蘇之說，亦有不曉他說了亂填補處。老蘇說底亦有去那物理上看得着處。淵。

朱震說卦畫七八爻稱九六，他是不理會得老陰、老陽之變。且如占得乾之初爻是少陽，便是初七，七是少，不會變，便不用了。若占得九時，九是老，老便會變，便占這變爻。此言用九。

用六亦如此。淵。

先生因説郭子和易，謂諸友曰：「且如揲蓍一事，可謂小小，只所見不明便錯了。子和有蓍卦辯疑説前人不是。不知疏中説得最備，只是有一二字錯。更有一段在乾卦疏中。劉禹錫説得亦近。柳子厚曾有書與之辨。」先生揲蓍辯爲子和設。蓋卿。

向在南康見四家易。如劉居士變卦，每卦變爲六十四，卻是按古。如周三教及劉虚古，皆亂道。外更有戴主簿傳得麻衣易，乃是戴公僞爲之。蓋嘗到其家見其所作底文，其體皆相同。南軒及李侍郎被他瞞，遂爲之跋。某嘗作一文字辨之矣。義剛。

或言某人近注易。先生云：「緣爲是易[二二三]一件無頭面底物，故人人各以其意思去解説得。近見一兩人所注，説得一片道理也都好，但不知聖人元初之大[二二四]意果是如何。春秋亦然。」廣。

因説趙子欽名彦肅。易説，曰：「以某看來都不是如此。若有此意思，聖人當初解象、解象辭[二二五]、繫辭、文言之類必須自説了，何待後人如此穿鑿！今將卦爻來則[二二六]綫牽，或移上在下，或挈下在上，辛辛苦苦説得出來，恐都非聖人作易之本意。須知道聖人作易還要做甚用，若如此穿鑿，則甚非『易簡而天下之理得矣』。」又云：「今人凡事所以説得恁地支離者，只是見得不透。如釋氏説空，空亦未是不是，但空裏面須有道理始得。若只説道我見得個空，而不知他有個實底道理，卻做甚用得！譬如一淵清水清泠徹底，看來一如無水相似。他便道此淵只是空底，卻不曾將手去探看，自冷而濕，終不知道有水在裏面。此釋氏之見正如此。今學者須貴於格物。格，至也，須要見得到底。今人只是知得一班半點，見得些子，所以不到極處也。」又云：「某病後自知日月已不多，故欲力勉。諸公不可悠悠。天下只是一個道理，更無三般兩樣。若得諸公見得道理透，使諸公之心便是某心，某之心便是諸公之心，見得不差不錯，豈不濟事耶！」時舉。

因看趙子欽易說，云：「讀古人書，看古人意，須是不出他本來格當。須看古人所以爲此書者何爲，初間是如何，後來又如何。[二二七]若如屈曲之説，卻是聖人做一個謎與後人猜搏，決不是如此！聖人之意簡易條暢通達，那尚恁地屈曲纏繞，費盡心力以求之？易之爲書，不待自家意起於此，而其安排已一一有定位。」賀孫。

趙善譽説易云「乾主剛，坤主柔，剛柔便自偏了」。某云，若如此，則聖人作易須得用那偏底在頭上則甚？既是乾坤皆是偏底道理，聖人必須作一個中卦是得。今二卦經傳又卻都不説那偏底意思是如何。剛，天德也。如生長處便是剛，消退處便是柔。如萬物自一陽生後，生長將去便是剛，長長[二二八]極而消便是柔。以天地之氣言之則剛是陽，柔是陰；以君子小人言之則君子是剛，小人是柔；以理言之則有合當用剛時，合當用柔時。廣。

林黄中以互體爲四象八卦。德明。

林黄中侍郎[二二九]來見，論「易有太極，是生兩儀，兩儀生四象，四象生八卦」：「就一卦言之，全體爲太極，内外爲兩儀，内外及互體爲四象，又顛倒取爲八卦。」先生曰：「如此則不是生，卻是包也。始畫卦時只是個陰陽奇耦，一生兩、兩生四、四生八而已。方其爲太極未有兩儀也，由太極而後生兩儀；方其爲兩儀未有四象也，由兩儀而後生四象；方其爲四象未有八卦也，由四象而後生八卦。此之謂生。若以爲包，則是未有太極已先有兩儀，未有兩儀已先有四象，未有四象已先有八卦矣。」林又曰：「太極有象，且既曰『易有太極』，則不可謂之無。濂溪乃有『無極』之説，何也？」先生曰：「有太極是有此理，無極是無形器方體可求。兩儀有象，太極則無象。」林又言：「三畫以象三才。」先生曰：「有三畫，方看見似個三才模樣，非故畫以象之也。」閎祖。

問：「『易，聖人所以立道，窮神則無易矣』，此是指易書？」曰：「然。易中多是説易書，又有一兩處説易理。神，如今人所謂精神發揮，乃是變易之不可測處。易書乃爲易之理寫真。」可學。

麻衣易是南康戴某所作。太平州刊本第二跋即其人也。師卦象倒説了。閎祖。

先生言：[二三〇]「麻衣易乃是[二三一]南康戴主簿作。某親見其人，甚稱此易得之隱者，問之，不肯言其人。某適到其家，見有一册雜録乃戴公自作，其言皆與麻衣易説大略相類。及戴簿死，子弟將所作易圖來看，乃知真戴公所作也。」恪。

問：「麻衣易是僞書。其論師卦『地中有水，師』，『容民蓄衆』之象，此一象[二三二]也；若水行地中，隨勢曲折，如師行而隨地之利，亦一義也。」答曰：「易有精有藴。如『師貞，丈人吉』，此聖人之精，畫前之易，不可易之妙理。至於『容民蓄衆』等處，因卦以發，皆其藴也。既謂之藴則包含衆義，有甚窮盡？儘推去，儘有也。」大雅。

關子明易、麻衣易皆是僞書。麻衣易是南康士人作。今不必問其理，但看其言語，自非希夷作。其中有云：「學易者當於羲皇心地上馳騁。」不知心地如何馳騁！可學。

龍圖本謂注假書[二三三]，無所用。康節之易，自兩儀、四象、八卦以至六十四卦，皆有用處。砥。[二三四]

【校勘記】

[一] 賀本依序目補「三聖易」。

[二] 成化本此下注曰：「道夫録云：『「利貞」、「貞吉」，文王説底方是教人「隨時變易以從道」。』」底本以

道夫録另作一條，參下條。

［三］上古之易只是利用厚生周易始有正德意　成化本無。

［四］此條道夫録成化本以部分内容爲注，附於閎祖録後，參上條。

［五］至　成化本無。

［六］方得　成化本無。

［七］成化本此下附以壯祖録，底本以壯祖録（底本注爲「處謙」）另作一條。參本卷「凡人看易須是將伏羲畫卦……無牴牾處也」條。

［八］自　成化本無。

［九］之　成化本無。

［一〇］爲此也　成化本無。

［一一］早是非　成化本爲「早不是」。

［一二］自家之福　成化本爲「己德」。

［一三］若　成化本無。

［一四］自家之德　成化本爲「己德」。

［一五］若　成化本無。

［一六］自家之德　成化本爲「己德」。

［一七］以　成化本此上有「故得」。

［一八］此條僩録成化本載於卷六十六，且其録末注曰「蜀録析爲三」。據比勘，成化本此條僩録底本析爲三條，分别載於卷六十六、六十七。參底本卷六十六僩録「用之問易坤六二爻……此類可見」條，卷六十七僩録「又曰文王之心……又不知後人以爲如何」條。

［一九］□□□曰用字無許多二字而理上有道字　成化本無。

［二〇］林無此字　成化本無。

［二一］林作見　成化本無。

［二二］林作奉　成化本無。

［二三］林此處有他意二字　成化本無。

［二四］林此處有但假托事神而説一句　成化本爲「林録云但假托事神而説」。

［二五］林無此二字有今也須三字　成化本無。

［二六］林無此字　成化本無。

［二七］林無此三字有處字　成化本無。

［二八］林無此四字有解者二字　成化本無。

［二九］林自底以下九字但曰未爲不是　成化本無。

［三〇］林無此二字　成化本無。

〔三一〕是　成化本無。
〔三二〕林無與字有爲他二字　成化本無。
〔三三〕林無那字有事神二字　成化本無。
〔三四〕林自了以下至此皆無但曰方及那處　成化本無。
〔三五〕林無道字　成化本無。
〔三六〕自易以占筮止此與林録同　成化本無。
〔三七〕求　成化本作「來」。
〔三八〕便　成化本作「使」。
〔三九〕遯世無悶……潛龍也　成化本無。
〔四〇〕了　成化本作「來」。
〔四一〕按易以占筮作以下下至衮説了與林夔孫同　成化本無。
〔四二〕凡人看易須是　成化本作「須」。
〔四三〕此條處謙録成化本作爲注，附於淵録後（成化本注爲「壯祖録」）。參本卷「須是將伏羲畫底卦做一樣看……纔一畫時畫畫都具」條。
〔四四〕説自家　成化本爲「自説」。
〔四五〕而已　成化本無。

［四六］之易　成化本無。
［四七］説　成化本此上有「自」。
［四八］其所以説易之説　成化本爲「故其説易」。
［四九］横　成化本作「樣」。
［五〇］伏羲八卦那裏有許多言語在……又不知後人以爲如何　成化本録不同，作「『如此則善，如此則惡，未有許多言語。又如舜命夔教胄子，亦只是説個「寬而栗，柔而立」之法，教人不失其中和之德而已，初未有許多道理。所謂「民可使由之，不可使知之」，亦只要你不失其正而已，不必苦要你知也。』又曰：『某此説，據某所見且如此説，不知後人以爲如何。』因笑曰：『東坡注易畢，謂人曰「自有易以來，未有此書也」』」。
［五一］此條僩録成化本載於卷六十六，且其録末注曰：「蜀録析爲三。」據比勘，成化本此條僩録底本析爲三條，分别載於卷六十六、六十七。參底本卷六十六僩録「用之問易坤六二爻……此類可見」條，卷六十七僩録「今人未曾明得乾坤之象……發明誨人之理也」條。
［五二］數　成化本無。
［五三］時　成化本無。
［五四］砥　成化本作「礪」。此條成化本載於卷一百。
［五五］淵池本注云此條有謨可詳之　成化本爲「此條有誤可詳之淵」。按，疑「有謨」或爲「有謨録」、或爲

「有誤」之訛。

［五六］數説　成化本爲「説數」。

［五七］天一地二　成化本小字僅有「天地」二字，而「一二」作大字。

［五八］成化本此下注曰：「高録略。」

［五九］用之　成化本此上有「伊川之學於大體上瑩徹，於小小節目上猶有疏處。康節能盡得事物之變，却於大體上有未瑩處」。

［六〇］説易極好　成化本爲「善談易」，並於「易」下注曰：「一作『説易極好』。」

［六一］然伊川不服他常忽其説　成化本爲「然伊川又輕之」。

［六二］一柬　成化本作「簡」。

［六三］康節　成化本爲「堯夫」。

［六四］言　成化本作「説」。

［六五］理　成化本無。

［六六］此　成化本此下注有「僩。廣同」。

［六七］用之云　成化本爲「或言」。

［六八］人如何似他　成化本爲「如何得似他」。

［六九］他　成化本爲「它是」。

〔七〇〕此條僩録成化本分爲兩條，皆載於卷一百，其中「伊川之學於大體……觀孔子便不如此」爲一條，「或言康節心胸如此快活……是甚麽樣做工夫」爲一條。

〔七一〕人　成化本無。

〔七二〕砥　成化本作「礪」。

〔七三〕一本云自然無自是以下一句　成化本爲「一本云：『不能得如此自然。』」

〔七四〕程氏　成化本無。

〔七五〕個　成化本無。

〔七六〕縱看數家底被惑　成化本爲「縱看數家反被其惑」。

〔七七〕須　成化本無。

〔七八〕辛　成化本無。

〔七九〕銖　成化本無。

〔八〇〕只説道理處極好看　成化本爲「只説道理極處好看」。

〔八一〕繫辭　成化本爲「繇辭」。

〔八二〕兩　成化本此上有「一生兩」。

〔八三〕康節　成化本此上有「程子之意只云三畫上疊成六畫，八卦上疊成六十四卦，與邵子説誠異。蓋」。

〔八四〕説　成化本此上有「他」。

［八五］兩　成化本無。
［八六］爾　成化本此下有「因問：『序所謂「自本而幹，自幹而支」是此意否？』曰：『是』」。
［八七］鬼神之神説得粗此神又是説妙用也者　成化本爲「鬼神之神此神字説得粗」。
［八八］繫辭　成化本此上有「如」。
［八九］鬼　成化本無。
［九〇］又　成化本無。
［九一］也　成化本此下有「仁義禮智猶言春秋夏冬也」。
［九二］耶　成化本此下有「抑天地是形，所以爲天地乃道耶」。
［九三］天　成化本此上有「伊川此句，某未敢道是」。底本以此句置於録末，參下文。
［九四］之　成化本無。
［九五］或　成化本作「雖」。
［九六］有形者　成化本爲「形而下者」。
［九七］成化本此下注曰：「淳録：『問：「程子曰『天，專言之則道也，天且弗違是也』，又曰『天地者，道也』，此語何謂？」曰：「程子此語，某亦未敢以爲然。『天且弗違』，此只是上文。」曰：「『知性則知天』，此『天』便是『專言之則道』者否？」曰：「是。」』」又，此條銖録成化本分爲三條，分別載於卷六十七、六十八。其中「問易傳如何看……以下數句皆極精」爲一條，載於卷六十七；「問元亨利貞……且謾説耳」爲一條，

載於卷六十八；「又問天專言之則道也……便只是指形而下者言」爲一條，亦載於卷六十八。

〔九八〕辭　成化本無。

〔九九〕義剛録小異今附云　成化本爲「義剛録云」。

〔一〇〇〕伊川求之便是太深……只作得三百八十四般用了　成化本爲「伊川求之便是太深云云」。

〔一〇一〕學蒙　成化本爲「學履」。

〔一〇二〕輩　成化本作「事」。

〔一〇三〕此條賀孫録成化本分爲二條，分别載於卷六十七、一百三十六。其中「伊川易煞有重疊處」爲一條，載於卷六十七；「孔明出師表……又却得他兵衆來使」爲一條，載於卷百三十六。

〔一〇四〕易　底本無，據成化本補。

〔一〇五〕邵康節　成化本爲「康節」。

〔一〇六〕易傳序　成化本無。

〔一〇七〕就　成化本無。

〔一〇八〕聚　成化本作「會」。

〔一〇九〕劃　成化本作「驍」。

〔一一〇〕其　成化本作「具」。

〔一一一〕只　成化本此上有「典禮」。

〔一一二〕朱子易本義易學啓蒙　成化本爲「朱子本義啓蒙」。
〔一一三〕易　成化本無。
〔一一四〕砥　成化本作「礪」。
〔一一五〕統體　成化本爲「體統」。
〔一一六〕淵録同而略今附云　成化本爲「淵録云」。
〔一一七〕障却　成化本爲「障了」。
〔一一八〕着　成化本作「看」。
〔一一九〕時舉云　成化本作「曰」。
〔一二〇〕先生云　成化本作「曰」。
〔一二一〕未知如此見得否　成化本無。
〔一二二〕此便是死法……惡則凶　成化本無。
〔一二三〕難底事　成化本爲「難理會底物事」。
〔一二四〕經　朱文公易説卷一八作「翼」。
〔一二五〕文言雜卦彖象之類　成化本爲「彖象繫辭文言雜卦之類」。
〔一二六〕當初只是個卜筮之書耳　成化本無。
〔一二七〕教　成化本作「管」。

［一二八］便　成化本作「更」。
［一二九］以上答萬人傑問金去僞問　成化本爲「一作平易求其義」。
［一三〇］又曰　成化本無。
［一三一］卷　成化本作「篇」。
［一三二］去　成化本作「了」。
［一三三］却　成化本無。
［一三四］此讀書之常法也　成化本爲「如此便是」。
［一三五］謨　成化本爲「去僞」。此條謨録成化本分爲兩條，且皆注爲去僞所録，分載於卷六十七、卷十九。其中「問易如何讀……其他書亦然」爲一條，載於卷六十七；「人讀書不得攙前去……如此便是」爲一條，載於卷十九。
［一三六］是　成化本爲「皆是」。
［一三七］説　成化本爲「纔説」。
［一三八］便是　成化本爲「便非是」。
［一三九］翼　成化本此下有「中」。
［一四〇］至　成化本無。
［一四一］個　成化本無。

［一四二］個　成化本無。
［一四三］此條淵録成化本無。
［一四四］成化本此下注曰：「佐録云：『是不沾着一個物事。』」
［一四五］學蒙　成化本爲「學履」。
［一四六］按沈僩録同而少異今附於下云　成化本爲「僩録云」。
［一四七］看易須是看他未畫卦以前……都是自然如此　成化本無。
［一四八］帶　成化本作「合」。
［一四九］成化本此下注曰：「燾録云：『未畫以前便是寂然不動、喜怒哀樂未發之中，只是個至虛静而已。忽然在這至虛至静之中有個象，方説出許多象數吉凶道理，所以禮記曰「潔静精微，易教也」。蓋易之爲書是懸空做出來底。謂如書，便真個有這政事謀謨方做出書來。詩，便真個有這人情風俗方做出詩來。易卻都無這已往底事，只是懸空做底。未有爻畫之先，在易則渾然一理，在人則渾然一心。既有爻畫，方見得這爻是如何，這爻又是如何。然而皆是就這至虛至静中做許多象數道理出來，此其所以靈。若是似而今説得來恁地拖泥合水，便都没理會處了。』」
［一五〇］實　成化本爲「事實」。
［一五一］如　成化本作「知」。
［一五二］便　成化要作「硬」。

〔一五三〕己　成化本作「言」。

〔一五四〕成化本此下注有「蓋卿」。

〔一五五〕砥　成化本作「礪」。

〔一五六〕細　成化本爲「子細」。

〔一五七〕砥　成化本作「礪」。

〔一五八〕張欽夫　成化本爲「欽夫」。

〔一五九〕佛　成化本此上有「或問『井以辨義』之義。曰：『「井居其所而遷」，又云「井，德之地也」，蓋井有定體不動，然水却流行出去不窮，猶人心有持守不動而應變則不窮也。「德之地也」，地是那不動底地頭。』一本云：『是指那不動之處。』又曰」。

〔一六〇〕有三包　成化本無。

〔一六一〕句　成化本此下有「也」。

〔一六二〕説得將出去　成化本爲「説將去」。

〔一六三〕句　成化本此下有「也」。

〔一六四〕復　成化本此下有「其」。

〔一六五〕之句　成化本爲「而爲言」。

〔一六六〕學蒙　成化本作「僩」。

〔一六七〕乂　「乂」的異體字。詳參黄征敦煌俗字典「乂」字條。
〔一六八〕學蒙　成化本爲「學履」。
〔一六九〕答　成化本無。
〔一七〇〕云先生謂　成化本爲「先生説」。
〔一七一〕學蒙　成化本爲「學履」。
〔一七二〕砥　成化本作「礪」。
〔一七三〕卦　成化本作「乾」。
〔一七四〕見　成化本此下注曰：「本義繫辭上第六章。」
〔一七五〕天之包内皆天之氣　成化本爲「天所覆内皆天之所」，且作小字。
〔一七六〕似　成化本此下有「正如扇之運風，甑之蒸飯。扇甑是坤，風與蒸則乾之氣也」。
〔一七七〕僩　成化本爲「僩録略」。
〔一七八〕分明　成化本爲「分曉」。
〔一七九〕如　成化本無。
〔一八〇〕學蒙　成化本爲「學履」。
〔一八一〕砥　成化本作「礪」。
〔一八二〕蔡季通　成化本爲「季通」。

〔一八三〕淳義剛録同而無注　成化本爲「義剛」。
〔一八四〕下　此字原缺，據成化本補。
〔一八五〕大　此字原缺，據成化本補。
〔一八六〕十　此字原缺，據成化本補。
〔一八七〕卦　此字原缺，據成化本補。
〔一八八〕此條成化本以部分内容爲注夾於一語録中，參成化本卷六十七「問乾坤大過頤坎離中孚小過八卦……三十六與六十四同」條。又，「學」下缺一字，成化本則注爲學蒙録，疑此條爲學蒙或學履所録。
〔一八九〕於　左傳莊公二十二年作「爲」。
〔一九〇〕他本無這自以下十四字　成化本無。
〔一九一〕時舉　成化本無。
〔一九二〕其共又　成化本爲「共父」
〔一九三〕乎　成化本無。
〔一九四〕不責善　成化本爲「則不中」。
〔一九五〕言　成化本作「無」。
〔一九六〕方　成化本作「驕」。
〔一九七〕成化本此下注有「賀孫」。

〔一九八〕時則　成化本無。

〔一九九〕説　成化本無。

〔二〇〇〕他　成化本無。

〔二〇一〕砥　成化本作「礪」。

〔二〇二〕文蔚林椿録同……福州劉砥信説　成化本無。

〔二〇三〕成化本此下注曰：「文蔚録作：『「險而能忍則爲需，險而不能忍則爲訟」，劉砥信説。福唐人。』」

〔二〇四〕砥　成化本作「礪」。

〔二〇五〕成化本此下注有「淵」。

〔二〇六〕半　成化本此上有「亦」。

〔二〇七〕爻　成化本無。

〔二〇八〕此條方子録成化本無。

〔二〇九〕其　此字原缺，據成化本補。

〔二一〇〕是　成化本作「具」。

〔二一一〕影裏　成化本爲「影象」。

〔二一二〕成化本此下有「人問康節：『庭前樹算得否？』康節云：『也算得，須是待他動時方可。』須臾，一葉落，他便就這裏算出這樹是甚時生，當在甚時死」。

〔二一三〕夔孫　成化本爲「賀孫」。
〔二一四〕庚　成化本無。
〔二一五〕此條閎祖録成化本無。
〔二一六〕在　成化本此下注曰：「方録作『於』。」
〔二一七〕成化本此下注曰：「方録云：『先生云：「此不可曉。其實見而未形有無之間爲象，形則爲器也。」』」
〔二一八〕胡先生　成化本無。
〔二一九〕番　成化本無。
〔二二〇〕此　成化本此下注曰：「學履録云：『他自是一家説，能誤人，其説未是。』」
〔二二一〕此條成化本以部分内容爲注，附於謨録中，但注爲學履録，參上條。
〔二二二〕郭先生　成化本爲「譙先生」。
〔二二三〕緣爲是易　成化本爲「緣易是」。
〔二二四〕大　成化本無。
〔二二五〕辭　成化本無。
〔二二六〕則　成化本作「用」。
〔二二七〕後來又如何　成化本無。

〔二二八〕長長　成化本作「長」。
〔二二九〕侍郎　成化本無。
〔二三〇〕先生言　成化本無。
〔二三一〕乃是　成化本無。
〔二三二〕象　成化本作「義」。
〔二三三〕本謂注假書　成化本爲「是假書」。
〔二三四〕砥　成化本作「礪」。

晦庵先生朱文公語類卷第六十八

易四

乾上

問：「『乾坤』，古無此二字。作易者特立此以明道，何如？〔一〕」曰：「作易時未有文字。是有此理，伏羲始發出。」可學。〔二〕

乾坤陰陽以位相對而言，固只一般。然以分而〔三〕言，乾尊而〔四〕坤卑，陽尊而〔五〕陰卑，不可並也。以一家言之，如〔六〕父母固皆尊，母終不可以並乎父。兼一家亦只容有一個尊長，不容並，所謂「尊無二上」也。僩。〔七〕

乾坤只是卦名。乾只是個健，坤只是個順。純是陽所以健，純是陰所以順。至健者惟天，至順者惟地。所以後來取象，乾便爲天，坤便爲地。淵。

「乾坤是陰陽之粹者。」或曰：「以四時推之可見否？」「以卦氣言之，四月是純陽，十月是

純陰，然又恁地執定不得。」方子。〔八〕

易中只是陰陽，乾坤是陰陽之純粹者。然就一年論之，乾卦氣當四月，坤卦氣當十月。不可便道四月、十月生底人便都是好人，這個又錯雜，不可知。淵。〔九〕

又曰：〔一〇〕「物物有乾坤之象，雖至微至隱、纖毫之物亦有之。無者，子細推之皆可見。〔一一〕」僩。

乾道奮發而有爲，坤道静重而有守。方子。〔一二〕

江德功言「乾是定理，坤是順理」，近是。升卿。

問黄先之易説，因曰：「伊川好意思固不盡在解經上，然就解經上亦自有極好意思。如説『乾』字，便云：『乾，健也，健而無息之謂「乾」。夫天，專言之則道也，「天且弗違」是也。分而言之，以形體謂之「天」，以主宰謂之「帝」，以功用謂之「鬼神」，以妙用謂之「神」，以性情謂之「乾」。』」賀孫。〔一三〕

問：「程子曰『夫天，專言之則道也，天且弗違是也』，又曰『天地者，道也』，此語何謂？」曰：「程子此語，某亦未敢以爲然。『天且弗違』，此只是上天。」曰：「『知性則知天』，此天便是『專言之則道』者否？」曰：「是。」淳。〔一四〕

問：「『乾者天地之性情』，是天之道否？」曰：「性情是天愛健、地愛順處。」又問「天，專言之則道也」。曰：「所謂『天命之謂性』，此是説道；所謂『天之蒼蒼』，此是説[一五]形體；所謂『惟皇上帝降衷於下民』，此是説帝。以此理付人[一六]便有主宰意。」又曰：「『天道虧盈而益謙，地道變盈而流謙』，此是説形體。」又問：「今之郊祀何故有許多帝？」曰：「而今煞添差了天帝，共成十個帝了。且如漢時祀太乙，便即是帝，[一七]而今又别祀太乙。『一國三公』尚不可，况天而有十帝乎！周禮中説『上帝』是總説帝；説『五帝』是五方之帝；説『昊天上帝』只是説天之象，鄭氏以爲北極，看來非也。北極只是星，如太微是帝之庭，紫微是帝之居。紫微便有太子、后妃許多星，帝庭便有宰相、執法許多星，又有天市便有權衡。[一八]」夔孫。

或問：「『以主宰謂之帝』，孰爲主宰？」曰：「自有主宰。蓋天是個至剛至陽之物，自然如此運轉不息。所以如此，必有爲之主宰者。這樣處要人自見得，非言語所能盡[一九]也。」沈録止此。[二〇]因舉莊子「孰綱維是，孰主張是」十數句而[二一]曰：「他也見得這道理，如圭峰禪師説『知』字樣。」卓。按，沈僩録同而略。[二二]

符兄問「以情性[二三]言之謂之乾」。先生云：「是他天一個性情如此。火之性情則是個熱，水之性情則是個寒，天之性情則是一個健。健，故不息。惟健乃能不息，其理是自然如此。使天有一時息，則地須落下去，人都墜死。緣他轉運[二四]周流，無一時息，故局得這地在中間。今

只於地信得他是斷然不息。」蓋卿。〔二五〕

乾坤是性情，天地是皮殼，其實只是一個道理。陰陽，自一氣言之只是一〔二六〕個物，若做兩個物看，則如日月、如男女，又是兩個物事。學蒙。〔二七〕

問：「『天者，天之形體。〔二八〕乾者，天之性情，健而無息之謂乾』，何以合性情言之？」曰：「『性情』二字常相參在此。情便是性之發，非性何以有情？健而不息，非性何以能此？」卓。按，沈僩録同。〔二九〕

問：「『乾坤，天地之性情』，性是性，情是情，何故兼言之？」曰：「『乾，健也』，動静皆健；『坤，順也』，動静皆順。静是性，動是情。」淳。

黄甾子耕問程傳「乾者，天之性情」，先生云：「乾，健也。健體爲性，健之用是情。」人傑問「利貞者，性情也」，先生云：「是對元亨言之，性情猶情性，是説本體。」人傑。〔三〇〕

問：「『乾者，天之性情』如何？」曰：「此是以乾之剛健取義，便是天之性情。此性在人，如氣質然。静也專，便是性；動也直，便是情。」甾。〔三一〕

再〔三二〕問「乾者，天之性情」。曰：「此只是論其性體之健，静專是性，動直是情。大抵乾健，雖静時亦專，到動時便行之以〔三三〕直。到〔三四〕坤主順，只是翕闢。謂如一個剛健底人，雖在此静坐，亦專一而有個作用底意思，只待去作用，到得動時直其可知。若一柔順人坐時便只恁地静坐收斂，全無個營爲底意思，其動也只是闢而已。」又問：「如此，則乾雖静時亦有動意否？」曰：「然。」眘。

方其有陽，怎知道有陰？方有乾卦，怎知道[三五]更有坤卦在後？淵。

「元亨利貞」在這裏都具了。楊宗範却説「『元亨』屬陽，『利貞』屬陰」，此却不是。乾之利貞是陽中之陰，坤之元亨是陰中之陽。乾後三畫是陰，坤後三畫是陽。淵。

文王本説「元亨利貞」爲大亨利正，夫子以爲四德。梅蘂初生爲元，開花爲亨，結子爲利，成熟爲貞。物生爲元，長爲亨，成而未全爲利，成熟爲正。節。

致道問「元亨利貞」。曰：「元是未通底，亨、利是收未成底，貞是已成底。譬如春夏秋冬，冬夏便是陰陽極處，其間春秋便是過接處。」恪。

「乾之四德，元譬之則人之首也，手足之運動則有亨底意思，利則配之胸臓，貞則元氣之所藏也。」又曰：「以五臓配之尤明白，且如肝屬木，木便是元；心屬火，火便是亨；肺屬金，金便是利；腎屬水，水便是貞。」道夫。

「元亨利貞」，譬諸穀可見。穀之生，萌芽是元，苗是亨，穟是利，成實是貞。穀之實又復能生，循環無窮。德明。

元[三六]亨利貞只就物上看[三七]，所以有此物便是有此氣，所以有此氣便是有此理，都在這裏。〔三八〕伊川「元者萬物之始」四句自動不得，〔三九〕只爲「遂」字、「成」字説不盡，故某略添幾個字説教盡。〔四〇〕方子。〔四一〕

「元亨利貞」，理也；　有這四段，氣也。有這四段，理便在氣中，兩個不曾相離。若是説時則有那未涉於氣底四德。要就氣上看也得，所以伊川説「元者物之始，亨者物之遂，利者物之實，貞者物之成」，這雖是就氣上説，然理便在其中。伊川這説話改不得，謂是有氣則理便具。所以伊川只恁地説，便可見得物裏面便有這理。若要親切，莫若只就自家身上看，惻隱須有惻隱底根子，羞惡須有羞惡底根子，這便是仁義。仁義禮智便是元亨利貞。孟子所以只得恁地説，更無説處。仁義禮智似一個包子，裏面合下都具了。一理渾然，非有先後，元亨利貞便是如此，不是説道有元之時、有亨之時。淵。

「元亨利貞」無斷處，貞了又元。今日子時前便是昨日亥時。物有夏秋冬生底，是到這裏方感得生氣，他自有個小小元亨利貞。氣無始無終，且從元處説起，元之前又是貞了。〔四二〕淵。

道夫〔四三〕問：「道鄉謂『四德之中各具四德』。竊嘗思之，謂之『各具四德』，如康節所謂『春之春，春之夏，春之秋，春之冬，夏之春，夏之夏，夏之秋，夏之冬』則可；　謂之能迭相統攝，如春可以包夏，夏亦可以包春，則不可也。」先生復令舉似道鄉説，曰：「便是他不須得恁地説。」道夫。

論乾之四德，曰：「貞取以配冬者，以其固也。孟子以『知斯二者弗去』爲『知之實』，『弗去』之説乃貞固之意，彼『知』亦配冬也。」處謙。

温底是元，熱底是亨，涼底是利，寒底是貞。節。

以天道言之爲「元亨利貞」，以四時言之爲春夏秋冬，以人道言之爲仁義禮智，以氣候言之爲温涼燥濕，以方[四四]言之爲東西南北。節。

「四德之元猶五常之仁，偏言則一事，專言則包四者」，此段只於易「元者善之長」與論語言仁處看。若「天下之動，貞夫一者也」則貞又包四者；「周易一書只説一個利」則利又大也；「元者善之長也」，善之首也；「亨者嘉之會也」，好底會聚也。義者宜也，利即義也。萬物各得其所，義之合也。「幹事」，事之骨也，猶言體物也。看此一段須與太極圖通看。四德之元安在甚處，剥之爲卦在甚處，「乾，天也」一段在甚處，方能通成一片。不然則不貫通。少間看得如此了，猶夫[四五]是受用處在。賀孫。

光祖問「四德之元猶五常之仁，偏言則一事，專言則包四者」。曰：「元是初發生出來，生後方會通，通後方始向成。利者物之遂，方是六七分，到貞處方是十分成，此偏言也。然發生中已具後許多道理，此專言也。惻隱是仁之端，羞惡是義之端，辭遜是禮之端，是非是智之端。若無惻隱，便都没下許多。到羞惡也是仁發在羞惡上，到辭遜也是仁發在辭遜上，到是非也是仁發在是非上。」問：「這是〔四六〕猶金木水火是〔四七〕否？」曰：「然。仁是木，禮是火，義是金，智是水。」賀孫。

曾兄亦問此。答曰：「元者乃天地生物之端。乾言『大哉乾元，萬物資始。至哉坤元，萬物資生』，乃知元者天地生物之端倪也。元者生意，在亨則生意之長，在利則生意之遂，在貞則生意之成。若言仁便是這意思。仁本生意，乃惻隱之心也，苟傷着這生意，則惻隱之心便發。若羞惡也是仁去那義上發，若辭遜也是仁去那禮上發，若是非也是仁去那智上發。若不仁之人，安得更有禮智義〔四八〕！」卓。

問：「元亨利貞有次第，仁義禮智因發而感則無次第。」曰：「發時無次第，生時有次第。」〔四九〕

「元亨利貞」，其發見有次序。仁義禮智在裏面自有次序，到發見時隨感而動却無次序。淵。

周貴卿問：「『元亨利貞』，以此四者分配四時，却如何云『乾之德也』？」曰：「他當初只是說大亨利於正，不以分配四時，孔子見此四字好，後始分作四件說。孔子之易與文王之易，略自不同。」伏羲易自是伏羲易，文王易自是文王易，孔子易自是孔子易。〔五〇〕義剛。

或問：「乾卦是聖人之事，坤卦是學者之事，如何？」曰：「也未見得。初九、九二是聖人之德，至九三、九四，又却說學者修業、進德事，如何都把做聖人之事得？」學蒙。〔五一〕

「利見大人」與程傳說不同。不是卦爻自相利見，乃是占者利去見大人。也須看自家占底是何人，方說得那所利見之人。淵。

占者當不得見龍、飛龍，則占者爲客，利去見那大人。大人即九二、九五之德，見龍、飛龍是也。若潛龍、君子，則占者自當之矣。淵。

其他爻象，占者。[五二]惟九二見龍，人當不得，所以只當把爻做主，占者做客，大人即是見龍。又如九三不說龍，亦不可曉。若說龍時，這亦是龍之在那亢旱處。他所以說「君子乾乾夕惕」，只如[五三]此意。淵。

或言：「乾之六爻，其位雖不同而其爲德則一也。」曰：「某未要人看易，這個都難說。如乾卦，他爻皆可作自家身上說，惟九二、九五要作自家說不得。兩個『利見大人』，向來人都說不通。九二有甚麽形影，如何教見大人？某看來易本卜筮之書，占得九二便可見大人，大人不必說人君也。」賀孫。

竇問：「『君子終日乾乾』是法天否？」曰：「纔說法天便添着一件事。君子只是『終日乾乾』，天之行健不息往往亦只如此。如言存個天理，不須問如何存他，只是去了人欲，天理自然存。如顔子問仁，夫子告以勿視聽言動而有非禮[五四]。除却此四者，更有何物須是仁？」德明。

「厲無咎」是一句，他後面有此例，如「頻復，厲無咎」是也。淵。

「乾雖言聖人事，苟不設戒，何以爲教」，發得此意極好。淵。〔五五〕

問：「乾九三，伊川云：『雖言聖人事，苟不設戒，何以爲教？』」沈此下云：「竊意因時而惕，雖聖人亦嘗有此心。」〔五六〕先生云：「『易之書〔五七〕，廣大悉備』，人皆可得而用，初無聖賢之別。伊川有一段云『君有君之用，臣有臣之用』，説得好。及到逐卦解釋，又却分作聖人之卦、賢人之卦，更有分作守令之卦者，古者又何嘗有此！不知是如何。以某觀之，無問聖人以至士庶，但當此時便當恁地兢惕。卜得此爻也當恁地兢惕。」砥。按，沈僩録同。〔五八〕

祖道因論易傳，〔五九〕舉：「乾九三『君子終日乾乾』，是君子進德不懈不敢須臾寧否？」曰：「程子云『在下之人，君德已著』，此語亦是拘了。記得昔嘗〔六〇〕有人問程子，胡安定以九四爻爲太子者。程子笑之曰：『如此，三百八十四爻只做得三百八十四件事了！』此説極是。及到程子解易却又拘了。要知此是通上下而言，在君有君之用，臣有臣之用，父有父之用，子有子之用，以至事物莫不皆然。若如程子之説，則千百年間只有個舜、禹用得也。大抵九三此爻才剛而位危，故須著『乾乾夕惕若厲』方可無咎。若九二，則以剛居中位，易處了。故凡剛而處危疑之地，皆當『乾乾夕惕若厲』則無咎也。」祖道。

淵與天不争多。淵是那空虛無實底之物；躍是那不着地了，兩脚跳上去底意思。淵。

「或躍在淵」，淵是通處。淵雖下於田，田却是個平地。淵則通上下，一躍即飛在天。榦。

問：「胡安定將乾九四爲儲君，不知可以如此說否？[六一]」曰：「易不可恁地看。看[六二]只是古人卜筮之書。如五雖主君位而言，然亦有不可專主君位言者。天下事有那一個道理自然是有。若只將乾九四爲儲位說，則古人未立太子者，不成是虚却此一爻？如一爻只主一事，則易三百八十四爻乃止三百八十四件事。」謨。去僞録同。[六三]

問：「龜山說乾卦[六四]九五『飛龍在天』，取『飛』字爲義，『以天位言之不可階而升，以聖學言之非力行而至』。」曰：「此亦未盡。乾卦自是聖人之天德，只時與位有隱顯漸次耳。」德明。

「用九」蓋是說變。節。[六五]

用九不用七，且如得純乾卦皆七數，這却是不變底。定[六六]未當得九，未在這爻裏面，所以只占上面彖辭。「用九」蓋是說變。淵。

「見群龍無首」，王弼、伊川皆解不成。他是不見得那用九、用六之說。淵。

問：「『用九，見群龍無首，吉』，伊川之意似云，用剛陽以爲天下先則凶，無首則吉。」先生云：「凡說文字，須有情理方是。『用九』當如歐陽公[六七]說方有情理。某解易所以不敢同伊川，便是有這般處。看來當以『見群龍無首』爲句，蓋六陽已盛，如群龍然。龍之剛猛在首，故見其無首則吉。大意只是要剛而能柔，自人君以至士庶皆須如此。若說爲天下先，便只是人主方用得，以下更[六八]使不得，恐不如此。」又曰：「如歐說，蓋爲卜筮言，所以須着有『用九、用六』。若如伊川說，便無此也得。」砥。[六九]

乾吉在無首，坤利在永貞，這只說二用變卦。「乾吉在無首」，言卦之本體元是六龍，今變爲陰，頭面雖變，渾身却只是龍，只一似無頭底龍[七〇]相似。「坤利在永貞」，不知有何關捩子，這坤却不得見他元亨，只得他永貞。坤之本卦固有元亨，變卦却無。淵。

「群龍無首」，便是「利牝馬」者，爲不利牡而却利牝。如「西南得朋，東北喪朋」，皆是無討頭[七一]底。淵。

伯豐問本義[七二]：「乾用九爻辭，如何便是坤『先迷後得，東北喪朋』之意？」曰：「此只是無首，所以言『利牝馬之貞』，無牡馬。」㽦。

大凡人學[七三]皆不可忽。歐公文字尋常往往不以經旨取之，至於說「用九、用六」，自來却未曾有人說得如此。他初非理會象數者，而此論最得之。且既有六爻，又添用九、用六，因甚不用七、八？蓋九乃老陽。[七四]爲坤，[七五]便以坤爲占也。遇坤之乾即用「利永貞」爲占。坤變爲乾，即乾之「利」也。㽦。

道夫[七六]問：「天地生物象[七七]氣象，如温厚和粹即天地生物之仁否？」曰：「這是從生處說來。如所謂『大哉乾元，萬物資始。至哉坤元，萬物資生』，那『元』字便是生物之仁，「資始」

是得其氣，「資生」是成其形。到得亨便是他彰著，利便是結聚，貞便是收斂。收斂〔七八〕既無形迹，又須復生。至如夜半子時此物雖存，猶未動在，到寅卯便生，巳午便著，申酉便結，亥子丑便實，及至寅又生。他這個只管運轉，一歲有一歲之運，一月有一月之運，一日有一日之運，一時有一時之運。雖百心〔七九〕之微，亦有四個段子恁地運轉。但元則〔八〇〕是始初，未至於著。如所謂『怵惕惻隱』存於人心，自恁惻惻地，未至大段發出。」道夫曰：「他所以謂『滿腔子是惻隱之心』，蓋以其未散也。」曰：「他這個是事事充滿。如惻隱則皆是惻隱，羞惡則皆是羞惡，辭遜、是非則皆是辭遜、是非，初無不充滿處。但人爲己私所隔，故多虛空處爾。」道夫。

「大哉乾元」是說天道流行。「各正性命」是說人得這道理做那性命處，却不是正說性。如「天命之謂性」、「孟子道性善」，便是就人身上說性。易之所言却是說天人相接處。淵。節録同。〔八一〕

問：「『乾元統天』，注作：『健者，所以〔八二〕用形者也。』恐說得是否？」先生云：「也是。則是〔八三〕說得乾健不見得是乾元，蓋云『大哉乾元，萬物資始，乃統天』，則大意主在『元』字上。」學蒙。〔八四〕

「大明終始」，這一段說聖人之元亨。六位、六龍只與譬喻相似。聖人之六位，如隱顯、進退、行藏，潛龍時便當隱去，見龍時便是他出來。如孔子爲魯司寇時便是他大故顯了，到那獲麟絶筆便是他亢龍時。這是在下之聖人，然這卦大概是説那聖人得位底。若使聖人在下亦自有個元亨利貞，如「首出庶物」不必在上方如此，如孔子出類拔萃便是「首出萬物」，著書立言、澤及後世便是「萬國咸寧」。「大明終始」是就人上説。楊遵道録中言「人能大明乾道之終始」，易傳却無「人」字。某謂文字疑似處須下語割斷〔八五〕教分曉。〔八六〕

「『時乘六龍以御天』，六龍只是六爻，龍只是譬喻，明此六爻之義。潛見飛躍，以時而動，便是『乘六龍』，便是『御天』。」又曰：「聖人便是天，天便是聖人。」砥。〔八七〕

「乘」字大概只是譬喻。「御」字，龜山説做御馬之「御」，却恐傷於太巧。這段是古人長連地説下去，却不分曉。伊川傳説得也不分曉。語録中有一段却分曉，乃是楊遵道所録，云「人大明天道之終始」，這個〔八八〕處下個「人」字，是緊切底字，讀書須是看這般處。淵。

「乾道變化」似是再説起〔八九〕「元亨」。「變化」字且只大概恁地説，不比繫辭所説底子細。「各正性命」，他那元亨時雖正了，然未成形質，到這裏方成。如那百穀，堅實了方唤做「正性命」。乾道是統説底，四德是説他做出來底。大率天地是那有形了重濁底，乾坤是他情性〔九〇〕。其實乾道、天德，互换一般，乾道有〔九一〕言得深些子。天地是形而下者，只是這個道理，天地是個皮殼。淵。

乾道便只是天德，不消分別。「乾道變化」是就乾德上説，天德是就他四德上説。淵。

節[九二]問：「何謂『各正性命』？」曰：「各得其性命之正。」節。

問「保合大和乃利貞」。先生云：「天之生物莫不各有軀殼，如人之有體，果實之有皮核，有個軀殼保合以全之。能保合則真性常存，生生不窮。如一粒之穀，外面有個殼以裹之。方其發一萌芽之始，是物之元也；及其抽枝長葉，則是物之亨；到得生實欲熟未熟之際，此便是利；及其既實而堅，此便是貞矣。蓋乾道變化發生之始，此是元也；各正性命，小以遂其小，大以遂動[九三]大，則是亨矣；能保合以[九四]全其大和之性，則可利貞。」卓。

「保合大和」，天地萬物皆然。天地便是大底萬物，萬物便是小底天地。文蔚。僩録同。[九五]

問：「『首出庶物，萬國咸寧』恐盡是聖人事。伊川分作乾道、君道，如何？」先生云：「『乾道變化』至『乃利貞』是天，[九六]『首出庶物，萬國咸寧』是聖人。」又曰：「『首出庶物』須是聰明睿智高出庶物之上，以君天下方得『萬國咸寧』。禮記云『聰明睿智，足以有臨也』，須聰明睿智皆過於天下之人，方可臨得他。」砥。[九七]

天惟健故不息，不可把不息做健。使天有一頃之息則地必陷，人必跌死矣。惟其不息，故局得地在中間。方子。[九八]

乾卦有兩乾，是兩天也[九九]。昨日行，一天也；今日行，又一天也。其實一天而行健不已，此所以爲「天行健」也。地平則不見其順，必其高下層層地去，此所以見地勢之坤

順。辛。〔一〇〇〕

問：「衛老疑問中『天行健』一段，先生批問他云：『如何見得天之行健？』德明竊謂，天以氣言之，則一晝一夜周行乎三百六十度之中；以理言之，則『於穆不已』，無間容息，豈不是至健？」先生曰：「他却不是如此，只管去『自强不息』上討。」又説邠老社倉宜避去事，舉易之否象曰：「君子以儉〔一〇一〕辟難，不可榮以禄。」德明。

天之運轉不窮，所以爲天行健。季札。

厚之問：「健足以形容乾否？」曰：「可。伊川曰『健而無息謂之乾』。蓋自人而言，固有一時之健，有一日之健。惟無息乃天之德。〔一〇二〕」可學。

因説乾健，曰：「而今人只是坐時便見他健不健了，不待做事而後見也。」又曰：「某人所記，劉元城每與人相見，終坐不甚交談。欲起，屢留之，然終不交談。或問之，元城曰：『人坐久必傾側，久坐而不傾側必貴人也。故觀人之坐起，可以知人之貴賤。』某後來觀草堂先生説又不如此。元城極愛説話。觀草堂之説與某人所記之語，大抵皆同，多言其平生所履與行己立身之方。是時元城在南京，恣口極談，無所顧忌。南京，四方之衝。東南士大夫往來者無不見之，賓客填門無不延接。其死之時，去靖康之禍只三四年間耳。元城與了齋死同時。不知二公若留到靖康，當時若用之，何以處也。」僩。

文言上不必大故求道理，看來只是協韻説將去。「潛龍勿用，何謂也」以下，大概各就他要説處便説，不必言專説人事、天道。伊川説「乾之用」、「乾之時」、「乾之義」，也難分別。到了，時似用，用似義。淵。〔一〇三〕

易只消認他經中七段。乾坤二卦分外多了一段。認得這個了〔一〇四〕，向後一〔一〇五〕面底，不大故費解説。淵。

問：「伊川分別言『乾之時』與言『乾之義』，〔一〇六〕如何？」曰：「也是覺得不親切。聖人只是敷演其義，又兼要押韻，那裏恁地分別！」砥。〔一〇七〕

致道問「元者善之長也」。曰：「『元亨利貞』皆善也。而元乃爲四者之長，是善端初發見處也。」時舉。賜録同。〔一〇八〕

易中〔一〇九〕言「元者善之長」，説得〔一一〇〕最親切，無滲漏。仁義禮智莫非善，這個却是善之長。仁是有滋味底物事，説做知覺時，知覺却是無滋味底物事。仁則有所屬，如孝弟、慈和、柔愛皆屬仁。淵。

「元者善之長。」春秋傳記穆姜所誦之語，謂「元者體之長」。覺得「體」字較好，是一體之長也。銖。〔一一一〕

問「亨者嘉之會」。曰：「『元者善之長也，亨者嘉之會也。』〔一一二〕春天萬物發生，未大故齊。到夏，一時發生都齊旺，許多好物皆萃聚在這裏，便是『嘉之會』。」曰：「在人言之則如何？」曰：「動容周旋皆中禮，便是『嘉之會』。『嘉會足以合禮』，須是嘉其會始得。」淳。

「亨者嘉之會」。亨是萬物亨通，到此異分，無一夫[一一三]不美，便是「嘉之會」。㽦。

問「亨者嘉之會」。曰：「此處難下語。且以草木言之，發生到夏時，好處都來湊會。嘉只是好處，會是期會也。」又曰：「貞固是固得恰好。如尾生之信是不貞之固，須固得好方是貞。」賜。

問「亨者嘉之會」。曰：「嘉是美，會是聚，無不盡美處是亨。蓋自春至夏便是萬物暢茂，物皆豐盈，咸遂其美。然若只一物如此[一一四]又不可以爲會，須是合聚來皆如此方謂之會。如『嘉會足以合禮』，則自上文體仁而言，謂君子嘉其會。此『嘉』字說得輕，又不當如前說。此只是嘉其所會。此『嘉』字當若『文之以禮樂』之『文』[一一五]，則[一一六]『文』字爲重，到得『文之以禮樂』便不同。謂如在人，若一言一行之美亦不足以爲會，直是事事皆盡美方可以爲會，都無私意方可以合禮。」㽦。

學論[一一七]問「利者義之和」。先生指在坐，云：「如何說某云『義乃利之和』處？」[一一八]曰：「義之分有[一一九]別似乎無情，却是要順，乃和處。蓋嚴肅之氣，義也，而萬物不得此不生；乃是和。」又曰：「『亨者嘉之會。』會，聚也。正是夏，萬物一齊長時。然上句『嘉』字重，『會』字輕；下句『會』字重，『嘉』字輕。」可學。

利是那義裏面生出來底。凡事處制得合宜，利便隨之，所以云「利者義之和」，是〔一二〇〕義便兼得利。若只理會利，却是從中間半截做下去，遺了上面一截義底。小人只理會後面半截，君子從頭來。植。

「利者義之和。」義是個有界分斷制底物事，疑於不和。然使物各得其分，不相侵越，乃所以爲和也。〔一二一〕

「義之和」只是中節。義有個分至，如「親其親，長其長」，則是義之和；如不親其親而親他人之親，便不是和。砥。〔一二二〕

義之和處便是利，如君臣父子各得其宜，此便是義之和處，安得謂之不利！如「君不君，臣不臣，父不父，子不子」，此便是不和也，安得謂之利！孔子所以「罕言利」者，蓋不欲專以利爲言，恐人只管去利上求也。人傑。去僞録同。〔一二三〕

「利者義之和。」所謂義也〔一二四〕，如父之爲父，子之爲子，君之爲君，臣之爲臣，各自有義。然行得來如此和者，豈不是利？「利」字與「不利」字對，如云「利有攸往」、「不利有攸往」。南升。

問：「程子曰『義安處便爲利』，只是當然便安否？」曰：「是。只萬物各得其分便是利。君得其爲君，臣得其爲臣，父得其爲父，子得其爲子，何利如之！這『利』字即易所謂『利者義之和』，利便是義之和處。程子當時此處解得亦未親切，不似這語却親切，正好去解『利者義之和』

句。義初似不和，却和。截然而不可犯似不和，分別後萬物各止其所却是和。不和生於不義，義則無不和，和則無不利矣。」〔一二五〕

「貞者事之幹。」伊川說「貞」字只以爲「正」，恐未足以盡「貞」之義。須是說「正而固」，然亦未推得到知上。看得來合是如此。知是那默運事變底一件物事，所以爲事之幹。淵。

「體仁」如體物相似。人在那仁裏做骨子，所謂「仁」。曼作「故謂之『體仁』」。仁是曼作「只是個」。道理。須是有這人，曼作「須看這人」。方始體得他，做得他骨子。「比而效之」之說却覺得未是。節。淵録同而少異。〔一二六〕

「體仁」不是將仁來爲我之體，我之體便都是仁也。僩。

問：「『體仁長人〔一二七〕』，解云『以仁爲體』，是如何？」先生說：「只得如此。要自見得，蓋謂身便是仁也。」學蒙。〔一二八〕

問：「伊川解『體仁長人〔一二九〕』作『體乾之仁』。看來在乾爲元，在人爲仁，只應就人上說仁。又解『利物和義』作『合於義乃能利物』，亦恐倒說了。此類恐皆未安否〔一三〇〕？」先生曰：「然。『君子行此四德』，則體仁是君子之仁也。但前輩之說，不欲辨他不是，只自曉得便了。」學蒙。〔一三一〕

「嘉會」者，萬物皆發見在裏許。直卿云：「猶言萬物皆相見。」處得事事是，故謂之「嘉會」，一事不是，便不謂之「嘉會」。會是禮發見處，意思却在未發見之前。利物，使萬物各得其所，乃是義之和處。義自然和，不是氣[一三二]外別討個和。方子。

「嘉會」雖是有禮後底事，然這意思却在禮之先。嘉其所會時未説到那禮在，然能如此則便能合禮。利物時未説到和義在，然能使物各得其利則便能和義。「會」字説道是那萬物一齊發見處，得他盡嘉會便是，如只一事兩事嘉美時未爲嘉會。「會」字，張葆光用「齊」字説，説得幾句也[一三三]。使物各得其宜，何利如之！如此便足以和義。這「利」字是好底，如孟子所謂戰國時利是不好底，這個利如那「未有仁而遺其親，未有義而後其君」之利。「和」字，也有那老蘇所謂「無利則義乃有慘殺不和」[一三四]之意，蓋於物不利則義未和。淵。

又[一三五]問「利物足以和義」。曰：「義斷是非、別曲直，近於不和。然是非曲直辨則便是利，此乃是和處也。」時舉。

「利物足以和義。」凡説義各有分別，如君臣、父子、夫婦、兄弟之義自不同，似不和。然而各正其分，各得其理，便是順利，便是和處。事物莫不皆然。人傑。

問「利物足以和義」。曰：「義便有分別。[一三六]當其分別之時覺得來不和，及其分別得各得其所，使物物皆利，却是和其義。如天之生物，物有個分別。如『君君、臣臣、父父、子子』，至君得其所以爲君，[一三七]父得其所以爲父，[一三八]各得其利便是和。若君處臣位，臣處君位，安得和乎！」又問：「覺得於上句字義顛倒。」曰：「惟其利於物者，所以和其義耳。」正淳問：「『貞固』字，却與上文『體仁』、『嘉會』、『利物』亦似不同。」曰：「亦是比方，使[一三九]用兩字方説得盡。」𥲤。

伊川説「利物足以和義」，覺見他説得糊塗，如何唤做和合於義？四句都説不力。淵。

「利物足以和義」，此數句最難看。老蘇論此，謂慘殺爲義，必以利和之。如武王伐紂，義也。若徒義則不足以得天下之心，必散財發粟而後可以和其義。若如此説則義在利之外，分截成兩段了！看來義之爲義只是一個宜。其初則甚嚴，如「男正位乎外，女正位乎内」，直是有内外之辨。君尊於上，臣恭於下，尊卑小大，截然不可犯，似若不和之甚。然能使之各得其宜，則其和也孰大於是！至於天地萬物無不得其所，亦只是利之和爾。此只是就義中便有一個和。既曰「利者義之和」，却説「利物足以和義」，蓋不如此，不足以和其義也。「嘉會足以合禮。」嘉，美也。會，是集齊底意思。許多嘉美一時鬭湊到此，故謂之會。亨屬夏，如春生之物自是或先或後、或長或短，未能齊整，纔到夏便各各一時茂盛，此所謂「嘉之會」也。嘉其所會便動容周旋無不中禮。就「亨者嘉之會」觀之，「嘉」字是實，「會」字是虚。「嘉會足以合禮」，則「嘉」字却輕，「會」字却重。「貞固足以幹事」，幹如木之幹，事如木之枝葉。「貞固」者，正而守[一四〇]之。貞固在事是與立個骨子，所以爲事之幹。欲爲事而非此貞固便植立不起，自然倒了。謨。

「故曰『乾，元亨利貞』」，他把「乾」字當君子。淵。

【校勘記】

［一］何如　成化本爲「如何」。

［二］成化本此下注曰：「以下總論乾坤。」

［三］而　成化本無。

［四］而　成化本無。

［五］而　成化本無。

［六］如　成化本無。

［七］此條僩録底本卷七十四重複載録。

［八］此條方子録成化本以部分内容爲注，附於淵録後，參下條。

［九］成化本此下注曰：「方子録云：『以卦氣言之，四月是純陽，十月是純陰，然又恁地執定不得。』」

［一〇］又曰　成化本無。

〔一一〕雖至微至隱……子細推之皆可見　成化本爲「雖至微至隱纖毫之物亦無有無者子細推之皆可見」。
〔一二〕此條方子録成化本無。
〔一三〕成化本此下注曰：「以下易傳語。」
〔一四〕此條淳録成化本作爲注，附於卷六十九銖録後，參成化本該卷「又問天專言之則道也……便只是指形而下者言」條。
〔一五〕説　成化本無。
〔一六〕人　成化本作「之」。
〔一七〕帝　成化本此下注曰：「池本云：『問：「今郊祀也祀太乙。」曰：「而今都重了。」』」
〔一八〕又有天市便有權衡　成化本爲「又有天市亦有帝座處便有權衡秤斗星」。
〔一九〕盡　成化本此下注曰：「僩録作『到』。」
〔二〇〕沈録止此　成化本無。
〔二一〕而　成化本無。
〔二二〕按沈僩録同而略　成化本爲「僩同」。
〔二三〕情性　成化本爲「性情」。
〔二四〕轉運　成化本爲「運轉」。
〔二五〕成化本此下注曰：「方子録云：『天惟健，故不息，不可把不息做健。』下同。」

〔二六〕一　成化本無。

〔二七〕成化本此下注曰：「方子録云：『天地，形而下者。天地，乾坤之皮殼；乾坤，天地之性情。』」此部分方子録底本另作一條載於卷七十五，參底本該卷「天地形而下者……而天地之性情」條。

〔二八〕天者天之形體　成化本無。

〔二九〕卓按沈僩録同　成化本作「僩」。

〔三〇〕此條人傑録成化本無。

〔三一〕此條䕫録成化本無。

〔三二〕再　成化本無。

〔三三〕以　原闕，據成化本補。

〔三四〕到　成化本無。

〔三五〕道　成化本無。

〔三六〕元　成化本此上有「氣無始無終，且從元處説起，元之前又是貞了。如子時是今日，子之前又是昨日之亥，無空闕時。然天地間有個局定底，如四方是也；有個推行底，如四時是也。理都如此」。此部分内容底本另作一條載於卷六十五，參底本該卷「氣無始無終……四時是推行底」條。

〔三七〕看　成化本此下有「亦分明」。

〔三八〕都在這裏　成化本無。

［三九］伊川元者萬物之始四句自動不得　成化本爲「故易傳只説元者萬物之始亨者萬物之長利者萬物之遂貞者萬物之成不説氣只説物者言物則氣與理皆在其中伊川所説四句自動不得」。

［四〇］添幾個字説教盡　成化本爲「添字説盡」。

［四一］方子　成化本作「高」。

［四二］氣無始無終且從元處説起元之前又是貞了　成化本無。

［四三］道夫　成化本無。

［四四］方　朱本爲「四方」。

［四五］夫　成化本作「未」。

［四六］是　成化本無。

［四七］是　成化本無。

［四八］禮智義　成化本爲「義禮智」。

［四九］成化本此下注有「佐」，且此條載於卷六。

［五〇］伏羲易自是伏羲易……自是孔子易　成化本無。

［五一］學蒙　成化本爲「學履」。

［五二］占者　成化本此下有「當之」。

［五三］如　成化本無。

［五四］勿視聽言動而有非禮　成化本爲「非禮勿視聽言動」。
［五五］此條淵録成化本以部分内容附於砥録中，參下條。
［五六］沈此下云　成化本爲「僩録云」，且此上又有「淵録云：『發得此意極好』」。
［五七］書　成化本爲「爲書」。
［五八］按沈僩録同　成化本爲「僩録同」。
［五九］因論易傳　成化本無。
［六〇］昔嘗　成化本無。
［六一］不知可以如此説否　成化本無。
［六二］看　成化本作「易」。
［六三］謨去僞録同　成化本爲「去僞」。
［六四］乾卦　成化本無。
［六五］此條節録成化本無。
［六六］定　成化本作「它」。
［六七］歐陽公　成化本爲「歐公」。
［六八］更　朱本作「便」。
［六九］砥　成化本作「礪」。

〔七〇〕龍　成化本無。
〔七一〕無討頭　成化本爲「無頭」。
〔七二〕本義　成化本無。
〔七三〕學　成化本作「文字」。
〔七四〕陽　成化本此下有「六乃老陰，取變爻也。古人遇乾之坤，即以『見群龍無首，吉』爲占」。
〔七五〕爲坤　成化本爲「『見群龍無首』却是變乾爲坤」。
〔七六〕道夫　成化本無。
〔七七〕象　成化本無。
〔七八〕收斂　成化本無。
〔七九〕百心　成化本爲「一息」。
〔八〇〕則　成化本作「只」。
〔八一〕節録同　成化本無。
〔八二〕所以　成化本作「能」。
〔八三〕則是　成化本作「然只是」。
〔八四〕學蒙　成化本爲「學履」。
〔八五〕割斷　成化本爲「剖析」。

［八六］成化本此下注有「方子」。
［八七］砥　成化本作「礪」。
［八八］個　成化本無。
［八九］起　成化本無。
［九〇］情性　成化本爲「性情」。
［九一］有　成化本作「又」。
［九二］節　成化本無。
［九三］動　成化本作「其」。
［九四］以　成化本作「矣」。
［九五］僩録同　成化本無。
［九六］天　成化本此下注曰：「饒録作『乾』。」
［九七］砥　成化本作「礪」。
［九八］此條方子録成化本以部分内容附於蓋卿録後，參本卷蓋卿録「符兄問以情性言之謂之乾……今只於地信得他是斷然不息」條。
［九九］乾卦……兩天也　成化本爲「乾重卦上下皆乾，不可言兩天。」
［一〇〇］此條成化本以部分内容附於一語録後，參成化本卷六十八「乾重卦……此所以爲地勢坤」條。又，

據成化本所載及上下文意，疑底本「乾卦有兩乾，是兩天也」之「是兩天」爲「非是兩天」之誤。

［一〇二］儉　成化本爲「儉德」。

［一〇二］德　成化本作「健」。

［一〇三］此條淵録成化本載於卷六十九。

［一〇四］了　成化本作「子」。

［一〇五］一　成化本無。

［一〇六］伊川分别言乾之時與言乾之義　成化本爲「伊川分乾之時乾之義」。

［一〇七］砥　成化本作「礪」。此條成化本載於卷六十九。

［一〇八］賜録同　成化本無。

［一〇九］中　成化本無。

［一一〇］得　成化本無。

［一一一］嵤　成化本作「僩」。

［一一二］元者善之長也亨者嘉之會也　成化本無。

［一一三］夫　成化本作「物」。

［一一四］此　成化本此下有「他物不如此」。

［一一五］文　成化本此下有「字」。

〔一一六〕則　成化本此上有「蓋禮樂之文」。
〔一一七〕學諭　成化本作「施」。
〔一一八〕先生指在坐云如何説某云義乃利之和處　成化本無。
〔一一九〕有　成化本無。
〔一二〇〕是　成化本爲「蓋是」。
〔一二一〕成化本此下注有「僩」。
〔一二二〕砥　成化本作「礪」。
〔一二三〕人傑去僞録同　成化本爲「去僞」。
〔一二四〕也　成化本作「者」。
〔一二五〕成化本此下注曰：「砥録云『義則和矣，義則無不利矣。然義，其初截然，近於不和不利，其終則至於各得其宜』云云。」又，底本卷九十六所載淳録與此條文字略有差異，參該卷「問程子曰義安處便爲利……義則和而無不利矣」條。
〔一二六〕此條節録成化本無，但載燾淵同聞所録，參成化本卷六十八「體仁如體物相似……却覺得未是」條。
〔一二七〕長人　成化本無。
〔一二八〕學蒙　成化本爲「學履」。

［一二九］長人　成化本無。
［一三〇］否　成化本無。
［一三一］學蒙　成化本爲「學履」。
［一三二］氣　成化本作「義」。
［一三三］也　成化本此下有「好」。
［一三四］無利則義乃有慘殺不和　成化本爲「無利則義有慘殺而不和」。
［一三五］又　成化本無。
［一三六］曰義　據成化本補。
［一三七］君　成化本此下有「臣得其所以爲臣」。
［一三八］父　成化本此下有「子得其所以爲子」。
［一三九］使　成化本爲「便須」。
［一四〇］守　成化本爲「固守」。

晦庵先生朱文公語類卷第六十九

易五

乾下

問：「伊川[一]易傳，如[二]乾卦引舜事以證之，當初若逐卦引得這般事來證，大好看。」曰：「便是當時不曾計會得。」久之，曰：「經解說『潔淨精微，易之教也』，不知是誰做，伊川卻不以爲然。據某看，此語自說得好。蓋易之書誠然是『潔淨精微』。他那句語都是懸空說在這裏，都不犯手。而今[三]如伊川說得都犯手勢，引舜來做乾卦，乾又那裏有個舜來？當初聖人作易，又何嘗說乾是舜？他只是懸空說在這裏，都被人說得來事多，失了他『潔淨精微』之意。易只是說個象是如此，何嘗有實事。如春秋便句句是實，如言『公即位』便真個有個公即位，如言『子弑父』、『臣弑君』便真個是有此事。易何嘗如此，不過只是因畫以明象，因數以推數，因這象數便推個吉凶以示人而已，都無後來許多勞攘說話。」僩。[四]

庸言庸行，盛德之至。到這裏不消得恁地，猶自「閑邪存誠」便是「無射亦保」，雖無厭斁，亦當保也。保者，持守之意。淵。

常言既謹，常行既信，但用閑邪，怕他入來。此正是「無射亦保」之意。僩。

乾之[五]九二處得其中，都不着費力，「庸言之信，庸行之謹，閑邪存其誠，善世而不伐，德博而化」而已。若九三則剛而不中，過高而危，故有「乾乾」之戒。人傑。

「利見大人，君德也。」兩處説這個「君德」，却是要發明大人即是九二。孔子怕人道別是個大人，故如此互相發。使三百八十四爻皆恁地湊着，豈不快活！人只爲中間多有湊不着底，不可曉。淵。

「利見大人，君德也。」夫子怕人不把九二做大人，別討一個大人，所以去這裏説個「君德也」。兩處皆如此説。「龍德正中」以下皆君德，言雖不當君位却有君德，所以也下[六]做大人。伊川却説得這個大人做兩樣。淵。

黄有開問：「乾之九二是聖人之德，坤之六二是賢人之德，如何？」先生曰：「只謂乾九二是見成底，不待修爲。如『庸言之信，庸行之謹，善世不伐，德博而化』，此即聖人之德也。坤六二『直方大，不習無不利』，須是『敬以直内，義以方外』，如此方能『德不孤』，即是大矣。此是自直與方以至於大，修爲之序如此，是賢人之德也。嘗謂乾之一卦皆聖人之德，非是自初九以至上九漸漸做來。蓋聖人自有見成之德，所居之位有不同爾。德無淺深而位有高下，故然。昔者聖人作易以爲占筮，故設卦假乾以象聖人之德。如『勿用』、『無咎』、『利見大人』、『有悔』，皆是占辭。若人占遇初九則是潛龍之時，此則當勿用。如『見龍在田』之時則宜見大人。所謂大人，即聖人也。」辛。[七]

問：「乾[八]九二説聖人之德已備，何故九三又言『進德修業，知至至之』？」曰：「聖人只逐爻取象，此不是言德學[九]節次，是言居地位節次。六爻皆是聖人之德，只所處之位不同。初爻言『不易乎世，不成乎名，遯世無悶，不見是而無悶，樂則行之，憂則違之，潛龍也』，[一〇]已是説聖人之德了，只是潛而未用耳。到九二却恰好其化已能及人矣，蓋[一一]正是臣位，所以處之而[一二]。到九三，居下卦之上，位已高了，那時節無可做，只得恐懼、進德、修業，乾乾不息，[一三]此便是伊周地位。徐本無「此便」以下七字。[一四]九四位便乖，徐本此下有「這處進退不由我了」八字。[一五]『或躍在淵』，伊川謂『淵者龍之所安』，恐未然。田是平所在，縱有水亦[一六]淺。淵是深處，不可測。躍，離[一七]乎行而未至乎飛。行尚以足，躍則不以足，一跳而起，足不踏地，跳得便天上[一八]去，不得依舊在淵裏，皆不可測。下離乎行，上近乎飛。『上不在天，下不在田，中不在人，故或之。或之者，疑之也』，不似九二安穩。徐有「自在」二字。[一九]此時進退不得，皆不由我，徐無「不得」以下六字。[二〇]只聽天時了[二一]。以聖人言之，便是舜歷試、文王三分天下有二、湯武鳴條牧野時。徐此下却有「九三是伊周地位，已自離了」十一字。〔二二〕到上九又亢了。徐無「到上九」以下六字。〔二三〕看來人處大運中無一時閑。徐此下云：〔二四〕「跳得時便做。有德無位，做不徹，亦不失爲潛龍。」吉凶悔吝，一息不曾停。如大車輪一般，一恁衮將去。聖人只隨他恁地去，看道理如何。這裏，則將這道理處之；那裏，則將那道理處之。」淳。寓録同，略。〔二五〕

德者，得之於心，如得這孝之德在自家心裏。行出來方見，這便是行。忠信是真實如此。淵。

「進德修業」，這四個字煞包括道理。德是就心上説，業是就事上説，忠信是自家心中誠實。「修辭立其誠」，是説處有真實底道理。「進德修業」最好玩味。淵。節録同。〔二六〕

問「君子進德修業」。曰：「乾卦則連致知、格物、誠意、正心都説了。坤卦只是説持守。坤卦是個無頭物事，只有後面一節，只是一個持守、柔順、貞固而已，事事都不能爲首，只是循規蹈矩，依而行之。乾父坤母，意思可見。乾卦如個創業之君，坤卦如個守成之君。〔二七〕乾如蕭何，坤如曹參。所以『坤元亨，利牝馬之貞』都是説個順底道理。」又云：「『先迷後得。』先迷者，無首也，前面一項事他都迷不曉，只知順從而已。後獲者，迷於先而獲於後也。乾則『不言所利』，坤則『利牝馬之貞』，每每不同。所以康節云『乾無十，坤無一』，乾至九而止，奇數也；坤數偶，無奇數也。」用之云：「『乾無十』者，有坤以承之；『坤無一』者，有乾以首之。」先生曰：「然。」

又曰：「且如人占得九五『飛龍在天，利見大人』，若自揣有大人之德，則如飛龍之在天而萬物咸見於我；若自無大人之德則宜利見大人，彼有大人之德而我利見之也。所以互分賓主，各據人之位而言爾。」萬物咸覩於我，則我爲主而彼爲賓。我則見彼大人，則彼爲主而我爲賓。〔二八〕僩。

因説「進德居業」「進」字、「居」字，曰：「今看文字未熟，所以鶻突，都只見成一片黑淬淬地。須是只管看來看去、認來認去，今日看了，明日又看；早上看了，晚間又看；飯前看了，飯後又看。久之自見得開，一個字都有一個大縫罅。今常説見得，又豈是懸空見得！亦只是玩味之久自見得。文字只是舊時文字，只是見得開，如織錦上用青絲、用紅絲、用白絲。若見不得，只是一片皂布。」賀孫。〔二九〕

亞夫問「進德修業」，復云「居業」所以不同。先生曰：「德則日進不已。業如屋宇，未修則當修之，既修則居之。」蓋卿。

林安卿問「修業」、「居業」之别。先生曰：「二者只是一意。居，守也。逐日修作是修，常常爲〔三〇〕此是守。」義剛。

或問：「修業，德亦有進否？」曰：「進德只就心上言，居業是就事上言。忠信，『如惡惡臭，如好好色』，直是事事物物皆見得如此純是天理，則德日進。不成只如此了却！『修辭立誠』就事上理會，『所以居業也』。進則日見其新，居則常而不厭。」賀孫。

「忠信所以進德。」實便光明，如誠意之潤身。方子。

問：「忠信進德，莫只是實理否？」曰：「此説實理未得，只是實心。有實心則進德，德〔三一〕自無窮。」學蒙。〔三二〕

問：「『修辭立其誠』，何故獨説辭？得非只舉一事而言否？」曰：「然。也是言處多，言是那發出來處。人多是將言語做没緊要，容易説出來。若一一要實，這工夫自是大。『立其誠』，便是那後面『知終終之，可與存義也』。」僩。

蔓淵問「修辭立其誠，所以居業也」。曰：「如胡説空誠意，如何立説？一句話是一句的確，方立得誠。『居業』如人住屋子，日日如此。」學蒙。〔三三〕

「忠信所以進德」，只是著實則德便自進。居只是常常守得，常常做去。業只是這個業。今日「修辭立其誠」，明日又「修辭立其誠」。淵。

「進德修業」，進是要日新又新，德須是如此；業却須著居，修業便是要居他。居如人之居屋，只住在這裏面便是居，不成道修些個了便了。修辭便是立誠，如今人持擇言語，丁一確二，一字是一字，一句是一句，便是立誠。若還脱空亂語，誠如何立？伊川説這個做兩字，明道只做一意〔三四〕説。明道説這般底，説得條直。淵。

「忠信進德，修辭立誠」與「敬以直内，義以方外」，分屬乾坤，蓋取健順之〔三五〕體。修辭立誠自有剛健主立之體，敬義便有静順之體。進修便是個篤實，敬義便是個虚静。故曰「陽實陰虚」。㽦。

「坤只説得持守一邊事。如乾九三言『忠信所以進德，修辭立其誠所以居業』，便連致知、持守都説了。坤從首至尾皆去却一個頭，如云『後得主而有常』、『或從王事，無成有終』，皆是無頭。」文蔚曰：「此見聖人、賢人之分不同處。」曰：「然。」文蔚。

「『忠信所以進德』是乾健工夫，蓋是剛健粹精，兢兢業業，日進而不自已，如活龍然，精彩氣焰自有不可及者。『直内方外』是坤順工夫，蓋是固執持守，依文按本底做將去，所以爲學者事也。」又云：「説易只是陰陽，説乾坤只是健順。如此議論，更無差錯。」人傑。

「『忠信所以進德，修辭立其誠所以居業』，如何是乾德？」「只是健底意思，恁地做去。」〔三六〕「『敬以直内，義以方外』，如何是坤德？」「只是順底意思，恁地收斂。」〔三七〕淳。

問：「『忠信所以進德修業』，如何是乾德？『敬以直内』，如何是坤德？」曰：「『忠信所以進德』是健底意思，是硬立脚做去。『敬以直内』是順守意思，只是恁地收斂做去。」寓。〔三八〕

問：「『忠信所以進德，修辭立誠』，這是知得此理後全無走作了，故直拔恁地勇猛剛健做將去，便是乾道。資敬義夾持之功，不敢有少放慢，這是坤道。」曰：「意思也是恁地。但乾便帶了個知底意思，帶了個健底意思。所謂『進德』又是他心中已得這個道理了。到坤便有個順底意思，便只蒙乾之知，更不説個『知』字，只説敬義夾持做去底已後事。」道夫問：「『敬以直内』，若無『義以方外』也不得。然所謂『義以方外』者，只是見得這個道理合當恁地，便只斬截恁地做將去否？」曰：「見不分曉則圓後糊塗，便不方了。『義以方外』，只那界限便分明，四面皆恁平正。」道夫。

履之問：「『忠信所以進德，修辭立其誠所以居業者[三九]，乾道也；敬以直内，義以方外者[四〇]，坤道也。』乾道恐是有進修不已之意，坤道是安静正固之意否？」曰：「大略也如此。但須識得『忠信所以進德』是如何。」仲思曰：「恐只是『發己自盡，循物無違』。」曰：「此是言應事接物者，却又依舊是『修辭立其誠』了。」伯羽曰：「恐是存主誠實，以爲進德之地。」曰：「如何便能忠信？仲思所説固只是見於接物，蜚卿所説也未見下落處。」直卿曰：「恐作内外分説，如中庸所謂『大德敦化，小德川流』。」曰：「也不必説得恁地高。這只是『如惡惡臭，如好好色』則其獨自謹。」「乾固是健，然硬要他健也不得。譬如不健底人只有許多精力，如何强得？」「乾從知處説，坤從守處説。」「生知者是合下便見得透，忠信便是他，更無使之忠信者。」「大凡人學須是見到自住不得處方有功，所以聖人説得恁地寬，須是人自去裏面尋之，須是知得方能忠信。『誠之者，人之道』，看『誠之』字全只似固執意思，然下文必先説擇善而後可固執也。某嘗謂，這心若未正時，雖欲强教他正也卒乍未能得他正。若既正後，雖欲邪也卒乍邪未得。雖曰『操則

存，舍則亡』，然亡[四一]也不得恁地快，自是他勢恁地。」伯羽。[四二]

伊川説「内積忠信」，「積」字説得好。某「實其善」之説雖密，不似「積」字見得積在此而未見於事之意。學蒙。[四三]

伊川解「修辭立誠」作「擇言篤志」，説得來寬。不如明道説云「修其言辭，正爲立己之誠意」，乃是體當自家「敬以直内，義以方外」之實事。學蒙。[四四]

「『内積忠信，所以進德也；擇言篤志，所以居業也。』擇言便是修省言辭，篤志便是立誠，『知至至之』便是知得進前去。」又曰：「『知至』便是真實知得『如惡惡臭，如好好色』，『至之』便是真個求到『如惡惡臭，如好好色』之地。『知終』便是知得進到這處了。如何保守得便終保守取，便是『終之』。如『修辭立其誠』便是『知終終之』。『可與幾』是未到那裏，先見得個事幾便是見得到那裏。『可與存義』便似守得個物事在。一個是進，一個是居。進如『日知其所亡』，只管進前去；居如『月無忘其所能』，只管日日恁地做。」賀孫。

「内積忠信」，一言一動必忠必信，是積也。「知至至之」全在「知」字，「知終終之」，在着力守之。賀孫。

道夫[四五]問：「『内積忠信』是誠之於内，『擇言篤志』是誠之於外否？」曰：「『内積忠信』是實心，『擇言篤志』是實事。」又問：「『知至至之』是致知，『知終終之』是力行，自今觀之，[四六]

固是如此。然細思，恐知至與知終屬致知，至之、終之屬力行，二者自相兼帶。」曰：「程子云『知至至之』主至[四七]，『知終終之』主終[四八]。然某却疑似亦不須如此説，只恐[四九]『忠信所以進德，修辭立其誠所以居業』説自得。蓋無一念之不誠，所以進其德也。德謂之『進』，則是見得許多又進許多。無一言之不實，所以居其業也。業謂之『居』，便是知之至此又有以居之也。」道夫。

今[五〇]思「乾，聖人之分也，可欲之善屬焉；坤，賢人之分也，有諸己之信屬焉」。對曰：「乾者，純陽之卦，陽氣之始也，始無不善。聖人之心純乎天理，一念之發無非至善，故曰『乾，聖人之分也，可欲之善屬焉』。坤者，純陰之卦，陰氣之終，所以成始者也。賢人學而後復其初，欲有諸己必積習而後至，故曰『坤，賢人之分也，有諸己之信屬焉』。」先生曰：「只是一個是自然、一個是做工夫。『可欲之謂善』是説資禀可欲，是别人以爲可欲。『有諸己之謂信』是説學。」[五一]

又[五二]問：「『忠信所以進德也』，[五三]本義云：『忠信主於心者，無一念之不實。』既無不實則是成德，恐非進德之事也。」曰：「『忠信所以進德』，忠信者，無一毫之不實。若有一毫之不實，如捕風捉影，更無下工處，德何由進？須是表裏皆實，無一毫之僞，然後有以爲進德之地，德方日新矣。」又問：「『修辭』云『無一言之不實』，此易曉。『居業』如何實？」曰：「『日日如此行，從生至死常如此用工夫，無頃刻不相似[五四]也。」又曰：「『知崇禮卑』，亦是此事[五五]。『崇效天，卑法地。』[五六]『知崇』，進德之事也；『禮卑』，居業之事也。」[五七]僩。

飛卿舉聖賢所説忠信處以求其同異。曰：「公所舉許多忠信只是一個，但地頭不同。」直卿問：「乾之『忠信』與他處所謂『忠信』，正猶夫子之『忠恕』與子思所謂『違道不遠』之『忠恕』相似。」曰：「不然。此非有等級也，但地頭各別耳。正如伊川所謂『無妄之謂誠，不欺其次也』。不欺也是誠，但是次於無妄耳。」先生復問：「昨所説如何？」曰：「先生昨舉『如好好色，如惡惡臭』説『忠信所以進德』。」曰：「只是如此，何不以此思之？適所舉忠信只是對人言之者，乾之忠信是專在己上言之者。乾卦分明是先見得這個透徹，便一直做將去。如『忠信所以進德』至『可與存義』，也都是徑前做去，有勇猛嚴厲、斬截剛果之意，須是見得方能恁地。又如『樂則行之，憂則違之，確乎其不可拔』，亦是這般剛決意思。所以生知者分明是合下便見得透，故其健自然如此，更着力不得。坤卦則未到這地位，『敬以直內，義以方外』，未免緊帖把捉，有持守底意，不似乾卦見得來透徹。」道夫問：「易傳云『內積忠信，所以進德也』，『積』字又也似用力，如何？」曰：「正是用力，不用力如何得！乾卦雖如此，亦是言學。但乾是先知得透，故勇猛嚴厲，其進莫之能禦。」履之問：「易之『忠信』莫只是實理？」曰：「此説實理未得，只是實心。有實心則進德自無窮已。實[五八]心便是學者之關中河內，必先有此而後可以有爲，若無此則若存若亡而已，烏能有得乎？『有諸己之謂信』，意正謂此。」又曰：「程子謂『一心之中如有兩人焉』。

將爲善，有惡以間之；爲不善，又有愧耻之心。此正交戰之驗』，程子此語正是言意不誠、心不實處。大凡意不誠分明是吾之賊。我要上，他牽下來；我要前，他拖教後去。此最學者所宜察。」道夫。

問「君子進德修業。忠信所以進德，修辭立誠所以居業」云云[五九]。曰：「這『忠信』二字，正是中庸之『反諸身而誠』、孟子之『反身而誠』樣『誠』字。是知得真實了，知得決然是如此，更攧撲不碎了，只欠下手去做。『忠信』是知得到那真實極至處了，『修辭立誠』是做到真實極至處。若不是真實知得，進個甚麽？前頭黑淬淬地，如何地進得去？既知得，若不真實去做，那個道理也只懸空在這裏，無個安泊處，所謂『忠信』也只是虚底道理而已。這裏極難説，須是合中庸『反諸身而誠』與孟子『反身而誠』諸處看。舊又見先生説：「孟子『有諸己之謂信』，亦是易中所謂『忠信』，非『主忠信』之『忠信』也。」若看不透，且休，待他時看。而今正是這『忠信所以進德』一節看未得，所以那『修辭立誠』一段也看未得。」又問：「所以只説『修辭』者，只是工夫之一件否？」曰：「言是行之表，凡人所行者無不發出來，也是一件大事。」又曰：「『忠信』是始，『修辭立誠』是終。『知至至之』是忠信進德之事，『知終終之』是居業之事。」問：「『至之』是已至其處否？」曰：「未在。是知得那至處方有個向望處，正要行進去。『知終終之』是已至其處了，終之而不去。」又問：「『忠信所以[六〇]』至『居業』，可以做聖人事否？」曰：「不可。『所以進德』正是做工夫處。

聖人則不消說忠信了，只說得至誠。」問：「如此則皆是學者事？」曰：「然。這裏大概都是學者事。」問：「頃見某人言，乾卦是聖人事，坤卦是賢人事，不知是否？」曰：「某不見得如此。便是這物事勞攘。如說他是聖人事，他這裏[六一]又有說學者處。如初九云『潛龍勿用，子曰』云云也可以做聖人事。九二曰云云也可以做聖人說。及至九三便說得勞攘，只做得學者事矣。」問：「內卦以德、學言，外卦以時、位言，此却定。」曰：「然。」僩。

問：「乾九三文言曰[六二]『忠信所以進德也，修辭立其誠所以居業也』，疑忠信是指言行發出[六三]於外者而言。如『爲人謀而不忠，與朋友交而不信』，皆是發見於外者，如何却言『進德』？『修辭立誠』與忠信果何異？人[六四]指爲『居業』，何也？」曰：「忠信是心中朴實頭見得道理如此，故[六五]日進而不已，猶孟子所謂『有諸己』者是也，故指進德而言。『修辭立誠』却是就言語上說。」又問：「『立誠』不就制行上說，而特指『修辭』，何也？」曰：「人之不誠處多在言語上也。」柄。

「君子進德」至「存義也」。忠信猶言實其善之謂，非「主忠信」、「與朋友交而信[六六]」之「忠信」。能實其爲善之意自是住不得，德不期進而自進，猶饑之欲食，自是不可已。進德則所知所行自進而不已，居業則只在此住了不去。只看「進」字、「居」字可見。進者，日新而不已；居者，一定而不易。「忠信進德，修辭立誠居業」，工夫之條件也；「知至至之可與幾，知終終之可與存義」，工夫之功程也。此一段只是說「終日乾乾」而已。學蒙。[六七]

敬之問：「『忠信』至『存義也』，上面『忠信』與『修辭立誠』，未是工夫，到下面方是工夫，是[六八]否？」曰：「『忠信所以進德，修辭立其誠所以居業』，如何未是工夫？只上面『忠信』與『修辭立誠』便是材料，下面『知至，知終』，惟有實了方會如此。大抵以忠信爲本。忠信只是實，若無實如何會進！如播種相似，須是實有種子下在泥中，方會日日見發生，若把個空殼下在裏面，如何會發生？即是空道理，須是實見得。若徒將耳聽過，將口説過，濟甚事？忠信所以爲實者，且如孝，須實是孝，方始那孝之德一日進一日；如弟，須實是弟，方始那弟之德一日進一日。若不實，却自無根了，如何會進！今日覺見恁地去，明日便漸能熟。明日方見有一二分，後日便見有三四分，意思自然覺得不同。『立其誠』，『誠』依舊便是上面忠信。『修辭』是言語照管得[六九]，那裏面亦須照管得到。『居業』是常常如此，不少間斷。德是得之於心，業是見之於事。『進德』是自覺得意思日强似一日，日振作似一日，不是外面事，只是自見得意思不同。業是德之事也，德則欲日進，業要終始不易，居是存而不失之意。『可與幾』是見得面前個道理，便能日進向前去。『存義』是守這個義，只是這個道理常常存在這裏。『可』是心肯意肯之義，譬如昨日是無奈何勉强去爲善，今日是心肯意肯要去爲善。」賀孫。

問「忠信進德」一段。先生曰：「『忠信』是心中所發，真見得道理如此，『如惡惡臭、好好色』一般。『修辭立誠』是就事上説，欲無一言之不實也。」問：「修辭也是舉一端而言否？」

曰：「言者行之表，故就言上説。」又云：「『知至至之』是屬『忠信進德』上説，蓋真見得這道理，遂求以至之。『知終終之』是屬『修辭立誠』上説，蓋事是已行到那地頭了，遂守之而不失。」又云：「『忠信進德』見是個[七〇]『修辭立誠』底道理，『修辭立誠』是行個『忠信進德』底道理。」學蒙。[七一]

符問「知至至之可與幾也，知終終之可與存義也」。曰：「『忠信所以進德也，修辭立其誠所以居業也』，方説『知至至之可與幾也，知終終之可與存義也』。『知至』是知得到至處，『至之』謂意思也隨他到那處，這裏便可與理會幾微處。『知終』是知得到終處，『終之』謂意思也隨他到那裏，這裏便可與存義。『存』謂存主，今日也存主在這裏，明日也存主在這裏。」賀孫。

「知至」，雖未做到那裏，然已知道業可居，心心念念做將去。「修辭立其誠」以終他，終便是居了。「進德」、「知至」、「可與幾」是一類事。這般處説得精，便與那「崇德廣業」、「知崇禮卑」一般。若是那「始條理、終條理」底，説得粗。淵。

「知至至之」，知謂進德者也；「知終終之」，此知謂居業者也。進德者，「日日新，又日新」，進進而不已也；居業者，日日守定在此也。然必内有忠信方能修辭，心不在時如何修得？於乾言「忠信」者有繼[七二]而無息之意，於坤言「敬」者有順而有常之意。祖道。

「知至至之」主在「至」上，「知終終之」主在「終」上。「至」是要到那去[七三]處而未到之辭。

如去長安，未到長安却先知道長安在那裏，從後行去，這便是進德之事。進德是要日新又新，只管要進去，便是要至之，故説道「可與幾」。未做到那裏，先知得如此，所以説「可與幾」。「進」字貼着那「幾」字，「至」字又貼着那「進」字。「終」則只是要守。業只是這業，今日如此，明日又如此，所以下個「居」字。〔七四〕「終」者只這裏終，「居」字貼着那「存」字，「終」字又貼着那「居」字。德是心上説，義是那業上底道理。淵。

「知至至之」，知其可至而行至〔七五〕也；「知終終之」，知其可住而止之。祖道。

「知至」是要知所至之地，「至之」便是至那地〔七六〕了。「知終」是知得合如此，「終之」便須下終底工夫。「幾」字是知之初，方是見得事幾便須是至之。「存義」是守得定方存得這義。砥。〔七七〕

「可與幾，可與存義」是旁人説，如「可與立，可與禮」之「可與」同。砥。〔七八〕

用之問「知至至之可與幾也，知終終之可與存義也」。曰：「上『至』字是至處，下『至』字是到那至處。『知終』是終處，『終之』是終之而不去，蓋求必終於是而守之不去也。『知至至之，可與幾也』，〔七九〕先知爲幾。如人欲往長安，雖未到長安，然已知長安之所在，所謂『可與幾也』。若已到彼，則不謂之『幾』，『幾』者先知之謂也。『知終終之，可與存義也』，〔八〇〕存者守而勿失。既知得個道理如此，則堅守之而勿失，所謂『可與存義也』。」僩。

問：〔八一〕「『知至』與『知終』，『終』字與〔八二〕『至』字其義相近，如何？」曰：「這處都〔八三〕作兩段衮將去，所以難得分曉。『知至』與『至之』，『知終』與『終之』，分作四截説。『知至』是知得到處，『知終』是終其到處。『至之』是須着行去到那處，故曰『知至至之』。〔八四〕『終之』是定要守到那處，故曰『知終終之』。〔八五〕上兩個『知』字却一般。」舉遺書所謂「『知至至之』主知也，『知終終之』主終也」：「均一『知』也，上却主知，下却主終。要得守故如此。」寓。

亞夫問「知至至之」、「知終終之」之旨。曰：「『知至至之』是進德意。如人欲到長安，雖未得，却見得長安在，彼自然趕逐將去，故曰『可與幾』也。『知終終之』是居業意。『修辭立其誠』，今日也只做此事，明日也只做此事，更無底意，故曰『可與存義』也。此兩句緊要在『至』字與『終』字上。」處謙。〔八六〕

「知至至之」。「知至」則「知」字是輕，「至」字是到那處。「至之」則「至」字是實，「之」字是虚。如知得要到臨安是「知至」，須是行到那裏方是「至之」。大學「知至」，「知」字是〔八七〕重，「至」字是〔八八〕輕。賀孫。

問：「乾卦内卦以德學言，外卦以時位言否？」先生云：「此正説文言六段，蓋雖言德學而時位亦在其中，非德學何以處時位？此是『子曰』以下分説，其後却錯雜説了。」學蒙。僩録同。〔八九〕

天下所患無君，不患無臣。有如〔九〇〕是君必有如〔九一〕是臣，雖使而今無，少間也必有出來。

「雲從龍，風從虎」，只怕不是真個龍虎，若是真個[九二]龍虎，必生風致雲也。僩。

「『上下無常非爲邪，進退無恒非離群』，是不如此只要得及時。」又云：「如此説也好。」淵。

體無剛柔，位有貴賤。因他這貴賤之位隨緊慢説，有那難處，有那易處。九三處一卦之盡，所以説得如此。九二位正中，便不恁地。淵。

「飛龍在天，利見大人。」文言分明言：「同聲相應，同氣相求。水流濕，火就燥，雲從龍，風從虎，聖人作而萬物覩。」他分明是以聖人爲龍，以作言飛，以萬物覩解「利見大人」，只是言天下利見夫大德之君也。今人却别做一説，恐非聖人本意。道夫。

看來大人只是這大人，無不同處。伊川之病在那二五相見處，卦畫如何會有相見之理？只是説人占得這爻利見於大人。「萬物覩」之「覩」便是「見」字。且如學聚、問辨説個君德，前一處也説君德，蓋説道雖非君位而有君德。下面説許多大人者，所以[九三]爲大人者如此。今却説二五相見，却揍不着他這語脈。且如「先迷，後得至[九四]主，利，西南得朋，東北喪朋」，只是説先時不好，後來却好，西南便合着，東北便合不着。豈是説卦爻？只是説占底人。常觀解易底惟是東坡會做文字了，都揍着他語脈。如「渙其群，元吉」，諸家皆云渙散了却成群，都不成語句。唯東坡説道，渙散他小小群，聚合成一大群，如那天下混一之際破散他小群[九五]，如此方成文理。淵。

葉味道[九六]問：「聖人於文言只把做道理說？」先生曰：「有此氣便有此理。」又問：「文言反覆說，如何？」曰：「如言『潛龍勿用，陽在下也』，又『潛龍勿用，下也』，只是一意重疊說。伊川作兩意，未穩。」劉居之問「人皆有不忍人之心」一段[九七]。曰：「『惻隱之心，仁之端也』，猶[九八]乍見孺子入井，此只是一件事。仁之端只是仁萌芽處，如羞惡即是羞惡這一件事，辭遜即是辭遜這一件事，是非亦即見得這一件事爲是爲非，[九九]方是義、禮、智萌芽處。要得[一〇〇]推擴充滿得自家本然之量，不特是見赤子[一〇一]入井便恁地，其他事皆恁地。如羞惡、辭遜、是非，不特於一件事上恁地，要事事皆然，方是充滿足[一〇二]、無欠闕[一〇三]。如[一〇四]『知皆擴而充之矣』，知方且是知得如此，若火始然、泉始達。[一〇五]至說到『苟能充之則[一〇六]足以保四海』。[一〇七]蓋『知』字與『始然』、『始達』字相應，『充』字與『保四海』相應。蓋[一〇八]纔知得便不能自已[一〇九]，若火纔發[一一〇]便不可遏，泉纔達便涓涓流而不絕。」植。[一一一]

問「乾元用九，天下治也」。先生云：「九是天德，健中便自有順，用之則天下治。如下文『乃見天則』，『則』便是天德。與上文『見群龍無首』又別作一樣看。」砥。[一一二]

「乾元者始而亨」一段，「始而亨」是生出去，「利貞」是收斂聚方見性情。所以言「元亨誠之通，利貞誠之復」。砥。[一一三]

「元亨」是大通，「利貞」是收斂情性。道夫。

「利貞者，性情也」是乾元之性情，「始而亨」時是乾之發作處，共是一個性情。到那利貞處，一個有一個性情，百穀草木皆有個性情了。元亨方是他開花結子時，這[一一四]利貞時方見得他底性情，就這上看乾之性情，便見得這是那「利貞誠之復」處。淵。

問「利貞者，性情也」。曰：「此只是對『元亨』説，只[一一五]是意思體質。蓋『元亨』是動，發用在外；『利貞』是靜而伏藏於內。」僩。

問[一一六]「利貞者性情」。曰：「此是[一一七]相對説。性情如言本體。[一一八]元亨是發用處，利貞是收斂歸本體處。體却在下，用却在上。蓋春便生，夏便長茂條達，秋便有個收斂撮聚意思，直到冬方成。」[一一九]又[一二〇]曰：「天地之心別無可做，『大德曰生』，只是生物而已。謂如一樹，春榮夏敷，至秋乃實，至冬乃成。雖曰成實，若未冬[一二一]便種不成。直是受得氣足，便是將欲相離之時，却將千實來種，便成千樹，如『碩果不食』是也。方其自小而大，各有生意。到冬時，疑若樹無生意矣，不知却自收斂在下，每實各具生理，更見生生不窮之意。這個道理真是自然，全不是安排得。只是聖人便窺見機緘，發明出來。伊川易傳解四德，便只就物上説：『元者萬物之始，亨者萬物之長，利者萬物之遂，貞者萬物之成。』解得逐[一二二]字最好。通書曰『元亨誠之通，利貞誠之復』，通即發用，復即本體也。」僩。[一二三]

「不言所利」是説得不似坤時「利牝馬之貞」，但説利貞而已。淵。

「不言所利」，明道説云「不有其功，常久而不已者乾」，此語説得好。淵。

「『大哉乾乎』，陽氣方流行，固已包了全體，陰便在這〔一二四〕裏了，所以説『剛健中正』。然不可道這裏却夾雜些陰柔，所以却説『純粹精』。」淵。

「剛健中正」，爲其嫌於不中正，所以説個「中正」。陽剛自是全體，豈得不中正？這個因近日趙善譽者著一件物事説道：「只乾坤二卦便偏了。乾只是剛底一邊，坤只是柔底一邊。」某説與他道：「聖人做一部易，如何却將兩個偏底物事放在疋頭？如何不討個混淪底放在那裏？」注中便是破他説。淵。

德都〔一二五〕行之本，「君子以成德爲行」，言德則行在其中矣。道夫。

問：「『行而未成』如何？」曰：「只是事業未就。」又問：「乾六爻皆聖人事，安得有未成？伊川云『未成是未著』，莫是如此否？」曰：「雖是聖人，畢竟初九行而未成。」問：「此只論事業，不論德否？」曰：「不消如此費力。且如伊尹居有莘之時，便是『行而未成』。」文蔚。

「學聚、問辨」，聖人説得寬。這個便是下面所謂「君德」。兩處説君德皆如此。〔一二六〕

乾之九三，以過剛不中而處危位〔一二七〕，當「終日乾乾，夕惕若」，則「雖危無咎矣」。聖人正意只是如此，若旁通之，則所謂「對越在天」等説皆可通。大抵易之卦爻，上自天子，下至庶人，皆有用處。若謂乾之九三君德已著，爲危疑之地，則只做得舜禹事使。人傑。

又[一二八]問：「『先天而天弗違，後天而奉天時』，聖人與天爲一，安有先後之殊？」曰：「只是聖人意要如此，天便順從，先後相應，不差毫釐也。」因説：「人常云，如雞覆子，啐啄同時，不知是如此否？」時舉云：「舊時家嘗養雞，時舉時爲兒童，[一二九]日候其雛之出。見他母初未嘗啄，蓋氣數纔足便自横迸裂開。有時見其出之不利，因用手略助之，則其子下來便不長進，以此見得這裏一毫人力有不能與。」先生笑而然之。時舉。

問：「胡文定公云：『舜「先天而天弗違」，「志壹則動氣也」。孔子「後天而奉天時」，「氣壹則動志也」。』如何？」先生曰：「『先天而非違』者，舜先作韶樂而鳳凰來儀；『後天而奉天時』者，孔子因獲麟而作春秋。『志壹動氣』、『氣壹動志』，皆借孟子之言形容天地感格之意。」謨。

乾卦有兩個「其惟聖人乎」，王肅本却以一個做「愚人」，此必其自改得凭地亂道！如中庸，王肅作「小人反中庸」，這却又改得是。賀孫。

坤

乾主義，坤便主利。占得這卦便主利底[一三〇]事。不是坤道主利萬物，乃是此卦占得時主有利。淵。

「主利」不是謂坤主利萬物，是占者主利。砥。

「利牝馬之貞」，言利於柔順之正而不利於剛健之正。「利」是個虛字。「西南得朋」固是好了，「東北喪朋」亦自不妨爲有慶。坤比乾，都是折一半用底。淵。

「利牝馬之貞」，本無四德底意，彖中方有之。彖中説四德自不分曉，前數説「元亨」處却説得分明，後面幾句無理會。「牝馬地類，行地無疆」便是那「柔順利貞，君子攸行」，本連下面，緣他趂押韻後，故説在此。這般底難十分理會。「先迷失道」却分曉，只是説坤道。池本無「先迷」至此十二字。「先迷後得，東北西南」大概是陰減池本有「爲」字。陽一半。就前後言，没了前一截；就四方言，没了東北一截。陽却是全體安貞之吉。他這分段只到這裏，若更妄作以求全時便凶了。在人亦當如此。伊川説「東北喪朋」處，但不知這處添得許多字否？此是用王輔嗣説。淵。[一三一]

又論坤卦「利牝馬之貞」，曰：「乾卦『元亨利貞』便都好，到坤只一半好。全好故云『利永貞』。一半好故云『利牝馬之貞』，即是亦有不利者。只『西南得朋，東北喪朋』，雖伊川亦解做不好。殊不知『西南得朋』乃以類行，豈是不好！至於東北，是坤卦到東南則好，到西北實是喪朋[一三二]，亦非是凶，只是自然不容不喪朋。雖然喪朋，『乃終有慶』，[一三三]却終有慶耳。」東南得地，與類行，自是好。西北不得地，自然喪朋。然其終亦如此等説，恐難依舊説。㽦。

「牝馬之貞」，伊川只爲泥那四德，所以如此説不通。淵。

「陰體柔躁」，只爲他柔所以躁，剛便不躁。躁是那欲動而不得動之意，剛則便動矣。柔躁不能自守，所以説「安貞吉」。淵。

資乾以始便資坤以生，不争得霎時間。乾底亨時，坤底亦亨。生是生物，池本「時間」至此無，有「坤之所生」四字。〔一三四〕即乾之所始者。淵。

徐煥云：「天之行健，一息不停。而坤不能順動以應其行，則造化生生之功或幾乎息矣。」此語亦無病。萬物資乾以始而有氣，資坤以生而有形。氣至而生，生即坤元，徐説亦通。淵。「未有乾行而坤止」，此説是。且如乾施物，坤不應則不能生物。既會生物，便是動。若不是他健後，如何配乾？只是健得來順。淵。

又曰：〔一三五〕「東北非陰之位。陰柔至此，既喪其朋，自立脚不得，必須歸本位，故終有慶。」又曰：「牝是柔順，故先迷而喪朋。然馬健行，却後得而有慶。牝馬不可分爲二，今姑分以見其義。」砥。〔一三六〕

「坤卦『西南得朋乃與類行，〔一三七〕東北喪朋乃終有慶』，既言『終有慶』，則有慶不在今矣。沈録此下云「言乃終有慶也」。〔一三八〕爲他是個柔順底物，東北陽方非他所安之地。慢水中魚去水〔一三九〕中不得，自是喪朋。於〔一四〇〕東北則必反於西南，是終有慶也。正如『先迷後得』，爲他柔順故先迷，柔順而不失乎健故後得，所以卦下言『利牝馬之貞』。喪朋先迷便是『牝』，有慶後得便是『馬』，將『牝馬』字分開，却形容得這意思。」文蔚曰：「大抵柔順中正底人做越常過分底事不

得，只是循常守分時又却自做得他底事。」曰：「是如此。」文蔚録同。〔一四一〕

地之勢常有順底道理，且如這個平地，前面便有坡陁處，那〔一四二〕突然起底也自順。淵。

陰爻稱六，與程傳之説大不同。這只就四象看便見得分曉。陰陽一段只説通例，此兩物相無不得底〔一四三〕，且如天晴幾日後無雨便不得。十二個月，六月是陰，六月是陽。一日中，陽是晝，陰是夜。淵。

坤六爻雖有重輕，大概皆是持守、收斂、畏謹底意。砥。〔一四四〕

問：「履霜堅冰，何以不著占象？」曰：「此自分曉。占者自前〔一四五〕未見有害，却有未萌之禍，所宜戒謹。」砥。〔一四六〕

陰陽皆自微至著，不是陰便積著，便陽合下具足。〔一四七〕此處亦不説這個意。「履霜堅冰」，只是説那〔一四八〕從微時便須著慎來，所以説「蓋言慎也」，「由辨之不早辨」。李光祖云：「不早辨他，直到得郎當了却方辨，剗地激成事來。」此説最好。淵。

「直方大」，是他陰爻居陰位，無如此之純粹。爻辭云「直方大」者，言占者「直方大」則「不習無不利」，却不是説坤德直方大也。且如「元亨利貞」，彖裏面説底且隨他説做一個事，後面説底四事又儘隨他説去。如某之説爻，無許多撈攘。淵。

問：「坤之道『直方大』，六二純正，能得此以爲德否？」曰：「不可説坤先有是道，而後六

二得之以爲德。坤是何物？六二是何物？畢竟只是一個坤。只因這一爻中正，便見得『直方大』如此。」學蒙。〔一四九〕

六二不當説正，要説也説得行，不若除了。淵。

問：「坤二五皆中爻。二是就盡得地道上説，五是就著見於文章事業上説否？」曰：「不可説盡〔一五〇〕地道，他便是坤道也。二在下方是就工夫處〔一五一〕説，文言云『不疑其所行』是也。五得尊位則是就他成就處説，所以云『美在其中而暢於四支，發於事業，美之至也』。」學蒙。〔一五二〕

「黄裳元吉」，不過是在上之人能以柔順之道。黄，中色。裳是下體之服。能似這個則無不吉。淵。

六五〔一五三〕「黄裳元吉」，這是那居中處下之道。乾之九五自是剛健底道理，坤之六五自是柔順底道理。各隨他陰陽自有一個道理。其爲九六不同，所以在那五處亦不同。這個五之柔順從那六裏來。淵。

問：「坤六五〔一五四〕『黄裳元吉』，伊川解作聖人示戒，並舉女媧氏〔一五五〕、武后之事。今考本爻無此象，這又是象外立教之意否？」先生云：「不曉這意，看來〔一五六〕伊川要立議論教人，可向别處説，不可硬配在易上説。此爻何曾有這義？都是硬入這意，所以説得絮了。」因舉云：「邵溥謂，伊川因宣仁垂簾事有怨母后之意，故此爻義特爲他發。固是他後生妄測度前輩，然亦因

此説而後發也。」學蒙。〔一五七〕

時舉〔一五八〕問：「坤上六，陰極盛而與陽戰，爻中乃不言凶。且乾之上九猶言『有悔』，此却不言，何耶？」曰：「戰而至於其〔一五九〕傷，『其血玄黃』，不言而凶可知矣。」時舉。

子耕問「龍戰于野」。曰：「乾無對，只是一個物事。至陰則有對待。大抵陰常虧於陽。」人傑。

㽦〔一六〇〕問：「乾上九只言『亢』，坤上六却言『戰』，何也？」曰：「乾無對待，只有乾而已，故不言坤。則〔一六一〕不可無乾。陰體不足，常虧欠，若無乾便没上截。大抵陰陽二物本别無陰，只陽盡處便是陰。」㽦。

「用六永貞，以大終也。」陽爲大，陰爲小，如大過、小過之類，皆是以陰陽而言。坤六爻皆陰，其始本小，到此陰皆變爲陽矣。所謂「以大終也」，言始小而終大。文蔚。僩録同而無「言始」以下六字。〔一六二〕

「坤至柔而動也剛。」坤只是承天，如一氣之施，坤則盡能發生承載，非剛安能如此？僩。

「敬以直内」最是緊切工夫。賀孫。

問「義形而外方」。曰：「義是心頭斷事底。心斷於内而外便方正，萬物各得其宜。」寓。按，陳淳録同。〔一六三〕

「敬以直内」是持守工夫，「義以方外」是講學工夫。升卿。

「敬以直内，義以方外。」「直」是直上直下，胸中無纖毫委曲。「方」是割截方整之意。德明。

「敬以直内，義以方外。」〔一六五〕敬立而内自直，義形而外自方。若欲以敬要去直内，以義要去方外，即非矣。銖。

「方」，疑是「齊」。〔一六四〕

「敬以直内」便能「義以方外」，非是别有個義。敬譬如鏡，義便是能照底。德明。

「『敬以直内，義以方外，敬義立而德不孤』，此在坤六二之爻，論六二之德。聖人本意謂人占得此爻，若『直方大』則不習而無不利。夫子遂從而解之，以敬解直，以義解方，又須敬義皆立然後德不孤，將不孤來解『大』字。然有敬而無義不得，有義而無敬亦不得。只一件便不可行，便是孤。〔一六六〕若是敬義立，〔一六七〕施之事君則忠於君，事親則悦於親，交朋友則信於朋友，皆不待習而無一之不利也。」又問：「『方』是如何？」曰：「『方』是處此事皆合宜，截然區處得。如一物四方在面前，截然不可得而移易之意。若是圓時，便轉動得。」㽦。

先之問「敬以直内，義以方外」。曰：「説只恁地説，須自去下工夫方見得如此。『敬以直内』是無纖毫私意，胸中洞然，徹上徹下，表裏如一。『義以方外』是見得是處決定是恁地，不是處決定不恁地，截然方方正正。須是自將去做工夫。聖門學者問一句，聖人答他一句便領略將去，實是要行得。如今説得盡多，只是不曾就身己做看。某之講學所以異於科舉之文，正是要切己行之。若只恁地説過，依舊不濟事。若實是把做工夫，只是『敬以直内，義以方外』八個字，一生用之不窮。」賀孫。

問：「『君子敬以直内，義以方外』，伊川[一六八]『主一之謂敬，無適之謂一』，而不涵『義』之意，則須於應事接物間無往而不主一，則義亦在其中矣。如此則當明敬中有義、義自敬中出之意方好。」答曰：「亦不必如此説。『主一之謂敬』只是心專一，不以他念亂之。每遇事與至誠專一做去，即是主一之義。但既有敬之名，則須還他『敬』字；既有義之名，則須是還他『義』字。二者相濟則無失，此乃理也。若必欲駢合，謂義自敬中出，則聖人何不只言『敬』字便了？既又言『義』字，則須與尋『義』字意始得。」大雅。

景紹問「敬義」之説[一六九]。答曰：「敬是立[一七〇]之本，義是處事截然方正，各得其宜。」道夫曰：「『敬以直内，義以方外』，莫是合内外之道否？」曰：「久之則内外自然合。」又問：「『敬以直内』後便能『義以方外』，還是更用就上做工夫？」曰：「雖是如此，也須是先去『敬以直内』，然後能『義以方外』。」景紹曰：「敬與誠如何？」曰：「敬是戒謹恐懼之義，誠是實然之理。如實於爲善，實於不爲惡，便是誠。只如敬，與[一七一]有誠與不誠。有人外若謹畏，内實縱弛，這便是不誠於[一七二]敬。只不誠便不得[一七三]是這個物。」道夫。

道夫[一七四]問：「前所説『敬』、『義』、『誠』三者，今思之，『敬以直内，義以方外』是個交相養之理，至於誠則合一矣。」曰：「誠只是實有此理。如實於爲敬，實於爲義，皆是誠。不誠則是無此，所以中庸有[一七五]謂『不誠無物』。」因問：「舊嘗聞，有人問『不誠無物』，先生答曰：『秉彝不存謂之無人可也，中和不存謂之無禮樂可也。』還是先生所言否？」曰：「不記有無此語。只如此説也却無病。」[一七六]

【校勘記】

[一] 伊川　成化本無。

[二] 如　成化本無。

[三] 而今　成化本無。

[四] 此條僩録成化本載於卷六十八。

[五] 乾之　成化本無。

[六] 下　成化本無。

[七] 辛　成化本無。

［八］乾　成化本無。
［九］德學　成化本爲「修德」。
［一〇］不易乎世……潛龍也　成化本爲「不易乎世不成乎名至潛龍也」。
［一一］蓋　成化本作「又」。
［一二］而　成化本此下有「安」。
［一三］乾乾不息　成化本爲「乾乾惕息恐懼」。
［一四］徐本無此便以下七字　成化本爲「寓録無此七字」。
［一五］徐本此下有這處進退不由我了八字　成化本爲「這處進退不由我了八個大字」。
［一六］亦　成化本無。
［一七］離　成化本此上有「已」。
［一八］天上　成化本爲「上天」。
［一九］徐有自在二字　成化本爲「自在二個大字」。
［二〇］徐無不得以下六字　成化本無。按，「下」字原缺，據上下文補。
［二一］天時了　成化本爲「天矣」。
［二二］徐此下却有九三是伊周地位已自離了十一字　成化本爲「寓録云九三是伊周地位已自離了」。
［二三］徐無到上九以下六字　成化本無。

〔二四〕徐此下云　成化本爲「寓録云」。
〔二五〕寓録同略　成化本爲「寓同」。
〔二六〕節録同　成化本無。
〔二七〕乾卦如個創業之君坤卦如個守成之君　成化本爲「乾如創業之君坤如守成之君」。
〔二八〕又曰且如人占得九五……則彼爲主而我爲賓　成化本無。
〔二九〕此條賀孫録成化本載於卷十。
〔三〇〕爲　朱本作「如」。
〔三一〕德　成化本無。
〔三二〕學蒙　成化本爲「學履」。
〔三三〕此條學蒙録成化本無。
〔三四〕意　成化本作「個」。
〔三五〕之　成化本作「二」。
〔三六〕去　成化本此下注曰：「寓録云：『硬立脚做去。』」
〔三七〕斂　成化本此下注曰：「寓録云：『恁地收斂做去。』」
〔三八〕此條寓録成化本以部分内容爲注，附於淳録中。參上條。
〔三九〕所以居業者　成化本爲「以居業」。

〔四〇〕者　成化本無。
〔四一〕然亡　成化本無。
〔四二〕此條伯羽録成化本分爲兩條，分載於卷六十九、卷五十九，其中「履之問忠信進德……擇善而後可固執也」爲一條，載於卷六十九；「某嘗謂……自是他勢恁地」爲一條，載於卷五十九。
〔四三〕學蒙　成化本爲「學履」。
〔四四〕學蒙　成化本爲「學履」。
〔四五〕道夫　成化本無。
〔四六〕自今觀之　成化本無。
〔四七〕至　成化本作「知」。
〔四八〕終　成化本作「行」。
〔四九〕恐　成化本作「將」。
〔五〇〕今　成化本作「令」。
〔五一〕此條成化本載於卷六十一。
〔五二〕又　成化本無。
〔五三〕忠信所以進德也　成化本無。
〔五四〕似　成化本此下注曰：「池録云：『本義説見於事者。』」

〔五五〕事　成化本作「意」。
〔五六〕崇效天卑法地　成化本無。
〔五七〕也　成化本此下注曰：「池録云：『進謂日見其新，居謂常而不厭。』」
〔五八〕實　成化本此上有「又曰」。
〔五九〕云云　成化本無。
〔六〇〕以　成化本此下有「進德」。
〔六一〕他這裏　成化本無。
〔六二〕乾九三文言曰　成化本無。
〔六三〕出　成化本無。
〔六四〕人　成化本作「又」。
〔六五〕故　成化本此下有「其德」。
〔六六〕信　成化本爲「有信」。
〔六七〕學蒙　成化本爲「學履」。
〔六八〕是　成化本無。
〔六九〕得　成化本此下有「到」。
〔七〇〕見是個　成化本爲「是見個」。

〔七一〕學蒙　成化本爲「學履」。
〔七二〕繼　成化本作「健」。
〔七三〕去　成化本無。
〔七四〕字　成化本此下注曰：「壯祖録云：『「知終終之」是居業意。「修辭立其誠」，今日也只做此事，明日也只做此事，更無住底意，故曰「可與存義」也。』」
〔七五〕至　成化本爲「至之」。
〔七六〕地　成化本爲「地頭」。
〔七七〕砥　成化本作「礪」。
〔七八〕禮　成化本作「權」。砥　成化本作「礪」。
〔七九〕知至至之可與幾也　成化本無。
〔八〇〕知終終之可與存義也　成化本無。
〔八一〕問　成化本此上有「林」。
〔八二〕與　成化本無。
〔八三〕都　成化本此上有「人」。
〔八四〕故曰知至至之　成化本無。
〔八五〕故曰知終終之　成化本無。

［八六］此條處謙録成化本以部分内容爲注，附於淵録中，參本卷淵録「知至至之主在至上……義是那業上底道理」條。
［八七］是　成化本無。
［八八］是　成化本無。
［八九］學蒙僩録同　成化本作「僩」。
［九〇］如　成化本無。
［九一］如　成化本無。
［九二］個　成化本無。
［九三］所以　成化本此上有「言」。
［九四］至　成化本無。
［九五］群　成化本此下有「成一大群」。
［九六］葉味道　成化本爲「味道」。
［九七］段　成化本作「節」。
［九八］猶　成化本無。
［九九］如羞惡即是羞惡……這一件事爲是爲非　成化本爲「羞惡辭遜是非」。
［一〇〇］得　成化本無。

［一〇一］見赤子　成化本爲「孺子」。
［一〇二］足　成化本爲「慊足」。
［一〇三］無欠闕　成化本爲「無少欠闕也」。
［一〇四］如　成化本無。
［一〇五］若火始然泉始達　成化本無。
［一〇六］則　成化本無。
［一〇七］海　成化本此下有「即掉了『廣』字，只説『充』字」。
［一〇八］蓋　成化本無。
［一〇九］不能自已　成化本爲「自不能已」。
［一一〇］才發　成化本爲「始然」。
［一一一］此條植録成化本分爲兩條，載於卷六十九、五十三，其中「味道問聖人於文言只把做道理説……伊川作兩意未穩」爲一條，注爲植録，載於卷六十九；「劉居之問人皆有不忍人之心……便涓涓流而不絶」爲一條，注爲時舉録，載於卷五十三。
［一一二］砥　成化本作「礪」。
［一一三］砥　成化本作「礪」。
［一一四］這　成化本此上有「到」。

〔一一五〕只　成化本此上有「此性情」。
〔一一六〕問　成化本此上有「正淳」。
〔一一七〕是　成化本此下有「與元亨」。
〔一一八〕本體　成化本此下注曰：「人傑録云：『性情猶情性，是説本體。』」
〔一一九〕成　成化本此下有「問『復見天地心』」。
〔一二〇〕又　成化本無。
〔一二一〕冬　成化本爲「經冬」。
〔一二二〕逐　成化本作「遂」。
〔一二三〕成化本此下注曰：「人傑録少異。」
〔一二四〕這　成化本無。
〔一二五〕都　成化本作「者」。
〔一二六〕成化本此下注有「淵」。
〔一二七〕位　成化本作「地」。
〔一二八〕又　成化本無。
〔一二九〕舊時家嘗養雞時舉時爲兒童　成化本爲「家間養雞時舉爲兒童」。
〔一三〇〕底　成化本作「這」。

［一三一］淵　成化本無。

［一三二］是坤卦到東南則好到西北實是喪朋　成化本爲「是坤卦到西南則好到東北實是喪朋」。

［一三三］乃終有慶　成化本無。

［一三四］池本時間至此無有坤之所生四字　成化本爲「池本云坤之所生」。

［一三五］又曰　成化本無。

［一三六］砥　成化本作「礪」。

［一三七］坤卦西南得朋乃與類行　成化本無。

［一三八］沈録此下云言乃終有慶也　成化本無。

［一三九］水　成化本爲「急水」。

［一四〇］於　成化本此上有「喪朋」。

［一四一］文蔚録同　成化本爲「文蔚」。

［一四二］那　成化本無。

［一四三］底　成化本無。

［一四四］砥　成化本作「礪」。

［一四五］自前　成化本爲「目前」。

［一四六］砥　成化本作「礪」。

〔一四七〕不是陰便積著便陽合下具足　成化本爲「不是陰便積着陽便合下具足」。
〔一四八〕那　成化本無。
〔一四九〕學蒙　成化本爲「學履」。
〔一五〇〕盡　成化本爲「盡得」。
〔一五一〕處　成化本作「上」。
〔一五二〕學蒙　成化本爲「學履」。
〔一五三〕六五　成化本無。
〔一五四〕坤六五　成化本無。
〔一五五〕女媧氏　成化本爲「女媧」。
〔一五六〕看來　成化本作「若」。
〔一五七〕學蒙　成化本爲「學履」。
〔一五八〕時舉　成化本無。
〔一五九〕其　成化本作「俱」。
〔一六〇〕畓　成化本無。
〔一六一〕則　成化本此上有「坤」。
〔一六二〕僩録同而無言始以下六字　成化本無。

［一六三］按陳淳録同　成化本無。
［一六四］德明方疑是齊　成化本爲「方疑是齊德明」。
［一六五］敬以直内義以方外　成化本無。
［一六六］成化本此下注曰：「必大録云：『敬而無義則做出事來必錯了，只義而無敬則無本，何以爲義？皆是孤也。』」
［一六七］若是敬義立　成化本爲「須是敬義立方不孤」。
［一六八］伊川　成化本此下有「謂」。
［一六九］之説　成化本無。
［一七〇］立　成化本爲「立己」。
［一七一］與　成化本作「亦」。
［一七二］於　成化本作「以」。
［一七三］得　成化本無。
［一七四］道夫　成化本無。
［一七五］有　成化本無。
［一七六］成化本此下注有「道夫」。

晦庵先生朱文公語類卷第七十

易六

屯

屯是陰陽未通之時，蹇是流行之中有蹇滯，困則窮矣。賀孫。

「剛柔始交而難生」，龜山解云：「剛柔始交是震，難生是坎。」㽦。

「剛柔始交」是震，此是龜山説「震一索而得男」也。淵。〔一〕

「雷雨之動滿盈」，亦是那鬱塞底意思。淵。

「天造草昧，宜建侯而不寧。」孔子又是别發出一道理，説當此擾攘之時不可無君，故須立君。砥。〔二〕

「宜建侯而不寧」，不可道建侯便了，須更自以爲不安寧不可〔三〕。淵。

又〔四〕問：「屯、需二象皆陰陽未和洽、成雨之象也。然屯言『君子以經綸』，而〔五〕需乃言

『飲食宴樂』，何也？」曰：「需是緩意，在他無所致，乃〔六〕只得飲食宴樂。屯是物之始生，象草木初出地之狀。其初出時欲破地面而出，不無齟齬艱難，故當爲經綸。其義所以不同也。」時舉。

「十年乃字」，耿南仲亦如此說。淵。

蒙

「山下有險」是卦象，「險而止」是卦德。蒙有二義，「險而止」，險在內，止在外，自家這裏先自不安穩了，外面更去不得，便是蒙昧之象。若「見險而能止」則爲蹇，却是險在外，自家這裏見得去不得，所以不去，故曰「知矣哉」。嘗說八卦着這幾個字形容最好。看如「險止」、「健順」、「麗入」、「說動」，都包括得盡，喚做「卦之情」。淵。

伊川說蒙亨，髣髴是指九二一爻說，所以云「剛中」也。淵。

「蒙以養正，聖功也」，蓋言蒙昧之時先自養教正當了，到那開發時便有作聖之功。若蒙昧之中已自不正，他日何由得會有聖功！淵。

問「山下出泉」。曰：「古人取象也只是看大意略如此髣髴，不皆端的。若解要到親切，便都没去處了。如『天在山中』，山中豈有天？如『地中有山』，便只是平地了。」淳。

「果行育德」又是別說一個道理，「山下出泉」，却是個流行底物事暫時被他礙住在這裏。觀這意思，却是説自家當恁地做工夫。卦中如此者多。淵。

或自家是蒙，得他人發；或他人是蒙，得自家發。節。

卦辭有正易[七]底，有難曉底。「利用刑人，用説桎梏」，粗説時，如今人打人棒也，須與他脱了那枷方可，一向枷他不得，若一向枷他，便是「以往吝」。這只是説治蒙者當寬慢，蓋法當如此。淵。

卦中説「剛中」處最好看。剛故能「包蒙」，不剛則方且爲物所蒙，安能「包蒙」！剛而不中亦不能「包蒙」。如上九過剛而不中，所以爲「擊蒙」。六三説「勿用取女」者，大率陰爻又不中不正，合是那一般無主宰底女人。「金夫」不必解做剛夫。此一卦緊要是九二一爻爲主，所以治蒙者，只在兩個陽爻，而上九過剛，故只在此九二爲主。而二與五應，亦助得那五去治蒙。大抵蒙卦除了初爻統説治蒙底道理，其餘三四五皆是蒙者，所以唯九二一爻爲治蒙之主。淵。

「不利爲寇。」寇只是要去害他，故戒之如此。淵。

問：「『擊蒙，不利爲寇』，如本義只是就自身克治上説，是如何？」曰：「事之大小都然。治身也恁地。若治人，做得太甚亦反成爲寇。占得此爻，凡事不可過當。如伊川作用兵之[八]説亦是。但只做得一事用，不如且就淺處説去，却事事上有用。若便説深了，則一事用得，別事用不得。」學蒙。[九]

需

需主事，孚主心。需其事，而心能信實，則「光亨」。以位乎尊位而中正，故所爲如此。「利涉大川」而能需，則往必有功。「利涉大川」，亦蒙上文「有孚，光亨貞吉」。淵。

「以正中」、「以中正」，也則一般，這只是要協韻。淵。

後世策士之言只説出奇應變。聖人不恁地，合當需時便需。淵。

需，待也。「以飲食宴樂」謂更無所爲，待之而已。待之須存至時，學道者亦猶是也。人傑。

「穴」是陷處，唤做「所安」處不得，分明有個「坎，陷也」一句。柔得正了，需而不進，故能出於坎陷。四又是坎體之初，有出底道理。到那上六則索性陷了。淵。

伯豐問「需于酒食，貞吉」。曰：「需只是待。當此之時别無作爲，只有個待底道理。然又須是正，方吉。」嵤。

坎體中多説酒食，想須有此象，但今不可考。淵。

王弼説初上無位，如言乾之上九「貴而無位」、需之「不當位」。然乾之上九不是如此。需之不當却有可疑。二四止是陰位，不得言不當。淵。

易中「當」字皆當音去聲，音見乾卦注。節。〔一〇〕

訟

又[一一]問：「訟象云『剛來而得中也』，大抵上體是剛，下體是柔，剛下而變柔則爲剛來。今訟之上體既是純剛，安得謂之剛來邪？」曰：「此等要須[一二]畫個圖子看便好。以某觀之，[一三]訟卦本是遯卦變來。遯之六二上爲訟之六三，其九三下爲九二，乃爲訟卦。此類如『柔來而文剛』、『分剛上而文柔』，與夫『剛自外來而爲主於内』，皆是如此。若畫圖子起便極好看，更不待說。若如先儒說，則多牽强矣。」時舉。

「不利涉大川」，是上面四畫陽，載不起，壓了這船[一四]重。淵。

天自向上去，水自向下來，必是有訟。淵。

「作事謀始」，言觀此等象便當每事謀之於其始。淵。

王弼言「有德司契」是借這個「契」字說。言自家執這個契在此，人來合得，我便與他。自家先定了，這是「謀始」、「司契」底意思。淵。

九二正應在五，五亦陽，故爲窒塞之象。淵。

「三百户」，必須有此象，今不可考。王輔嗣說「得意忘象」是要忘了這象，伊川又說「假象」是只要假借此象。今看得不解得恁地全無那象，只是不可知，只得且從理上說。乾爲馬却說龍，坤爲牛却説馬，離爲龜却説牛，做得個例來括他方得。見説已做了例，又却不曾得見。淵。

「復即命，渝」，言復就命而變其不順之命。淵。

「訟元吉」便似乾之「利見大人」，有占無象者。爻便是象。「訟元吉」，九五便是。淵。

師

「吉无咎」，謂如一件事自家做出來好方得無罪咎，若做得不好，雖是好事也則有咎。「无咎吉」，謂如一件事元是合做底，自家做出來又好。如所謂「戰則克，祭則受福」，戰而臨事懼，好謀成，祭而恭敬齋肅，便是無咎，克與受福便是吉。如行師之道既已正了，又用大人率之，如此則是都做得是，便是吉了，還有甚咎？淵。

「在師中吉」，言以剛中之德在師中，所以吉。淵。

問：「潘謙之説師九二，欲互説，『在師中吉，懷萬邦也』。王三錫命，承天寵也』，何如？」曰：「聖人作易象只是大概恁地，不是恁地子細解釋。」砥。〔一五〕

問：「『師或輿尸』，伊川説訓爲『衆主』，如何？」先生曰：「從來有『輿尸血刃』之説，何必又牽引説〔一六〕？某自小時未曾識訓詁，只讀白本時，便疑如此説。後來從鄉先生學，皆作『衆主』説，甚不以爲然。今看來，只是兵敗輿其尸而歸之義。小年更讀左傳『形民之力，而無醉飽之心』，意欲解釋『形』字是割剥之意，『醉飽』是厭足之意，蓋以爲割剥民力而無厭足之心。後來見注解皆以『形』字訓『象』字意，云象民之力而無已甚，某甚覺不然。但被『形』字無理會，不敢改他底。近看貞觀政要有引用處皆作『刑民』，又看家語亦作『刑民』字，方知舊來看處〔一七〕是。此是祭公箴穆公〔一八〕之語，須如某説，其語方切。」砥。〔一九〕

問：「師六五象曰『長子帥師，以中行也』，〔二〇〕傳〔二一〕云：『長子，謂九二以中正之德合於上，而受任以行。』夫以九之居二，中則是矣，豈得爲正？」曰：「此只是錯了一字耳，莫要泥他。」時舉。

「開國承家」爲是坤有土之象。然屯之「利建侯」却都無坤，止有震，此又不可曉。淵。

説師卦〔二二〕「開國承家，小人勿用」：「舊時説只作論功行賞之時不可及小人。今思量看理去不得。他既一例有功，如何不及他得！看來『開國承家』一句是公共得底，未分别君子、小人在。『小人勿用』則是勿更用他與之謀議經畫爾。漢光武能用此義，自定天下之後一例論功行封。其所以用之在左右者，則鄧禹、耿弇、賈復數人，他不與焉。」因問云：「古之論功行封，真個是裂土地與之守，非如後世虚帶爵邑也。若使小人參其間，則誠有弊病。」先生云：「勢不容不封他得，但聖人别有以處之，未見得如何。如舜封象則使吏治其國，則若〔二三〕小人，亦自有以處之也。」先生云：「此義方思量得如此，未曾改入本義，且記得〔二四〕。」〔二五〕

比〔二六〕

「比，吉也」，「也」字羡。當云：「比吉。比，輔也，下順從也。」「比，輔也」解「比」字，「下順從也」解「吉」字。廣。

李兄〔二七〕問：「比卦，大抵占得之，多是人君爲人所比之象。」先生云：「也不必拘。若三家村中推一個人作頭首，也是爲人所比，也須自審自家才德可以爲之比否。所以『原筮，元永貞』也。」學蒙。〔二八〕

「筮」字，説做占決亦不妨，然亦不必説定不是「龜筮」之「筮」。淵。

問「不寧方來，後夫凶」。曰：「别人自相比了，既已〔二九〕後於衆人，却要强去比他，豈不爲人所惡？是取凶也。『後夫』猶言後人。春秋傳有云『先夫當之矣』，亦只占中一義。」㽦。

比卦「後夫凶」。先生云：〔三〇〕「『後夫』不必如伊川説。左傳齊崔卜娶妻卦云：『入于其宫，不見其妻，凶。』人以爲凶，他云：『前夫已當之矣。』彼云『前夫』則此云『後夫』，正是一樣語。陽便是夫，陰便是婦。」砥。〔三一〕

「後夫」只是説後來者。古人亦曾説「先夫當之」，也有唤作夫婦之「夫」底。淵。

「後夫凶」言九五既爲衆陰所歸，若後面更添一個陽來則必凶。古人如袁紹、劉馥、劉繇、劉備之事，可見兩雄不並棲之義。淵。

「終來有他」説將來，似「顯比」便有那周遍底意思。淵。

伊川言「建萬國以比民」，言民不可盡得而比，故建諸侯使比民，而天子所親者諸侯而已，這便是它比天下之道。淵。

又問「比之匪人」一爻。〔三三〕曰：「初應四，四是外比於賢，爲比得其人。二應五，五爲『顯比』之君，亦爲比得其人。惟三乃應上，上爲『比之無首』者，故爲『比之匪人』也。」時舉。

問：「伊川解『顯比，王用三驅失前禽』，所謂『來者掩之，去者不追』。與『失前禽』而殺不去者，所譬頗不相類，如何？」先生曰：「田獵之禮，置旃以爲門，刈草以爲長圍。田獵者自門驅而入，禽獸向我而出者皆免，惟被驅而入者皆獲。故以前禽比去者不追，獲者譬來則取之。大者〔三三〕如此，無緣得一一相似。伊川解此句不足〔三四〕疑，但『邑人不誡吉』一句似可疑，恐易之文義不如此耳。」洽。

比九五「邑人不誡」，蓋上人〔三五〕顯明其比道而不必人之從己，而其私屬亦化之，不相戒約使人〔三六〕從己也。砥。〔三七〕

「邑人不誡」，如有聞無聲，言其自不消相告戒，又如「歸市者不止，耕者不變」相似。淵。

小畜

小畜，言以巽之柔順而畜三陽，畜他不住。大畜則以艮畜乾，畜得有力，所以喚作「大畜」。「小畜亨」，是説陽緣陰畜他不住，故陽得自亨。横渠言「易爲君子謀，不爲小人謀」。凡言亨皆是説陽，到得説陰處便分曉説道「小人吉」。「亨」字便是下面「剛中而志行乃亨」。淵。

又問云：[三八]「嘗[三九]見人説此卦作巽體順，是小人以柔順小術畜君子，故曰『小畜』。不知[四〇]如何？」曰：「易不可專就人上説，且就陰陽上看分明。巽畜乾，陰畜陽，故謂之『小』。若配之人事，則爲小人畜君子也得，爲臣畜君也得，爲因小小事畜止也得，不可泥定一事説。」學蒙。[四一]

問「密雲不雨，自我西郊」。先生云：「此是以巽畜乾，巽順乾健，畜他不得，故不能雨。凡雨者皆是陰氣盛，凝結得密，方温[四二]潤下降爲雨。且如飯甑，蓋得密了，氣鬱不通，四畔方有温汗。今乾上進，一陰止他不得，所以彖中云『尚往也』，是指乾欲上進之象。到上九則以卦之始終言，畜極則散，遂爲『既雨既處』。陰德盛滿如此，所以有『君子征凶』之戒。」學蒙。[四三]

小畜[四四]「密雲不雨，尚往也」，是陰包他不住，陽氣更散，做雨不成，所以尚往也。[四五]

又[四六]問：「『風行天上，小畜』，象義如何？」曰：「『天在山中，大畜』，蓋山是堅剛之物，故能力畜其三陽。風是柔軟之物，止能小畜之而已耳。」時舉。

「風行天上，小畜，君子以懿文德」，言畜他不住，且只逐些子發泄出來。只以大畜比之便見得。大畜説「多識前言往行以畜其德」，便見得[四七]小畜只是做得這些個文德，如威儀、文辭之類。淵。

又問：「小蓄『初九復自道，何其咎？吉』，此爻與四相應，正爲四所畜者，乃云『復自道』，何邪？」曰：「易有不必泥爻義看者，如此爻只平看自好。『復自道』便吉，復不自道便凶，自無可疑者矣。」[四八]

「復自道」之「復」與復卦之「復」不同。復卦言已前不見了這陽，如今陽[四九]在此。「復自道」是復他本位，從那道路上去，如「無往不復」之「復」。淵。

小畜但能畜得九三一爻而已。九三是迫近他底，那兩爻自牽連上來。淵。

孚有在陽爻，有在陰爻。伊川謂：「中虛，信之本；中實，信之質。」淵。

「富以其鄰」與「上合志」，是説上面巽體同力畜乾。鄰，如東家取個，西家取個，取上下兩畫也。此言五居尊位，便動得那上下底。「攣如」如[五〇]手把攣住之象，「既雨既處」言便做畜得住了，做得雨後這氣必竟便透出散了。「德積」是説陰德，婦人雖正亦危，月纔滿便虧，君子到此亦行不得。這是那陰陽皆不利底[五一]象。淵。

上九雖則[五二]是陰畜陽，至極處，和而爲雨。必竟陰制陽是不順，所以云[五三]「雖正亦厲。」砥。[五四]

履

「履虎尾」言履危而不傷之象。便是後履前之意，隨著他後去。淵。

履卦[五五]，上乾下兑，以陰躡陽，是隨後躡他，如踏他脚跡相似。所以云「履虎尾」是隨後履他尾，故於卦之三四爻發虎尾義，便是陰去躡他陽背脊後處。伊川云「履藉」，説得生受。砥。[五六]

叔重問：「易履卦彖曰[五七]『剛中正，履帝位而不疚，光明也』，此是指九五而言。然九五爻辭則[五八]云『夬履貞厲』，與彖似相反，何邪？」曰：「九五是以剛居上，下臨柔説之人，故决然自爲而無所疑，不自知其過於剛耳。」時舉。

伊川這一卦説那大象，并「素履」、「履道坦坦」處，却説得好。淵

「履道」，道即路也。淵。

「武人爲于大君」，必有此象。但六三陰柔，不見得有武人之象。淵。

履三四爻正是躡他虎尾處。陽是進底物事。四又上躡五，亦爲虎尾之象。砥。

「志行也」只是説進將去。淵。

「夬履」是做得忒快，雖合履底也有危厲。淵。

「夬履貞厲」正東坡所謂「憂治世而危明主也」。學履。

「視履考祥」，居履之終，視其所履而考其祥，做得周備底則大吉。若只是半截時，無由考得其祥，後面半截却不好，未可知。「旋」是那團旋來，却到那起頭處。淵。

泰

論陰陽各有一半，聖人於泰否只爲陽説道理。看來聖人出來做，須有一個道理使得天下皆爲君子。世間人多言君子小人常相半，不可太去治之[五九]，急迫之却爲害。不然。如舜、湯舉伊尹、皋陶，不仁者遠，自是小人皆不敢爲非，被君子夾持得皆革面做好人了。砥。[六〇]

又[六一]問：「看否泰二卦，見得泰無不否，若是有手段底，則是稍遲得。」曰：「自古自治而入亂者易，由亂而入治者難。治世稍不支捂，便入亂去。亂時須是大人休否方做得。」學蒙。[六二]

問：「『財成輔相』字如何解？」曰：「裁成，猶裁截成就之也；裁成者，所以輔相也。」一作「輔相者，便只是於裁成處以補其不及而已」。又問：「裁成何處可見？」曰：「眼前皆可見。且如君臣、父子、兄弟、夫婦，聖人便爲制下許多禮數倫序，只此便是裁成處。一本此下有「至大至小之事皆是，固是」十字。〔六三〕萬物本自有此理，若非聖人裁成，亦不能如此齊整，所謂『贊天地化育而與之參』也。」一作「此皆天地之所不能爲而聖人之所能以贊天地之化育〔六四〕而功與天地參也」。又問：「輔相裁成，學者日用處有否？」曰：「饑食渴飲，冬裘夏葛，耒耜罔罟，皆是。」僩。

「財成」是截做段子底，「輔相」是佐助他底。天地之化儱侗相續下來，聖人便截作段子。如氣化一年一周，聖人與他截做春夏秋冬四時。淵。

問：「『財成輔相』無時不當然，何獨於泰時言之？」曰：「泰時則萬物各遂其理，方始有裁成輔相處。若否塞不通，一〔六五〕齊都無理會了，如何裁成輔相得？」學蒙。〔六六〕

問：「泰九二〔六七〕『包荒得尚于中行，以光大也』，以九二剛中有光大之德乃能包荒邪？爲是『包荒得尚于中行』所以光大邪？」先生云：「易上如説『以中正也』，皆是以其中正方能如此。此處也只得做以其光大説。若不是一個心胸明闊底，如何做得！」砥。〔六八〕

泰卦〔六九〕「勿恤其孚」只作一字〔七〇〕讀。「孚」只是信，蓋言不卹後來信與不信爾。義剛。

「于食有福」，「食」如「食舊德」之「食」，東坡〔七一〕赤壁賦「吾與子之所共食」之「食」。砥。〔七二〕

「富以其鄰」言以其富厚之力而能用其鄰，「不富以其鄰」言不待富厚之力而能用其鄰。淵。

「帝乙歸妹」，今人只做道理譬諭〔七三〕推説。看來須是帝乙嫁妹時占得此爻。淵。

「自邑告命」是倒了。邑是私邑，却倒來命令自家。雖便做得正，人君到此也則羞吝。淵。且如「城復于隍」，須有這個城底象、隍底象、邑底象。城、隍、邑皆土地，在坤爻中自有此象。淵。

方泰極之時只得自治其邑。程先生說民心離散，自其親近者而告命之，雖正亦吝。然此時只得如此，雖吝却未至於凶。砥。[七四]

否

「否之匪人」言沒了這人道。淵。

「拔茅茹，貞吉亨」，這是吉凶未判時。若能於此改變時，小人便是做君子，君子小人只是個正、不正。初六是那小人欲爲惡而未發露之時，到六二「包承」則已是打破頭面了，然尚自承順那君子，未肯十分做小人在，到六三便全做小人了，所以包許多羞恥。大凡小人做了罪惡，他心下也自不穩當，此便是「包羞」之說。淵。

「包承」，龜山以「包承小人」爲一句，言否之世當包承那小人，如此却不成句。龜山之意，蓋欲解洗他從蔡京父子之失也。淵。

「包承」也是包得許多承順底意思。學蒙。[七五]

「包羞」之説，是有意傷善而未能之意。他六二尚自包承，到這六三，已是要害君子。然做事不得，所以包許多羞耻。淵。

「否九四雖是陽爻，猶未離乎否體。只是他陽，可以有爲，〔七六〕然須有命方做得。」又曰：「『有命』是有個機會方可以做，占者便須是有個築着磕着時節方做得事成，方无咎。」砥。〔七七〕

否九四「有命无咎，疇離祉」，這裏是吉凶未判，須是有命方得无咎，故須得一個幸會方能轉禍爲福。否本是陰長之卦，九五「休否」、上九「傾否」又自大故好，蓋陰之與陽自是不可相無者。今以四時寒暑而論，若是無陰陽亦做事不成。但以善惡及君子小人而論，聖人直是要消盡了惡，去盡了小人。蓋亦抑陰進陽之義。〔七八〕某於坤卦曾略發此意。今有一様人議論，謂君子小人相對，不可大故地〔七九〕去他，若要盡去他則反激其禍。且如舜、湯舉皐陶、伊尹，不仁者遠。所謂去小人非必盡滅其類，只是君子道盛、小人自化，雖有些小無狀處亦不敢發出來，豈必勦滅之乎！文蔚。僩録止於「略發此意」，學蒙則止於「爲福」。〔八〇〕

九四則否已過中。上三爻是説君子，言君子有天命而无咎。大抵易爲君子謀。且如否内三爻是小人得志時，然不大段會做得事。初則如此，二又如此，三雖做得些個也不濟事。到四則聖人便説他那君子得時，否漸次反泰底道理。五之「包桑」，繫辭中説得條暢，盡之矣。上九之「傾否」，到這裏便傾了否做泰。淵。

「九五以陽剛得位，可以休息天下之否，然須常存危亡〔八一〕方有包桑之固。不知聖人於否泰只管説『包』字如何，須是象上如何取其義。今曉他不得，只得説堅固。嘗見林謙之與張欽夫講易林，以爲有象。欽夫云：『看孔子説「公用射隼于高墉之上」，只是以道理解了，便是無用乎象』。遂著書説此。看來不如此。蓋當時人皆識得象，却有未曉得道理處。故聖人不説象，却就上發出道理説，初不是懸空説出道理。凡天下之物須是就實事上説方有着落。」又曰：「聖人分明是見有這象方就上面説出來。今只是曉他底不得，未説得也未要緊，不可説道他無此象。呂大臨以『酬爵不舉』解『不盡人之歡』。酬爵不舉是實事如此，『不盡人之歡』便是就上説出這話來。」砥。〔八二〕

同人

「同人于野，亨，利涉大川」，是兩象利〔八三〕義。「利見〔八四〕君子貞」是一象。淵。

「乾行也」，言須是這般剛健之人方做得這般事。若是柔弱者，如何會出去外面同人，又去涉險！淵。

易雖抑陰，然有時把陰爲主，如同人是也。然此一陰雖是一卦之主，又却柔弱，做主不得。淵。

「類族辨物」言類其族、辨其物。且如青底做一類，白底做一類，恁地類了時同底自同，異底自異。淵。

問：「『類族辨物』，如伊川説云『各以其類族辨物之同異也』，則是就類族上辨物否？」先生云：「『類族』是就人上説，『辨物』是就物上説。天下有不可以[八五]皆同之理，故隨他頭項去分別。『類族』，如分姓氏，張姓同作一類，李姓同作一類。『辨物』，如牛類是一類，馬類是一類。就其異處以致[八六]，其[八七]所以爲同也。伊川之説不可曉。」學蒙。[八八]

二、五本相同，却爲三、四隔了他，以中直也。言其理直而不得伸，所以「先號咷」。淵。[八九]

伯豐問：「同人[九〇]皆有争奪之義。」曰：「只是争六二陰[九一]爻。却六二自與九五相應。三以剛居剛便迷而不返，四以剛居柔便有可反剛底一道理[九二]。繫辭云『近而不相得則凶』，如初、上則各在事外，不相干涉，所以無争。」㽦。

又問「同人于郊」一爻。[九三]曰：「『同人于野』是廣大無我之意，『同人于郊』是無可與同之人也。取義不同，自不相悖。」時舉。

大有

「大有卦[九四]『應乎天而時行』，程説以爲應天時而行，何如？」曰：「是以時而行。是有可

行之時。」砥。〔九五〕

「火在天上，大有」，凡有物須是自家照見得，方見得有。若不照見則有無不可知，何名爲有？淵。

蓋卿〔九六〕問：「『君子以遏惡揚善，順天休命』，竊以爲天之所以命我者，此性之善也。人惟蔽於非心邪念，是以善端之在人心日以湮微。君子儻能遏止非心邪念於未萌，則善端始自發揚，而天之所以命我者始無所不順。『天休命』，〔九七〕若何？」曰：「天道喜善而惡惡，遏惡而揚善，非『順天休命』而何？吾友所説却似嫌他説得大，要束小了説。」蓋卿。

問大有〔九八〕初九「无交害，匪咎，艱則无咎」。曰：「此爻本最吉，不解有咎，然須説『艱則无咎』。蓋易之書大抵教人戒謹恐懼，無有以爲易而處之者。雖至易之事亦必以艱難處之，然後無咎也。」僩。學蒙録同而少異。〔九九〕

古人於「亨」字作「享」、「烹」字通用。如「公用亨于天子」，分明是「享」字。易中解作「亨」字便不是。畬。

謙

謙便能亨，又爲「君子有終」之象。淵。

「變盈流謙」，揚子雲言「山殺瘦，澤增高」，此是說山上之土爲水漂流下來，山便瘦，澤便高。淵。

「虧盈益謙」是自然之理。淵。

鬼神言「害」言「福」，是有些造化之柄。淵。

又[一〇〇]問：「謙彖曰『天道虧盈而益謙，地道變盈而流謙，鬼神害盈而福謙』。[一〇一]夫[一〇二]鬼神是造化之跡，既言天地之道又言鬼神，何邪？」曰：「天道是就寒暑往來上說，地道是就地形高下上說，鬼神是就禍福上說，各自主一事而言耳。」因云：「上古之時民心昧然，不知吉凶之所在，故聖人作易，教之卜筮，使吉則行之，凶則避之，此是開物成務之道。故繫辭云『以通天下之志，以定天下之業，以斷天下之疑』，正謂此也。初但有占而無文，往往如今之环珓相似耳。但如今人因火珠林起課者，但用其爻而不用其辭，則知古者之占往往不待辭而後見吉凶。至文王、周公方作彖爻之辭，使人得此爻者便觀此辭之吉凶。至孔子，又恐人不知其所以然，故又復逐爻解之，謂此爻所以吉者謂以中正也，此爻所以凶者謂不當位也，明明言之，使人易曉耳。至如文言之類，却是就上面發明道理，非是聖人作易專爲說道理以教人也。須見聖人本意，方可學易。」時舉。

鬼神說「害」說「福」。如言「與鬼神合其吉凶」，則鬼神便說個「吉」、「凶」字。淵。

問：「『天道福善禍淫』，此理定否？」曰：「如何不定？自是道理當如此。賞善罰惡亦是理當如此，不如此便是失其常理。」又問：「或有不如此者，何也？」曰：「福善禍淫，其常理也。若不如此，便是天也把捉不定了。」又曰：「天莫之爲而爲，他亦何嘗有意？只是理自是〔一〇三〕如此。且如冬寒夏熱，此是常理當如此，若冬熱夏寒，便是失其常理。」又問：「失其常者皆人事有以致之耶，抑偶然邪？」曰：「也是人事有以致之，也有是偶然如此時。」又曰：「大底物事也不會變，如日、月之類。只是小小底物事會變。」如冬寒夏熱之類，如冬間大熱、六月降雪是也。近年徑山嘗六七月大雪。僩。〔一〇四〕

謙之爲義，不知天地人鬼何以皆好尚之。蓋太極中本無物，若事業功勞又於我何有？觀天地生萬物而不言所利可見矣。賀孫。

「裒多益寡」便是謙，「稱物平施」便是「裒多益寡」。淵。

問：「謙卦〔一〇五〕『裒多益寡』。看來謙雖是若放低去，實是損高就低使教恰好，不〔一〇六〕一向低去。」曰：「大抵人多見得在己者高，在人者卑。謙則抑己之高而卑以下人，便是平也。」學蒙。〔一〇七〕

「鳴謙」在六二，又言「貞」者，言謙而有聞須得其正則吉。蓋六二以陰處陰，所以戒他要貞，謙而不貞則近於邪佞。上六之鳴却不同，處謙之極而有聞則失謙本意。蓋謙本不要人知，況在人之上而有聞乎！此所以「志未得」。淵。

「撝謙」，言發揚其謙。蓋四是陰位，又在上卦之下、九三之上，所以更當發撝其謙。「不違則」言不違法則。淵。

六四「撝謙」是合如此，不是過分事，故云解象〔一〇八〕云「言不爲過」。「不違則」是不違法則。砥。〔一〇九〕

叔重因問：「程易説『利用侵伐』，蓋以六五柔順謙卑，然君道又當有剛武意，故有『利用侵伐』之象。然上九〔一一〇〕亦言『利用行師』，如何？」先生曰：「便是此等有不通處。」時舉。

用之問：「謙上六云『鳴謙，利用行師征邑國』，象曰『志未得也』，〔一一一〕如何？」曰：「爲其志未得，所以『行師征邑國』，蓋以未盡信從故也。」用之〔一一二〕又問：「謙之五、上專説征伐，何意？」曰：「坤爲地、爲衆，凡説國邑征伐處多是因坤。聖人元不曾着意，只是因有此象方説此事。」文蔚。

問：「謙上六『志未得也』。」曰：「『志未得』所以行師，亦如六五之意。」問：「謙上六何取象於行師？」曰：「坤爲衆，有坤卦處多言師，如泰上六『城復于隍，勿用師』之類。坤爲土，土爲國，故云『征邑國也』。以此見聖人于易不是硬做，皆是取象，因有這象方就上面説。」砥。〔一一三〕

豫

「建侯行師」，順動之大者。立個國君，非舉動而何！淵。

刑罰不清，民不服。只爲舉動不順了，致得民不服。便是徒配了他，亦不服。淵。

「豫之時義」言豫之時底道理。

「雷出地奮」止是象其聲而已。「薦上帝，配祖考」，大概言之。淵。

「雷出地奮，豫，先王以作樂崇德，殷薦上帝，以配祖考。」先王作樂，無處不用，如燕享飯食之時無不用樂，此特言其大者爾。學蒙。〔一一四〕

先王作樂，無處不用。然用樂之大者尤在於「薦上帝，配祖考」也。僩。

又〔一一五〕問「作樂崇德」。曰：「先王作樂，其功德便自不可掩也。」時舉。

問「豫，先王以作樂崇德〔一一六〕」，曰：〔一一七〕「是自崇其德，如大韶大武之類否？」曰：「是。」砥。〔一一八〕

叔重問：「豫卦〔一一九〕初六與九四爲應。九四『由豫，大有得』本亦自好，但初六持〔一二〇〕有强援，不勝其豫，至於自鳴，所以凶否？」先生曰：「九四自好，自是初六自不好，怎奈他何？」又問「雷出地奮，豫，先王以作樂崇德」。先生謂：「象其聲者謂雷，取其義者爲和。『崇德』謂著其德，『作樂』所以發揚其德也。」時舉。

「介于石」言兩石相摩擊而出火之意。言介然之頃，不待終日，而便見得此道理。淵。

「盱豫，悔」言覰着六四之豫便當速悔，遲時便有悔。「盱豫」是句。淵。

「盱豫，悔」，遲有悔。從周。〔一二一〕

「由豫」，猶言「由頤」。淵。

隨

伊川說「說而動，動而說」，不是，不當說「說而動」。凡卦皆從内說出去，蓋卦自内生，「動而說」却是。若說「說而動」却是自家說他後他動，不成隨了。我動彼說，此之謂隨。〔一二二〕

動而說成隨，巽而止成蠱。節。

「天下隨時」處當從王肅說。淵。

問：「隨〔一二三〕初九『官有渝，貞吉，出門交有功』，官是『主』字之義，是一卦之主。首變得正便吉，不正便凶。」曰：「是如此。」又曰：「這必是變了。只是要『出門交有功』却是變。」砥。〔一二四〕

「官有渝」，隨之初主有變動，然尚未深。淵。

「小子」、「丈夫」，程説是。淵。

元德問「王用亨于岐山」。云：「只是『享』字。古文無『享』字，所謂『亨』、『享』、『烹』只是通用。」又曰：「『乾，元亨利貞』，屯之『元亨利貞』只一般。聖人借此四字論乾之德，然〔一二五〕本非四件事也。」時舉。〔一二六〕

「王用亨于西山」言誠意通神明，神亦隨之。如「况於鬼神乎」之意。淵。

蠱

問：「蠱是壞亂之象，雖亂極必治，如何便會『元亨』？」曰：「亂極必治，天道循環自是如此。如五胡亂華以至於隋亂，〔一二七〕必有唐太宗者出，又如五季必生太祖，若不如此便無天道了。所以彖只云『蠱元亨而天下治也』。」砥。〔一二八〕

「先甲」、「後甲」，言先甲之前三日，乃辛也。是時前段事已過中了，是那欲壞之時，便當圖後事之端，略略撐住則個。雖終歸於弊，且得支吾幾時。淵。

「皿〔一二九〕蟲」爲「蠱」，言器中盛那蟲教他自相併，便是那積蓄到那壞爛底意思。一似漢唐之衰，弄得來到那極弊大壞時，所以言「元亨」，蓋極弊則將復興，故言「元亨」。「巽而止，蠱」，却不是巽而止能治蠱。「巽而止」，所以爲蠱。趙德莊説，下面人只務巽，上面人又懶惰不肯向

前。上面一向剛，下面一向柔，倒塌了，這便是蠱底道理。淵。[一三〇]

上頭底只管剛，下頭底只管柔，又只巽順，事事不向前，安得不蠱！舊聞趙德莊此說。伯豐。[一三一]

又[一三二]問：「『巽而止，蠱』，莫是遇事巽順以求其理之所止，而後爲治蠱之道？」曰：「非也。大抵資質柔巽之人，遇事便不能做事，無奮迅之意，所以事遂至於蠱壞了。蠱只是事之壞了者。」祖道。

先生說：[一三三]「汪聖錫曾言，某人别龜山，往赴召，龜山道[一三四]之曰：『且緩下手，莫去拆倒人屋子。』」因言：「龜山解蠱卦，以『巽而止』爲治蠱之道，所以有此說。大凡看易須先看成卦之義。『險而健』則成訟，『巽而止』則成蠱。蠱，艮上而巽下。艮剛居上，巽柔居下，上高亢而不下交，下卑巽而不能救，此所以蠱壞也。『巽而止』只是巽順便止了，便無所施爲，如何治蠱？『蠱元亨而天下治』，須是大善以亨，方能治蠱也。」德明。

「剛上而柔下，巽而止，蠱」，此是言致蠱之由，非治蠱之道。龜山之說非是。又嘗見[一三五]龜山云：「不要拆壞人屋子。」皆是此意思。及胡文定論時政，說得便自精神索性。堯夫詩云：「安得淳厚又秀慧，與之共話天下事。」伯豐。

問：「蠱卦初九『幹父之蠱』，程傳云：『初居内而在下，故取子幹父蠱之象。』本義云：『蠱者，前人已壞之事，故諸爻皆以子幹父蠱爲言。』柄竊謂若如此說，〔一三六〕惟初爻爲可通，若他爻則說不行矣。本義之說則諸爻皆可通也。」先生曰：「是如此。」柄。

「蠱元亨而天下治」，言蠱之時如此，必須是大善亨通，而後天下治。淵。

「幹母之蠱」，伊川說得是。淵。

「不事王侯」，無位之地如何出得來？更幹個甚麽？淵。

問：「蠱上九傳『知止足之道，退而自保者』，與『量能度分，安於不求知者』，何以分〔一三七〕別？」曰：「『知止足』是能做底，『量能度分』是不能做底。」淳。

臨

問：「臨卦『臨』字，〔一三八〕不特是上臨下之謂臨，凡進而逼近者皆謂之臨否？」先生云：「然。此是二陽自下而進上，則知凡相逼近者皆爲臨也。」學蒙。〔一三九〕

「剛浸而長」以下三句解「臨」字。「大亨以正」便是「天之道也」，解「亨」字，亦是惟其如此，所以如此。須用説「八月有凶」者，蓋要反那二陽。二陽在下，四、五皆以正應臨之。上無所臨，却還去臨那二陽。三近二陽，也去臨他。如小人在上位，却把甘言好語臨在下之君子。「至臨」言其相臨之切，「敦臨」有敦厚之意。淵。

問：「臨初九以剛居正，九二以剛居中，六四、六五以柔順臨下，故有相感應之道，所以謂之『咸臨』否？」曰：「是。」又問：「六四以陰居正，柔順臨下，又有正應，臨之極善，故謂之『至臨』。」曰：「『至臨无咎』未是極好。只是與初相臨得切至，故謂之『至』。上九〔一四〇〕『敦臨』自是積累至極處，有敦篤之義。艮上九亦謂之『敦艮』。復上六爻不好了，所以只於五爻謂之『敦復』。居臨之時，二陽得時上進，陰不敢與之争而志與之應。所謂『在内』者非謂正應，只是卦内與二陽應也。」又曰：「此便是好卦，不獨説道理，自是好讀。所謂『卦有小大，辭有險易』，此便是大底卦。」砥。〔一四一〕

觀

盥非灌之義。盥本謂〔一四二〕薦而不薦，是欲蓄其誠意以觀示民，使民觀感而化之義。「有孚顒若」便是那下觀而化，却不是説人君身上事。「聖人以神道設教」是聖人不犯手做底，即是「盥而不薦」之義。「順而巽，中正以觀天下」，謂以此觀示之也。淵。

問：「觀〔一四三〕『盥而不薦』，是取未薦之時誠意渾全而未散否？」先生云：「祭祀無不薦者，此是假設來説。『薦』是用事了，『盥』是未用事之初。云『不薦』者，言常持得這誠敬，如盥之意常在。若薦則是用出，用出則纔畢便過了，無復有初意矣。詩云『心乎愛矣，遐不謂矣。中心藏之，何日忘之』，楚詞云『愛君子兮不敢言』[一四四]，正是此意。説出這愛了則都無事可把持矣。惟其不説，但藏在中心，所以常見其不忘也。」學蒙。[一四五]

用之問：「觀[一四六]『盥而不薦』，伊川以爲灌鬯之初誠敬猶存，至薦羞之後精意懈怠。本義以爲『致其潔清而不輕自用』。其義不同。」曰：「盥只是浣手，不是灌鬯，伊川承先儒之誤。若云薦羞之後誠意懈怠，則先王祭祀只是灌鬯之初猶有誠意，及薦羞之後皆不成禮矣。」問：「若爾，則是聖人在上，視聽言動皆當爲天下法而不敢輕，亦猶祭祀之時致其潔清而不敢輕用否？」曰：「然。」問：「『有孚顒若』，先生以爲孚信在中而尊嚴，故下觀而化之。伊川以爲天下之人孚信顒然而仰之，恐須是孚信尊嚴方得下觀而化。」曰：「然。」又問觀、觀之義。曰：「自上示下曰『觀』，去聲。自下觀上曰『觀』。平聲。故卦名之『觀』去聲，而六爻之『觀』皆平聲。」問「觀我生」、「觀其生」之別。曰：「我者，彼我對待之言，是以彼觀此。『觀其生』是以此自觀。六三之『觀我生進退』者，事君則觀其言聽計從，治民則觀其政教可行、膏澤可下，可以見自家所施之當否而爲進退。九五之『觀我生』，如觀風俗之媺惡、臣民之從違，可以見自家所施之善惡。上九之『觀其生』則是就自家視聽言動、應事接物處自觀。九五、上九『君子无咎』，蓋爲君子有剛陽之德故无咎，小人無此德，自當不得此爻。如初六『童觀』，小人之道也，君子則吝，小人自是如此，故无咎。此二爻，君子、小人正相對説。」僩。

「觀天之神道」只是自然運行底道理，四時自然不忒。「聖人神道」亦是説他有教人自然觀感處。淵。

又[一四七]問「觀卦陰盛，而不言凶咎」。曰：「此卦取義不同。蓋陰雖盛於下，而九五之君乃當正位，故只取爲觀於下之義，而不取陰盛之象也。」時舉。

又[一四八]問：「觀六爻，一爻勝似一爻，豈所據之位愈高，則所見愈大邪？」先生云：「上二爻意自别。下四爻是所據之位愈近則所見愈親底意思。」學蒙。[一四九]

「觀我生」如月受日光，「觀其生」只是日光。砥。[一五〇]

「觀我」是自觀，如「視履考祥」底語勢。「觀其」亦是自觀，却從别人説。易中「其」字不説别人，只是自家，如「乘其墉」之類。淵。

【校勘記】

[一]　此條淵録成化本無。

[二]　砥　成化本作「礪」。

[三]　不可　成化本爲「方可」。

〔四〕又　成化本無。
〔五〕而　成化本無。
〔六〕乃　成化本作「力」，屬上讀。
〔七〕正易　成化本爲「平易」。
〔八〕之　成化本無。
〔九〕學蒙　成化本爲「學履」。
〔一〇〕此條節録成化本無。
〔一一〕又　成化本無。
〔一二〕要須　成化本爲「須要」。
〔一三〕以某觀之　成化本無。
〔一四〕船　王本作「般」。
〔一五〕砥　成化本作「礪」。
〔一六〕説　成化本爲「别説」。
〔一七〕處　成化本作「得」。
〔一八〕穆公　左傳昭公十二年爲「穆王」。
〔一九〕砥　成化本作「礪」。

〔二〇〕師六五象曰長子帥師以中行也　成化本無。
〔二一〕傳　成化本爲「程傳」。
〔二二〕説師卦　成化本無。
〔二三〕則若　成化本爲「若是」。
〔二四〕得　成化本作「取」。
〔二五〕成化本此下注有「學履」。
〔二六〕比　原空一行，據上下文内容及成化本補。
〔二七〕李兄　成化本作「李」。
〔二八〕學蒙　成化本爲「學履」。
〔二九〕既已　成化本爲「已既」。
〔三〇〕比卦後夫凶先生云　成化本無。
〔三一〕砥　成化本作「礪」。
〔三二〕又問比之匪人一爻　成化本爲「問比之匪人」。
〔三三〕者　成化本作「意」。
〔三四〕足　成化本作「須」。
〔三五〕上人　成化本爲「上之人」。

〔三六〕使人　成化本爲「而自然」。
〔三七〕砥　成化本作「礪」。
〔三八〕又問云　成化本作「問」。
〔三九〕嘗　成化本無。
〔四〇〕不知　成化本無。
〔四一〕學蒙　成化本爲「學履」。
〔四二〕温　成化本作「濕」。
〔四三〕學蒙　成化本爲「學履」。
〔四四〕小畜　成化本無。
〔四五〕成化本此下注有「礪」。
〔四六〕又　成化本無。
〔四七〕便見得　成化本無。
〔四八〕小蓄　成化本無，且成化本此條下注有「時舉」。
〔四九〕陽　成化本作「復」。
〔五〇〕如　成化本無。
〔五一〕底　朱本作「之」。

［五二］則　成化本無。
［五三］云　成化本無。
［五四］砥　成化本作「礪」。
［五五］卦　成化本無。
［五六］砥　成化本作「礪」。
［五七］易履卦彖曰　成化本無。
［五八］則　成化本無。
［五九］之　成化本作「他」。
［六〇］砥　成化本作「礪」。
［六一］又　成化本無。
［六二］學蒙　成化本爲「學履」。
［六三］一本此下有至大至小事皆是固是十字　成化本爲「有至大至小事皆是固是」，且此十字皆爲大字。
［六四］而聖人之所能以贊天地之化育　成化本爲「而聖人能之所以贊天地之化育」。
［六五］一　此字原缺，據成化本補。
［六六］學蒙　成化本爲「學履」，且其下注曰：「［燾録作『天地閉塞，萬物不生，聖人亦無所施其力』。］」
［六七］泰九二　成化本無。

［六八］砥　成化本作「礪」。
［六九］泰卦　成化本無。
［七〇］字　成化本作「句」。
［七一］東坡　成化本無。
［七二］砥　成化本作「礪」。
［七三］諭　成化本作「喻」。
［七四］砥　成化本作「礪」。
［七五］學蒙　成化本爲「學履」。
［七六］只是他陽可以有爲　成化本爲「只緣他是陽故可以有爲」。
［七七］砥　成化本作「礪」。
［七八］義　成化本此下注曰：「學履録作『助陽之意』。」
［七九］地　成化本無。
［八〇］僩録止於略發此意學蒙則止於爲福　成化本爲「學履録略」。
［八一］常存危亡　成化本爲「常存得危亡之心」。
［八二］砥　成化本作「礪」。
［八三］利　成化本作「一」。

〔八四〕見　今傳本易無。
〔八五〕以　成化本無。
〔八六〕致　成化本此下有「其同」。
〔八七〕其　成化本爲「此其」。
〔八八〕學蒙　成化本爲「學履」。
〔八九〕此條淵録成化本以部分内容夾注於銖録中，參成化本卷七十銖録「問六二與九五……亦可以無悔也」條。
〔九〇〕同人　成化本此下有「三四」。
〔九一〕陰　成化本爲「一陰」。
〔九二〕有可反剛底一道理　成化本爲「有反底道理」。
〔九三〕又問同人于郊一爻　成化本爲「問同人于郊」。
〔九四〕大有卦　成化本無。
〔九五〕砥　成化本作「礪」。
〔九六〕蓋卿　成化本無。
〔九七〕天休命　成化本爲「如此而爲順天休命」。
〔九八〕大有　成化本無。

〔九九〕學蒙録同而少異　成化本無。
〔一〇〇〕又　成化本無。
〔一〇一〕謙彖曰……害盈而福謙　成化本爲「謙彖云云」。
〔一〇二〕夫　成化本無。
〔一〇三〕是　成化本無。
〔一〇四〕此條僩録成化本載於卷七十九。
〔一〇五〕卦　成化本無。
〔一〇六〕不　成化本爲「不是」。
〔一〇七〕學蒙　成化本爲「學履」。
〔一〇八〕故云解象云　成化本爲「故某解其象云」。
〔一〇九〕不違則是不違法則　成化本無。砥　成化本作「礪」。
〔一一〇〕九　王本作「六」。
〔一一一〕謙上六云鳴謙利用行師征邑國象曰志未得也　成化本爲「謙上六象曰志未得也」。
〔一一二〕用之　成化本無。
〔一一三〕砥　成化本作「礪」。
〔一一四〕此條學蒙録成化本無。

[一一五] 又 成化本無。
[一一六] 豫先王以作樂崇德 成化本爲「作樂崇德」。
[一一七] 曰 成化本無。
[一一八] 砥 成化本作「礪」。
[一一九] 卦 成化本無。
[一二〇] 持 成化本作「恃」。
[一二一] 此條從周録成化本無。
[一二二] 成化本此下注有「淵」。
[一二三] 隨 成化本無。
[一二四] 砥 成化本作「礪」。
[一二五] 然 成化本無。
[一二六] 此條時舉録成化本載於卷七十二。
[一二七] 亂 成化本此下有「之極」。
[一二八] 砥 成化本作「礪」。
[一二九] 皿 成化本作「血」。
[一三〇] 成化本此下注曰：「必大録云：『上頭底只管剛，下頭底只管柔，又只巽順，事事不向前，安得不

蠱！舊聞趙德莊如此説。』」

〔一三一〕此條伯豐録成化本作爲注，附於淵録後，參上條。

〔一三二〕又　成化本無。

〔一三三〕先生説　成化本無。

〔一三四〕道　成化本作「送」。

〔一三五〕見　成化本此下有「龜山在朝與陳幾叟書，及有一人卦召請教於龜山」。

〔一三六〕調　成化本作「謂」。

〔一三七〕分　成化本無。

〔一三八〕臨卦臨字　成化本作「臨」。

〔一三九〕學蒙　成化本爲「學履」。

〔一四〇〕九　今傳本易作「六」。

〔一四一〕砥　成化本作「礪」。

〔一四二〕謂　成化本作「爲」。

〔一四三〕觀　成化本無。

〔一四四〕愛君子兮不敢言　成化本爲「思公子兮未敢言」。

〔一四五〕學蒙　成化本爲「學履」。

〔一四六〕觀　成化本無。
〔一四七〕又　成化本無。
〔一四八〕又　成化本無。
〔一四九〕學蒙　成化本爲「學履」。
〔一五〇〕砥　成化本作「礪」。

晦庵先生朱文公語類卷第七十一

易七

噬嗑

彖辭中「剛柔分」以下都掉了「頤中有物」，只説「利用獄」。爻亦各自取義，不説噬嗑[一]頤中之物。淵。

張元德問：「易中言『剛柔分』兩處。一是噬嗑，一是節。此頗難解。」先生曰：「據某所見，只是一卦三陰三陽謂之『剛柔分』。」[二]曰：「易中三陰三陽卦多，獨於此言之，何也？」曰：「偶於此言之，其他卦別有義。」[三]又問：「復卦『剛反』當[四]作一句否？」曰：「然。此二字是解『復亨』，下云『動而以順行』是解『出入无疾』以下。大抵彖辭解得易極分明，子細尋索，儘有條理。」時舉。按，自「又問」以下沈僩録同。[五]

「『雷電噬嗑』與雷電豐似一同[六]。」先生云：「噬嗑明在上，動在下，是明得事理，先立這法在此，未有犯底人，留待異時而用，故云『明罰勑法』。豐威在上，明在下，是用這法時，須是明見下情曲折方得，不然威動於上，必有過錯也，故云『折獄致刑』。此是伊川之意，其説極好。」學蒙。〔七〕

「噬膚滅鼻。」膚，腹腴拖泥處；滅，浸没也。謂因噬膚而没其鼻於器中也。「噬乾胏，得金矢」，荆公已嘗引周禮「鈞金」之説。按，「噬膚滅鼻」之説與本義不同。僩。

問：「噬嗑〔八〕九四『利艱貞』、六五『貞厲』，皆有艱難貞固危懼之意，故皆爲戒占者之辭。」先生曰：「亦是爻中元自有此道理。大抵纔是治人，彼必爲敵，不是易事。故雖〔九〕時、位、卦德得用刑之宜，亦須以艱難貞固處之。至於六三『噬腊肉遇毒』，則是所噬者堅韌難合。六三以陰柔不中正而遇此，所以遇毒而小吝。然此亦是合當治者，但難治耳。治之雖小吝，終无咎也。」銖。

問：「噬嗑『得金矢』，不知古人獄訟要鈞金束矢之意如何？」先生云：「這〔一〇〕不見得。想是詞訟時便令他納此，教他無切要之事，不敢妄來。」又問云：「如此則不問曲直，一例出此，則實有寃枉者亦懼而不敢訴矣。」先生云：「這個須是大切要底事，古人如平常事又別有所在。如劑石之類。學蒙。〔一一〕

賁

伊川説「乾坤變爲六子」，非是。卦不是逐一卦畫了旋變去，這話難説。伊川説兩儀四象自不分明。卦不是旋取象了方畫，須是都畫了這卦，方只就已成底卦上面取象，所以有剛柔、來往、上下。淵。

賁彖辭，〔一二〕先儒云：「『天文也』上有『剛柔相錯』四字。」恐有之方與下文相似，且得分曉。砥。〔一三〕

賁卦「天文也」之上，先儒多言脱「剛柔交錯」四字，看來合有四字。僩。〔一四〕

問：「諸卦象皆順説，獨『雷電噬嗑』倒説，何耶？」曰：「先儒皆以爲倒寫二字。二字相似，疑是如此。」僩。

「『山下有火，賁』，離下艮上。〔一五〕内明外止。雖然内明，是個止殺底明，所以不敢用其明以折獄。此與『山上有火，旅。君子以明慎用刑而不留獄』正相似而相反，〔一六〕賁内明外止，旅外明内止，艮下離上。〔一七〕其象不同如此。」僩〔一八〕問：「苟明見其情罪之是非，亦何難於折獄？」曰：「是他自有個象如此，遇著此象底便用如此。然獄亦自有十三八棒便了底，亦有須待囚訊鞠勘、録問結證而後了底。書曰：『要囚，服念五六日，至于旬時，丕蔽要囚。』周禮秋官亦有此數句，便是有合如此者。若獄未是[一九]而決之，是所謂『敢折獄』也；若獄已具而留之不決，是所謂『留獄』也。『不留獄』者，謂囚訊結證已畢而即決之也。」僩。

問：「『山下有火，賁。[二〇]君子以[二一]明庶政，無敢折獄。』本義云，明庶政是明之小者，無折獄是明之大者，此專是就象取義。伊川說此則又就賁飾上說。不知二說可相備否？」先生曰：「明庶政是就離上說，無折獄是就艮上說。離明在內，艮止在外，則是事之小者可以用明。折獄是大事，一折便了，有止之義。明在內不能及他，故止而不敢折也。大凡就象中說則意味長。若懸空說道理，雖說得去亦不甚親切也。」學蒙。[二二]

問「賁，君子以明庶政，[二三]無敢折獄」。曰：「此與旅卦都說刑獄事，但爭艮與離之在內外，故其說相反。止在外，明在內，故明政而不敢折獄；止在內，明在外，故明謹用刑而不敢留獄。」又曰：「□而言之，[二四]如今州郡治獄，禁勘審覆自有許多節次，過乎此而不決便是留獄，不及乎此而決便是敢於折獄。尚書『要囚』『至于旬時』，他須有許多時日。一[二五]段與周禮秋官同意。」砥。[二六]

賁[二七]六四「白馬翰如」言此爻無所賁飾，其馬亦白也，言無飾之象如此。學蒙。[二八]

「賁于丘園」是個務實底。[二九]「束帛戔戔」是賁得不甚大，所以說「吝」。兩句是兩意。淵。

問：「賁六五[三〇]『賁于丘園』是在艮體，故安止于丘園而不復有外賁之象。」曰：「雖是止體，亦是上比於九漸漸到極處，若一向賁飾去亦自不好，須是收斂方得。」問：「敦本務實，莫是反朴還淳之義[三一]？」曰：「賁取賁飾之義，他今却來賁田園爲農圃之事。當賁之時若是[三二]鄙吝，然約[三三]終得吉，吉則有喜，故象云『有喜』也。」砥。[三四]

問「賁于丘園，束帛戔戔，吝，終吉[三五]」。曰：「當賁飾華盛之時而安于丘園樸陋之事，其道雖可吝，而終則有吉也。」問：「『六五之吉』何以有喜？」曰：「終吉所以有喜。」又問「白賁无咎」。曰：「賁飾之事太盛則有咎。所以處太盛之終則歸于白賁，勢當然也。」僩。

先生曰：[三六]「『賁于丘園，束帛戔戔』是個務農尚儉。『戔戔』是狹小不足之意，以義考之，從『水』則爲『淺』，從『貝』則爲『賤』，從『金』則爲錢。如所謂『束帛戔戔』，六五居尊位却如此敦本尚儉，便似吝嗇，如衛文公、漢文帝。雖是吝，却終吉，此在賁卦有反本之義。到上九便『白賁』，和束帛之類都没了。」㽦。

問「賁于丘園，束帛戔戔」。曰：「此兩句只是當來卦辭，非主事而言。看如何用，皆是這個道理。」或曰：「『賁于丘園』，安定作『敦本』說。」答曰：「某之意正要如此說[三七]。」或以「戔戔」爲盛多之貌。先生曰：「非也。『戔戔』者，淺小之義[三八]。凡『淺』字、『箋』字，皆從『戔』字[三九]。」或問：「淺小是儉之義否？」曰：「然。所以下文云『吝，終吉』。吝者雖不好看，然終却吉。」人傑。按，周謨、沈僩録同。[四〇]

「賁于丘園」者，是務農尚本之義。學蒙。〔四一〕

問：「伊川解『賁于丘園』指上九而言，看來似好。蓋賁三陰皆受賁於陽，不應此又獨異而作敦本務實說也。」先生云：「如何丘園便能賁人？『束帛戔戔』，他解作裁剪之象，尤艱曲，説不出。這八字只平白在這裏，若如所説則曲折多、意思遠。舊説指上九作高尚隱于丘園之賢，而用束帛之禮聘召之。若不用某説則説又近〔四二〕。他將丘園作上九之象，『束帛戔戔』作裁剪紛裂之象，則與象意大故相遠也。」學蒙。〔四三〕

賁卦，〔四四〕伊川此卦傳大有牽强處。「束帛」解作「剪裁」，恐無此理。且如今將「束帛」示人□□〔四五〕，人決不思量從剪裁上去。義剛。

「白賁无咎」，據「剛上文柔」是不當説自然，而卦之取象不恁地拘，各自説一義。淵。

剥

問：「『上以厚下安宅』，『安宅』者，安於禮義而不遷否？」曰：「非也。厚下者乃所以安宅。如〔四六〕山附於地，惟其地厚，所以山安其居而不摇。人君厚下以得民，則其位亦安而不摇，猶所謂『本固邦寧』也。」僩。

問：「剥之初與二『蔑貞凶』，是以陰蔑陽，以小人蔑君子之正道，凶之象也。不知只是陽與

君子當之則凶爲復，陰與小人亦自爲凶？」曰：「自古小人滅害君子終亦有凶，但此爻象只是説陽與君子之凶也。」砥。〔四七〕

或問：「剥卦上九云〔四八〕『碩果不食』，伊川謂『陽無可盡之理，剥於上則生於下，無間可容息也』。剥〔四九〕於上則生於下，乃剥復相因之理。畢竟須經由坤，坤卦純陰無陽，如此陽有斷滅也，何以能生於復？」曰：「凡陰陽之生，一爻當一月，須是滿三十日方滿得那腔子，做得一畫成。今坤卦非是無陽，陽始生甚微，未滿那腔子，做一畫未成，非是坤卦純陰便無陽也。然此亦不是甚深奧事，但伊川當時解不曾分明道與人，故令人做一件大事看。」文蔚。

「小人剥廬」，是説陰到這裏時把他這些陽都剥了。此是自剥其廬舍，無安身己處。衆小人託這一君子爲庇覆，若更剥了，是自剥其廬舍，便不成剥了。淵。

復

問：「剥一陽盡而爲坤，程云『陽未嘗盡也』。」先生云：「剥之一陽未盡時不曾生，纔盡於上，這些子便生於下了。」卓。

問：「一陽復於下，是前日既退之陽已消盡而今别生否？」曰：「前日既退之陽已消盡，此又是别生。伊川謂『陽無可盡之理，剥於上則生於下，無間可容息』，説得甚精。且以卦配月，則剥九月，坤十月，復十一月。剥一陽尚存，復一陽已生。坤純陰，陽氣闕了三十日，安得謂之無盡？」曰：「恐是一月三十日，雖到二十九日，陽亦未盡否？」曰：「只有一夜亦是盡，安得謂之無盡？嘗細考[五〇]之，這一陽不是忽地生出。纔交[五一]立冬便萌芽，下面有些氣象了。上面剥一分，下面便萌芽一分；上面剥二分，下面便萌芽二分；三日便三分；四日便四分。[五二]積累到那復處方成一陽。坤初六便是陽已萌了。」淳。

賀孫[五三]問伊川所説剥卦。曰：「公説關要處未甚分明。他上纔消下便生。且如復卦是一陽有三十分，他便從三十日頭逐分累起，到得交十一月冬至，他一爻已成。消時也如此。只伊川説欠得幾句説漸消漸長之意。」直卿問：「『冬至子之半』，如何是一陽方生？」賀孫云：「『冬至子之半』是已生成一陽，不是一陽方生。」先生曰：「冬至方是結算那一陽，冬至以後又漸生二陽，過一月却成臨卦。坤卦之下，初陽已生矣。」賀孫。

「爲嫌於無陽也」，自觀至剥，三十日剥方盡。自剥至坤，三十日方成坤。三十日陽漸長，至冬至方是一陽，第二陽方從此生。陰剥，每日剥三十分之一，一月方剥得盡；陽長，每日長三十分之一，一月方長得成一陽。陰剥時一日十二刻，亦每刻中漸漸剥，全一日方剥得三十分之一。陽長之漸亦如此長。直卿舉「冬至子之半」。先生曰：「正是及子之半方成一陽，子之半後第二陽方生。陽無可盡之理，這個纔剥盡，陽當下便生，不曾斷續。伊川説這處未分曉，似欠兩句在中間，方説得陰剥陽生不相離處。」虞復之云：「恰以月弦望便見陰剥陽生，逐旋如此。陰不會一上剥，陽不會一上長也。」寓。

問：「十月何以爲陽月？」先生因反[五四]詰諸生，令思之。云：「程先生於易傳雖發其端，然終説得不透徹。」諸生以所見[五五]答，皆不合，復請問其旨[五六]。先生云：「剥盡爲坤，復則一陽生也。復之一陽不是頓然便生，乃是自坤卦中積來。且一月三十日，以復之一陽分作三十分，從小雪後便一日生一分。上面趲得一分，下面便生一分，到十一月半一陽始成也。以此便見得天地無休息處。」時舉。

「上[五七]九一畫分爲三十分，一日剥一分，至九月盡方盡。然剥於上則生於下，無間可息。至十月初一日便生一分，積三十分而成一畫，但其始未著耳。至十一月則此畫已成，此所謂『陽未嘗盡』也。」道夫問：「陰亦然。今以夬、乾、姤推之，亦可見矣。但所謂『聖人不言』者何如？」曰：「前日劉履之説蔡季通以爲不然，某以爲分明是如此。但聖人所以不言者，這便是一個參贊裁成之道。蓋抑陰而進陽，長善而消惡，用君子而退小人，這便可見此理自是恁地。雖堯舜之世，豈無小人？但有聖人壓在上面，不容他出而有爲耳，豈能使之無邪！」劉履之曰：「蔡季通嘗言：『陰不可以抗陽，猶地之不足以配天，此固然之理也。而伊川乃謂「陰亦然，聖人不言耳」。元定不敢以爲然也。』」道夫。

義剛曰：「十月爲陽月，不應一月無陽。一陽是生於此月但未成體耳。」先生曰：「九月陰極則下已陽生。謂如六「六」字恐誤。陽成六段，而一段又分爲三十小段，從十月積起至冬至，即[五八]成一爻。不成一陽是陡頓生，亦須以分毫積起。且[五九]天運流行本無一息間斷，豈解一月無陽！且如木之黄落時萌芽已生了。不特如此，木之冬青者必先萌芽而後舊葉方落。若論變時，天地無時不變。如楞嚴經第二卷首段所載，非惟一歲有變，月亦有之；非惟月有變，日亦有之；非惟日有變，時亦有之。但人不知耳。此說亦是。」義剛。

葉味道[六〇]舉十月無陽。曰：「十月是[六一]坤卦，皆純陰。自交過十月節氣固是純陰，然潛陽在地下已旋生起來了。且以一月分作三十分，細以時分之是三百六十分。陽生時處逐分旋生，[六二]生到十一月冬至方生得就一畫陽。這一畫是卦中六分之一，餘在地下。二畫又較在上面則個，至三陽則全在地上矣。不解[六三]四陽、五陽、六陽則又層層在上面去，不解到冬至時便頓然生得一畫，所以莊子之徒説道『造化密移，疇覺之哉』。」又曰：「一氣不頓虧，[六四]蓋見此理。陰[六五]消長亦然。如包胎時十月具方成個兒子。」植。[六六]

「且[六七]陽無驟生之理，如冬至前十[六八]月中氣是小雪，陽已生三十分之一分。到得冬至前幾日，須已生到二十七八分，到至[六九]日方始成一畫。不是昨日全無，今日一旦便都復了，大抵剥盡處便生。莊子云『造化密移，疇覺之哉』，這語自説得好。又如列子亦謂『運轉無已，天地密移，疇覺之哉』。凡『一氣不頓進，一形不頓虧』，亦不覺其成，不覺其虧。蓋陰陽浸消浸盛，人之一身自少至老，亦莫不然。」賀孫。〔七〇〕

問：「先生前日說十月爲陽月，舉莊子所謂『一氣不頓進，一形不頓虧』。『頓進』莫是陽漸生，『頓虧』莫是陽漸消否？」先生曰：「是。」又問：「陰陽之氣皆然？」先生曰：「是。」植。〔七一〕

問：「坤爲十月。陽氣剝於上必生於下，則此十月陽氣已生，但微而未成體，至十一月一陽之體方具否？」先生曰：「然。」又云：〔七二〕「凡物變之漸，不惟月變日變，而時亦有變，但人不覺爾。十一月不能頓成一陽之體，須是十月生起。一卦六畫，一畫分作三十分。九月已剝了，從十月初一便從下畫生起，一日生一分，三十日遂成一畫。〔七三〕」學蒙。〔七四〕

問：「十月是坤卦，陽已盡乎？」答曰：「陰陽皆不盡。至此則微微一綫路過，因而復發耳。」大雅。

「七日」只取七義，猶「八月有凶」只取八義。淵。

問：「『復』『一陽動於下』而云『朋來无咎』，何也？」曰：「方一陽生，未有朋類。必竟是陽長，將次並進，以其爲君子之道，故亨通而無咎也。」砥。〔七五〕

又〔七六〕問：「『復卦』『剛反』當作一句？」先生曰：「然。此二字是解『復亨』。下云『動而以順行』是解『出入無疾』以下。大抵彖辭解得易極分明，子細尋索，儘有條理。」學蒙。〔七七〕

問「朋來无咎」。曰：「復卦一陽方生，疑若未有朋也。然陽有剛長之道，自一陽始生而漸長[七八]以至于極，則有朋來之道而無咎也。『反復其道，七日來復，天行也』，消長之道自然如此，故曰『天行』。處陰之極，亂者復治，往者復還，凶者復吉，危者復安，天地自然之運也。」問「六二『休復之吉，以下仁也』」。曰：「初爻爲仁人之體，六二爻能下之，謂附下於仁者。學莫便於近乎仁，既得仁者而親之，資其善以自益，則力不勞而學美矣，故曰『休復吉』。上六『迷復，凶，有災眚，用行師，終有大敗，以其國君凶，[七九]至于十年不克征』，這是個極不好底爻，故其終如此。凡言『十年』、『三年』、『五年』、『七月』、『八月』、『三月』者，想是象數中自有個數如此，故聖人取而言之。『至于十年不克征』、『十年勿用』，則其凶甚矣。」僩。

問：「『復其見天地之心』，生理初未嘗息，但到坤時藏伏在此，至復乃見其動之端否？」曰：「不是如此。這個只是就陰陽動靜、闔闢消長處而言。如一堆火，自其初發，以至漸漸發過，消盡爲灰。其消之未盡處固天地之心也，然那消盡底亦天地之心也。但那個不如那新生底鮮好，故指那接頭再生者言之，則可以見天地之心親切。如云『利貞者性情也』，一元之氣，亨通發散，品物流形，天地之心盡發見在品物上，但叢雜難看。及到利貞時，萬物悉已收斂，那時只有個天地之心，丹青著見，故云『利貞者性情也』，正與『復其見天地之心』相似。康節云『一陽初動處，萬物未生時』，蓋萬物生時此心非不見也，但天地之心悉已布散叢雜，無非此理呈露，倒多了，難見。若會看者能於此觀之，則所見無非天地之心矣。惟是復時萬物皆未生，只有一個天地之心昭然著見在這裏，所以易看也。」僩。

問「復見天地之心」。先生云：「天地所以運行不息者做個甚事？只是生物而已。物生於春，長於夏，至秋萬物咸遂，如收斂結實，是漸欲離其本之時也。及其成則物之成實者各具生理，所謂『碩果不食』是已。具〔八〇〕生理者，固各繼其生，而物之歸根復命猶自若也。如說天地以生物爲心，斯可見矣。」又問：「既言『心性』，則『天命之謂性』，『命』字有『心』底意思否？」曰：「然。流行運用是心。」人傑。

天地之心未嘗無，但靜則人不得而見爾。道夫。

「天地生物之心未嘗須臾停，然當氣候肅殺、草木搖落之時，此心何以見？」曰：「天地此心常在，只是人看不見，故必到復而後始可見。」僩。

寓〔八一〕問：「復卦，〔八二〕程子言：『先儒皆以靜爲見天地之心，不知動之端乃天地之心。』動處如何見得？」曰：「這處便見得陽氣發生，其端已兆於此。春了又冬，冬了又春，都從這裏發去。事物間亦可見，只是這裏見得較親切。」鄭兄舉王輔嗣說「寂然至無，乃見天地心」。曰：「他說『無』是胡說。若靜處說無，不知下面一畫作甚麼？」寓問：「動見天地之心，固是。不知在人可以主靜言之否？」曰：「不必如此看。這處在天地則爲陰陽，在人則爲善惡。『有不善未嘗不知，知之未嘗復行』，不善處便是陰，善處便屬陽。上五陰下一陽，是當沉迷蔽固之時，忽然一夕省覺，便是陽動處。齊宣王『興甲兵，危士臣，構怨於諸侯』，可謂極矣，及其不忍觳觫，即見善端之萌，肯從這裏做去，三王事業何患不到！」寓。

居甫問「復其[八三]見天地之心」。曰：「復未見造化，而造化之心於此可見。」某問：「靜亦是心，而心未見？」曰：「固是，但又須靜中含動意始得。」曰：「王弼說此似把靜作無。」曰：「渠是添一重說話，下自是一陽，如何說無？上五陰亦不可說無，說無便死了。無復生成之意，如何見其心？且在人身上，一陽善也，五陰惡也；一陽君子也，五陰小人也。只是『有一善未嘗不知，知之未嘗復行』。且看一陽對五陰，是惡五而善一。纔復則本性復明，非天心而何！」可學。[八四]

問：「『復以動見天地之心，而主靜觀復者又何謂？』」曰：「復固是動，主靜是所以養其動，動只是這靜所養底。一陽動便是純坤月養來。」曰：「此是養之於未動之前否？」曰：「此不可分前後，但今日所積底便爲明日之動，前日[八五]所積底便爲後日之動，只管恁地去。『觀復』是老氏語，儒家不說。老氏愛說動靜。『萬物並作，吾以觀其復』，謂萬物有歸根時，吾只觀他復處。」淳。

問：「程子以『動之端』爲天地之心。動乃心之發處，何故云『天地之心』？」曰：「此須就卦上看。上坤下震，坤是静，震是動。十月純坤，當貞之時，萬物收斂，寂無蹤跡，到此一陽復生便是動。然不直下『動』字却云『動之端』，端又從此起。雖動而物未生，未到大段動處。凡發生萬物却是[八六]從這裏起，豈不是天地之心！邵堯夫[八七]詩云：『冬至子之半，大雪，子之初氣。冬至，子之中氣。天心無改移。一陽初動處，萬物未生時。玄酒味方淡，大音聲正希。此言如不信，更請問包羲。』可謂振古豪傑！」淳。

道夫[八八]問「冬至子之半」。曰：「康節此詩最好，某於復卦[八九]本義亦載此詩。蓋立冬是十月初，小雪是十月中，大雪十一月初，冬至十一月中，小寒十二月初，大寒十二月中。『冬至子之半』即十一月之半也。人言夜半子時冬至，蓋夜半以前一半已屬子時，今推五行者多不知之。然數每從這處起，略不差移，此所以爲天心。然當是時一陽方動，萬物未生，未有聲臭氣味之可聞可見，所謂『玄酒味方淡，大音聲正希』。」道。[九〇]

漢卿問「一陽初動處，萬物未生時」。曰：「此在貞、元之間，纔見孺子入井，未做出惻隱之心時節。」因言：「康節之學不似濂溪、二程。康節愛説個循環底道理，不似濂溪與二程説得活。如『無極而太極，太極本無極』、『體用一源，顯微無間』，康節無此説。」方子。[九一]

漢卿問：「『一陽初動處，萬物未生時』，以人心觀之，便是善惡之端，感物而動處。」曰：「此是欲動未動之間，如怵惕惻隱於赤子入井之初，方怵惕惻隱而未成怵惕惻隱之時。故上云

『冬至子之半』，是康節常要就中間說。『子之半』則是未成子，方離於亥而爲子方四五分。是他常要如此說，常要說陰陽之間、動静之間，便與周濂溪、程先生〔九二〕不同。周、程只是『五行一陰陽也，陰陽一太極也，太極本無極也』，只是體用動静，互换無極。康節便只要說循環，便須指消息動静之間，便有方了，不似二先生。」學蒙。〔九三〕

天地之心，動後方見；聖人之心，應事接物方見。「出入」「朋來」只做人說，覺不捞攘。淵。

按，甘節録止「接物方見」。〔九四〕

論「復見天地之心」。「程子曰『聖人無復，故未嘗見其心』，且堯、舜、孔子之心千古常在，聖人之心周流運行，何往而不可見？若言天地之心，如春生發育，猶是顯著。此獨曰『聖人無復，未嘗見其心』者，只爲是說復卦。繫辭曰『復小而辨於物』，蓋復卦是一陽方生於群陰之下，如幽暗中一點白，便是『小而辨』也。聖人贊易而曰『復見天地之心』。今人多言惟是復卦可以見天地之心，非也。六十四卦無非天地之心，但於復卦忽見一陽之復，故即此而贊之爾。論此者當知有動静之心，有善惡之心，各隨事而看。今人乍見孺子將入井之時，〔九五〕此心未動，只静而已。衆人物欲昏蔽便是惡底心，及其復也，然後本然之善心可見。聖人之心純於善而已，所以謂『未嘗見其心』者，只是言不見其有昏蔽忽明之心，如所謂幽暗中一點白者而已。但此等語說〔九六〕話只可就此一路看去，纔轉入别處便不分明，也不可不知。」謨。

舉「聖人無復，故不見其心」一節，語學者曰：「聖人天地心無時不見。此是聖人因贊易而言一陽來復，於此見天地之心尤切，正是大黑暗中有一點明。」可學。

國秀問：「舊見蔡元思説先生説復卦處：『靜極而動，聖人之復；惡極而善，常人之復。』是否？」曰：「固是。但林無三字。[九七]常人也有林無「也有」字，作「亦」字。[九八]靜極而動底時節，林無「時節」字。[九九]聖人則不復有惡極而善之復矣。林無「之復矣」字，作「爾」字。[一〇〇]」僩。按，林學蒙録同而略。[一〇一]

上云「見天地之心」以動靜言也，下云「未嘗見聖人之心」以善惡言也。道夫。

復雖一陽生[一〇二]，然而與衆陰不相亂。如人之善端方萌，雖小而不爲衆惡所遏底意思。學蒙。[一〇三]

問：「『一陽復』，在人言之只是善端萌處否？」曰：「以善言之，是善端方萌處。以惡言之，昏迷中有悔悟向善意便是復。如睡到忽然醒覺處亦是復氣象。又如人之沉滯，道不得行，到極處，忽小亨，道雖未大行，已有可行之兆，亦是復。這道理千變萬化，隨所在無不渾淪。」淳。

敬子問：「今寂然至靜在此，若一念之動，此便是復否？」曰：「恁地説不盡。復有兩樣，有善惡之復，有動靜之復，兩樣復自不相須，須各看得分曉。終日營營，與萬物並馳，忽然有惻隱、是非、羞惡之心發見，此善惡爲陰陽也。若寂然至靜之中有一念之動，此動靜爲陰陽也。二者各不同，須推教子細。」僩。

「伊川與濂溪説這[一〇四]『復』字亦差不同。」用之云：「濂溪説得『復』字就歸處説，伊川就動處説，所以不同？」[一〇五]曰：「然。濂溪就坤上説，就回來處説。如云『利貞者誠之復』，『誠心，復其不善之動而已矣』，皆是就歸來處説。伊川却正就動處説。如『元亨利貞』上説『復』字，伊川就『元』字頭説『復』字，以周易爻[一〇六]之義推之，則伊川之説爲正。然濂溪、伊川之説，道理只一般，非有所異，只是所指地頭不同。以復卦言之，下面一畫便是動處。伊川云『下面一爻，正是動，如何説静得？雷在地中，復』云云。看來伊川説得較好。王弼之説與濂溪同。」僩。

問：「『陽始生甚微，安静而後能長』，故復之象曰『先王以至日閉關』。人於迷途之復，其善端之萌亦甚微，故須莊敬持養，然後能大。不然，復亡之矣。」曰：「然。」又曰：「古人所以四十强而仕者，前面許多年亦且養其善端。若一下便出來與事物衮了，豈不壞事！」賀孫。

董銖[一〇七]問：「復卦[一〇八]『先王以至日閉關』，程傳謂陽之始生至微，當安静以養之，恐是十月純坤之卦，陽已養於至静之中，至是方成體爾。」先生曰：「非也。養於既復之後。」又問「復見天地之心」。先生曰：「要説得『見』字親切，蓋此時天地之間無物可見天地之心，只有一陽初生，净净潔潔，見得天地之心在此。若見三陽發生萬物之後，則天地之心散在萬物，則不能見得如此端的。」雉。

問：「『不遠復，[一〇九]無祇悔』，『祇』字何訓？」曰：「書中『祇』字，只有這『祇』字使得來別。看來只得解做『至』字。又有訓『多』爲『祇』者，如『多見其不知量也』，『多，祇也』。『祇』與『只』同。」僩。

問：「上六『迷復』至于『十年不克征』，何如？」曰：「過而能改則亦可以進善，迷而不復自是無説，所以無往而不凶。凡言[一一〇]『十年』、『三歲』，皆是有個象方説。若三歲猶是有個期限，到十年便是無説了。」砥。[一一一]

无妄

「无妄」本是「無望」。這是没理會時節，忽然如此得來面前，朱英所謂「無望之福」是也。

桑樹中箭，柳樹汁出。淵。

「往」字説得不同。淵。

因論易傳无妄[一一二]「雖無邪心，苟不合正理則妄也，乃邪心也」，或以「子路使門人爲臣」事爲證。先生曰：「如鬻拳强諫之類是也。」或云：「王荆公亦然。」曰：「温公忠厚，故稱荆公『無姦邪，只不曉事』。看來荆公亦有邪[一一三]夾雜，他却將周禮來賣弄，有利底事便行之。意欲富國强兵然後行禮義，不知未富强，人才風俗已先壞了。向見何一之有一小論，稱荆公所以辨得盡行許多事，緣李文靖爲相日，四方言利害者盡皆報罷，積得許多弊事，所以激得荆公出來一齊要整頓過。荆公此意便是慶曆范文正公諸人要做事底規模。然范文正公等行得尊重，其人才亦忠厚。荆公所用之人一切相反。」僩。

伊川謂「雖無邪心，苟不合正理，即妄也」，如楊、墨何嘗有邪心？只是不合正理。淳。按，鄭可學録「楊墨」下止有「便是」二字。〔一一四〕

「剛自外來」説卦變，「動而健」説卦德，「剛中而應」説卦體，「大亨以正」説「元亨利貞」。自文王以來説做希望之「望」。這事只得倚閣在這裏，難爲斷殺他。淵。

伊川易傳似不是本意。「剛自外來」是所以做造无妄，「動而健」是有卦後説底。淵。

或説无妄卦〔一一五〕。曰：「卦中未便有許多道理。聖人只是説有許多爻象如此，占著此爻則有此象。无妄是個不指望、偶然底卦，忽然而有福，忽然而有禍。如人方病，忽〔一一六〕勿藥而瘉，是所謂『无妄』也。據諸爻名義合作『無望』，不知孔子何故説歸『無妄』。人之卜筮如决柸珓，如此則吉，如此則凶，柸珓又何嘗有許多道理！如程子之説，説得道理儘好，儘開闊。只是不如此，未有許多道理在。」又曰：「无妄一卦雖云禍福之來也無常，然自家所守者不可不利於正。不可以彼之無常，而吾之所守亦爲之無常也，故曰『无妄，元亨利貞，其匪正，有眚』。若所守匪正則有眚矣。眚即災也。」問：「伊川言『災自外來，眚自内作』，是否？」曰：「看來只一般，微有不同耳。災是[一一七]偶然生於彼者，眚是過誤致然。書曰『眚災肆赦』，春秋曰『肆大眚』，皆以其過誤而赦之也。」僩。

「不耕穫」一句，伊川作三意説：不耕而穫、耕而不穫、耕而必穫。看來只是也不耕也不穫，只見成領會他物事。淵。

問「无妄六三[一一八]『不耕穫，不菑畬』，伊川説爻詞與小象却不同，如何？」曰：「便是曉不得。爻下説『不耕而穫』，到小象又却説耕而不必求穫，都不相應。某所以不敢如此説。他爻辭分明説道『不耕穫』了，自是有一樣時節都不須得作爲。」又曰：「看來无妄合是『無望』之義，不知孔子何故使此『妄』字。如『无妄之災』、『无妄之疾』，都是没巴鼻恁地。」又曰：「无妄自是大亨了，又却須是貞正始得。若些子不正則『行有眚』，『眚』即與『災』字同。不是自家做得，只有些子不是，他那裏便有災來。」問：「『眚』與『災』如何分？」曰：「也只一般。尚書云『眚災肆赦』，春秋『肆大眚』，眚似是過誤，災便直是自外來。」又曰：「如[一一九]不可大段做道理看，只就逐象上説，見有此象便有此義，少間自有一時築着磕着。如今人問杯珓，杯珓上豈曾有道理，自是有許多吉凶。」砥。[一二〇]

「『不耕穫，不菑畬』，如易傳所解，則當言『不耕而穫，不菑而畬』方可。又如言[一二一]『太極言无妄之義』，緣只要[一二二]去義理上説，故如此解。易爻[一二三]只是占吉凶之詞，至彖、象方説義理。六二在无妄之時居中得正，故吉。其曰『不耕穫，不菑畬』，是四事都不做，謂雖事事都不動作，亦自『利有攸往』。史記『无妄』作『無望』，是此意。六三便是『无妄之災』，或繫之牛，行人之得』，何與邑人事？而『邑人之災』，如諺曰『閉門屋裏坐，禍從天上來』是也。此是占辭。如『飛龍在天，利見大人』，若庶人占得此爻，只是利去見大人也。然吉凶以正勝，有雖得凶而不可避者，縱貧賤窮困死亡却無悔、咎[一二四]。故横渠云『不可避凶趨吉，一以正勝』，是也。又如占得坤六二爻，須是自己『直方大』，方與爻辭相應，便『不習无不利』；若不直方大，却反凶也。坤六四爻不止言大臣事，凡得此爻者，在位者便當去，未仕者便當隱。伯豐因此問比干事。曰：「此又别是一義，雖凶無咎。」[一二五]㽦。

問「不耕穫，不菑畬，未富」之義。曰：「此有不可曉。然既不耕穫、不菑畬，自是未富。此爻不是聖人説占得如此。[一二六]雖是『未富』，但『利有攸往』耳。雖是占爻，然義理亦包在其中。易傳中説『未』字多費辭。」㽦。

大畜

「能止健」，都不説健而止，見得是艮來止這乾。淵。

「篤實」便有「輝光」，艮止便能篤實。淵。按，甘節録同。〔一二七〕

「何天之衢，亨」，或如伊川説，衍一「何」字，亦不可知。砥。〔一二八〕

頤

頤須是正則吉。何以觀其正不正？蓋「觀頤」是觀其養德是正不正，「自求口實」是又觀其養身是正不正，未説到養人處。「觀其所養」亦只是説君子之所養，養浩然之氣模樣。淵。

「自養」，則如爵禄下至於飲食之類，是説「自求口實」。淵。

問：「『觀頤，觀其所養』作所養之道，『觀其自養』作所以養生之術。」先生曰：「所養之道，如學聖賢之道則爲正，黄、老、申、商則爲非，凡見於修身行義皆是也。所養之術則飲食起居者〔一二九〕是也。」又問：「伊川把『觀其所養』作觀人之養，如何？」先生曰：「這兩句是解『養正則吉』。所養之道與養生之術正，則吉；不正，則不吉。如何是觀人之養！不曉程説是如何。」學蒙。〔一三〇〕

又問：「頤六爻，伊川解云上三爻是養德義，下三爻是養口體，是否？」先生曰：「上三爻是養人，下三爻是資人以養己，養己所以養人也。」義剛。〔一三一〕

問：「伊川解頤作〔一三二〕下三爻養口體，上三爻養德義，如何？」先生云：「看來下三爻是資人以爲養，上三爻是養人也。六四、六五雖是資初與上之養，其實是他居尊位，藉人以養，而又推以養人，故此三爻似都是養人之事。伊川説亦得，但失之疏也。」學蒙。〔一二三〕

頤六四一爻理會不得。雖是恁地解，必竟曉不得如何是「施於下」，又如何是「虎」。砥。〔一二四〕

頤〔一二五〕六五「拂經，居貞吉，不可涉大川」。六五陰柔之才，但守正則吉，故不可以涉患難。六四「顛頤吉，虎視眈眈，其欲逐逐」，此爻不可曉。僩。

大過

問：「大過『棟橈，利有攸往，亨』〔一二六〕，既『棟橈』，是不好了，又如何『利有攸往』？」先生曰：「看彖辭可見。『棟橈』是以卦體『本末弱』而言，卦體自不好了。却因『剛過而中，巽而説行』，如此，所以『利有攸往乃亨』也。〔一二七〕」學蒙。〔一二八〕

「伊川〔一二九〕易傳大過云『道無不中，無不常』，『聖人有小過，無大過』，看來亦不消如此説。聖人既説有『大過』，直是有此事，雖云『大過』，亦是常理始得。」因舉晉州蒲事云：「舊常不曉胡文定公意，以問范伯達丈，他亦不曉。後來在都下見其孫伯逢，問之。渠云：『此處有意思，但是難説出。如左氏分明有「稱君無道」之説。厲公雖有罪，但合當廢之可也，而欒書中行偃弑之，則不是。』然必竟厲公有罪，故難説，後必有曉此意者。」賜。

問：「易大過小過，先生與伊川之説不同。」曰：「然。伊川此論，正如以反經合道爲非相似。殊不知大過自有大過時節，小過自有小過時節。處大過之時則當爲大過之事，處小過之時則當爲小過之事。如堯舜之禪授[一四〇]、湯武之放伐，此便是大過之事。『喪過乎哀，用過乎儉』，此便是小過之事。只是在事雖是過，然當[一四一]其時便是義[一四二]，合當如此做，便是合義。如堯舜之有朱均，豈不能多擇賢輔而立其子，且恁地平善過？然道理去不得，須是禪授方合義。林死「且恁」以下止此。[一四三]湯武豈不能出師以恐嚇紂[一四四]，且使其悔悟林此下資「却且恁平善做去」七字。[一四五]修省？然道理去不得，必須林此下有「受禪」二字。[一四六]放伐而後已。此所以事雖過而皆合理也。」僩。按，林録同而少異。[一四七]

「『澤滅木，大過』[一四八]，澤在下而木在上，今澤水高漲乃至浸没了木，是爲大過。」又曰：「木雖爲水浸而木未嘗動，故君子觀之而『獨立不懼，遯世無悶』。」砥。[一四九]

過[一五〇]是收斂入來底，大過是行出來[一五一]底，如「獨立不懼，遯世无悶」是也。淵。

「藉用白茅」亦有過慎之意。此是大過之初，所以其過尚小在。淵。

問：「大過『棟橈』是初、上二陰不能勝四陽之重，故有此象。九三是其重剛不中，自不能勝其任，亦有此象。兩義自不同否？」曰：「是如此。九三又是[一五二]與上六正應，亦皆不好，不可以有輔，自是過於剛强，輔他不得。九四『棟隆』，只是隆便『不撓乎下』。『過涉滅頂』，『不可咎也』，恐是他做得是了，不可以咎他，不似伊川説。易中『无咎』有兩義。如『不節之嗟』无咎，王輔嗣云，是他自做得，又將誰咎？至『出門同人』无咎，又是他做得好，人咎他不得，所以云〔一五三〕『又誰咎也』。此處恐不然。」又曰：「四陽居中，如何是大過？二陰在中，又如何是小過？這兩卦曉不得。今且只逐爻略曉得，便也可占。」砥。〔一五四〕

大過〔一五五〕「過涉滅頂，凶，无咎〔一五六〕」，象曰〔一五七〕「不可咎也」。某謂〔一五八〕東漢諸人不量深淺，至於殺身亡家，此是凶。然而其心何罪？故不可咎也。賜。〔一五九〕

坎

「水流不盈」，纔是説一坎滿便流出去，一坎又滿又流出去。「行險而不失其信」，則是説決定如此。淵。

坎水只是平，不解滿。盈是滿出來。淵。

坎六三「險且枕」，只是前後皆是枕，便如枕頭之「枕」。砥。〔一六〇〕

「樽酒簋」做一句，自是説文如此云。砥。〔一六一〕

「納約自牖」，雖有向明之意，然非是路之正。淵。

問：「『用缶，納約自牖』如何？」〔一六二〕曰：「不由户而自牖，以言艱難〔一六三〕之時不可直致也。」季札。

九五[一六四]「坎不盈，祇既平」，「祇」字他無説處，看來只得作「抵」字解。復卦亦然。不盈未是平，但將來必會平。二與五雖是陷于陰中，必竟是陽會動，陷他不得。如「有孚」，如[一六五]「維心亨」，如「行有尚」，皆是他[一六六]。砥。[一六七]

「坎不盈，中未大也。」曰：「水之爲物，其在坎只能平，自不能盈，故曰『不盈』。盈，高之義。『中未大』者，平則是得中，『不盈』是未大也。」學蒙。[一六八]

離

離便是麗，附著之意。易中多説做「麗」，也有兼説明處，也有單説明處。明是離之體。「麗」是麗著底意思。「離」字，古人多用做離著説。然而物相離去，也只是這字。「富貴不離其身」，東坡説道剩個「不」字，便是這意。古來自有這般兩用底字，如「亂」字又喚做治。淵。

「離」字不合單用。淵。

火中虛暗則離中之陰也，水中虛明則坎中之陽也。道夫。

問：「離卦是陽包陰，占利『畜牝牛』便也是宜畜柔順之物。」曰：「然。」砥。[一六九]

象辭「重明」自是五、二兩爻爲君臣重明之義。大象又自説繼世重明之義，不同。砥。[一七〇]

六二中正，六五中而不正。今言「麗乎正」、「麗乎中正」，次第說六二分數多。此卦唯這爻較好，然亦未敢便恁地說，只得且說「未詳」。淵。本義今無「未詳」字。

「明兩作，離。」作，起也。如日然，今日出了，明日又出，是之謂「兩作」。蓋只是這一個明，兩番作。非「明兩」，乃「兩作」也，猶云「水洊至習坎」。[一七一]僩。

問「明兩作，離。」「若[一七二]做兩明則是有二個日，不可也，故曰『明兩作，離』，只是一個日相繼之義。『明兩作，離[一七三]』如坎卦『水洊至』，非『明兩』爲『作離』也。[一七四]」「明」字便是指日而言。學蒙。淵同。[一七五]

「明兩作」猶言「水洊至」。今日明，來日又明。若說兩明却是兩個日頭。淵。

叔重說離卦，問：「『火體陰而用陽』，是如何？」先生云：「此言三畫卦中陰而外陽者也。坎象爲陰，水體陽而用陰，蓋三畫卦中陽而外陰者也。惟六二一爻，柔麗乎中而得其正，故『元吉』。至六五，雖是柔麗乎中，而不得其正，特借『中』字而包『正』字耳。」又問「日昃之離」。先生云：「死生常理也，若不能安常以自樂，則不免有嗟戚。」曰：「生之有死，猶晝之必夜，故君子當觀日昃之象以自處。」先生曰：「人固知常理如此，只是臨時自不能安耳。」又問「九四，突如其來如」。先生曰：「九四以剛迫柔，故有突來之象。『焚』、『死』、『棄』言無所用也。『離爲火』故有『焚如』之象。」或曰：「『突如[一七六]』與『焚如』自當屬上句，『死如』、『棄如』自當做一句。」

先生曰：「説時亦少通，但文勢恐不如此。」時舉。

又問離九四「突如其來如，焚如，死如，棄如」。曰：[一七七]「九四有侵陵六五之象，故曰『突如其來如』。火之象則有自焚之義，故曰『焚如，死如，棄如』，言其焚死而棄也。」學蒙。[一七八]

「焚」、「死」、「棄」只是説九四陽爻突出來逼拶上爻。「焚如」是「不戢自焚」之意。「棄」是死而棄之之意。淵。

六五介于兩陽之間，憂懼如此，然處得其中，故不失其吉。淵。

離六五陷於二剛之中，故其憂如此。人傑。[一七九]

問：「離六五『出涕沱，若戚嗟，若吉』，象曰『六五之吉，離王公也』[一八〇]。郭沖晦以爲離六五乃文明盛德之君，知天下之治莫大於得賢，故憂之如此。如『堯以不得舜爲己憂，舜以不得禹、皐陶爲己憂』。是否？」先生曰：「離六五陷於二剛之中，故其憂如此。只爲孟子説得此二句，便取以爲説，金此下云：[一八一]「不[一八二]是如此，於上下爻不相通。」所以有牽合之病。解釋經義最怕如此。」金自「所以」至此皆無。[一八三]謨。按，金去僞録同而差略。[一八四]

「有嘉折首」是句。淵。

【校勘記】

〔一〕嗑　成化本無。
〔二〕分　成化本此下注曰：「洽録云：『分，猶均也。』」
〔三〕義　成化本此下注曰：「洽録云：『「剛柔分」，語意與「日夜分」同。』」
〔四〕當　成化本無。
〔五〕按自又問以下沈僩録同　成化本爲「洽同」。
〔六〕同　成化本作「般」。
〔七〕學蒙　成化本爲「學履」。
〔八〕噬嗑　成化本無。
〔九〕雖　成化本此下有「是」。
〔一〇〕這　成化本無。
〔一一〕學蒙　成化本爲「學履」。
〔一二〕賁彖辭　成化本無。
〔一三〕砥　成化本作「礪」。
〔一四〕此條僩録成化本無。

〔一五〕離下艮上　成化本無。

〔一六〕此與山上有火……正相似而相反　成化本爲「此與旅相似而相反」。

〔一七〕艮下離上　成化本無。

〔一八〕僴　成化本無。

〔一九〕是　朱文公易説卷八作「具」。

〔二〇〕山下有火賁　成化本無。

〔二一〕以　成化本無。

〔二二〕學蒙　成化本爲「學履」。

〔二三〕賁君子以明庶政　成化本爲「明庶政」。

〔二四〕□而言之　成化本爲「粗言之」。

〔二五〕一　成化本此上有「此」。

〔二六〕砥　成化本作「礪」。

〔二七〕賁　成化本無。

〔二八〕學蒙　成化本爲「學履」。

〔二九〕底　成化本此下注曰：「學履作『務農尚本之義』。」

〔三〇〕賁六五　成化本無。

[三一]　義　成化本此下有「否」。
[三二]　若是　成化本爲「似若」。
[三三]　約　成化本爲「儉約」。
[三四]　砥　成化本作「礪」。
[三五]　束帛戔戔吝終吉　成化本無。
[三六]　先生曰　成化本無。
[三七]　説　成化本無。
[三八]　義　成化本作「意」。
[三九]　字　成化本無。
[四〇]　人傑按周謨沈僩録同　成化本爲「去僞」。
[四一]　此條語録成化本夾注於淵録中，但引爲學履所録。參本卷淵録「賁于丘園……兩句是兩意」條。
[四二]　則説又近　成化本爲「則此説似近」。
[四三]　學蒙　成化本爲「學履」。
[四四]　賁卦　成化本無。
[四五]　示人□□　成化本爲「之説教人解」。
[四六]　如　成化本此上有「宅」。

［四七］砥　成化本作「礪」。
［四八］剥卦上九云　成化本無。
［四九］剥　成化本作「變」。
［五〇］考　成化本作「推」。
［五一］交　成化本無。
［五二］三日便三分四日便四分　成化本無。
［五三］賀孫　成化本無。
［五四］反　成化本無。
［五五］以所見　成化本無。
［五六］其旨　成化本無。
［五七］上　成化本此上有「剥」。
［五八］即　成化本作「積」。
［五九］且　成化本爲「且如」。
［六〇］葉味道　成化本爲「味道」。
［六一］是　成化本無。
［六二］陽生時處逐分旋生　成化本爲「陽生時逐旋生」。

[六三] 不解　成化本無。

[六四] 一氣不頓虧　成化本爲「一氣不頓進一形不頓虧」。

[六五] 陰　成化本爲「陰陽」。

[六六] 成化本此下注曰：「賀孫録見下。」

[六七] 且　成化本無。

[六八] 十　成化本作「半」。

[六九] 至　朱本作「是」。

[七〇] 成化本此下注曰：「植問：『不頓進是漸生，不頓虧是漸消。陰陽之氣皆然否？』曰：『是。』」

[七一] 此條植録成化本以部分内容附注於賀孫録後，參上條。

[七二] 又云　成化本無。

[七三] 一卦六畫……三十日遂成一畫　成化本爲「云云」。

[七四] 學蒙　成化本爲「學履」。

[七五] 此條語録成化本以部分内容夾於僩録中，但引爲劉礪所録，參底本本卷僩録「問朋來无咎……則其凶甚矣」條。

[七六] 又　成化本無。

[七七] 學蒙　成化本無。

〔七八〕長　成化本此下注曰：「礪録云：『必竟是陽長，將次並進。』」
〔七九〕有災眚……以其國君凶　成化本無。
〔八〇〕具　成化本此上有「夫」。
〔八一〕寓　成化本無。
〔八二〕復卦　成化本無。
〔八三〕其　成化本無。
〔八四〕成化本此下注曰：「與上條同聞。」且上條亦爲寓録。
〔八五〕前日　成化本爲「明日」。
〔八六〕却是　成化本作「都」。
〔八七〕邵堯夫　成化本爲「康節」。
〔八八〕道夫　成化本無。
〔八九〕復卦　成化本無。
〔九〇〕道　成化本無。按，「道」當爲「道夫」。
〔九一〕成化本此下注曰：「廣録見下。」且下條爲廣録，參成化本卷七十一廣録「問康節所謂一陽初動後……體用一源顯微無間」條。
〔九二〕周濂溪程先生　成化本爲「周程」。

［九三］學蒙　成化本爲「賀孫」。
［九四］按甘節録止接物方見　成化本無。
［九五］今人乍見孺子將入井之時　成化本爲「今人乍見孺子將入於井因發動而見其惻隱之心未有孺子將入井之時」。
［九六］説　成化本無。
［九七］林無三字　成化本無。
［九八］林無也有字作亦字　成化本無。
［九九］林無時節字　成化本無。
［一〇〇］林無之復矣字作爾字　成化本無。
［一〇一］按林學蒙録同而略　成化本無。
［一〇二］生　成化本爲「方生」。
［一〇三］學蒙　成化本爲「學履」，且此下注曰：「饒録作『雖小而衆惡却遏他不得』。」
［一〇四］這　成化本無。
［一〇五］所以不同　成化本無。
［一〇六］爻　成化本爲「卦爻」。
［一〇七］董銖　成化本爲「叔重」。

［一〇八］復卦　成化本無。
［一〇九］不遠復　成化本無。
［一一〇］言　成化本此下有「三年」。
［一一一］砥　成化本作「礪」。
［一一二］无妄　成化本無。
［一一三］邪　成化本爲「邪心」。
［一一四］淳按鄭可學録楊墨下止有便是二字　成化本爲「義剛」，且此條載於卷九十五。
［一一五］卦　成化本無。
［一一六］忽　成化本爲「忽然」。
［一一七］是　成化本此下有「禍」。
［一一八］无妄六三　成化本無。
［一一九］如　成化本作「此」。
［一二〇］砥　成化本作「礪」。
［一二一］言　成化本作「云」。
［一二二］緣只要　成化本爲「是要」。
［一二三］易爻　成化本爲「易之六爻」。

〔一二四〕咎　成化本作「吝」。

〔一二五〕坤六四爻不止言大臣事……雖凶無咎　成化本無，但此處另有注曰：「必大録此下云：『如春秋時南蒯占得坤六五爻，以爲大吉，示子服、惠伯。惠伯曰「忠信之事則可，不然必敗」一段，説得極好。蓋南蒯所占雖得吉爻，然所爲却不黄裳，即是大凶。』」

〔一二六〕此爻不是聖人説占得如此　成化本爲「只是聖人説占得此爻」。

〔一二七〕按甘節録同　成化本無。

〔一二八〕砥　成化本作「礪」。

〔一二九〕者　成化本作「皆」。

〔一三〇〕學蒙　成化本爲「學履」。

〔一三一〕此條義剛録成化本以部分内容附注於學履録後，參底本下條學蒙録。

〔一三二〕頤作　成化本無。

〔一三三〕學蒙　成化本爲「學履」，且此下注曰：「義剛録云：『下三爻是資人以養己，養己所以養人也。』」

〔一三四〕砥　成化本作「礪」。

〔一三五〕頤　成化本無。

〔一三六〕棟橈利有攸往亨　成化本無。

〔一三七〕也　成化本此下有「大抵彖傳解得卦辭直是分明」。

［一三八］學蒙　成化本爲「學履。洽同」。

［一三九］伊川　成化本無。

［一四〇］授　成化本作「受」。

［一四一］當　成化本此上有「適」。

［一四二］義　成化本無。

［一四三］林死且恁以下止此　成化本無。按，此注似誤。「死」似當作「無」。

［一四四］紂　朱文公易説卷四爲「桀紂」。

［一四五］林此下資却且恁平善做去七字　成化本無。「資」似當作「有」。

［一四六］林此下有受禪二字　成化本無。

［一四七］按林録同而少異　成化本無。

［一四八］大過　成化本無。

［一四九］砥　成化本作「礪」。

［一五〇］過　成化本爲「小過」。

［一五一］行出來　此三字原缺，據賀本補。

［一五二］是　成化本無。

［一五三］云　成化本爲「亦云」。

［一五四］二陰　成化本爲「二陽」。砥　成化本作「礪」。
［一五五］大過　成化本無。
［一五六］無咎　成化本無。
［一五七］彖曰　成化本無。
［一五八］某謂　成化本無。
［一五九］賜　成化本爲「夔孫」。
［一六〇］砥　成化本作「礪」。
［一六一］砥　成化本作「礪」。
［一六二］用缶納約自牖如何　成化本爲「納約自牖」。
［一六三］艱難　成化本爲「艱險」。
［一六四］九五　成化本無。
［一六五］如　成化本無。
［一六六］他　成化本作「也」。
［一六七］砥　成化本作「礪」。
［一六八］學蒙　成化本爲「學履」。
［一六九］砥　成化本作「礪」。

［一七〇］砥　成化本作「同」。
［一七一］猶云水洊至習坎　成化本無。
［一七二］若　成化本此上有「曰」。
［一七三］離　成化本無。
［一七四］非明兩爲作離也　成化本爲「非以明兩爲句也」。
［一七五］學蒙淵同　成化本爲「學履」。
［一七六］成化本此下有「其來如」。
［一七七］又問離九四突如其來如焚如死如棄如曰　成化本無。
［一七八］學蒙　成化本爲「學履」。
［一七九］此條人傑録成化本無。
［一八〇］離六五……離王公也　成化本無。
［一八一］金此下云　成化本爲「金録云」。
［一八二］不　成化本爲「恐不」。
［一八三］金自所以至此皆無　成化本無。
［一八四］按金去僞録同而差略　成化本爲「去僞同」。

晦庵先生朱文公語類卷第七十二

易八

咸

咸就人身取象，看來便也是有些取象說。咸上一畫如人口，中三畫有腹背之象，下有人脚之象。艮就人身取象，便也似如此。上一陽畫有頭之象，中二陰有口之象，所以「艮其輔」於五爻見[一]。內卦之下亦有足之象。砥。[二]

「否、泰、咸、常、損、益、既濟、未濟，此八卦首尾皆是一義。如咸皆是感動之義之類。咸內卦艮，止也，何以皆說動？」曰：「艮雖是止，然咸有交感之義，都是要動，所以都說動。卦體雖是動，然纔動便不吉。動之所以不吉者，以其[三]內卦屬艮也。」僩。

「『山上有澤，咸』，當如伊川說，水潤土燥，有受之義。」又曰：「土若不虛，如何受得？」又曰：「上兑下艮，兑上缺，有澤口之象；兑下二陽畫，有澤底之象；艮上一畫陽，有土之象；

下二陰畫中虛，便是滲水之象。」砥。〔四〕

問：「咸卦〔五〕『君子以虛受人』，伊川注云：『以量而容之，擇交而受之。』『以量』莫是要着意容之否？」曰：「非也。以量者乃是隨我量之大小以容人，便是不虛了。」又問：「『貞吉悔亡』，易傳云『貞者，虛中無我之謂』，本義云『貞者，正而固』，不同，何也？」曰：「某尋常解經只要依訓詁説字。如『貞』字作『正而固』，子細玩索，自有滋味。若曉得『正而固』，則『虛中無我』亦在裏面。」又問：「『憧憧往來，朋從爾思』莫是此感彼應，憧憧是添一個心否？」曰：「往來固是感應。憧憧是一心方欲感他，一心又欲他來應。如正其義便欲謀其利，明其道便欲計其功。又如赤子入井之時，此心方怵惕要去救他，又欲他父母道我好，這便是憧憧底病。」僩。

「憧憧往來。」往來自不妨，如暑往寒來，日往月來，皆是常理。只看個「憧憧」字便鬧了。德明。〔六〕

厚之問「憧憧往來，朋從爾思」。曰：「『往來』字〔七〕不妨，天地間自是往來不絶。只不合着『憧憧』了，便是私意。」〔八〕又問：「明道云『莫若廓然而大公，物來而順應』，如何？」曰：「『廓然大公』便不是『憧憧』，『物來順應』便不是『朋從爾思』。此只是『比而不周，周而不比』之意。這一段，舊看易惑人，近來看得節目極分明。」可學。

問：「伊川解屈伸往來一段，以屈伸爲感應。屈伸之與感應若不相似，何也？」先生曰：「屈則感伸，伸則感屈，此[九]自然之理也。今以鼻息觀之：出則必入，感出也；[一〇]入則又出，感入也。[一一]故曰『感則有應，應復爲感，所感復有應』。屈伸非感應而何？」洽。

趙致[一二]問感通之理。先生曰：「感是事來感我，通是自家受他感處之意。」時舉。

「憧憧[一三]往來」是感應合當底，「憧憧」是私。感應自是當有，只是不當私感應耳。淵。

「憧憧往來，朋從爾思。」聖人未嘗不教人思，只是不可憧憧，這便是私了。感應自有個自然底道理，何必思他？若是義理，却不可不思。淵。

寓問：[一四]「伊川易傳咸之九四，言『有感必有應，凡有動皆爲感。感則必有應，所應復爲感』。[一五]是如何？」曰：「凡在天地間無非感應之理，造化與人事皆是。且如雨暘，雨不成只管雨，便感得個暘出來；暘不成只管暘，暘已是應處，又感得雨來。是『感則必有應，所應復爲感』。寒暑、晝夜無非此理。如人夜睡不成只管睡至曉，須着起來。一日運動，向晦亦須當息。凡一死一生、一出一入、一往一來、一語一默，皆是感應。中人之性，半善半惡，有善則有惡。古今天下，一盛必有一衰。聖人在上兢兢業業，必曰保治，及到衰廢，自是整頓不起，終不成一向如此，必有興起時節。唐貞觀之治可謂甚盛，至中間武后出來作壞一番，自恁地塌塌底去。至五代，衰微極矣。國之紀綱、國之人才，舉無一足恃。一旦聖人勃興，轉動一世，天地爲之豁開！仁宗皇帝[一六]時，天下稱太平，眼雖不得見，想見是太平。然當時災異亦數有之，所以馴至後來之變，亦是感應之常如此。」又問：「感應之理於學者工夫有用處否？」曰：「此理無乎不在，如何學者用不得？『精義入神，以致用也；利用安身，以崇德也』，亦是這道理。研精義理於內，所以致用於外；利用安身於外，所以崇德於內。横渠此處説得更好：『「精義入神」，事豫吾內，求利吾外；「利用安身」，求[一七]利吾外，致養吾內。』此幾句親切，正學者用功處。」寓。

林一之名易簡，邵人。[一八]問：「『凡有動皆爲感，感則必有應』是如何[一九]？」曰：「如風來是感，樹動便是應。樹拽又是感，下面物動又是應。如晝極必感得夜來，夜極又便感得晝來。」曰：「感便有善惡否？」曰：「自是有善惡。」曰：「何謂『心無私主，則有感皆通』？」曰：「心無私主不是瞑涬没理會，也只是公。善則好之，惡則惡之；善則賞之，惡則刑之。此是聖人之至神之化。心無私主如天地一般，寒則遍天下皆寒，熱則遍天下皆熱，便是『有感皆通』。」曰：「心無私主最難。」曰：「只是克去己私，便心無私主。若心有私主，只是相契者應，不相契者則不應。如好讀書人見讀書便愛，不好讀書人見書便不愛。」淳。

器之問程子説感通之理。曰：「如晝而夜，夜而復晝，循環不窮。所謂『一動一静，互爲其根』，皆是感通之理。」木之問。[二〇]「便是。天下事那件無對來？陰與陽對，動與静對，一物便與一理對。君可謂尊矣，便與民爲對。人説棋盤中間一路無對，某説道，便與許多路爲對。」因舉「寒往則暑來，暑往則寒來」與屈伸消長之説。邵氏擊壤集云：「上下四方謂之宇，古往今來謂之宙。」因説：「易咸感處，伊川説得未備。往來自還他自然之理，惟正靜爲主則吉而悔亡。至於憧憧則私意[二一一]爲主，而思慮之所及者朋從，所不及者不朋從矣。是以事未至則迎之，事已過則將之，全掉脱不下。今人皆病於無公平之心，所以事物之來，以[二一二]有私意雜焉，則陷於所偏重矣。」木之。

「程子[二一三]謂[二一四]『感應』，在學者日用言之，則如何是感應[二一五]？」曰：「只因這一件事又生出一件事，便是感與應。因第二件事又生出第三件事，第二件事又是感，第三件事又是應。如王文正公平生儉約，家無姬妾。自東封後，真宗以太平宜共享，令直省官爲買妾，公不樂。有沈倫家鬻銀器、花籃、火筒之屬，公嚬蹙曰：『吾家安用此！』其後姬妾既具，乃復呼直省官求前日沈氏銀器而用之。此買妾底便是感，買銀器底便是應。」淳。

或問易傳説感應之理。曰：「如日往則感得那月來，月往則感得那日來，寒往則感得那暑來，暑往則感得那寒來。一感一應，一往一來，其理無窮，感應之理是如此。」曰：「此以感應之理言之，非有情者。」云『有動者皆爲感』，似以有情者言。」曰：「父慈則感得那子愈孝，子孝則感得那父愈慈。其理亦只一般。」文蔚。

繫辭解咸九四，據爻義看，上文說「貞吉悔亡」，「貞」字甚重。程子謂：「聖人感天下如雨暘寒暑，無不通、無不應者，貞而已矣。」所以感人者果貞矣，則吉而悔亡。蓋天下本無二理，果同歸矣，何患乎殊塗！果一致矣，何患乎百慮！所以重言「何思何慮」也。如日月寒暑之往來，皆是自然感應如此。日不往則月不來，月不往則日不來，寒暑亦然。往來只是一般往來，但憧憧之往來者患得患失，既要感這個又要感那個，便自憧憧忙亂，用其私心而已。「屈伸相感而利生焉」者，有晝必有夜，設使長長爲晝而不夜，則何以息？夜而不晝，安得有此光明？春氣固是好和[二六]，只有春夏而無秋冬則物何以成？一向秋冬而無春夏又何以生？屈伸往來之理，所以必待迭相爲用，而後利所由生。春秋冬夏只是一個感應，所應復爲感，所感復爲應也。春夏是一個大感，秋冬則必應之，而秋冬又爲春夏之感。以細言之，則春爲夏之感，夏則應春而又爲秋之感；秋爲冬之感，冬則應秋而又爲春之感，所以不窮也。尺蠖不屈則不可以伸，龍蛇不蟄則不可以藏身。今山林冬暖而蛇出者往往多死，坐[二七]此則[二八]屈伸往來感應必然之理。夫子因「往來」兩字說得許多大，又推以言學，所以內外交相養亦只是此理而已。橫渠曰「事豫吾內，求利吾外；素利吾外，致養吾內」，此下學所當致力處，過此以上則不容計功。所謂「窮神知化」乃養盛自至，非思勉所及，此則聖人事矣。謨。

或說「貞吉悔亡，憧憧往來，朋從爾思」，云：「一往一來皆感應之常理也，加憧憧焉，則私矣。此以私感，彼以私應，所謂『朋從爾思』，非有感必通之道也。」先生然之。又問：「『往來』是心中憧憧然往來，猶言往來于懷否？」曰：「非也。下文分明説『日往則月來，月往則日來；寒往則暑來，暑往則寒來』，安得爲心中之往來？伊川説微倒了，所以致人疑。一往一來，感應之常理也，自然如此。」又問：「是憧憧於往來之間否？」曰：「亦非也。這個只是對那日往則月來底説。那是個[二九]自然之往來，此憧憧者是加私意、不好底往來。『憧憧』只是加一個忙迫底心，不能順自然之理，猶言『助長』、『正心』，與計獲相似。方往時又便要來，方來時又便要往，只是一個忙。」又曰：「方做去時是往，後面來底是來。如人耕種，下種是往，少間禾生是來。」問：「『憧憧往來』如霸者，以私心感人便要人應。自然往來如王者，我感之也無心而感，其應我也無心而應，周遍公溥，無所私係。是如此否？」曰：「也是如此。」又問：「此以私而感，恐彼之應者非以私而應，只是應之者有限量否？」曰：「也是以私而應。如自家以私惠人及[三〇]，少間被我之惠者則以我爲恩，不被我之惠者則不以我爲恩矣。王者之感，如云『王用三驅失前禽』，去者不以爲恩，獲者不以爲怨，如此方是公正無私心。」又問：「『天下何思何慮』。人固不能無思慮，只是不可加私心欲其如此否？」曰：「也不曾教人不得思慮，只是道理自然如此。感應之理本不消思慮。空費思量，空費計較，空費安排，都是枉了，無益於事，只順其自然而已。」因問：「某人在位，當日之失便是如此，不能公平其心，『翕，受敷施』。每廣坐中見有這邊人即加敬與語，其他皆不顧。以至差遣之屬亦有所偏重，此其所以收怨而召禍也。」曰：「這事便是難説。今只是以成敗論人，不知當日事勢有難處者。若論大勢，則九分九釐須還時節。或其人見識之深淺、力量之廣狹，病却在此。以此而論却不是。前輩有云『牢籠之事，吾不爲也』，若必欲人人面分上説一般話，或慮其人不好，他日或爲吾患，遂委曲牢籠之，此却是憧憧往來之心。與人説話或偶然與這人話未終，因而不暇及其他，如何逐人面分問勞他得！李文靖公爲相，嚴毅端重，每見人不交一談。或有諫之者，公曰：『吾見豪俊跅弛之士，其議論尚不足以起發人意。今所謂通家子弟，每見我，語言進退之間尚周章失措。此等有何識見而足與語，徒亂人意耳！』王文正公、[三一]李文穆公[三二]皆如此，不害爲賢相，豈必人人皆與之語耶？宰相只是一個進賢退不肖，若着一毫私心便不得。前輩嘗言：『做宰相只要辦一片心、辦一雙眼。』心公則能進賢退不肖，眼明則能識得那個是賢、那個是不肖。此兩言説盡做宰相之道。只怕其所好者未必真賢，其所惡者未必真不肖耳。若真個知得，更何用牢籠！且天下之大、人才之衆，可人人牢籠之耶？」或問：「如一樣小人，涉歷既多又未有過失，自家明知其不肖，將安所措之？」曰：「只恐居其位不久。若久，少間此等小人自然退聽，不容他出來也。今之爲相者，朝夕疲精神於應接書簡之間，更何暇理會國事！世俗之論遂以此爲相業。然只是牢籠人住在那裏，今日一見，明日一請，或住半年、周歲，或住數月，必不得已而後與之。其人亦以爲宰相之顧我厚，令我得好差遣而去。

賢愚同滯，舉世以爲當然。有一人焉，略欲分別善惡，杜絶干請，分諸闕於部中，己得以免應接之煩，稍留心國事，則人爭非之矣。且以當日所用之才觀之，固未能皆賢，然比之今日爲如何？今日之謗議者皆昔之遭擯棄之人也，其論固何足信！此下逸兩句。若牢籠得一人，則所謂小人者豈止此一人！與一人則千百皆怨矣。且吾欲牢籠之，能保其終不畔己否？已往之事可以鑒矣。如公之言，却是憧憧往來之心也。其人之失處却不在此，却是他未能真知賢、不肖之分耳。」或曰：「如某人者，也有文采，也廉潔，豈可棄之耶？」曰：「公欲取賢才耶？取文采耶？且其廉，一己之事耳，何足以救其利口覆邦家之禍哉？今世之人見識一例低矮，所論皆卑。某嘗說，須是盡吐瀉出那肚裏許多塵糟惡濁底見識，方略有進處。譬如人病傷寒，在上則吐，在下則瀉，如此方得病除。」或曰：「近日諸公多有爲持平之說者，如何？」曰：「所謂近時惡濁之論，此是也，不成議論。某常說，此所謂平者乃大不平也，不知怎生平得。」僩問：「胡文定說：『元祐某人建議欲爲調亭之說者云：「但能內君子而外小人，天下自治，何必深治之哉？」此能體天理人欲者也。』此語亦似持平之論，如何？」曰：「文定未必有此論。然小人亦有數般樣，若一樣可用底也須用。或有事勢危急，翻轉後其禍不測。或只得隱忍，權以濟一時之急耳，然終非常法也。明道當初之意便是如此，欲使諸公用熙豐執政之人與之共事，令變熙豐之法，或他日事翻，則其罪不獨在我。他正是要用[三三]使術，然亦拙謀。諺所謂『掩目捕雀』，我却不見雀，不知雀却看見我。你欲以此術制他，不知他之術更高你在。所以後來温公留章子厚，欲與之共變新法，卒至簾前悖詈，得罪而去。章忿叫曰：『他日不能陪相公喫劍得！』便至如此，無可平之理，盡是拙謀。某嘗說，今世之士，所謂巧者是大拙，無有能以巧而濟者，都是枉了，空費心力。只有一個公平正大行將去，其濟不濟，天也。古人間有如此用術而成者都是偶然，不是他有意智。要之，都不消如此，決定無益。張子房號爲有智[三四]者，以今觀之，可謂甚疏。如勸帝與項羽和而反兵伐之，此成甚意智！只是他命好，使一番了，第二番又被他使得勝。」又曰：「古人做得成者不是他有智，只是偶然。只有一個『正其誼不謀其利，明其道不計其功』。其他費心費力，用智用數，牢籠計較，都不濟事，都是枉了。」又曰：「本朝以前，宰相見百官，皆以班見。國忌拈香歸來，回班以見。宰相見時有刻數，不知過幾刻，便喝『相公尊重』，用屏風攔斷。也是省事，攔截了幾多干請私曲底事。某舊見陳魏公、湯進之爲相時，那時猶無甚人相見，每見不過五六人、十數人，他也隨官之崇卑做兩番請。今則不勝其多，爲宰相者每日只了得應接，更無心理會國事，如此者謂之有相業、有精神。秦會之也是會做，嚴毅尊重，不妄發一談，其答人書只是數字。今宰相答人書，剗地委曲詳盡，人皆翕然稱之。只是不曾見已前事，只見後來習俗，遂以爲例，其有不然者，便群起非之矣。温公作相日，有一客位榜分作三項云：『訪及諸君，若覩朝政闕遺、庶民疾苦，欲進忠言，請以奏牘聞於朝廷，某得與同僚商議，擇可行者取旨行之。若但以私書寵喻，終無所益。若光身有過失，欲賜規正，則可以通書簡，分付吏人傳入，光得内自省訟，佩服改行。至於理會官職差遣，理雪罪名，凡干身計，並請一面進狀，光得與朝省衆官公議施行。若在私第垂訪，不謂[三五]語及。』此皆前輩做處。」又曰：「伊川先生云『徇俗雷同不喚做「隨時」』，惟嚴毅特立，乃『「隨時」也』，而今人見識低，只是徇流俗之論，流俗之論便以爲是，是可歎也！公門只是見那向時不得差遣底人説他，自是怨他。若教公去做看，方見得難。且如有兩人焉，自家平日以一人爲賢，一人爲不肖。若自家執政定不肯捨其賢而舉其不肖，定是舉其賢而捨其不肖。若舉此一人，則彼一人怨必矣，如何盡要他説好得！只怕自家自認不破，賢者却以爲不肖，不肖者却以爲賢，如此則乖。若認得定，何害？又有一樣人底，半間不界，可進可退，自家却以此爲賢，以彼爲不肖，此尤難認，便是難。」又曰：「『舜有大功二十』，『以其舉十六相而去四凶也』。若如公言，却是舜有大罪二十矣。」僩。

恒

正便能久。「天地之道，恒久而不已」，這個只是説久。淳。[三六]

物各有個情。有個人在此，決定是有那羞惡、惻隱、是非、辭讓之情。性只是個物事。情却多般，或起或滅，然而頭面却只一般。長長恁地，這便是「觀其所恒而天地萬物之情可見」之義。

「乃若其情」只是去情上面看。淵。

履之問：「常非一定之謂，『一定則不能恒矣』。」童録此下有云：「『切疑其有不一定而隨時變易者，有一定而不可變易者。』曰：『他正是論。』」曰：童録無此「曰」字。〔三七〕「物理之始終變易，所以爲恒而不窮。然所謂不易者，亦須有以變易〔三八〕乃能不窮。如君尊臣卑，分固不易，然上下不交也不得。父子固是親親，然所謂『命士以上，父子皆異宮』，則又有變焉。惟其如此，所以爲恒。論其體則終是恒。然體之常所以爲用之變，用之變乃所以爲體之恒。」道夫。按，童伯羽録同。〔三九〕

恒非一定之謂。故晝則必夜，夜而復晝；寒則必暑，暑而復寒。若一定則不常也。其在人，「冬日則飲湯，夏日則飲水」；「可以仕則仕，可以止則止」；今日道合便從，明日不合則去。又如孟子辭齊王之金而受薛宋之餽，皆隨時變易，故可以爲常也。道夫。

能常而後能變，能常而不已所以能變。及其變也，常亦只在其中。伊川却説變而後能常，非是。僩。

叔重説：「恒卦初六〔四〇〕『浚恒貞凶』，恐是不安其常而深以常理求人之象，程氏所謂『守常而不能度勢』之意。」先生云：「未見其〔四一〕有不安其常之象，只是欲深以常理求人耳。」時舉。

遯

問：「遯卦，『遯』字雖是逃隱，大抵亦取遠去之意。天上山下相去甚遼絶，象之以君子遠小人，則君子如天，小人如山。相絶之義須如此方得。所以六爻在上，漸遠者愈善也。」先生云：「恁地推亦好。此六爻皆是君子之事也。」學蒙。〔四二〕

問：「『遯亨，遯而亨也』，分明是説能遯便亨。下更説『剛當位而應，與時行也』是何如〔四三〕？」曰：「此其所以遯而亨也。陰爻〔四四〕微，爲他剛當位而應，所以能知時而遯，是能『與時行』。不然便是與時背。」砥。〔四五〕

問：「『小利貞，浸而長也』，是見其浸長，故設戒令其貞正，且以寬君子之患，然亦是他之福。」曰：「是如此。與〔四六〕否初、二兩爻義相似。」砥。〔四七〕

「伊川説『小利貞』，云『尚可以有爲』。陰已浸長，如何可以有爲？所説王允、謝安之於漢、晉恐也不然。王允是算殺了董卓，謝安是乘王敦之老病，皆是他衰微時節，不是浸長之時也。兼他是大臣，亦如何去！此爲在下位有爲之兆者則可以去。大臣任國安危，君在與在，君亡與亡，如何去！」又曰：「王允不合要盡殺梁州兵，所以致敗。」砥。〔四八〕

「□〔四九〕尾，厲」，到這時節去不迭了，所以危厲，不可有所往，只得看他如何。賢人君子有這般底多。淵。

問：「『畜臣妾吉』，伊川云『待臣妾之道』。君子之待小人亦不如是。如何？」曰：「君子、小人更不可相對，更不可與相接。若臣妾，是終日在身[五〇]自家脚手頭，若無以係之，則望望然去矣。」又曰：「易中詳識物情，備極人事，都是實有此事。今學者平日只在燈窗下習讀，不曾應接世變，一旦讀此，皆看不得。某舊時也如此，即管讀得不相入，所以常説易難讀。」砥。[五一]

問：「九五『嘉遯』，以陽剛中正，漸向遯極，故爲嘉美。未是極處，故戒以貞正則吉。」曰：「是如此。便是『剛當位而應』處，是去得恰好時節。小人亦未嫌自家，只是自家合去。暮見小人不嫌，却與相接而不去，便是不好，所以戒約[五二]他貞正。」砥。[五三]

大壯

問：「大壯『大者正』與『正大』不同。上『大』字是指陽，下『正大』是説理。」先生云：「亦緣上面有『大者正』字，[五四]方説此。」學蒙。[五五]

問：「『雷在天上，大壯，君子以非禮弗履』，伊川云云，其義是否？」曰：「固是。君子之自治須是如雷在天上，恁地威嚴猛烈方得。若半上落下，不如此猛烈果决，濟得甚事？」僩。

問大壯卦。先生曰：[五六]「此卦如『九二貞吉』，只是自守而不進。九四『藩決不羸，壯于大輿之輹』，却是有可進之象，此卦爻之好者。蓋以陽居陰，不極其剛，而前遇二陰，有藩決之象，所以爲進。非如九二前有三、四二陽隔之，不得進也。」又曰：「『喪羊于易』不若作『疆埸』之『易』。漢食貨志『疆埸』之『埸』正作『易』。蓋後面有『喪羊于易』，亦同此義。今本義所注只是從前所説如此，只且仍舊耳。上六取喻甚巧，蓋壯終動極，無可去處，如羝羊之角掛于藩上，不能退，遂。然『艱則吉』者，畢竟有可進之理，但必艱始吉耳。」銖。

此卦多説羊，羊是兑之屬。季通説，這個是夾住底兑卦，一個[五七]兩畫當一畫。淵。

晉

「康侯」似説「寧侯」相似。「用錫馬」之「用」只是個虚字，説他得遮個[五八]物事。淵。

「晝日」是那上卦離也。晝日爲之是此意。淵。

問：「晉卦[五九]六五，『悔亡。失得勿恤，往吉，无不利』。伊川以爲：『六以柔居尊位，本當有悔。以大明而下皆順附，故其悔亡。下既同德順附，當推誠委任，盡衆人之才，通天下之志，勿復自任其明，恤其失得。如此而往，則吉而无不利。』此説是否？」曰：「便是伊川説得太深。據此爻，只是占者占得此爻則不必恤其失得，而自亦無所不利耳。如何説道[六〇]人君既得同德之人而委任之，不復恤其失得？如此則蕩然無復是非，而天下之事亂矣！假使其所任之人或有作亂者，亦將不恤之乎？雖以堯舜之聖、皐夔益稷之賢，猶云『屢省乃成』，如何説既得同心同德之人而任之，則在上者一切不管而任其所爲！豈有此理！且彼所爲既失矣，爲上者如何不恤得？聖人無此等説話。聖人所説卦爻只是略略説過，以爲人當著此爻則大勢已好，雖有所失得，亦不必慮，而自無所不利也。聖人説得甚淺，伊川解[六一]得太深；聖人所説短，伊川解得長。」久之，又云：「『失得勿恤』只是自家自作教是，莫管他得失。如士人發解做官，這個却必不得，只得盡其所當爲者而已。如仁人『正其誼不謀其利，明其道不計其功』相似。」僩。

「失得勿恤」，此説失也不須問他，得也不須問他，自是好。猶言「勝負兵家之常」云爾。此卦六爻，無如此爻吉。淵。

先生[六二]看伯豐與盧陵問答内晉卦伐邑、孟子助長之[六三]説，曰：「晉上九『貞吝』，吝不在克治，正以其克治之難，而言其合下有此吝耳。『貞吝』之義，諸義云只[六四]貞固守此則吝，不應於此獨云於正道爲吝也。孟子[六五]『必有事』與[六六]『勿忘』是論集義工夫，『勿[六七]助長』是論氣之本體上添一件物事不得。若是集義，便過用些氣[六八]力亦不妨，却如何不着力[六九]？苗固不可揠，若灌溉耘治，豈可不盡力？今謂克治則用嚴，養氣則不可助長，如此則二事相妨，如何用工？」㽦。[七〇]

明夷

明夷未是説闇之主，只是説明而被傷者乃君子也。上六方是説闇。君子出門庭，言君子去闇尚遠，可以得其本心而遠去。文王、箕子大概皆是「晦其明」。然文王之〔七一〕「外柔順」是本分自然做底。箕子「晦其明」又云「艱」，是他那佯狂底意思便是艱難底氣象。爻説「貞」而不言「艱」者，蓋言箕子則艱可見，不必更言之。淵。

商之「三仁」，微子最易做，比干亦只一向諫以至於此死。箕子却爲難處，被他監繫在那裏，只得陽狂。所以易中特説「箕子之明夷」，可見其難處。故曰「利艱貞，晦其明也。內難而能正其志」，他雖陽狂，其心本定也。學蒙。〔七二〕

君子「用晦而明」。晦，地象；明，日象。晦則是不察察，若晦而不明，則晦得没理會了，故外晦而內必明乃好。學蒙。〔七三〕

家人

「風自火出」，家人是火中有風，如一堆火在此，氣自薰蒸上出是也。學蒙。〔七四〕

或問：「『風自火出』，如燈焰上氣出，如何？」答曰：「固是。此卦之大象。」指爐中火，

曰：「亦如此火氣上薰炙也。」大雅。[七五]

「王假有家」，言到這裏方只[七六]且得許多物事。有妻有妾方始成個家。淵。

睽

問：「睽[七七]『君子以同而異』作『理一分殊』看，如何？」先生云：「『理一分殊』是理之自然如此，這處又就人事之異上說。蓋君子有同處、有異處，如所謂『周而不比』、『群而不黨』是也。大抵易中六十四象，下句皆是就人事之近處說，不必深去求他。此處伊川說得甚好。」學蒙。[七八]

睽皆言始異終同之理。淵。

馬是行底物，初間行不得，後來却行得。大率睽之諸爻都如此，多說先異而後同。淵。

「天」合作「而」，剃鬚也。篆文「天」作「[illegible]」，「而」作「[illegible]」。淵。

「其人天且劓」，「天」當作「而」。差學轉訛誤也。篆文「天」作「[illegible]」，「而」作「[illegible]」。方子。[七九]

「宗」如「同人于宗」之「宗」。淵。

「載鬼一車」等語所以差異者，爲他這般事是差異底事，所以却把世間差異底明之。世間自有這般差異底事。淵。

蹇

「蹇，利西南」是説坤卦分曉。但不知從何插入這坤卦來，此須是個變例。聖人到這裏看見得有個做坤底道理。大率陽卦多自陰來，陰卦多自陽來。震是坤第一畫變，坎是第二畫變，艮是第三畫變。易之取象不曾確定了他。淵。

蹇無坤體，只取坎中爻變。如沈存中論五姓一般。「蹇利西南」謂地也。據卦體艮下坎上，無坤，而繇辭言地者，往往只取坎中爻變，變則爲坤矣。沈存中論五姓自古無之，後人既如此呼喚，即便有義可推。略記當時語意如此。〔八〇〕方子。晏淵録同。〔八一〕

又云：〔八二〕「潘謙之書説〔八三〕：『蹇與困相似。「君子致命遂志」、「君子反身修德」亦一般。』殊不知不然。象曰『澤無水，困』是盡乾燥，處困之極，事無可爲者，故只得『致命遂志』。若『山上有水，蹇』，則猶可進步，如山下之泉曲折多艱阻，然猶可行，故教人以『反身修德』，豈可以困爲比？只觀『澤無水，困』與『山上有水，蹇』二句，便全不同。」學蒙。〔八四〕

問：「蹇九五，何故爲『大蹇』？」曰：「五是爲蹇主。凡人臣之蹇只是一事。至大蹇，須人主當之。」砥。〔八五〕

問蹇九五〔八六〕「『大蹇朋來』之義。先生曰：「處九五尊位而居蹇之中，所以爲『大蹇』，所謂

『遺大投艱于朕身』。人君當此，則須屈群策用群力，乃可濟也。」學蒙。按，沈僩録同，而下文連上段潘謙之説。〔八七〕

解

「天地解而雷雨作」，陰陽之氣閉結之極，忽然迸散出做這雷雨。只管閉結了，若不解散，如何會有雷雨作？小畜所以不能成雷雨者，畜不極也。雷便是如今一個爆仗。淵。

六居三，大率少有好底。「負且乘」，聖人到這裏又見得有個小人乘君子之器底象，故又於此發出這個道理來。淵。

「射隼于高墉。」聖人説易大概是如此，不似今人説底。向來欽夫書與林艾軒云：「聖人説易，却則恁地。」此却似説得易了。淵。

損

「二簋」與「簋貳」字不同，可見其義亦不同。淵。

「懲忿」如救火，「窒慾」如防水。大雅。

「何以窒慾？伊川曰『思』，此莫是言慾心一萌，當思禮義以勝之否？」先生曰：「然。」又問：「思與敬如何？」曰：「人於敬上未有用力處，且自思義，庶幾有個巴攬處。『思』之一字於學者最有力。」謨。按，金去僞録同。〔八八〕

問：「『懲忿、窒慾』，忿怒易發難制，故曰『懲』，懲是戒於後。慾之起則甚微，漸漸到熾處，故曰『窒』，窒謂塞於初。古人説『情竇』，竇是罅隙，須是塞其罅隙。」曰：「懲也不專是戒於後，若是怒時也須去懲治他是得〔八九〕。所謂懲者，懲於今而戒於後耳。窒亦非是真有個孔穴去塞了，但遏絶之使不行耳。」又曰：「『山下有澤，損，君子以懲忿、窒慾』，『風雷，益，君子以見善則遷、有過則改』。觀山之象以懲忿，觀澤之象以窒慾。慾如污澤然，其中穢濁解污染人，須當填塞了。如風之迅速以遷善，如雷之奮發以改過。」廣云：「觀山之象以懲忿，是如何？」曰：「人怒時，自是恁突兀起來。故孫權曰『令人氣湧如山』。」廣。

問：「『山下有澤，損，君子以懲忿、窒慾』，『風雷，益，君子以見善則遷、有過則改』。」曰：「伊川將來相牽合説，某不曉。看來人自有遷善時節，自有改過時節，不必只是一件事。某看來只是懲忿如摧山，窒慾如填壑，遷善如風之迅，改過如雷之烈。」又曰：「聖人取象亦只是個大約彷彿意思如此。若纔著言語窮他，便有説不去時。如後面小象，若更教孔子添幾句，也添不去。」僩。

「酌損之」，在損之初下，猶可以斟酌也。淵。

問：「損卦三陽皆能益陰，而二、上爻則〔九〇〕『弗損，益之』，初則曰『酌損之』，何邪？」先生云：「這一爻難解，只得用伊川説。」又云：「易解得處少，難解處多，今且恁地説去。到那占時又自別消詳有應處，難與〔九一〕爲定説也。」學蒙。〔九二〕

「三人行，損一人」，三陽損一。「一人行，得其友」，一陽上去换得一陰來。淵。

「三人行則損一人，一人行則失其友」，伊川就六爻上説得好。義剛。按，陳淳録同。〔九三〕

益

「或益之十朋之龜，弗克違。」從周。按，㬊淵録同。〔九四〕

問：「損卦下三爻皆是〔九五〕損己益人，四五兩爻是損己從人，上爻有爲人上之象，不待損己而自有以益人。」曰：「三〔九六〕爻無損己益人底意，只是盛到極處去不得，自是損了。四爻『損其疾』，只是損了那不好了，便自好。五爻是受益，也無損己從人底意。」砥。〔九七〕

益損二卦説龜，一在二，一在五，是顛倒説去。未濟與既濟説「伐鬼方」，亦然。不知如何。未濟，看來只陽爻便好，陰爻便不好。但六五、上九二爻不知是如何。蓋六五以得中，故吉；上九有可濟之才，又當未濟之極，可以濟矣，却云不吉。更不可曉。學蒙。

大抵損益二卦，諸爻皆互换。損好，益却不好。如損六五却成益六二。損上九〔九八〕，益上九却不好。淵。

「得臣無家」猶言化家爲國李録止此。〔九九〕相似。得臣有家，其所得也小矣，無家則可見其大。淵。按，李方子録同而略。〔一〇〇〕

器之説損益。先生曰：「勢自是如此。有人主出來也只因這個勢，自住不得，到這裏方看做是如何。惟是聖人能順得這勢，盡得這道理，以下人不能識得損益之宜便錯了〔一〇一〕，也自是立不得。因只是因這個，損益也是損益這個。」寓。〔一〇二〕

益卦〔一〇三〕「木道乃行」。曰：「不須改『木』字爲『益』字，只『木』字亦得。見一朋友説，有八卦之金木水火土，有五行之金木水火土。如『乾爲金』卦『金』作〔一〇四〕易卦之金也；兑之金，五行之金也。『巽爲木』，卦〔一〇五〕中取象也；震爲木，乃東方屬木，五行之木也，五行取四維故也。」人傑。按，金去僞，周謨録並同。〔一〇六〕

先生言：〔一〇七〕「某昨日思『風雷，益，君子以遷善、改過』。遷善如風之速，改過如雷之猛。」祖道曰：「莫是纔遷善便是改過否？」曰：「不然，『遷善』字輕，『改過』字重。遷善如慘淡之物，要使之白；改過如黑之物，要使之白。用力自是不同。遷善者，但見是人做得一事强似我，心有所未安，即便遷之。李録「心有」以下九字作〔一〇八〕「只消當下遷過就他底」。若改過，須是大段勇猛始得。」又曰：「公所説蒙與蠱二象却有意思。如『山下有澤，損，君子以懲忿、窒慾』，必是降下山以塞其澤，便是此象。六十四卦象皆如此。」自「又曰」以下至此，李録並無。〔一〇九〕祖道。按，李儒用録同

而略。[一一〇]

問益卦[一一一]「遷善、改過」。先生曰：「風是一個急底物，見人之善，己所不及，遷之如風之急；雷是一個勇決底物，己有過便斷然改之，如雷之勇，決不容有些子遲緩。」又曰：「『遷善』字輕，『改過』字重。」[一一二]賜。

先生舉易傳語「惟其知不善，則速改以從善而已」，曰：「這般說話好簡當。」文蔚。[一一三]

「元吉无咎」，吉凶是事，咎是道理。蓋有事則吉而理則過差者，是之謂吉而有咎。淵。

「亨于帝吉」是「祭則受福」底道理。淵。

「中行」與「依」，見不得是指誰。淵。

「益之，用凶事」，猶書言「用降我凶德，嘉績于朕邦」。方子。按，曇子淵同。[一一四]

「利用遷國。」程昌寓守壽春，虜人來，占得此爻，遷來鼎州。[一一五]淵。[一一六]

夬

用之說夬卦云：「聖人於君子道消之時，固欲人戒謹恐懼以復天理。然於陽長小人道消之時，亦必如此戒懼，[一一七]其警戒之意深矣。」先生曰：「自[一一八]是無時不戒謹恐懼，不是到這時方戒懼，無時不然。[一一九]不成說天下已平治可以安意肆志，只纔有些放肆，便弄得靡所不至。」僩。

「揚于王庭，孚號有厲。」若合開口處，便雖有劍從自家頭上落也須着説。但使功罪各當，是非顯白，於吾何慊！道夫。

夬卦中「號」字皆當作「户羔反」。唯「孚號」古來作去聲，看來亦只當作平聲。僩。

「壯于前趾」與大壯初爻同。此卦大率似大壯，只争一畫。用。〔一二〇〕

夬〔一二一〕九三「壯于頄」，看來舊文本義自順，不知程氏何故欲易之。「有愠」也是自不能堪。正如顔杲卿使安禄山，受其衣服，至道間與其徒曰：「吾輩何爲服此？」歸而借兵伐之。正類此也。卦中與復卦六四有「獨」字。此卦諸爻皆欲去陰，獨此一爻與六爲應，也是惡模樣。砥。〔一二二〕

伊川改九三爻次序，看來不必改。淵。

這幾卦多説那臀，不可曉。淵。

「牽羊悔亡」，其説得於許慎之。淵。按，李方子録同。〔一二三〕

「中行无咎，中未光也。」事雖正而意潛有所係吝，荀子所謂「偷則自行」，佛家所謂「流注不斷」，皆意不誠之本也。方子。按，夔淵録同。〔一二四〕

莧、陸是兩物。莧者，馬齒莧。陸者，章陸，一名商陸。皆感陰氣多之物。藥中用商陸治水

腫，其子紅。〔一一二五〕學蒙。〔一一二六〕

莧是馬齒莧。陸是章柳，今用治水氣者，其物難乾。淵。〔一一二七〕

「中行无咎」言人能剛决自勝其私、合乎中行則得无咎。无咎但「補過」而已，未是極至處。這是説那微茫間有些個意思斷未得，釋氏所謂「流注想」，荀子所謂「偷則自行」，便是這意思。照管不着便走將去那裏去。爻雖無此意，孔子作象所以裨爻辭之不足。如「自我致寇」、「敬慎不敗」之類甚多。「中行无咎」，易中却不恁地看，言人占得此爻者能中行則无咎，不然則有咎。淵。

號平聲取先象。淵。〔一一二八〕

姤

不是説陰漸長爲「女壯」，乃是一陰遇五陽。淵。

大率姤是一個女遇五陽，是個不正當底，如「人盡夫也」之事。聖人去這裏又看見得那天地相遇底道理出來。淵。

問：「『姤之時義大矣哉』，本義云：『幾微之際，聖人所謹。』與伊川之説不同，何也？」先生曰：「上面説『天地相遇』至『天下大行也』，正是好時節，而不好之漸已生於微矣，故當謹於

此。」學蒙。〔一二九〕

「金柅」或以爲止車物，或以爲絲衮。不可曉。廣。

又不知此卦如何有魚象。或說：「離爲鱉，爲蟹，爲蠃，爲蚌，爲龜，魚便在裏面了。」不知是不是。〔一三〇〕淵。

「包無魚」，又去這裏見得個君民底道理。陽在上爲君，陰在下爲民。淵。

「有隕自天」，言能回造化則陽氣復自天而隕，復生上來，都换了這時節。淵。

萃

問：「萃言『王假有廟』，是卦中有萃聚之象，故可以爲聚祖考之精神，而享祭之吉占。渙卦既散而不聚，本象不知何處有可立廟之義？將是卦外之意〔一三一〕，謂渙散之時當聚祖考之精神邪〔一三二〕？爲是〔一三三〕下卦是坎，有幽隱之義，因此象而設立廟之義〔一三四〕？」「都是〔一三五〕有鬼神之義。然此卦未必是因此爲義，且作因渙散而立廟説。大抵這處都見不得。」學蒙。〔一三六〕

大率人之精神萃於己，祖考之精神萃於廟。淵。

「順天命」，説道理時，彷彿如伊川説也去得，只是文勢不如此。他是説豐萃之時若不「用大牲」，則便是那「以天下儉其親」相似。也有此理，這時節比不得那「利用禴」之事。他這彖辭散漫説，説了「王假有廟」，又説「利見大人」，又説「用大牲，吉」。大率是聖人觀象節節地看見許多道理，看到這裏，見有這個象，便説出這一句來，又看見那個象，又説出那一個理來。然而觀象，則今不可得見是如何地觀矣。淵。

問「澤上於地，萃，君子以除戎器，戒不虞」。曰：「大凡物聚衆盛處必有争，故當預爲之備。又澤本當在地中，今却上出於地上，則是水盛長，有潰決奔突之憂，故取象如此。」僩。

「一握」，〔一三七〕不知如何地説個「一握」底句出來。淵。

「孚乃利用禴」説，如伊川固好。但若如此却是聖人説個影子，却恐不恁地，想只是説祭。升卦同。淵。

問：「萃〔一三八〕九五一爻亦似甚好，而反云『有位，〔一三九〕未光也』，是如何？」先生云：「見不得。讀易似這樣，且恁地解去，若强説便至鑿了。」學蒙。〔一四〇〕

升

升「南征吉」。巽、坤二卦拱得個南，如看命人虚拱底説話。砥。〔一四一〕

「地中生木，升。君子以順德，積小以高大。」木之生也無日不長，一日不長，則木死矣。人之學也一日不可已，一日而已，則心必死矣！人傑。

「地中生木，升。君子以順德，積小以高大[一四二]」，汪丈嘗云：「曾考究得樹木之生，日日滋長，若一日不長，便將枯瘁，便是生理不接。學者之於學，不可一日少懈。」大抵德須日日要進，若一日不進便退。近日學者纔相疏便都休了。㽦。

問：「升萃二卦多是言祭享。萃固取聚義，不知升何取義？」先生曰：「人積其誠意以事鬼神，有升而上通之義。」又曰：「六五『貞吉升階』與萃九五『萃有位，匪孚，元永貞，悔亡』，皆謂有其位必當有其德，若無其德，則萃雖有位而人不信，雖有升階之象而不足以升矣。」銖。

「亨于岐山」與「亨于西山」，只是説祭山川，想不到得如伊川説。淵。

【校勘記】

［一］見　成化本爲「言之」。
［二］砥　成化本作「礪」。
［三］其　成化本無。
［四］砥　成化本作「礪」。
［五］咸卦　成化本無。

［六］此條德明録成化本以部分内容夾注於可學録中，參下條。
［七］字　成化本作「自」。
［八］意　成化本此下注曰：「德明禄云：『如暑往寒來，日往月來，皆是常理。只着個「憧憧」字便鬧了。』」
［九］此　成化本無。
［一〇］感出也　成化本爲「出感入也」。
［一一］感入也　成化本爲「入感出也」。
［一二］趙致　成化本爲「趙致道」。
［一三］憧憧　成化本無。
［一四］寓問　成化本無。
［一五］伊川易傳……所應復爲感　成化本爲「易傳言有感必有應」。
［一六］皇帝　成化本無。
［一七］求　成化本作「素」。
［一八］名易簡邵人　成化本無。
［一九］是如何　成化本無。
［二〇］問　成化本此下有「所謂天下之理無獨必有對便是這話否曰」十七字，底本脱。
［二一］意　成化本無。

［二二］以　成化本作「少」。
［二三］程子　成化本此上有「問」。
［二四］謂　成化本作「説」。
［二五］是感應　成化本無。
［二六］好和　成化本爲「和好」。
［二七］坐　成化本無。
［二八］則　成化本作「即」。
［二九］那是個　成化本爲「那個是」。
［三〇］惠人及　成化本爲「惠及人」。
［三一］王文正公　成化本爲「王文正」。
［三二］李文穆公　成化本爲「李文穆」。
［三三］用　成化本無。
［三四］智　成化本爲「意智」。
［三五］謂　成化本作「請」。
［三六］淳　成化本作「淵」。
［三七］童録此下有云……他正是論　成化本無。童録無此曰字　成化本無。

〔三八〕易　成化本作「通」。

〔三九〕按童伯羽録同　成化本無。

〔四〇〕恒卦初六　成化本無。

〔四一〕其　成化本無。

〔四二〕學蒙　成化本爲「學履」。

〔四三〕何如　成化本爲「如何」。

〔四四〕爻　成化本作「方」。

〔四五〕砥　成化本作「礪」。

〔四六〕與　成化本此上有「此」。

〔四七〕砥　成化本作「同」。

〔四八〕砥　成化本作「礪」。

〔四九〕□　成化本作「遯」。

〔五〇〕身　成化本無。

〔五一〕砥　成化本作「礪」。

〔五二〕約　成化本無。

〔五三〕砥　成化本作「礪」。

〔五四〕字　成化本爲「一句」。
〔五五〕學蒙　成化本爲「學履」。
〔五六〕問大壯卦先生曰　成化本無。
〔五七〕一個　成化本無。
〔五八〕遮個　成化本爲「這個」。
〔五九〕晉卦　成化本無。
〔六〇〕道　成化本作「得」。
〔六一〕解　成化本作「説」。
〔六二〕先生　成化本無。
〔六三〕孟子助長之　成化本無。
〔六四〕云只　成化本作「只云」。
〔六五〕孟子　成化本此上有「看助長説，曰」。
〔六六〕與　成化本無。
〔六七〕勿　成化本此上有「『勿正』與」。
〔六八〕氣　成化本無。
〔六九〕力　成化本此下有「得」。

〔七〇〕此條當録成化本分爲二條，其中「看伯豐與廬陵問答……獨云於正道爲吝也」爲一條，載於卷七十二；「看助長説……如何用功」爲一條，載於卷五十二。

〔七一〕之　成化本無。

〔七二〕此條學蒙録成化本無，但卷四十八載陳淳録，參成化本卷四十八陳淳「問三仁皆出於至誠惻怛之公……而心却守得定」條。

〔七三〕學蒙　成化本爲「學履」。

〔七四〕此條語録，成化本卷七十二以部分内容爲注，附於焘録後，但注爲學履録，曰：問「風自火出」。曰：「謂如一爐火，必有氣衝上去，便是『風自火出』。然此只是言自内及外之意。」焘。學履録云：「是火中有風，如一堆火在此，氣自薰蒸上出。」

〔七五〕此條大雅録成化本無。

〔七六〕只　成化本無。

〔七七〕睽　成化本無。

〔七八〕學蒙　成化本爲「學履」。

〔七九〕此條方子録成化本無。

〔八〇〕略記當時語意如此　成化本無。

〔八一〕方子叟淵録同　成化本作「淵」。

〔八二〕又云　成化本無。
〔八三〕説　成化本作「曰」。
〔八四〕學蒙　成化本爲「學履僩同」。
〔八五〕砥　成化本作「礪」。
〔八六〕蹇九五　成化本無。
〔八七〕學蒙按沈僩録同而下文連上段潘謙之説　成化本爲「學履僩同」。按，所謂「上段潘謙之説」，即「又云潘謙之書説……便全不同」條。
〔八八〕謨按金去僞録同　成化本爲「去僞」，且此條載於卷九十七。
〔八九〕是得　成化本作「始得」。
〔九〇〕二上爻則　成化本爲「二與上二爻則曰」。
〔九一〕與　成化本作「立」。
〔九二〕學蒙　成化本爲「學履」。
〔九三〕此條成化本無。
〔九四〕此條從周録成化本無，但卷七十二載淵録曰：「『或益之十朋之龜』爲句。」又，此條淵録與下條砥録，成化本皆置於「損」下。
〔九五〕是　成化本無。

［九六］三　成化本此上有「下」。
［九七］砥　成化本作「礪」。
［九八］九　成化本此下有「好」。
［九九］李録止此　成化本無。
［一〇〇］按李方子録同而略　成化本無。且此條淵録置於「損」下。
［一〇一］了　成化本此下有「壞了」。
［一〇二］成化本此下注曰：「以下總論。」且此條寓録載於卷二十四。
［一〇三］益卦　成化本無。
［一〇四］卦金作　成化本無。
［一〇五］卦　成化本此上有「是」。
［一〇六］人傑按金去僞周謨録並同　成化本爲「去僞」。
［一〇七］先生言　成化本無。
［一〇八］李録心有以下九字作　成化本爲「僩用録云」。
［一〇九］自又曰以下至此李録並無　成化本無。
［一一〇］按李僩用録同而略　成化本爲「僩用同」。
［一一一］益卦　成化本無。

〔一一二〕又曰遷善字輕改過字重　成化本無。
〔一一三〕此條文蔚録成化本載於卷七十一。
〔一一四〕方子按㬈子淵同　成化本作「淵」。
〔一一五〕鼎州　成化本此下注曰：「後平楊么有功。」
〔一一六〕成化本此下注曰：「方子録云『守蔡州』。」
〔一一七〕聖人於君子道消之時……亦必如此戒懼　成化本爲「聖人於陰消陽長之時亦如此戒懼」。
〔一一八〕自　成化本此上有「不用如此説」。
〔一一九〕無時不然　成化本無。
〔一二〇〕用　成化本作「淵」。
〔一二一〕夬　成化本無。
〔一二二〕砥　成化本作「礪」。
〔一二三〕按李方子録同　成化本無。
〔一二四〕方子按㬈淵録同　成化本作「淵」。
〔一二五〕紅　成化本此下注曰：「淵禄云：『其物難乾。』」
〔一二六〕學蒙　成化本爲「學履」。
〔一二七〕此條淵録成化本以部分内容附於學履録後，參上條。

［一二八］此條淵録成化本無。

［一二九］學蒙　成化本爲「學履」。

［一三〇］是　成化本此下注曰：「此條未詳。」

［一三一］之意　成化本爲「立義」。

［一三二］精神邪　此三字原脱，據上下文及成化本補。

［一三三］是　成化本此下有「復」。

［一三四］義　成化本此下有「邪」。

［一三五］都是　成化本爲「曰坎固是」。

［一三六］學蒙　成化本爲「學履」，且此條載於卷七十三。

［一三七］一握　成化本無。

［一三八］萃　成化本無。

［一三九］有位　成化本無。

［一四〇］學蒙　成化本爲「學履」。

［一四一］砥　成化本作「礪」。

［一四二］君子以順德積小以高大　成化本無。

晦庵先生朱文公語類卷第七十三

易九

困

用之説困卦，先生曰：〔一〕「此〔二〕卦難理會，不可曉。易中有幾〔三〕卦如此。繫辭云：『卦有小大，辭有險易。辭也者，各指其所之。』困是個極不好底卦，所以卦辭也做得如此難曉。如蹇卦、剥卦、否卦、睽卦〔四〕皆是不好卦，〔五〕只有剥卦分明是剥，所以分曉。困卦〔六〕是個進退不得、窮極底卦，所以難曉。〔七〕其大意亦可見。」又曰：「看易不當更去卦爻中尋求道理當如何處置。這個只是〔八〕與人卜筮以決疑惑，若道理當爲，固是使〔九〕爲之，若道理不當爲，自是不可做，何用更占？却是有一樣事或吉或凶，成兩岐道理，處置不得，所以用占。若是放火殺人，此等事終不可爲，不成也去占？又如做官贓污邪僻，由徑求進，不成也去占？」按，林録惟自「如寨」止「亦可見矣」。〔一〇〕僩。按，林學蒙同而略。〔一一〕

「不失其所亨」，這句自是説得好。淵。

李敬子問「致命遂志」。先生曰：「『致命』如論語中[一二]『見危授命』與『士見危致命』之義一般，是送這命與他。自家但遂志循義，都不管生死，不顧身命，猶言置死生於度外也。」僩。又一本詳云：[一三]「問：『澤無水，困，君子以致命遂志。』[一四]曰：『「澤無水，困。」君子道窮之時，但當委致其命以遂吾之志而已。致命猶送這命與他，不復爲我之有。雖委致其命，而志則自遂，無所回屈。伊川解作「推致其命」，雖説得通，然論語中「致命」字都是「委致」之「致」。「事君能致其身」與「士見危致命」、「見危授命」，皆是此意。「授」亦「致」字之意，言將這命授與之也。』」

「致命」猶言將這命送與他相似。淵。[一五]

問：「『臀困於株木』，如何？」先生曰：「在困之下，至困者也。株木不可坐，臀在株木上，其不安可知。」又問：「伊川將株木作初之正應，不能庇他，説[一六]如何？」先生曰：「恐説『臀』字不去。」學蒙。[一七]

問：「『困於酒食』，本義作『饜飫於所欲』，是[一八]如何？」先生云：「此是困於好底事。在困之時有困於好事者，有困於不好事者。此爻是好爻，當困時則爲困於好事。如『感時花濺淚，恨別鳥驚心』，花鳥好娛戲底物，這時却發人不好底意思，是因好物困[一九]也。酒食饜飫亦如此。」又問云：「象云『中有慶也』，是如何？」先生云：「他下面有許多好事[二〇]。」學蒙。[二一]

「朱紱，赤紱」，若如伊川説，使書傳中説臣下皆是赤紱則可。詩中却有「朱芾斯皇」一句是說方叔，於理又似不通。某之精力只推得到這裏。淵。

問：「困二、五皆『利用祭祀』，是如何？」先生云：「他得中正，又似取無應而心專一底意思。」[二二]

「祭祀」、「享祀」，想只説個祭祀，無那自家活人却享他人祭之説。淵。

六三陽之陰，上六陰之陰，故將六三言之，則上六爲妻。淵。

井

井象只取巽入之義，不取木義。淵。

井是那掇不動底物事，所以「改邑不改井」。淵。

「汔至，亦未繘井羸其瓶，凶。」「汔至」略作一句看。[二三]「亦未繘井羸其瓶」是一句，意幾至而止，如未綆[二四]及井而瓶敗，言功不成也。學蒙。[二五]

用之問「木上有水，井」。先生曰：「『巽在坎下』，便是木在下面，漲得水上上來。如桶中盛得兩斗水，若將大一斗之木沉在水底，則木上之水亦長一斗，便是此義。如草木之生，津潤皆上行直至樹末，便是『木上有水，井[二六]』之義。雖至小之物亦然。如菖蒲葉，每日早晨[二七]葉葉尾皆有水，[二八]如珠顆，雖藏之密室中亦如此[二九]，非露水也。」[三〇]又[三一]問：「『木上有水，井。』[三三]如此，則『井』字之義與『木上有水』何異[三三]？」先生曰：「『木上有水』便如那[三四]井中之水。水本在井底，却能汲上來給人之食，故取象如井也[三五]。」用之又問：「程子汲水桶之説，是否？」先生曰：「不然。『木上有水』，是木穿水中，漲上那水。若作汲井[三六]桶則解不通矣，且與後面『羸其瓶凶』之説不相合也。」僩。按林學蒙[三七]同而略。又注云：「後親問先生。先生云：『不曾説木在下面漲得水來。這個話是別人説，不是義理如此。』」

「『木上有水，井。』説者以爲木是汲器，則後面却有瓶，瓶自是瓦器，此不可曉。怕只是説水之津潤上行至那木之杪，這便是井水上行之象。」問：「恐是桔槔之類？」答云：「亦恐是如此。」又云：「木[三八]上露珠便是下面水上去。大率裏面水氣上，則外面底也上。」淵。

鮒，程沙隨以爲蝸牛，如今廢井中多有之。淵。

九三「可用汲」以上三句是象，下兩句是占。大概是説理，決不是説汲井。淵。

若非王明，則無以收拾人才。淵。

「收」雖作去聲讀，義只是收也。淵。

革

鄭少梅解革卦以爲風爐，亦解得好。初爻爲爐底，二爻爲爐眼，三、四、五爻是爐腰處，上爻

是爐口。學蒙。〔三九〕

因説革卦，曰：「革是更革之謂。到這裏須盡翻轉更變一番，所謂『上下與天地同流，豈曰小補之哉』。『小補之』者謂扶衰救弊，逐些補緝，如錮鏴〔四〇〕家事相似。若是更革，則須徹底重新鑄造一番，非止補苴罅漏而已。湯武應天順人便是如此。孟子所説王政，其效之速如此，想見做出來好看。只是太粗〔四一〕，反〔四二〕少些『如其禮樂以俟君子』底意思。」或曰：「不知他如何做？」曰：「須是從五畝之宅，百畝之田，雞豚桑麻處做起。兩三番如此説，想不過只是如此做。」〔四三〕

問：「革二女『志不相得』，與睽『不同行』有異否？」先生云：「意則一，但變韻而叶之爾。」學蒙。〔四四〕

問：「革之象不曰『澤在火上』，而曰『澤中有火』。蓋水在火上則水滅了火，不見得水決則火滅、火炎則水涸之義。曰『中有火』則二物並在，有相息之象否？」先生曰：「亦是恁地。」學蒙。〔四五〕

「澤中有火。」水能滅火，此只是説陰盛陽衰。火盛則克水，水盛則克火。此是「澤中有火」之象，便有那四時改革底意思，君子觀這象便去「治曆明時」。林艾軒説因革卦得曆法，云：「曆須年年改革，不改革便差了天度。」此説不然。天度之差，蓋緣不曾推得那曆元定，却不因不改革〔四六〕而然。曆豈是那年年改革底〔四七〕？「治曆明時」非謂曆當改革，蓋四時變革中便有個「治曆明時」底道理。淵。

「『澤中有火，革』，蓋言陰陽相勝復，故聖人『治曆明時』。向林艾軒嘗言聖人於革著治曆者，蓋曆必有差，須時改革方得。某謂〔四八〕此不然。天度固必有差，須在吾術中始得。如度幾年當差一分，便就此添一分去乃是。」又云：「曆數微眇，如今下漏一般。漏管稍澀則必後天，稍闊則必先天。未子而子，未午而午。」淵。按，李方子録同。〔四九〕

「革言三就」，言三番結裹成就。如第一番商量這個是當革不當革，説成一番，又更如此商量一番，至于三番然後説成了。却不是三人來説。淵。

問：「革下三爻有謹重難改之意，上三爻則革而善。蓋事有新故，革者，變故而爲新也。下三爻則故事也，未變之時必當謹審於其先，上三爻則變而爲新事矣，故漸漸好。」先生云：「然。」又云：「乾卦到九四爻謂『乾道乃革』，也是到這處方變了。」學蒙。〔五〇〕

「未占有孚」，伊川於爻中「占」字皆不把做「卜筮尚其占」説。淵。

「澤中有火」自與「治曆明時」不甚相干。聖人取象處只是依稀地説，不曾確定指殺，只是見得這些意思便説。淵。

「正位凝命」，恐伊川説得未然。此言人君臨朝也須端莊安重，一似那鼎相似，安在這裏不動，然後可以凝住那天之命，如所謂「協于上下，以承天休」。淵。

「鼎[五一]顛趾，利出否，无咎」。或曰：「據此爻，是凡事須用與[五二]翻轉了，却能致福。」曰：「不然。只是偶然如此。本[五三]是不好底爻，却因禍致福，所謂不幸中之幸。蓋『鼎顛趾』本是不好，却因顛仆而傾出鼎中惡穢之物，所以反得利而無咎，非是故意欲翻轉鼎趾而求利也。」盛[五四]言：「浙中諸公議論多是如此。云凡事須是與他轉一轉了，却因轉處與他做教好。」曰：「便是浙中近來有一般議論如此。若只管如此存心，未必真有益，先和自家心[五五]壞了。聖賢做事只説個『正其義不謀其利，明其道不計其功』，凡事只如此做，何嘗先要安排紐捏，須要着些權變機械，方唤做做事？又況自家一布衣，天下事那裏便教自家做？知他臨事做出時如何？却無故平日將此心去紐捏揣摩，先弄壞了。聖人所説底話光明正大底[五六]綱領條目，且令自家心先正了，然後於天下之事先後緩急自有個[五七]次第，逐旋理會，道理自分明。今於『在明明德』未曾理會得，便先要理會『新民』工夫。及至『新民』，又無那『親其親、長其長』底事，却便先萌個計功計獲底心，要如何濟他！如何有益！少間盡落入功利窠窟裏去。固是此理無外，然亦自有個先後緩急之序。今未曾理會得正心、修身，便[五八]先要『開物成務』，都倒了。孔子曰『可與權』[五九]，亦是不得已方說此話。然須是聖人方可與權，若以顏子之賢，恐也不敢議此『磨而不磷，涅而不緇』。而今人纔磨便磷，涅便是緇，[六〇]如何更說權變功利？所謂『未學行，先學走』也。而今諸公只管講財貨源流是如何，兵又如何，民又如何，陳說[六一]又如何。此等事固當理會，只是須識個先後緩急之序，先其大者急者，而後其小者緩者，今都倒了這工夫。『子路問君子。子曰：「修己以敬。」曰：「如斯而已乎？」曰：「修己以安人。」』『顏淵問仁。子曰：「克己復禮。」』『仲弓問仁。子曰：「出門如見大賓，使民如承大祭。己所不欲，勿施於人。」』曾子將死，宜有要切之言。及孟敬子問之，惟在於辭氣容貌之間。此數子者皆聖門之高第，及夫子告之與其所以告人者，乃皆在於此。是豈遺其遠者大者而徒告以近者小者耶？是必有在矣。某今病得十生九死，已前數年見浙中一般議論如此，亦嘗竭其區區之力欲障其求流[六二]，而徒勤無益。不知瞑目以後，又作麽生。可畏！可歎！」僩。

「得妾以其子。」得妾是無緊要，其重却在以其子處。「顛趾利出否」，伊川說是。「得妾以其子，无咎。」彼謂子爲王公在喪之稱者，恐不然。淵。

「刑剭」，班固使來。若作「形渥」，却只是澆濕渾身。淵。

問：「鼎九三[六三]『鼎耳革』是如何？」先生云：「他與五不相應。五是鼎耳，鼎無耳，移動〔六四〕不得。革是換變之義。他在上下之間，與五不相當，是鼎耳變革了，不可舉移，雖有雉膏而不食。此是陽爻，陰陽終必和，故有『方雨』之吉。」學蒙。〔六五〕

六五「金鉉」，只爲上已當玉鉉了，却下取九三之應來當金鉉。蓋推排到這裏，無去處了。淵。

震

震卦〔六六〕「震亨」止「不喪匕鬯」作一項看，後面「出可以爲宗廟社稷」又做一項看。震便自是亨。「震來虩虩」是恐懼顧慮，而後便「笑言啞啞」，「震驚百里」便也〔六七〕「不喪匕鬯」。文王語以〔六八〕是解「震亨」了，孔子又自説長子事。文王之語簡重精切，孔子之言方始條暢。須拆開看方得。砥。〔六九〕

震，未便説到誠敬處，只是説臨大震懼而不失其常。主器之事，未必彖辭便有此意，看來只是傳中方説。淵。

「震來虩虩」，是震之初震得來如此。淵。

「億喪貝」，有以「億」作「噫」字解底。淵。

言人常似那震來時虩虩地，便能「笑言啞啞」，到得「震驚百里」時也「不喪匕鬯」。這個相連做一串[七〇]下來。淵。

震六二不甚可曉。大概是喪了貨貝又被人趕上高處去，只當固守便好。六五是「生於憂患而死於安樂」。上六不全好，但能恐懼於未及身之時，可得无咎，然亦不免他人語言。砥。[七一]

艮

「『艮其背』，『背』字是『止』字。彖中分明言『艮其止，止其所也』。」[七二]又言：「『艮其背』一句是腦，故彖中言『是以不獲其身，行其庭，不見其人』，四句只略對。」方子。

「艮其背」，背只是言止也。人之四體皆能動，惟背不動，取止之義。各止其所則廓然而大公。德明。

「艮其背」便「不獲其身」，「不獲其身」便「不見其人」。「行其庭」對「艮其背」，只是對得輕。身是動物，不道動都是妄，然而動斯妄矣，不動自无妄。淵。

因說「不獲其身」，曰：「如君止於仁，臣止於忠，但見得事之當止，不見得此身之爲利爲害。纔將此身預其間，則道理便壞了。古人所以殺身成仁、舍生取義者，只爲不見身方能如此。」或問心性之别。先生曰：「這個極難說，且[七三]難爲譬論。如伊川以水喻性，其說本好，却便喚[七四]不得者生病。心大概似個宮[七五]人，天命便是君之命，性便如職事一般。此亦大概如此，要自理會得。如邵子云『性者道之形體』，蓋道只是合當如此，此[七六]則有一個根苗，生出君臣之義、父子之仁。性雖虛無[七七]，都是實理。心雖是一理[七八]物，却虛，故能包含萬理。要[七九]人自體察始得。」學蒙。[八〇]

「艮其背」，渾只見得道理合當如此，入自家一分不得，着一些私意不得。「不獲其身」，不干自家事。這四句須是説，艮其背了，静時不獲其身，動時不見其人。所以彖辭傳中説「是以不獲其身」至「无咎也」。周先生所以説「定之以仁義中正而主静」，這依舊只是就「艮其背」邊説下來，不是内不見己，外不見人。這兩卦各自是一個物，不相秋采。淵。

「時止則止，時行則行。」止固是止，[八一]然行而不失其正，[八二]乃所謂[八三]止也。僩。

問：「艮之象，何以爲光明？」先生云：「定則明。凡人胸次煩擾則愈見昏昧，中有定止則自然光明。莊子所謂『泰宇定而天光發焉』是也。」學蒙。[八四]

艮卦是個最好底卦。「動静不失其時，其道光明」，又「剛健篤實輝光，日新其德」，皆艮之象也。艮居外卦者八而皆吉，[八五]惟蒙卦半吉半凶。如賁之上九「白賁无咎，上得志也」，大畜上九「何天之衢，道大行也」，蠱上九「不事王侯，志可則也」，頤上九「由頤厲吉，大有慶也」，損上九「弗損益之，大得志也」，艮卦「敦艮之吉，以厚終也」。蒙卦上九「擊蒙，不利爲寇，利禦寇」，雖小不利，然卦爻亦自好。蓋上九以剛陽居上，擊去蒙蔽，只要恰好，不要太過。太過則於彼有傷，而我亦失其所以擊蒙之道。如人合喫十五棒，若只決他十五棒，則彼亦無辭，而足以禦寇。若再加五棒，則太過而反害人矣。爲寇者，爲人之害也；禦寇者，止人之害也。如人有疾病，醫者用藥對病，則彼足以祛病而我亦得爲醫之道。若藥不對病，則反害他人而我亦失爲醫之道矣。所以象曰「利用禦寇，上下順也」，惟如此則上下兩順而無害也。僩。

艮卦是個好卦，居八卦之上，凡上九爻皆好。砥。〔八六〕

八純卦都不相與，只是艮卦是止，尤不相與。內不見己是內卦，外不見人是外卦，兩卦各自去。淵。

守約問伊川〔八七〕易傳「艮其背」之義。曰：「此說似差了，不可曉。若據夫子說『止其所也』，只是物各有所止之意。伊川又卻於解『艮其止，止其所也』，又自說得分明。恐上面是失點檢。」木之。

「易傳艮卦〔八八〕云：『能使天下順治，非能爲物作則也，惟止之各於其所而已。』此說甚當。至謂『艮其背』爲『止於所不見』，竊恐未然。據彖辭，自解得分曉。」曰：「『艮其止，止其所也』，上句『止』字便是『背』字，故下文便繼之云『是以不獲其身』，更不再言『艮其背』也，『止』是當止之處。下句『止』字是解『艮』字，『所』字是解『背』字，蓋云止於所當止也。『所』即至善之地，如君之仁、臣之敬之類。『不獲其身』是無與於己，『不見其人』是亦不見人。無己無人，但見得[八九]此道理，各止其所也。『艮其背』是止於止，『行其庭，不見其人』是止於動，故曰『時止則止，時行則行』。」伯豐問：「如舜禹不與如何？」先生曰：「亦道[九〇]之。」繼曰：「未似。若遺書中所謂『百官萬務，金革百萬之衆，飲水曲肱，樂在其中。萬變皆在人，其實無一事』，是此氣象。大概看易須謹守彖象之言，聖人自解得精密平易。後人看得不子細，好自用己意解得，不是虛心去熟看，安得自見？[九一]如乾九五文言『同聲相應，同氣相求，水流濕，火就燥，雲從龍，風從虎，聖人作而萬物覩』。夫子因何於此說此數句？只是解『飛龍在天，利見大人』。『覩』字分明解出『見』字。『聖人作』便是『飛龍在天』，『萬物覩』便是人見之，如占得此爻，則利於見大人也。九二『見龍在田』，亦是在下賢德已著之人，雖未爲世間[九二]用，然天下已知其文明。亦是他人利見之，非是此兩爻自利相見。凡易中『利』者，多爲占得者設。蓋活人方有利不利，若是卦畫，何利之有？屯卦言『利建侯』，屯只是卦，如何去『利建侯』？蓋是占得此卦者之利耳。晉文公占得屯豫，皆得此辭，後果能得國。若常人占得，亦隨高下自有個主宰道理。但古者占卜立君、大遷[九三]，是事體重者，故爻辭以其重者言之。」又問：「屯卦[九四]何以『利建侯』？」曰：「屯之初爻，以貴下賤，有得民之象，故其爻辭復云『利建侯』。」又問：「如何便得爻辭與所占之事相應？」曰：「自有此道理。如世之抽籤者，尚多有與所占之事相契。」又曰：「何以見得易專[九五]占筮者用？」「如『王用亨于岐山』、『于西山』，皆是『亨』字，多[九六]通用。若卜人君欲祭山川，占得此即吉。『公用亨于天子』，若諸侯占得此卦，則利於近天子耳。凡占，若爻辭與所占之事相應，即用爻辭斷之。萬一占病，却得『利建侯』，又須別於卦象上討義。」正淳謂：「三、五相應，二、五不相應，如何？」曰：「若得應爻，則所祈望之人、所指望之事皆相應，如官[九七]即有得君之義。不相應則亦然。昔敬夫爲魏公占得睽之蹇，六爻俱變。此二卦名義自是不好。李壽翁斷其占云：『用兵之人亦不得用兵，講和之人亦不成講和。睽上卦是離，「離爲甲胄，爲戈兵」，有用兵之象，却變爲坎，坎有險阻在前，是兵不得用也。「兑爲口舌」又「悦也」，是講和之象，却變爲艮，艮，止也，是議和者亦無所成。』未幾魏公既敗，湯思退亦敗，皆如所占。」㽦。[九八]

伯豐問：「兼山所得程門者云：『艮内外皆止，是内止天理，外止人欲。又如門限然，在外者不得入，在内者不得出。』此意如何？」先生云：「何故恁地說？」因論：「『艮其背』，彖云『止其所』便[九九]解『艮其背』。蓋人之四肢皆能運轉，惟背不動，『止其所』之義也。程傳解作『止於所不見』，恐未安。若是天下之事皆止其所，已何與焉？人亦何與焉？此所謂『不獲其身，行其庭，不見其人也』。」又[一〇〇]問：「莫是舜『有天下而不與』之意否？」曰：「不相似。如所謂『百官萬務，金革百萬之衆，飲水曲肱，樂在其中。萬變皆在人，其實無一事』，是也。」又云：「『艮其背』，靜而止也；『行其庭』，動而止也。萬物皆止其所，只有理而已。『不獲其身』，『不見其人』也。」因論易云[一〇二]：「彖、象、文言解得易直是分曉精密，但學者虛心讀之便自可見。」

如『利見大人』，文言分明解『聖人作而萬物覩』之類是也。爻辭只定占得此卦爻之辭看作何用。謂如屯卦之『利建侯』，屯自是卦畫，何嘗有建侯意思？如晉文公占之便有用也。又如『王用亨于岐山』，『亨』字合作『享』字，是王者有事于山川之卦。以此推之皆見〔一〇二〕矣。」按，此段即上段，而記有詳略，故今併存之。〔一〇三〕人傑。

又曰：「濂溪通書云『背非見也』，亦似伊川說。」問曰：「濂溪說『止非爲也』，亦不是易本意？」先生曰：「語録中有云：『周茂叔謂「看一部華嚴經，不如看一艮卦」，下面注云「言各止其所」。他這裏又看得「止」字好。』」癸丑，張元德問此一段。先生曰：「『艮其背，不獲其身』只是見道理，不見自家；『行其庭，不見其人』只是見道理，不見那人。『艮其背』，『背』字恐是『止』字。象中分明。『艮其止』，止其所也。極解得好。」從周。〔一〇四〕

「『不獲其身』，不得其身也，猶言討自家身己不得。」又曰：「欲出於身。人纔要一件物事，便須以身己去對副他。若無所欲，則只恁底平平過，便似無此身一般。」又曰：「伊川解『艮其背』一段，若別做一段看却好，只是移於〔一〇五〕易上說便難通。須費心力口舌方始爲〔一〇六〕說得出。」又曰：「『上下敵應不相與』猶言各不相管，只是各止其所。」又曰：「明道曰『與其非外而是內，不若內外之兩忘也』，說得最好。便是『不獲其身，行其庭，不見其人』，不見有物，不見有我，只見其所當止也。如『爲人君止於仁』〔一〇七〕。『爲人臣止於敬』，不知上面道如何，只是我當止於敬，只認我所當止也。以至父子、兄弟、夫婦、朋友，大事小事，莫不皆然。從伊川之説，到『不獲其身』處便説不來，至『行其庭，不見其人』越難説。只做止其所止更不費力。」賀孫。

「『艮其背，不獲其身』，只是道理所當止處不見自家自己。〔一〇八〕不見利，不見害，不見痛痾〔一〇九〕，只見道〔一一〇〕。如古人殺身成仁、舍生取義，皆是見道〔一一一〕所當止處，故不見其身。『行其庭，不見其人』，曼本自「皆是」以下無。〔一一二〕只是見得道理合當恁地處置，〔一一三〕皆不見是張三與是李四。」〔一一四〕至問：〔一一五〕曼本無此一字。〔一一六〕「伊川先生〔一一七〕易傳説『艮其背』是『止於所不見』。」先生曰：「伊川之意，自「伊川説」至此，曼本無。〔一一八〕如説『閑邪存誠』，如所謂『制之於外，以安其內』，如所謂『姦聲亂色，不留聰明；淫樂慝禮，不接心術』。〔一一九〕此意亦自好，但易之本意未必是如此。呂東萊〔一二〇〕又錯會伊川之意，謂『止於所不見』者，眼雖見而心不見。恐無此理，伊川之意却不如此。」自「呂東萊」以下，曼本無。〔一二一〕劉公度問：「老子所謂『不見可欲，其心不亂』，與易傳同否？」〔一二二〕先生曰：〔一二三〕「老子之意是要得使人不見，故温公解此一段認得老子本意。〔一二四〕『聖人之治虛其心』是要得人無思無欲，〔一二五〕『實其腹』是要得人充飽，〔一二六〕『弱其志』是要得人不爭，〔一二七〕『强其骨』是要得人作勞。後人解得皆過高了。」按曼本此下却有一段云：「通書云『背非見也』，亦似伊川説，『止非爲也』亦不是本意。語録中有云：『周茂叔謂「看一部華嚴經，不如看一艮卦」，下面注云「各止其所」。他這裏却看得「止」字好。』」從周。按，曼淵録同而略。〔一二八〕

「『艮其背，不復其身』，伊川易傳蓋是『閉邪存誠，制之於外以安其內』；姦聲亂色，不留聰明，淫樂慝禮，不接心術』之意，若能如此做工夫亦按，襲録無「之意」以下十字，有「凡可欲者皆置在背後」九字。自好。『外物不接，內欲不萌之際』，『之際』二字，欽夫以爲當去。按，曼録此句作一條，但「去」上有「除」字。伯恭却説『止於所不見，是眼雖見而心不見』，恐無此理。按程傳今已無「之際」二字。但易本義意却是説，只見義理不見本身也。不知是疼，也不知是痛；不知是利，不知是害。如舍生取義、殺身成仁一般。『行其庭不見其人』，只見道理，不見那人，也不知是張三，也不知是李四。」按，襲録「此理」以下云「『行其庭，不見其人』，但見義理之當止，不見吾之身；但見義理之當爲，不知爲張三李四」。以下並無。劉公度問：「『老子不見可欲』是程子之意否？」曰：「不然。温公解云『不見可欲』是防閑，『民使之不見』與上文『不貴難得之貨』相似，『虛其心』是使之無思算、無計較，『實其腹』是使之充飽無餒，『弱其志』是使之不爭，『强其骨』是使之作勞。温公之説止於如此。後人推得太高。此皆是言聖人治天下事，與易傳之言不同。」方子。按，襲蓋卿録同而略。此條當與竇從周、曼淵一時同聞而録，有先後詳略，故並列不注。〔一二九〕

「伊川〔一三〇〕易傳『艮其背』一段，只是非禮勿視聽言動則止於所不見，無欲以亂其心。『不獲其身』者，蓋外既無非禮之視聽言動，則內自不見有私己之欲矣。『外物不接』便是『姦聲亂色，不留聰明；淫樂慝禮，不接心術；惰慢邪僻之氣，不設於身體』之意。」又曰：「『艮其背，不獲其身；行其庭，不見其人』，易中只是説『艮其止，止其所』。人之四肢百骸皆能動作，惟背不能動，止於背是止得其當止之所。明道答横渠定性書舉其語，是此意。伊川説却不同，又自[一三一]是一説。不知伊川解『艮其止，止其所也』又説得分曉，却解『艮其背』又自有異，想是照顧不到。周先生通書之説却與伊川同也。」或問：「『不見可欲，此心不亂』與『艮其背』之説，何如？」曰：「老氏之説非爲自家不見可欲，看他上文皆是使民人如此。如『虚其心』亦是使他□□[一三二]，『實其腹』亦是使他飽滿。」温公注云云[一三三]，蔡丈説不然。又曰：「『艮其背』，看伊川説只是非禮勿視聽言動。今人又説得深，少間恐便走作，如釋、老氏之説屏去外物也。」又因説「止於所不見」，曰：「非禮之事物須是常去防閑他。不成道我恁地了，便一向去事物裏面衮！」按，李方子以下録亦皆與賓從周同，恐一時所共聞。賀孫。[一三四]

問：「『艮其背，不獲其身』是静中之止，『行其庭，不見其人』是動中之止。伊川云：『内欲不萌，外物不接，如是而止乃得其正。』似只説得静中之止否？」先生云：「然。此段分作兩截，却是[一三五]『艮其背，不獲其身』爲静之止，『行其庭，不見其人』爲動之止。總説則『艮其背』是止之時當其所止了，[一三六]所以止時自不獲其身，行時自不見其人。此三句乃『艮其背』之效驗，所以彖辭先説『止其所也，上下敵應，不相與也』，却云『是以不獲其身，行其庭，不見其人也』。」又問云：「『止』有兩義，『得所止』之『止』是指義理之極，『行所[一三七]止』之『止』則就人事所爲而言。」先生曰：「然。『時止』之『止』，『止』字小；『得其所止』之『止』，『止』字大。此段工夫全在『艮其背』上。多是人〔一三八〕將『行其庭』對此句説，便不是了。『行其庭』則〔一三九〕是輕説過，緣『艮其背』既盡得了，則『不獲其身，行其庭，不見其人』矣。」學蒙。〔一四〇〕

問：「伊川解曰〔一四一〕『外物不接，内欲不萌』，此説如何？」先生曰：「只『外物不接』意思亦難理會。尋常如何説這句？」某詳伊川之意，當與人交之時只見道理合當止處，外物之私意不接於我。」先生曰：「某嘗問伯恭來，伯恭之意亦如此。然據某之〔一四二〕所見，伊川之説只是非禮勿視聽言動底意思。」某〔一四三〕問先生：「不知〔一四四〕如何解『行其庭，不見其人』？」先生曰：「如此在坐只見道理，不見許多人是也。」某〔一四五〕曰：「如此，則與非禮勿視聽言動之意不協。」先生曰：「固是不協。伊川此處説恐有可疑處。看彖辭『艮其止，止其所也』，此便是釋『艮其背』之文。〔一四六〕伊川於此下解云：『聖人所以能使天下順治，非能爲物作則也，惟止之爲得其所而已。〔一四七〕』此意却最解得分明。『艮其背』恐當只如此説。『艮其止』便是『艮其背』。經文或『背』字誤作『止』字，或『止』字誤作『背』字，或以『止』字解『背』字。不可知。〔一四八〕萬物各有所止，着自家私意不得。『艮其背，不獲其身』，只見道理，不見自家；自家〔一四九〕『行其庭，不見其人』，只見道理，不見他人也。」洽。

「艮其腓」、「咸其腓」，二卦皆就人身上取義而皆主静。如「艮其趾」，能止其動便无咎。「艮其腓」，腓亦是動物，故止之。「不拯其隨」是不能拯止其隨限而動也，所以「其心不快」。限雖〔一五〇〕腰所在。初六「咸其拇」自是不合動，六二「咸其腓」亦是欲隨股而動。動則凶，若不動則吉。嚳。

「艮其限」是截做兩段去。淵。

漸

「山上有木」，木漸長則山漸高，所以爲漸。學蒙。〔一五一〕

漸九三爻雖不好，「夫征不復，婦孕不育」，却「利禦寇」。今術家擇日，利婚姻底日不宜用兵，利相戰底日不宜婚嫁，正是此意。蓋用兵則要相殺相勝，婚姻則要和合，故用不同也。學蒙。〔一五二〕

漸之九三，「夫征不復，婦孕不育，利禦寇」。今術家言，婚姻日不利出師征伐，宜征伐日不利婚姻。蓋其日有宜和合、争鬭之不同，兵家多遵用之。僩。〔一五三〕

卦中有兩個「孕婦」字，不知如何取象，不可曉。淵。

歸妹

歸妹未有不好，只是説以動帶累他。淵。

兩「終」字，伊川說未安。淵。

「月幾望」是說陰盛。淵。

豐

「豐，亨，王假之」，須是王假之了，方且「勿憂，宜日中」。若未到這個田地，更憂甚底？王亦未有可憂。「宜照天下」是貼底閑句。淵。

或問：「豐卦『宜日中』、『宜照天下』，人君之德如日之中，乃能盡照天下否？」曰：「易如此看不得。只是如日之中，則自然照天下，不可將作道理解他。『日中則昃，月盈則食，天地盈虛，與時消息。而况於人乎？况於鬼神乎』，自是如此。物事到盛時必衰，雖鬼神有所不能違也。」問：「此卦後面諸爻不甚好。」曰：「是他忒豐大了。這物事盛極，去不得了，必衰也。人君於此之時當如奉盤水，戰兢自持，方無傾側滿溢之患。若纔有纖毫驕矜自滿之心，即敗矣。所以此處極難。紹聖[一五四]中群臣創爲『豐亨豫大』之說。當時某論某人曰：『當豐亨豫大之時，而爲因陋就簡之說。君臣上下動以此藉口，於是安意肆志，無所不爲，而大禍起矣。』」僩。

仲思問「動非明則無所之，明非動則無所用」。曰：「徒明不行，則明無所用，空明而已；徒行不明，則行無所向，冥行而已。」伯羽。

問：「豐九四[一五五]近幽暗之君，所以有『豐其蔀，日中見斗』之象。亦是他本身不中正所致，故象云『位不當也』。」先生曰：「也是如此。」學蒙。

「豐其屋，天際翔也」，似是[一五六]說「如翬斯飛」樣。言其屋之大[一五七]，蔽障闊。[一五八]淵。[一五九]

旅

不知聖人特地做一個卦說這旅則甚。淵。

「明慎用刑而不留獄」，却只是火在山上之象，又不干旅事。淵。

「資斧」有做「齎斧」說底。這資斧在巽上說也自分曉，然而旅中亦豈可無備禦底物事？次第這便是。淵。

旅九[一六〇]五「上逮也」，不得如伊川說。「一矢亡」之「亡」字，如「秦無亡矢遺鏃」之「亡」，不是如伊川之說。易中凡言「終吉」者皆是初不好[一六一]也。[一六二]學蒙。

巽

巽卦是於「重巽」上取義。「重巽」所以爲「申命」。淵。

巽卦「申命」，「申」字是叮嚀反復之意。「風無所不入」，如命令人，丁嚀〔一六三〕告戒無所不至也。故象以之。學蒙。〔一六四〕

問：「『重巽以申命〔一六五〕』，『重』字之義如何〔一六六〕？」曰：「只是重卦，巽是重卦。〔一六七〕故曰『重巽』。〔一六八〕八卦之象皆是如此。」問：「『申』字是兩番降命令否？」曰：「非也。只是丁寧反復說便是『申命』。巽，風也。風之吹物，無處不入，無物不鼓動。詔令之入人，淪肌浹髓，亦如風之動物也。」僩。〔一六九〕

「無初有終」，也彷彿是伊川說。始未善是「無初」，更之而善是「有終」。自「貞吉悔亡」以下都是這一個意思。一如坤卦「先迷後得」以下都只是一個意思。淵。

「先庚」、「後庚」是說那後面變了底一截。淵。

兑

「兑說」，若不是「剛中」，便成邪媚。下面許多道理都從這個「剛中柔外」來。「說以先民」如「利之而不庸」。「順天應人」，革卦就革命上說，兑卦就說上說，後人都做「應天順人」說了。到了「順天應人」是言順天理、應人心。胡致堂管見中辯這個也好。淵。

說若不「剛中」，便是違道干譽。淵。

渙

渙是散底意思。物事有當散底：號令當散，積聚當散，群隊當散。淵。

「渙奔其机」，以卦變言之，自[一七〇]三[一七一]來居二，得中而不窮，所以爲安，如机之安也。[一七二]也即是[一七三]依文解義說。終是不若三居二之爲得位，[一七四]是如何。學蒙。

問：「渙卦[一七五]『剛來而不窮』，窮是窮極，來處乎中，不至窮極否？」先生云：「是居二爲中，若在下則是窮矣。」學蒙。[一七六]

散居積，須是在他正位方可。淵。

「剛來不窮」是九三來做二，「柔得位而上同」是六二上做三。此說有些不穩，却爲是六五。[一七七]不喚做得位。然而某這個例，只是一爻互換轉移，無那隔驀兩爻底。淵。

此卦只是卜祭吉，又更宜涉川。「王乃在中」是指廟中，言宜在廟祭祀，伊川先生說得那道理多了。他見得許多道理了，不肯自做他說，須要寄搭放在經上。淵。

「奔其机」也只是九來做二。人事上說時，是來就那安處。淵。

老蘇云：「渙之九[一七八]四曰『渙其群，元吉』。夫群者，聖人之所欲渙以混一天下者也。」此說雖程傳有所不及。如程傳之說則是群其渙，非「渙其群」也。蓋當人心渙散之時，各相朋黨，不能混一。惟九[一七九]四能涣小人之私群，成天下之公道，此所以元吉也。老蘇天資高，又善爲文章，故此等話[一八〇]皆達其意。大抵涣卦上三爻是以涣濟涣也。道夫。

「涣其群」言散小群做大群，如將小物事幾把解來合做一大把。東坡説這一爻最好，緣他會做文字，理會得文勢，故説得合。淵。

「涣汗其大號」，聖人當初就人身上説一「汗」字爲象，不爲無意。蓋人君之號令當出乎人君之中心，由中而外，由近而遠，雖至幽至遠之處，無不被而及之。亦猶人身之汗，出於中而浹于四體也。道夫。

「涣汗其大號。」號令當散，如汗之出，千毛百竅中迸散出來。這個物出不會反，却不是説那號令不當反，只是取其如汗之散出，自有不反底意思。淵。

節

「天地節而四時成。」天地轉來，到這裏相節了，更没去處。今年冬盡了，明年又是春夏秋冬，到這裏厮匝了，更去不得。這個折做兩截，兩截又截做四截，便是春夏秋冬。他是自然之節，初無人使他。聖人則因其自然之節而節之，如「修道之謂教」、「天秩有禮」之類皆是。天地則和這個都無，只是自然如此，聖人法天做這許多節揞出來。淵。

「户庭」是初爻之象，「門庭」是第二爻之象。户庭未出去，在門庭則已稍去矣。就爻位上推，户庭主心，門庭主事。淵。

「安節」是安穩自在，「甘節」是不辛苦喫力底意思。甘便對那苦。「甘節」與「禮之用，和爲貴」相似。不成人臣得「甘節吉」時也要節天下！大率人一身上各自有個當節底。淵。

「節卦大體〔一八一〕以當而通爲善。觀九五『中正而通』，本義云『坎爲通』，豈水在中間必流而不止耶？」先生曰：「然。」又云〔一八二〕：「觀這〔一八三〕六爻，上三〔一八四〕在險中，是處節者也。故四在險初而節則亨，五在險中而節則甘，上在險終，雖苦而無悔，蓋節之時當然也。下三爻在險外，未〔一八五〕至於節而預知所節之義。初知通塞故无咎，二可行而反節，三見險在前當節，而又以陰居剛，不中正而不能節，所以二爻凶而有咎。不知是如此否？」先生曰：「恁地說也說得。然九二一爻看來甚好，而反云凶，終是解不穩。」學蒙。〔一八六〕按，林恪同。〔一八七〕

中孚

中孚、小過兩卦，鶻突不可曉。小過尤甚。如云「弗過防之」，則是不能過防之也，四字只是一句。至「弗過，遇之」與「弗遇，過之」，皆是兩字爲絕句，意義更不可曉。學蒙。

中孚與小過都是有飛鳥之象。中孚是個卵象，是鳥之未出㲉底。孚亦是那孚膜意思。所以卦中都說「鳴鶴」、「翰音」之類。「翰音登天」言不知變者，蓋說一向恁麽去不知道去不得。這兩卦十分解不得，且只依希地說。「豚魚吉」[一八八]，這卦中他須見得有個[一八九]豚魚之象，今不可考。占法則莫須是見豚魚則吉，如鳥占之意象。若十分理會著便須穿鑿。淵。

問：「中孚，[一九〇]『孚』字與『信』字恐亦有別否[一九一]？」先生曰：「伊川云『存於中爲孚，見於事爲信』，說得極好。」因舉字說：「『孚』字從『爪』從『子』，如鳥抱子之象。今之『乳』字也，一邊從『孚』，蓋中所抱者實有物也。中間實有物，所以人自信之。」學履。

「柔在内，剛得中」，這個是就全體看則中虛，就一體看則中實。他都見得有孚信之意，故喚作「中孚」。伊川這二句說得好。他只遇着這般齊整底便恁地說去。若遇那[一九二]不齊整底便說不去。淵。

「議獄緩死」只是以誠意求之。「澤上有風」，感得水動。「議獄緩死」則能感人心。淵。

「鶴鳴子和」亦不可曉，「好爵爾縻」亦不知是說甚底。繫辭中又說從別處去。淵。

問：「中孚六三，大義是如何？」「某[一九三]所以說中孚、小過皆不可曉，便是如此。依文解字看來只是不中不正，所以歌泣喜樂都無常也。」學履。

「中孚[一九四]九二爻自不可曉。看來『我有好爵，吾與爾縻之』是兩個都要這物事，所以『鶴鳴子和』是兩個中心都愛，所[一九五]以相應如此。」因云：「『潔凈精微』之謂易，自是懸空說個物在這裏，初不惹着那實事。某嘗謂，説易如水上打毬，這頭打來，那頭又打去，都不惹着水方得。□□□□［一九六］入水裏去了。」［一九七］學履。

小過

小過大率是過得不多。如大過便説「獨立不懼」，小過只説這「行」、「喪」、「用」，都只是這般小事。伊川説那禪讓征伐，也未説得［一九八］到這個，大概都是那過低過小底。「飛鳥［一九九］」雖不見得遺音是如何，大概且恁地説。淵。

小過是過於慈惠之類，大過則是剛嚴果毅底氣象。淵。

「小過，小者過而亨」，不知「小者」是指甚物事？學蒙。

「『飛鳥遺之音』，本義謂『致飛鳥遺音之應』，如何？」先生云：「看這象似有羽蟲之孽之意，如『鵩鳥』賈誼之類是也［二〇〇］。」學蒙。［二〇一］

「山上有雷，小過」，是聲在高處下來。［二〇二］「飛鳥遺之音」，也是高處聲［二〇三］下來，爲小過。［二〇四］學蒙。［二〇五］

「行過恭，用過儉」皆是宜下之意。學履。

初六「飛鳥以凶」，只是取其飛過高了，不是取「遺音」之義。中孚有卵之象。小過中間二畫

是鳥腹，上下四畫〔二〇六〕陰，爲鳥翼之象。鳥出乎卵，此小過所以次中孚也。學履。〔二〇七〕

三父，四祖，五便當妣。過祖而遇妣是過陽而遇陰，然而陽不可過，則不能及六五，却反回來六二上面。淵。

九四「弗過遇之」，過遇猶言加意待之也。上六「弗遇過之」□〔二〇八〕亦當作「弗過遇之」，與九三「弗過防之」文體正同。淵。□録同而略，今附。云：「『弗遇過之』，疑下言當作『弗過遇之』，猶言加意待之也。」〔二〇九〕

小過〔二一〇〕「終不可長也」，爻義未明，此亦當闕。僩。

「密雲不雨」，大概是做不得事底意思。淵。

「弋」是俊壯底意，却只弋得這般物事。淵。

既濟

「亨小」常〔二一一〕作「小亨」。大率到那既濟了時便有不好去，所以説「小亨」。如唐時貞觀之盛，便向那不好去。淵。

既濟是已濟了，大事都亨，只小小底正在亨通，若能戒懼得〔二一二〕常似今〔二一三〕便好，不然便一向不好去。伊川意亦是如此〔二一四〕，但要説做「亨小」，所以不分曉。〔二一五〕學蒙。

「初吉終亂」便有不好在末後底意思。淵。

「『高宗伐鬼方』，疑是高宗舊日占得此爻，故聖人引之，以證此爻之吉凶。」[二一六] 又曰：「漢去古未遠，想見卜筮之書皆存。如漢文帝之占『大横庚庚』，都似左傳時人説話。」又曰：「『夏啓以光』，想是夏啓曾占得此卦。」學蒙。

問：「『三年克之，憊也』言用兵是不得已。以高宗之賢，三年而克鬼方，亦不勝其憊矣！」先生曰：「言兵不可輕用也。」學履。

問：「既濟上三爻皆漸漸不好去，[二一七] 蓋出明而入險，四有衣袽[二一八] 之象。」曰：「『有所疑也』便是不美之[二一九] 端倪自此已露。」「五『殺牛』則已[二二〇] 自過盛，上『濡首』則極而亂矣。不知如何？」先生曰：「然。時運到那裏都過了，[二二一] 康節所謂『飲酒酩酊，開花離披』時節，所以有這樣不好底意思出來。」學履。

六四以柔居柔，能慮患豫防，蓋是心低小底人便能慮事。柔善底人心不粗，慮事細密。剛果之人心粗，不解如此。淵。

未濟

取狐爲[二二二] 象，上象頭，下象尾。淵。

問：「未濟所[二二三]以亨者，便[二二四]是有濟之理。而[二二五]『柔得中』又自有亨之道[二二六]。」曰：「然。『小狐汔濟』，『汔』字訓『幾』，與井卦同[二二七]。既曰『幾』，便是未濟[二二八]。未出中[二二九]，不獨是說九二爻，通一卦之體，皆是未出乎[二三〇]坎險，所以未濟。」學履。[二三一]

未濟彖辭[二三二]「不相接[二三三]續，終也」，是首濟而尾濡，不能濟，不[二三四]相接續去，故曰「不續，終也」。狐尾大，「濡其尾」則濟不得矣。學蒙。[二三五]

易不是說殺底物事，只可輕輕地說。若是確定一爻吉、一爻凶，便是揚子雲太玄了，易不恁地。兩卦各自說「濡尾」、「濡首」，不必拘說在此言首，在彼言尾。大概既濟是那日中衙府[二三六]時候，盛了只是向衰去。未濟是五更初[二三七]時，只是向明去。聖人當初見這個爻裏有這個意思[二三八]，便說[二三九]出這一爻來，或是從陰陽上說，或是從卦位上說[二四〇]。他這個[二四一]說得散漫，不恁地逼拶他，他這個說得疏。到他密時盛水不漏，到他疏時疏得無理會。若只要就名義上求他，便是今人說易了，大失他易底本意。他[二四二]周公做這爻辭，只依稀地見這個意，便說這個事出來，大段散漫。趙子欽尚自嫌某說得那[二四三]疏，不知如今煞有要[二四四]退削了處。譬如個燈籠安四個柱，這柱已是礙了明，若更剔去得，豈不更是明亮！所以說「不可爲[二四五]典要」，可見得他散漫。淵。

既濟未濟[二四六]所謂「濡尾」、「濡其[二四七]首」，分明是說[二四八]野狐過水。今孔子解

云[二四九]「飲酒濡首」，亦不知是如何。只是孔子說，人便不敢[二五〇]議，他人便恁地不得。砥。[二五一]

未濟與[二五二]既濟諸爻頭尾相似。中間三四兩爻，如損益模樣，顛倒了他。「曳輪濡尾」，在既濟爲无咎，在此卦則或吝、或貞吉，這便是不同了。淵。

「曳輪濡尾」是只争些子時候，是欲到與未到之間。不是不欲濟，是要濟而未敢輕濟。如曹操臨敵，意思安閑，如不欲戰。老子所謂「猶若冬涉川」之象。涉則必竟涉，只是畏那寒了[二五三]，未敢便涉。淵。

「濡其尾，亦不知極也」，[二五四]「極」字未詳，考上下韻亦不叶，或恐是「敬」字[二五五]，今且[二五六]闕之。僩。

問：「居未濟之時[二五七]未可動作，初[二五八]柔不能固守[二五九]，故有『濡尾』之吝。二陽中正，故有曳輪之吉。[二六〇]」曰：「也是如此，大概難曉。某解也且備禮，依衆人說。」又曰：「坎有輪象，所以說輪。大概未濟之下卦皆未可進[二六一]。六三未離坎體，也不好。到四、五已出乎險，方好。六[二六二]又不好。」又曰：「『濡首』分明是狐過水而濡其首。今象却云『飲酒濡首』，皆不可曉。嘗有人[二六三]著書以彖辭、[二六四]文言爲非聖人之書。只是似這處頗費分疏，所以有是說。[二六五]」

問：「未濟[二六六]上九，以陽居未濟之極，宜可以濟而反不善者[二六七]，竊謂[二六八]未濟則當寬静以待。九二、九[二六九]四以陽居[二七〇]陰，皆當静守。[二七一]上九則極陽不中，所以如此。」先生曰：「也未見得如此[二七二]。大抵時運既當未濟，雖有陽剛之才亦無所用。況又不得位，所以如此。」學蒙。[二七三]

【校勘記】

［一］用之説困卦先生曰　成化本無。

［二］此　成化本作「困」。

［三］幾　成化本作「數」。

［四］蹇卦剥卦否卦睽卦　成化本爲「蹇剥否睽」。

［五］卦　成化本此下注曰：「林録云：『却不好得分明，故易曉。』」

［六］困卦　成化本此下注曰：「林云：『雖是極不到卦。』」到，賀本作「好」。

［七］難曉　成化本此下注曰：「林録云：『所以卦辭亦恁地不好，難曉。』」

［八］只是　成化本無。

〔九〕使　成化本作「便」。
〔一〇〕按林録惟自如寐止亦可見矣　成化本無。
〔一一〕按林學蒙同而略　成化本爲「學履録略」。
〔一二〕中　成化本無。
〔一三〕又一本詳云　成化本爲「池本云」。
〔一四〕澤無水困君子以致命遂志　成化本無。
〔一五〕此條淵録成化本無。
〔一六〕説　成化本無。
〔一七〕學蒙　成化本爲「學履」。
〔一八〕是　成化本無。
〔一九〕困　成化本此上有「而」。
〔二〇〕事　成化本此下有「在」。
〔二一〕學蒙　成化本爲「學履」。
〔二二〕成化本此下注有「學履」。
〔二三〕汔至略作一句看　成化本爲「汔至作一句」。
〔二四〕未綆　成化本爲「綆未」。

［二五］學蒙　成化本爲「學履」。

［二六］井　成化本無。

［二七］每日早晨　成化本爲「每晨」。

［二八］水　成化本此下注曰：「池本作『皆潮水珠』。」

［二九］密室中亦如此　成化本爲「密室亦然」。

［三〇］也　成化本此下注曰：「池本云：『或云：「嘗見野老説，芋葉尾每早亦含水珠，須日出照乾則無害。若太陽未照，爲物所挨落，則芋實焦枯無味，或生蟲。此亦菖蒲潮水之類爾。」曰：「然。」』」

［三一］又　成化本無。

［三二］木上有水井　成化本無。

［三三］巽　成化本作「預」。

［三四］那　成化本無。

［三五］如井也　成化本爲「如此」。

［三六］井　成化本無。

［三七］林學蒙　成化本作「學履」。

［三八］木　成化本作「禾」。

［三九］學蒙　成化本無。

〔四〇〕錮鏴　成化本爲「錮鑑」。
〔四一〕粗　成化本此下有「些」。
〔四二〕反　成化本作「又」。
〔四三〕此條成化本作爲注，附於胡泳録後，且注爲僩所録。參成化本卷七十三胡泳録「或問大人虎變是就事上變……只説着教人歡喜」條。
〔四四〕學蒙　成化本爲「學履」。
〔四五〕學蒙　成化本爲「學履」。
〔四六〕革　成化本無。
〔四七〕底　成化本爲「底物」。
〔四八〕某謂　成化本無。
〔四九〕按李方子録同　成化本無。
〔五〇〕學蒙　成化本爲「學履」。
〔五一〕鼎　成化本此上有「用之解」。
〔五二〕與　成化本此下有「他」。
〔五三〕本　成化本此上有「此」。
〔五四〕盛　成化本作「或」。

〔五五〕心　成化本爲「心術」。
〔五六〕底　成化本此上有「須是先理會個光明正大」。
〔五七〕個　成化本無。
〔五八〕便　成化本此上有「便先要治國、平天下；未曾理會自己上事業」。
〔五九〕可與權　成化本爲「可與立未可與權」。
〔六〇〕涅便是緇　成化本爲「纔涅便緇」。
〔六一〕陳説　成化本爲「陳法」。
〔六二〕求流　成化本爲「末流」。
〔六三〕鼎九三　成化本無。
〔六四〕移動　成化本爲「則動移」。
〔六五〕學蒙　成化本爲「學履」。
〔六六〕震卦　成化本無。
〔六七〕也　成化本無。
〔六八〕以　成化本作「已」。
〔六九〕砥　成化本作「礪」。
〔七〇〕串　成化本此下有「説」。

［七一］砥　成化本作「礪」。

［七二］也　成化本此下注曰：「從周録云：『極解得好。』」

［七三］且　成化本爲「且是」。

［七四］便喚　成化本爲「使曉」。

［七五］宫　成化本作「官」。

［七六］此　成化本作「性」。

［七七］無　成化本無。

［七八］理　成化本無。

［七九］要　成化本此上有「這個」。

［八〇］成化本此下注曰：「方子録云：『性本是無，却是實理。心似乎有影像，然其體却虚。』」且分此條學蒙録爲兩條，其中「因説不獲其身……只爲不見身方能如此」爲一條，注爲學履録，載於卷七十三；「或問心性之别……要人自體察始得」爲一條，注爲學蒙録，載於卷五。

［八一］止　成化本此下注曰：「池本『行固非止』。」

［八二］正　成化本此下注曰：「池本作『理』。」

［八三］所謂　成化本爲「所以爲」。

［八四］學蒙　成化本爲「學履」。

[八五] 吉　成化本此下注曰：「礪録云：『居八卦之上，凡上九爻皆好。』」

[八六] 此條砥録成化本無。

[八七] 伊川　成化本無。

[八八] 艮卦　成化本無。

[八九] 得　成化本作「是」。

[九〇] 道　成化本作「近」。

[九一] 好自用己意解得不是虛心去熟看安得自見　成化本爲「好自用己意解得不是若是虛心去熟看便自見」。

[九二] 間　成化本無。

[九三] 大遷　成化本此上有「卜」。

[九四] 卦　成化本無。

[九五] 專　成化本爲「專爲」。

[九六] 多　成化本此上有「古字」。

[九七] 官　成化本爲「人臣」。

[九八] 成化本此下注曰：「人傑録見下。」成化本此下爲人傑録，參下條人傑録。

[九九] 便　成化本爲「便是」。

［一〇〇］又　成化本無。
［一〇一］易云　成化本無。
［一〇二］見　成化本爲「可見」。
［一〇三］按此段即上段而記有詳略故今併存之　成化本無。
［一〇四］此條從周録成化本無，但卷七十三從周録末所附㬅淵録與此内容相近。參底本本卷從周録「艮其背不獲其身……後人解得皆過高了」條。
［一〇五］於　成化本作「放」。
［一〇六］爲　成化本無。
［一〇七］仁　成化本此下有「不知下面道如何，只是我當止於仁」。
［一〇八］己　成化本此下注曰：「李録云：『也不知是疼，不知是痛，不知是利，不知是害。』」
［一〇九］痛痾　成化本爲「痛痒」。
［一一〇］道　成化本爲「道理」。
［一一一］道　成化本爲「道理」。
［一一二］㬅本自皆是以下無　成化本無。
［一一三］置　成化本此下注曰：「李録云：『只見道理，不見那人。』」
［一一四］李四　成化本此下注曰：「襲録云：『但見義理之當止，不見吾之身。但見義理之當爲，不知爲張

三李四。』」

［一一五］至問　成化本作「問」。

［一一六］夒本無此一字　成化本無。

［一一七］伊川先生　成化本無。

［一一八］自伊川説至此夒本無　成化本無。

［一一九］術　成化本此下注曰：「襲録云：『凡可欲者皆置在背後之意。「外物不接、内欲不萌之際」，欽夫謂當去「之際」二字。』今按易傳已無『之際』二字。」

［一二〇］吕東萊　成化本爲「伯恭」。

［一二一］自吕東萊下夒本無　成化本無。

［一二二］與易傳同否　成化本爲「是程子之意否」。

［一二三］曰　成化本此下注曰：「李録有『不然』字。」

［一二四］意　成化本此下注曰：「李録云：『温公解云：「『不見可欲』是防閑民使之不見，與上文『不貴難得之貨』相似。」』」

［一二五］欲　成化本此下注曰：「李録云：『是使之無思算，無計較。』」

［一二六］飽　成化本此下注曰：「李録云：『是使之充飽無餒。』」

［一二七］争　成化本此下注曰：「李録『要得』並作『使之』。」

〔一二八〕按㬅本此下却有一段云……按㬅淵録同而略　成化本録異，云「從周。李録云：『温公之説止於如此，後人推得太高。此皆是言聖人治天下事，與易傳之言不同。』㬅録云：『通書云「背非見也」亦似伊川説，「止非爲也」亦不是易本意。語録中有云：「周茂叔謂『看一部華嚴經，不如看一艮卦』，下面注云『各止其所』。他這裏却看得『止』字好。」』方子、淵、蓋卿録互有詳略」。

〔一二九〕此條方子録成化本無。

〔一三〇〕伊川　成化本無。

〔一三一〕自　成化本無。

〔一三二〕□□　成化本爲「無思無欲」。

〔一三三〕云云　成化本爲「如此解」。

〔一三四〕按李方子以下録亦皆與竇從周同恐一時所共聞賀孫　成化本爲「賀孫亦與上條同聞」。

〔一三五〕却是　成化本無。

〔一三六〕當其所止了　成化本爲「當其所而止矣」。

〔一三七〕所　成化本無。

〔一三八〕多是人　成化本爲「人多是」。

〔一三九〕則　成化本無。

〔一四〇〕學蒙　成化本爲「學履」。

〔一四一〕曰　成化本無。
〔一四二〕之　成化本無。
〔一四三〕某　成化本無。
〔一四四〕某　成化本無。
〔一四五〕某　成化本無。
〔一四六〕文　成化本此下注曰：「『艮其止』便是引『艮其背』，經文或『背』字，誤作『止』字，或『止』字誤作『背』字，或以『止』字解『背』字。不可知。」此注底本作爲大字，置於「『艮其背』恐當只如此説」下，參下文。
〔一四七〕惟止之爲得其所而已　成化本爲「惟止之各於其所而已」。
〔一四八〕艮其止便是艮其背……不可知　成化本作爲注，置於「此便是釋『艮其背』之文」後。
〔一四九〕自家　成化本無。
〔一五〇〕雖　成化本作「即」。
〔一五一〕學蒙　成化本爲「學履」。
〔一五二〕學蒙　成化本爲「學履僩同」。
〔一五三〕此條僩録成化本無。
〔一五四〕紹聖　成化本爲「崇寧」，朱文公易説爲「崇觀」。

〔一五五〕九四　此二字原缺，據成化本補。

〔一五六〕是　成化本無。

〔一五七〕之大　成化本爲「高大到於天際」。

〔一五八〕蔽障闊　成化本爲「却只是自蔽障闊或作自是自障礙」。

〔一五九〕淵　成化本爲「學蒙淵同」。

〔一六〇〕九　成化本作「六」。

〔一六一〕好　成化本爲「甚好」。

〔一六二〕也　成化本此下有「又曰：『而今只如這小小文義，亦無人去解析得。』」

〔一六三〕丁嚀　此二字缺。據成化本卷七十三僩録末所附學履録補。

〔一六四〕此條學蒙録成化本無，但卷七十三僩録末所附學履録内容與其相似。參下條。

〔一六五〕以申命　成化本無。

〔一六六〕如何　成化本無。

〔一六七〕巽是重卦　成化本無。

〔一六八〕故曰重巽　成化本無。

〔一六九〕成化本此下注曰：「學履録云：『如命令之丁寧告戒，無所不至也。』」

〔一七〇〕自　成化本此上有「九二」。

〔一七一〕三　成化本作「四」。

〔一七二〕安也　成化本此下有「六四是自二往居四，未爲得位，以其上同於五，所以爲得位。象辭如此説，未密。若云六四上應上九爲上同，恐如此跳過了不得。」文公易説卷六則曰：「六三是自二往居三，未爲得位，以其上同於四所以爲得位。象辭如此説，未密。若云六三上應上九爲上同，恐如此跳過了不得。」

〔一七三〕也即是　成化本爲「此亦是」。

〔一七四〕終是不若三居二之爲得位　成化本爲「終是不見得四來居二之爲安，二之於四爲得位」。文公易説卷六曰：「終是不見得三來居二之爲安，二之於三爲得位。」

〔一七五〕渙卦　成化本無。

〔一七六〕學蒙　成化本爲「學履」。

〔一七七〕五　成化本作「三」。

〔一七八〕九　今傳本易作「六。」

〔一七九〕九　今傳本易作「六。」

〔一八〇〕話　成化本爲「説話」。

〔一八一〕節卦大體　成化本爲「節卦大抵」。「卦」字原缺，據成化本補。

〔一八二〕云　成化本作「問」。

〔一八三〕這　成化本作「節」。

〔一八四〕三　成化本爲「三爻」。

〔一八五〕未　成化本此上有「是」。

〔一八六〕學蒙　成化本爲「學履」。

〔一八七〕按林恪同　成化本無。

〔一八八〕魚　成化本爲「豚魚吉」。「豚」、「吉」二字原脱，據成化本補。

〔一八九〕個　成化本無。

〔一九〇〕中孚　此二字原脱，據成化本補。

〔一九一〕否　成化本無。

〔一九二〕那　成化本無。

〔一九三〕某　成化本此上有「曰」。

〔一九四〕中孚　成化本無。

〔一九五〕所　此字原脱，據成化本補。

〔一九六〕□□□□　成化本爲「今人説都打」。

〔一九七〕了　成化本此下注曰：「胡泳録云：『讀易如水面打毬，不沾着水方得，若着水便不活了。今人都要按從泥裏去，如何看得！』」

〔一九八〕得　成化本無。

〔一九九〕飛鳥　成化本此下有「遺音」。
〔二〇〇〕如鵬鳥賈誼之類是也　成化本爲「如賈誼鵬鳥」。
〔二〇一〕學蒙　成化本爲「學履」。
〔二〇二〕來　成化本此下有「是小過之義」。
〔二〇三〕聲　成化本爲「放聲」。
〔二〇四〕爲小過　成化本無。
〔二〇五〕學蒙　成化本爲「學履」。
〔二〇六〕晝　成化本無。
〔二〇七〕此條學履録成化本分爲兩條，「初六飛鳥以凶……不是取『遺音』之義」爲一條，「中孚有卵之象……所以次中孚也」另爲一條，且皆注爲學蒙録。
〔二〇八〕□　成化本作「疑」。
〔二〇九〕□録同而略……猶言加意待之也　成化本無。
〔二一〇〕小過　成化本無。
〔二一一〕常　成化本作「當」。
〔二一二〕得　此字原脱，據成化本補。
〔二一三〕今　成化本爲「今日」。

〔二一四〕此　此字原脱，據成化本補。

〔二一五〕成化本此下有「又曰：『若將濟，便只是不好去了。』」朱文公易説爲「若將濟便是好，今已濟便只是不好去了」。

〔二一六〕凶　成化本此下有「如『箕子之明夷利貞』，『帝乙歸妹』，皆恐是如此。」

〔二一七〕問既濟上三爻皆漸漸不好去　「皆」上原有六字脱，成化本爲「問既濟上三爻」。

〔二一八〕衂　此字原脱，據成化本補。

〔二一九〕不美之　成化本爲「不好底」。

〔二二〇〕殺牛則已　此處原有四字脱，據成化本補。

〔二二一〕先生曰然時運到那裏都過了　「先」與「到」之間原有五字脱，成化本無「先」，另有「曰然時運」四字。據上下文及成化本補「生曰然時運」五字。

〔二二二〕爲　此字原脱，據成化本補。

〔二二三〕濟所　此兩字原脱，據成化本補。

〔二二四〕便　成化本此上有「謂之『未濟』」。

〔二二五〕而　成化本此上有「但尚遲遲，故謂之『未濟』」。

〔二二六〕道　此字原脱，據成化本補。

〔二二七〕卦同　此兩字原脱，據成化本補。

〔二二八〕濟　此字原脱，據成化本補。

〔二二九〕中　成化本爲「坎中」。

〔二三〇〕乎　此字原脱，據成化本補。

〔二三一〕成化本此下注曰：「本注云：『士毅本記此段尤詳，但今未見黄本。』」

〔二三二〕未濟彖辭　成化本無此四字。「彖」字原脱，據文公易説卷七補。

〔二三三〕相接　成化本無。

〔二三四〕不　成化本此上有「蓋」。

〔二三五〕學蒙　成化本爲「學履」。

〔二三六〕是那日中衙府　「府」前原有五字脱，成化本爲「是那日中衙晡」。

〔二三七〕初　此字原脱，據成化本補。

〔二三八〕意思　此兩字原脱，據成化本補。

〔二三九〕便説　此兩字原脱，據成化本補。

〔二四〇〕上説　此兩字原脱，據成化本補。

〔二四一〕他這個　此三字原脱，據成化本補。

〔二四二〕他　成化本無。

〔二四三〕那　成化本無。

［二四四］要　成化本無。
［二四五］爲　此字原脱，據成化本補。
［二四六］未　此字原缺，據成化本補。
［二四七］其　成化本無。
［二四八］説　此字原脱，據成化本補。
［二四九］孔子解云　此四字原脱，據成化本補。
［二五〇］敢　此字原脱，據成化本補。
［二五一］砥　成化本作「礪」。
［二五二］與　此字原脱，據成化本補。
［二五三］是畏那寒了　此五字原脱，據成化本補。
［二五四］濡其尾亦不知極也　「濡其尾亦不」五字原脱。成化本爲「亦不知極也」，據周義傳義附録卷九補「濡其尾亦不」五字。
［二五五］敬字　此二字原脱，據成化本補。
［二五六］今且　此二字原脱，據成化本補。
［二五七］問居未濟之時　此六字原脱，據成化本補。
［二五八］初　成化本此下有「六」。

［二五九］守　成化本此下有「而輕進」。
［二六〇］二陽中正故有曳輪之吉　成化本爲「九二陽剛得中得正曳其輪而不進所以正吉」。
［二六一］進　成化本爲「進用」，且其下又有「『濡尾曳輪』皆是此意」。
［二六二］六　成化本爲「上九」。
［二六三］人　此字原脱，據成化本補。
［二六四］彖辭　成化本爲「彖象」。
［二六五］只是似這處頗費分疏所以有是説　「費」字原脱。成化本爲「而今也著與孔子分疏」，且其下注曰：「一本云：『只是似這處頗費分疏，所以有是説。』」據成化本所注，補「費」字。
［二六六］未濟　此二字原脱，據成化本補。
［二六七］反不善者　此四字原脱，據成化本補。
［二六八］竊謂　此二字原脱，據成化本補。
［二六九］九　此字原脱，據成化本補。
［二七〇］居　此字原脱，據成化本補。
［二七一］皆當静守　「皆當」、「守」三字原脱，據成化本補。
［二七二］如此　「此」字原脱。成化本爲「是如此」。據成化本補。
［二七三］學蒙　成化本爲「學履」。

晦庵先生朱文公語類卷第七十四

易十

上繫上

上、下繫辭説那許多爻，直如此分明。他人説得分明，便淺近。聖人説來却不淺近，有含蓄。所以分在上、下繫也無甚意義。聖人偶然去這處説，又去那處説。嘗説道看易底不去理會道理，却只去理會這般底，譬如讀詩者不去理會那四字句押韻底，却去理會那[一]十五國[二]風次序相似。淵。

「天尊地卑」，上一截皆説面前道理，下[三]一截是説易書。聖人做[四]這個易，與天地準處如此。如今看面前，[五]天地便是他[六]那乾坤，卑高便是貴賤。聖人只是見成説這個，見得易是準這個。若把下面一句説做未畫之易也不妨，然聖人是從那有易後説來。淵。

繫辭[七]「天尊地卑」至「變化見矣」，是舉天地事理以明易。自「是故」以下却舉易以明天地間事。人傑。

「天尊地卑，乾坤定矣」，上句是説天地造化實體，以明下句是説易中之義。「天尊地卑」，故易中之乾坤定矣。楊氏説得深了。〔八〕易中固有屈伸往來之乾坤處，然只是説〔九〕乾坤之卦。在易則有乾坤，非是因有天地而始定乾坤〔一〇〕。

「天尊地卑」至「變化見矣」〔一一〕，上一句皆説天地，下一句皆説易。如貴賤是易之位，剛柔是易之變化，類皆是易，不必專主乾、坤二卦而言。「方以類聚，物以群分」，方只是事，訓「術」，訓「道」。善有善之類，惡有惡之類，各以其類而聚也。謨。

「天尊地卑，乾坤定矣」，觀天地則見易也。僩。

乾坤陰陽以位相對言〔一二〕，固只一般。然以分而〔一三〕言，乾尊坤卑，陽尊而〔一四〕陰卑，不可並也。以一家言之，父母固皆尊，然〔一五〕母〔一六〕終不可以並乎父，〔一七〕所謂「尊無二上」也。僩。〔一八〕

「卑高以陳，貴賤位矣」，此只是一句。説天地間有卑有高，故易〔一九〕之六爻有貴賤之位也，故曰「列貴賤者存乎位」。畬。

問「方以類聚，物以群分」。曰：「物各有類，善有善類，惡有惡類，吉凶於是乎出。」又曰：「方以事言，物以物言。」砥。〔二〇〕

「方以類聚，物以群分」，楊氏之說爲字[二一]所拘，此只是「物有本末，事有終始」之意。隨其善惡而類聚群分，善者吉，惡者凶，而吉凶亦由是而生耳。伊川說是。亦是言天下事物各以類分，故存乎易者，吉有吉類，凶有凶類。僴。

「在天成象，在地成形，[二二]變化見矣。」上是天地之變化，下是易之變[二三]化。蓋變化，易中陰陽二爻變化，[二四]故[二五]「變化者，進退之象[二六]也」。變化只進退便是，如自坤而[二七]乾則爲進，自乾而坤則爲退。進退在已變、未定之間，若已定則便是剛柔也。僴。

問：「不知『變化』二字以成象、成形者分言之，不知是衮同說？」[二八]曰：「莫分不得。『變化』二字，下章說得最分曉。」文蔚曰：「下章云『變化者，進退之象』，如此則變是自微而著，化是自盛而衰。」曰：「固是。變是自陰而陽，化是自陽而陰，易中[二九]說變化惟此處最親切。如言『剛柔者，立本者也；變通[三〇]者，趨時者也』，剛柔是體，變通不過是二者盈虛消息而已，此所謂『變化』。故此章亦云『剛柔者晝夜之象也[三一]，變化者進退之象也』。『剛柔者晝夜之象』，所謂『立本』；『變[三二]化者進退之象』，所謂『趨時』。又如言『吉凶者失得之象，悔吝者憂虞之象』，悔吝便是吉凶底交互處，悔是吉之漸，吝是凶之端。」文蔚。林録止「最親切」。僩録皆同，而以「變自微而著，化自盛而衰」皆作先生說。[三三]

問：「變化是分於[三四]天地上說否？」曰：「難爲分說。變是自陰而陽，自靜而動；化是自陽而陰，自動而靜。漸漸化將去，不見其迹。」又曰：「橫渠云『變是倏忽之變，化是逐旋不覺化將去』，恐易之意不如此説。」既而曰：「適間説『類聚』、『群分』[三五]，也未見説到物處。易只是説一個陰陽變化，陰陽變化[三六]便自有吉凶。下篇説得變化極分曉。『剛柔者晝夜之象也[三七]』，剛柔便是個骨子，只管恁地變化。」此條與上□□，疑一時[三八]所同録，□少異。[三九]砥。[四〇]

「摩」是那兩個物事相摩戛，「盪」則是圜轉推盪將出來。「摩」是八卦以前事，「盪」是八卦以後爲六十四卦底事。「盪」是有那八卦了，團旋推盪那六十四卦出來。漢書所謂「盪軍」，是團轉去殺他、磨轉他底意思。淵。節録同。[四一]

「剛柔相摩，八卦相盪」，方是説做這卦。做這卦了，那「鼓之以雷霆」與風雨、日月、寒暑之變化皆在這卦中，那成男成[四二]女之變化也在這卦中。見造化關捩子纔動，那許多物事都出來。易只是模寫他這個。淵。

「鼓之以雷霆，潤之以風雨」，此已上是將造化之實體對易中之理，此下便是説易中[四三]却有許多物事。㽦。

「乾道成男，坤道成女」，通人物言之，如牡馬之類。在物[四四]亦有男女，如[四五]竹[四六]有雌雄之類，皆離陰陽剛柔不得。㽦。

「乾知太始」，知猶當也，如知縣、知州之類。泳。[四七]

「乾知太始，坤作成物。」知者，管也。乾管却太始，太始即物生之始。乾始物而坤成之也。謨。

或問：「『乾知太始，坤作成物，乾以易知，坤以簡能』，如何是知[四八]？」曰[四九]：「此『知』字訓『管』字，不當解作知見之『知』。太始是『萬物資[五〇]始』，乾以易，故管之；成物是『萬物資生』，坤以簡，故能[五一]之。大抵談經只要自在，不必泥於一字之間。」蓋卿。

「乾知[五二]太始」，知，才[五三]之意也，如知縣、知州。乾爲其初，爲其萌芽。「坤作成物」，坤管下面一截，有所作爲。「乾以易知」，「乾，陽物也」，陽剛健故作爲易成。「坤以簡能」，坤因其[五四]乾先發得有頭腦，特因而爲之，故簡。節。

乾德剛健，他做時便通透徹達，欄截障蔽他不得[五五]。人剛健者亦如此。「乾以易知」，只是説他恁地做時不費力。淵。

「坤以簡能」，坤最省事，更無勞擾，他即[五六]承受那乾底生將出來[五七]。他生將物出來便見得是能。陰則[五八]是一個順，若不順如何配陽而生物！淵。

問「乾坤易簡」之理[五九]。曰：「『易簡』只以『健順』可見義[六〇]。」曰：[六一]「且以人論之。有人甚健則遇事時自然覺易，[六二]易只是不難。又如人禀得性順，及其作事便自然簡，[六三]簡只是不繁。然乾之易只管得上一截事，到下一截却屬坤，故易。坤只是承乾，故不著做上一截事，只做下面一截，故簡。如『乾以易知，坤以簡能』，知便是做起頭，能便是做了。只觀『隤然』、『確然』亦可見得易簡之理。」㽦。

「易簡」，一畫是易，兩畫是簡。泳。

方□談[六四]問「乾坤簡易」。曰：「易只是一個[六五]要做便做，簡是一恁地[六六]都不入自家思惟意思，惟順他乾道做將去。」又[六七]問：「乾健，『德行常易以知險』；坤順，『德行常簡以知阻』。」曰：「自上臨下爲險，自下升上爲阻。故乾無自下升上之義，坤無自上降下之理。」賀孫。

吴必大[六八]伯豐問「簡易」。曰：「只是『健順』。如人之健者做事自易，順承者自簡靜而不繁。只看下繫『確然』、『隤然』自分曉。易者只做得一半，簡者承之。又如乾『恒易以知險』，坤『恒簡以知阻』，因登山而知之。高者視下可見其險，有阻在前，簡靜者不以爲難。」人傑。

問「『乾知』是知，『坤作』是行否？」曰：「是。」又問：「通乾坤言之，有此理否？」曰：「有。」又問：[六九]「如何是『易簡』？」曰：「他行健，所以易，易是知阻難之謂，人有私意便難。簡只是順從而已，若外更生出一番[七〇]，如何得簡？今人多是私意，所以不能簡易。易，故知之者易；簡，故從之者易。『有親』者，惟知之者易，故人得而親之。此一段通天人而言。」祖道。

乾[七一]惟行健，其所施爲自是容易，觀造化生長則可見，只是這氣一過時萬物皆生了，可見其易。要生便生，更無凝滯；要做便做，更無等待，非健不能也。淵。[七二]

問「乾易坤簡[七三]」。曰：「『簡』字易曉，『易』字難曉。他是健了，[七四]自然恁地不勞氣力。纔從這裏過，要生便生，所謂『因行不妨掉臂』，是[七五]這樣說話。繫辭有數處說『易簡』，皆是這意。[七六]」又問：「健不是要[七七]恁地，是實理自然如此。在人則順理而行便自容易，不須安排。」曰：「順理自是簡底事。所謂易便只是健，健自是易。」學蒙。

問「易則易知，簡則易從」。答曰：「乾坤只是健順之理，非可指乾坤爲天地，亦不可指乾坤爲二卦，在天地與卦中皆是此理。『易知』、『易從』不必皆指聖人，但易時自然易知，簡時自然易從。」謨。去僞、人傑皆録同。[七八]

問：「如何是『易知』？」曰：「且從上一個『易』字看，看得『易』字分曉，自然易知。」久之，又曰：「簡則有個睹當底意思。看這事可行不可行，可行則行，不可行則止，所以謂之順。易則都無睹當，無如何、若何，只是容易行將去。如口之欲語，如足之欲行，更無因依。口須是說話，足須是行履。如虎嘯風洌、龍興致雲，自然如此，更無所等待，非至健何以如此？這個只就『健』字上看。惟其健所以易。雖天下之至險，亦安然行之，如履平地，此所以爲至健。坤則行到前面，遇着有阻處便不行了，此其所以爲至[七九]順。」僩。

「『乾以易知，坤以簡能。』他自[八〇]是從上面『乾知太始，坤作成物』處說來。」文蔚曰：「本義以『知』字作『當』字解，其義如何？」曰：[八一]「此一[八二]如說『樂著太始』，太始就當體而言，言乾當此太始，然亦自有知覺之義。」文蔚曰：「此是那性分一邊事。」曰：「便是他屬陽。『坤作成物』，却是作那成物，乃是順乾。『乾以易知，坤以簡能』，易簡在乾坤。『易則易知，簡則易從』却是以人事言之。兩個『易』字又自不同，一個是簡易之『易』，一個是難易之『易』。要之只是一個字，但微有毫釐之間。」因極[八三]論：「天地間只有一個陰陽，故程先生云『只有一個感與應』。所謂陰與陽無處不是。且如前後，前便是陽，後便是陰；又如左右，左便是陽，右便是陰；又如上下，上面一截便是陽，下面一截便是陰。」文蔚曰：「先生易説中謂『伏羲作易，驗陰陽消息兩端而已』。此語最盡。」曰：「『陰陽』雖是兩個字，然却只是一氣之消息，一進一退，一消一長。進處便是陽，退處便是陰；長處便是陽，消處便是陰。只是這一氣之消長做出古今天地間無限事來，所以陰陽做一個説亦得，做兩個説亦得。」文蔚。

「易知則有親，易從則有功。」惟易則人自親之，簡則人自從之。蓋難[八四]阻則自是人不親，繁碎則自是人不從。人既親附則自然可以久長，人既順從則所爲之事自然廣大。若其中險深不可測，則誰親之？做事不繁碎，人所易從，有人從之，功便可成。若是頭項多，做得事來艱難底，必無人從之。僩。

「易繫解『易知』、『易從』，云『知則同心，從則協力，一於内故可久，兼於外故可大』，如何？」曰：「既易知則人皆可以同心，既易從則人皆可以叶力。『一於内故可久[八五]』者，謂可久是賢人之德，德則得於己者。『兼於外故可大[八六]』者，謂可大是賢人之業，事業則見於外者故爾。」謨。

「乾以易知，坤以簡能」以下，[八七]只爲易知、易從，故可親、可久。如人不可測度者自是難親，亦豈能久？煩碎者自是難從，何緣得有功也？謨。

德是得之於心，業是事之有頭緒次第者。方子。

蕭兄問「德」、「業」。先生云：「德者，得也，得之於心謂之德。如得這個孝，則爲孝之德業是做得成頭緒、有次第了。不然，泛泛做，只是俗事，更無可守。」蓋卿。

黄子功問：「繫辭乾坤易簡之理，繼之以久、大、賢人之德業。[八八]何以不言聖人之德業，而言賢人之德業？」曰：「未消理會這個得。若恁地理會，亦只是理會得一段文字。」良久，乃曰：「乾坤只是一個健順之理，人之性無不具此。『雖千萬人，吾往矣』便是健，『雖褐寬博，吾不惴焉』便是順。如剛果奮發、謙遜退讓亦是。所以君子『富貴不能淫，貧賤不能移，威武不能屈』，非是剛强，健之理如此。至於『出門如見大賓，使民如承大祭』，非是巽懦，順之理如此。但要施之得其當，施之不當便不是乾、坤之理。且如孝子事親須是下氣怡色，起敬起孝。若用健，便是悖逆不孝之子。事君須是立朝正色，犯顔敢諫。若用順，便是阿諛順旨。中庸説『君子而時中』，時中之道，施之得其宜便是。」文蔚曰：「通書云『性者，剛柔善惡中而已』，此一句説得亦好。」先生點頭曰：「古人自是説得好了，後人説出來又好。」徐子融曰：「上蔡嘗云『一部論語只如此看』，今聽先生所論，一部周易亦只消如此看。」先生默然。文蔚。

「『可久則賢人之德，可大則賢人之業』，楊氏『可而已』之説亦善。」又問：「不言聖人，是未及聖人事否？」曰：「『成位乎其中』便是説底[八九]著聖人。張子所謂『盡人道，並立乎天地以成三才』，則盡人道非聖人不能。程子之説不可曉。」[九〇]㽦。

伯豐問：「『成位乎其中』，程子、張子二説孰是？」曰：「此只是説聖人。程子説不可曉。」㽦。

右第一章

「聖人設卦觀象」至「生變化」三句是題目，下面是解説這個。吉凶悔吝自大説去小處，變化剛柔自小説去大處。吉凶悔吝説人事變化，剛柔説卦畫。從剛柔而爲變化，又自變化而爲剛柔。所以下個「變化之極」者，未到極處時未成這個物事。變似那一物變時從萌芽變來成枝成葉，化成[九一]時是那消化了底意思。淵。

問：「本義云：[九二]『剛柔相推而生變化，變化之極復爲剛柔，流行於[九三]一卦六爻之中，而占者因得其所值以斷吉凶也[九四]。』竊意在天地之中，陰陽變化無窮而萬物得因之以生生；

在卦爻之中，變[九五]化無窮而人始得因其變以占吉凶。」先生云：「易自是占其變。若都變了，只一爻不變，則又[九六]以不變者爲主。或都全不變，則不變者又反是變也。」學蒙。

「剛柔相推」是説陰陽二氣相推，「八卦相盪」是説奇偶雜而爲八卦。在天則「剛柔相推」，在易則「八卦相盪」，然皆自易言。一説則「剛柔相推」而成八卦，「八卦相盪」而成六十四卦。僩。

「吉凶者，失得之象也；悔吝者，憂虞之象也；變化者，進退之象也；剛柔者，晝夜之象也。」四句皆互換往來，乍讀似不貫穿，細看來不勝其密。吉凶與悔吝相貫，悔自凶而趨吉，吝自吉而趨凶。進退與晝夜相貫，進自陰而趨乎陽，退自陽而趨乎陰也。[九七]謨。

繫辭一字不胡亂下，只人不仔細看。如「吉凶者，失得之象也；悔吝者，憂虞之象也；變化者，進退之象也；剛柔者，晝夜之象也[九八]」，中間兩句，悔是自凶而向乎吉，吝是自吉而趨乎凶；進是自柔而向乎剛，退是自剛而趨乎柔。又如「乾知險，坤知阻」，何故乾言險、坤言阻？舊因登山曉得，自上而下來方見險處，故以乾言；自下而上去方見阻處，故以坤言。淳。

吉凶悔吝四者，正如剛柔變化相似。四者循環，周而復始，悔了便吉，吉了便吝，吝了便凶，凶了便悔。正如「生於憂患，死於安樂」相似。蓋憂苦患難中必悔，悔便是吉之漸；及至吉了，少間便安意肆志，必至做出不好、可羞吝底事出來，這便是吝，[九九]吝便是凶之漸矣；及至凶矣，又却悔。只管循環不已。正如剛柔變化，剛了化，化了柔，柔了變，變便是剛，亦循環不已。吉似夏，吝似秋，凶似冬，悔似春。僩録同而略。〔一〇〇〕

「吉〔一〇一〕凶悔吝是對那剛柔變化説。剛極便柔，柔極便剛。四個循環如春夏秋冬，凶是〔一〇二〕冬，悔是〔一〇三〕春，吉是〔一〇四〕夏，吝是〔一〇五〕秋，秋又是冬去。」或問曰：〔一〇六〕「此配陰陽〔一〇七〕當如此。於人事上如何説〔一〇八〕？」曰：「事〔一〇九〕未嘗不『生於憂患，死〔一一〇〕於安樂』。若吉而〔一一一〕不知戒懼，自是生出吝來，雖未至於凶，是有凶之道也。〔一一二〕」學蒙。

剛過當爲悔，柔過當爲吝。節。

過便悔，不及便吝。㽦。

「悔吝二義，悔者，將趨於吉而未至於吉；吝者，將趨於凶而未至於凶。」又問：「所謂小疵者，只是以其未便至於吉凶否？」曰：「悔是漸好，知道是錯了便有進善之理，悔便到無咎。吝者，喑嗚説不出，心下不定〔一一三〕，没分曉，然未至大過，故曰小疵。然小疵畢竟是小過。」㽦。〔一一四〕

問：「『所居而安者，易之序也』，與『居則觀其象』之『居』不同。上『居』字是總就身之所處而言，下『居』字是靜對動而言。」曰：「然。」學蒙。〔一一五〕

問「所居而安者，易之序也」。曰：「序是次序，謂卦及爻之初終，如潛、見、飛、躍，循其序則安。」又問「所樂而玩者，爻之辭」。曰：「横渠謂『每讀每有益，所以可樂』，蓋有契於心則自然樂。」㽦。

「『居則觀其象而[一一六]玩其辭；動則觀其變而[一一七]玩其占』，如何？」曰：「若是理會不得，却如何理會得占？閑時理會得，到用時便占。[一一八]」㽦。

居[一一九]則玩其占，有不待占而自[一二〇]顯者。可學。[一二一]

右第二章

「憂悔吝者存乎介，震無咎者存乎悔。」悔[一二二]固是吉凶之小者，介又是幾微之間，慮悔吝之來當察於幾微之際。無咎者本是有咎，善補過則无爲咎。震，動也，欲動而无咎當存乎悔爾。悔吝在吉凶之間，悔是自凶而趨吉，吝是自吉而之凶。悔吝，小於吉凶而將至於吉凶者也。謨。

「齊小大者存乎卦」，齊猶分辨之意，一云猶斷也。小謂否睽之類，大謂泰謙之類。如泰謙之辭便平易，睽困之辭便艱險，故曰「卦有小大，辭有險易」。此説與本義異。人傑。

「齊小大者存乎卦。」曰：「『齊』字又不是整齊，自有個如準如協字，是分辨字。泰爲大，否爲小。『辭有險易』直是吉卦易、凶卦險。泰謙之類説得平易，睽蹇之類説得艱險。」㽦。

問：「『憂悔吝者存乎介。』悔吝未至於吉凶，是那初萌動、可[一二三]向吉凶之微處。介又是悔吝之微處。『介』字如界至、界限之『界』，是善惡初分界處。以〔一二四〕此憂之則不至悔吝矣。」曰：「然。」學蒙。

問：「『卦有小大，辭有險易。』陽卦爲大，陰卦爲小。爻辭如『休復吉』底自是平易，〔一二五〕『困于葛藟』底〔一二六〕自是險。」曰：「大約也是如此。〔一二七〕」學蒙。

問：「『卦有小大』，舊説謂大畜、小畜、大過、小過，如此則只説得四卦，也不知如何。〔一二八〕」曰：「看來只是好底卦便是大，不好底卦便是小。如復、如泰、如大有、如夬之類盡〔一二九〕好底卦，如睽、如困、如小過底盡不好底。譬如人，光明磊落底便是好人，昏昧迷暗底便是不好人。所以謂『卦有小大，辭有險易』。大卦辭易，小卦辭險，即此可見矣。」學蒙。〔一三〇〕

問「易與天地準，故能彌綸天地之道」。曰：「易道本與天地齊準，所以能彌綸之。凡天地間之物，無非易之道，故易能『彌綸天地之道』，而聖人用之也。『彌』如封彌之『彌』，糊合便無縫罅；『綸』如絡絲之『綸』，自有條理。言雖是彌得外面無縫罅，而中則事事物物各有條理。彌，如『大德敦化』；綸，如『小德川流』。彌而非綸，則空疏無物；綸而非彌，則判然不相干。此二字，見得聖人下字甚密也。」學蒙。〔一三一〕

「彌綸天地之道」，「彌」字如封彌之義。惟其封彌得無縫罅，所以能遍滿也。本義解作遍滿之意。〔一三二〕僩。

「『仰以觀天文，俯以察地理，是故知幽明之故。』注云：『天文則有晝夜上下，地理則有南北高深。』不知如何？」曰：「晝明夜幽，上明下幽。觀晝夜之運，日月星辰之上下，可見此天文幽明〔一三三〕所以然。南明北幽，高明深幽。觀之南北高深，可見此地理幽明之所以然。」又云：「始終死生是以循環言，精氣鬼神是以聚散言，其實不過陰陽兩端而已。」學蒙。〔一三四〕

天是陽，地是陰，〔一三五〕然各有陰陽。天之晝是陽，夜是陰；日是陽，月是陰。地如高屬陽，下屬陰；平坦屬陽，險阻屬陰；東南屬陽，西北屬陰。幽明便是陰陽。營。

觀文、察變以至「知鬼神之情狀」，皆是言窮理之事。直是要知得許多，然後謂之窮理。謨。

正卿問「原始反終，故知死生之説」。曰：「人未死，如何知得死之説？只是原其始之理，將後面摺轉來看便見得，以此之有，知彼之無。」

「原始反終」，推原其始，却回頭轉來看其終。人傑。〔一三六〕

問：「『反』字如何？」曰：「推原其始而反其終。謂如人心〔一三七〕方推原其始初，却摺轉一摺來，如回頭之義，反觀其終。〔一三八〕」營。〔一三九〕

右第三章〔一四〇〕

「精氣爲物」是合精與氣而成物，精魂而氣魄也。變則是魂魄相離。雖獨説「遊魂」而不言魄，而離魄之意自可見矣。學蒙。

林安卿問「精氣爲物，遊魂爲變」。曰：「此是兩個合，一個離。精氣，合則魂魄凝結而爲物，離則陽已散而陰無所歸，故爲變。『精氣爲物』，精，陰也；氣，陽也。『仁者見之謂之仁，智者見之謂之智』，仁，陽也；智，陰也。」人傑。〔一四一〕

問：「尹子解『遊魂』一句爲鬼神，如何？」曰：「此只是聚散。聚而爲物者神也，散而爲變者鬼也。鬼神便有陰陽之分，只於屈伸往來觀之。横渠説『精氣自無而有，遊魂自有而無』，其説亦分曉。然精屬陰，氣屬陽，然又自有錯綜底道理。然就一人之身將來横看，生便帶着個死底道理。人身雖是屬陽而體魄便屬陰，及其死而屬陰又却是此氣，便亦屬陽。蓋死則魂氣上升，而魄氣〔一四二〕下降。若〔一四三〕古人説『徂落』二字，極有義理，便是謂魂魄。徂者，魂升于天；落者，魄降于地。只就人身便亦是鬼神。如祭祀『求諸陽』便是求其魂，『求諸陰』便是求其魄。祭義中宰我問鬼神一段説得好，注解得亦好。」僩。

「與天地相似故不違。」上言易「與天地準」，此言聖人「與天地相似」也。此下數句是與天地相似之事。僩。〔一四四〕

「與天地相似故不違。」上文言易之道「與天地相似」，此言聖人之道「與天地準」也。惟其人不違，所以「與天地相似」。若此心有外，則與天地不相似矣。此下數句皆是「與天地相似」之事也。上文「易與天地準」下數句，皆「易與天地準」之事也。「旁行而不流」，言其道旁行而不流於偏也。「範圍天地之化而不過」，自有大底範圍，又自有小底範圍。而今且就身上看，一事有一個範圍。「通乎晝夜之道而知」，「通」訓兼，言兼晝與夜皆知也。僩。

「與天地相似」是說聖人。第一句泛說。如「周乎萬物」至「道濟」，[一四五]是細密底工夫。知便是[一四六]要周乎萬物，無一物之遺；道直要濟天下。營。

問：「『與天地相似故不違，知周乎萬物而道濟天下故不違』，[一四七]注云：『「知周萬物」者天也，「道濟天下」者地也。』是如何？」曰：「此與後段『仁者見之謂之仁，知者見之謂之知』又自不同。此以清濁言，彼以動靜言。智是先知得較虛，故屬之天。『道濟天下』則普濟萬物，惠實[一四八]及民，故屬之地。」又言[一四九]：「『旁行不流，樂天知命故不憂』，此兩句本皆是知之事，蓋不流便是貞也。不流是本，旁行是應。變處無本則不能應變，能應變而無其本則流而入變詐矣。細分之，則旁行是知，不流屬仁。其實皆是知之事，對下文『安土敦乎仁故能愛』一句，專說仁也。」學蒙。[一五〇]

「知周萬物」是體；「旁行」是「可與權」，乃推行處；「樂天知命」是自處。三節各說一理。淵。

「旁行而不流。」曰：「此『小變而不失其大常』。然前後却有『故』字，又相對。此一句突然，易中自時有恁地處，頗有[一五一]難曉。」甾。

問：「『樂天知命』，云『通上下言之』，又曰『聖人之知天命則異於此』。某竊謂『樂天知命』便是説聖人。」曰：「此一段亦未安。『樂天知命』便是聖人之[一五二]異者，與『不知命無以爲君子』自別。」可學。

「安土敦乎仁」對「樂天知命」言之。所寓而安，篤厚於仁，更無夾雜，純是天理。自「易與天地準」而下，皆發明陰陽之理。人傑。

問「安土敦乎仁，故能愛」。曰：「此是與上文『樂天知命』對説。『樂天知命』是『知崇』，『安土敦仁』是『禮卑』。安是隨所居而安，在在處處皆安。若自家不安，何以能愛？敦只是篤厚。去盡己私，全是天理，更無夾雜，充足盈滿，方有個敦厚之意。只是仁而又仁，敦厚於仁故能愛。惟『安土敦仁』則其愛自廣。」甾。

「安土」者隨所寓而安，若自擇安處，便只知有己，不知有物也。此厚於仁者之事，故能愛也。人傑。謨、去僞録同。[一五三]

「安土敦乎仁，故能愛」，聖人説仁是恁地説，不似江西人説知覺相似。此句説仁最密。淵。方子録無「江西」一句。[一五四]

「範圍天地」之道[一五五]。範是鑄金作範，圍是圍裏。如天地之道[一五六]都没個遮欄，聖人便將天地之道一如用範來範成個物，包裹了。試舉一端，如在天便做成四時節候[一五七]，以此做個塗轍，更無過差。此特其一[一五八]爾。㽦。

問：「『範圍天地之化而不過』，如天之生物至秋而成，聖人則爲之斂藏。人之生也，欲動情勝，聖人則爲之教化防範。此皆是範圍而使之不過之事否？」曰：「範圍之事闊大，此亦其一事也。今且就身上看如何。」或曰：「如視聽言動，皆當存養使不過差，此便是否？」曰：「事事物物無非天地之化，皆當有以範圍之。就喜怒哀樂而言，喜所當喜、怒所當怒之類，皆範圍也。能範圍之不過，曲成之不遺，方始見得這『神無方，易無體』。若範圍有不盡，曲成有所遺，神便有方，易便有體矣。」學蒙。

問「範圍天地之化而不過」。曰：「天地之化，滔滔無窮，如一爐金汁鎔化不息。聖人則爲之鑄瀉成器，使入模範匡郭，不使過於中道也。『曲成萬物而不遺』，此又是就事物之分量形質，隨其大小闊狹、長短方圓，無不各成就此物之理，無有遺闕。『範圍天地』是極其大而言，『曲成萬物』是極其小而言。『範圍』如『大德敦化』，『曲成』如『小德川流』。」學蒙。[一五九]

「通乎晝夜之道而知。」既曰「通」又曰「知」，似不可曉。然通是兼通，若通晝不通夜，通生不通死，便是不知，便是神有方，有[一六〇]體了。學蒙。

「『通乎晝夜之道而知』，『通』字只是兼乎晝夜之道而知其所以然。大抵此一章自『易與天地準』以下，只是言個[一六一]陰陽。至『仁者見之謂之仁，知者見之謂之知』，謂隨人氣偏處見，仁亦屬陽，知亦屬陰，此又是分著陰陽。[一六二]如『繼之者善，成之者性』，便於造化流行處分陰陽，此是指人氣禀有偏處，分屬陰陽耳。[一六三]」因問：「尹子『「鬼神情狀」只是解「遊魂爲變」一句』，即是將『神』字作『鬼』字看了。程、張説得甚明白，尹子親見伊川，何以不知此義？」曰：「尹子見伊川晚，又性質朴鈍，想伊川亦不曾與他説。」㽦。

「易無體」，這個物事逐日各自是個頭面，日異而時不同。淵。

「神無方而易無體」，神便是在陰底[一六四]又忽然在陽底。易便是或爲陰或爲陽，如爲春又爲夏，爲秋又爲冬，交錯代換而不可以形體拘也。學蒙。[一六五]

「神無方，易無體。」神自是無方，易自是無體。方是四方上下，神却或在此或在彼，故云「無方」。「易無體」者，或自陰而陽，或自陽而陰，無確定底，故云「無體」。自與那「其體則謂之易」不同，各自是説一個道理。若恁地衮將來説，少間都説不去。他那個是説「上天之載，無聲無臭」，「其體則謂之易」。這只是説個陰陽、動静、闢闔、剛柔、消長，不着這七八個字説不了。若喚做「易」，只一字便了。易是變易，陰陽無一日不變，無一時不變。莊子分明説「易以道陰陽」。要看易須當恁地看，事物都是那陰陽做出來。「其體則謂之易」，此「體」是個骨子。[一六六]淵。節録同。[一六七]

「一陰一陽之謂道」則[一六八]陰陽是氣，不是道，所以爲陰陽者乃道也。若只言「陰陽之謂道」則陰陽是道，今曰「一陰一陽」則是所以循環者乃道也。「一闔一闢謂之變」亦然。道夫。[一六九]

或問「一陰一陽之謂道」。曰：「以一日言之則晝陽而夜陰；以一月言之則望前爲陽，望後爲陰；以一歲言之則春夏爲陽，秋冬爲陰。從古至今恁地衮將去，只這[一七〇]是個陰陽，是孰使之然也？乃道也。從此句下又分兩脚。此氣之動爲人物，渾是一個道理。故人未生以前此理不[一七一]善，所以謂之[一七二]『繼之者善』，此則屬陽；氣質既定，爲人爲物，所以謂『成之者性』，此則屬陰。」正卿。[一七三]

問「一陰一陽之謂道」。曰：「一陰一陽，此是天地之理。如『大哉乾元，萬物資始』，乃『繼之者善也』；『乾道變化，各正性命』，此『成之者性也』。這一段是説天地生成萬物之意，不是説人性上事。」去僞録同。[一七四]

「一陰一陽之謂道」，太極也。「繼之者善」，生生不已之意，屬陽；「成之者性」，「各正性命」之意，屬陰。通書第一章可見。如説「純粹至善」，却是統言道理。人傑。

「一陰一陽之謂道。」就人身言之，道是吾心。「繼之者善」是吾心發見惻隱、羞惡之類。「成之者性」是吾心之理，所以爲仁義禮智是也。人傑。

問：「孟子只言『性善』，易繫辭却云『一陰一陽之謂道，繼之者善也，成之者性也』。如此則性與善却是二事？」曰：「一陰一陽是總名。『繼之者善』是二氣五行之[一七五]事，『成之者性』是氣化已後事。」去僞。[一七六]

問：「『一陰一陽之謂道』便[一七七]是太極否？」曰：「陰陽只是陰陽，道便[一七八]是太極。程子説『所以一陰一陽者，道也』。」問：「知言云『有一則有三，自三而無窮矣』，又云『「一陰一陽之謂道」謂太極也。陰陽剛柔，顯極之幾，至善以微，孟子所謂「可欲」者也』，此意[一七九]如何？」曰：「知言只是説得一段文字皆好，[一八〇]不可曉。」問：「『純粹至善者也』與『繼之者善』同否？」曰：「是繳上二句，却與『繼之者善』不同。『繼之者善』屬陽，『成之者性』屬陰。」問：「陽實陰虛。『繼之者善』是天命流行，『成之者性』是在人物。疑人物是實。」曰：「陽實陰虛又不可執。只是陽便實、陰便虛，各隨地步上説。如揚子説『於仁也柔，於義也剛』，今周子却以仁爲陽、義爲陰。要知二者説得都是。且如造化周流，未著形質，便屬形而上者，[一八一]才麗於形質爲人物、爲金木水火土，便轉動不得，便是形而下者，屬陰。若是陽時自有多少流行變動在，及至成物，一成而不返。謂如人之初生屬陽，只管有長，及至長成，便只有衰，此氣逐旋衰滅，至於衰盡則死矣。周子所謂『原始反終』，只於衰盡處可見反終之理。」又曰：「嘗見張乖崖云『未押字時屬陽，已押字時[一八二]屬陰』，此語疑有得於希夷，未可知。」銖。[一八三]

「繼之者善」如水之流行，「成之者性」如水之止而成潭也。椿。

流行造化處是善，凝成於我者即是性。繼是接續綿綿不息之意，成是凝成有主之意。大雅。

「繼之者善也」，元亨，是氣之方行而未著於物也，是上一截事。「成之者性也」，利貞，是氣之結成一物也，是下一截事。節。

「繼之者善，成之者性。」曰：〔一八四〕「造化所以發育萬物者爲『繼之者善』，『各正其性命』者爲『成之者性』。」榦。

性〔一八五〕便是善。可學。

問：「『繼之』、『成之』，〔一八六〕是道，是器？」曰：「繼之成之是器，善與性是道。」人傑。

「成性」只是本來性。節。

或問「成之者性也」。曰：「性如寶珠，氣質如水。水有清有污，故珠或全見、或半見、或不見。」又問：「先生嘗説性是理，本無是物。若譬之寶珠，則却有是物。」曰：「譬喻無十分親切底。」蓋卿。

「仁者」、「知者」〔一八七〕至「鮮矣」。「此言萬物各具是性，但氣禀不同，各以其性之所近者窺之。故仁者只見得他發生流動處而〔一八八〕以爲仁，知者只見得他貞静處而〔一八九〕便以爲知。下此一等，百姓日用之間『習矣而不察』，所以『君子之道鮮矣』。」學蒙。

右第四章

「『顯諸仁，藏諸用』，二句只是一事。『顯諸仁』是可見底，便是『繼之[一九〇]善也』；『藏諸用』是不可見底，便是『成之者性也』。『藏諸用』是『顯諸仁』底骨子，正如說『一而二，二而一』者也。張文定說『公事未判屬陽，已判屬陰』，[一九一]亦是此意。『顯諸仁，藏諸用』，亦如元亨利貞，[一九二]元亨是發用流行處，利貞便是流行底骨子。」又曰：「『顯諸仁』，德之所以盛；『藏諸用』，業之所以成。譬如一樹，一根生許多枝葉花實，此是『顯諸仁』處。及至結實，一核成一個種子，此是『藏諸用』處。生生不已，所謂『日新』也；萬物無不具此理，所謂『富有』也。」僩。

「顯諸仁，藏諸用」是「元亨誠之通，利貞誠之復」。㽦。[一九三]

「鼓萬物而不與聖人同憂」，此言造化之理。如聖人則只是人，安得而無憂！謨。

天地造化是自然，聖人雖生知安行，然畢竟是有心去做，所以說「不與聖人同憂」。淵。

問「鼓萬物而不與聖人同憂」。答曰：「明道兩句最好：『天地無心而成化，聖人有心而無爲。』無心便是不憂，成化便是鼓萬物。天地鼓萬物，亦何嘗有心來！」謨。去僞録同。[一九四]

「盛德大業」以下都是說易之理，不是指聖人。[一九五]㽦。

「盛德大業至矣哉」，是贊歎上面「顯諸仁，藏諸用」。㬊録。[一九六]

「盛德大業」一章。曰：「既説『盛德大業』，又説他只管恁地生去，所以接之以『生生之謂易』，是漸説入易上去。乾只略成一個形象，坤便都呈見出許多法來。到坤處都細了，萬法一齊出見。『效』字如效順、效忠、效力之『效』。『極數知來之謂占，變通之謂事〔一九七〕』，占出這事變〔一九八〕，人便依他這個做，便是『通變之謂事』。看來聖人到這處便説在占上去，則此書分明是要占矣。『陰陽不測之謂神』是總結這一段。不測者是在這裏又在那裏，便只〔一九九〕是這一個物事走來走去，無處不在。六十四卦都説了，這又説三百八十四爻。許多變化只是這一個物事周流其間。」學蒙。

先説個「富有」，方始説「日新」，此與説宇宙相似。先是有這物事了，方始相連相續去。自「富有」至「效法」是説其理如此，用處却在那「極數知來」與「通變」上面。蓋説上面許多道理要做這般〔二〇〇〕用。淵。

「效法之謂坤」，到這個坤時都子細詳密〔二〇一〕了，一個是一個模樣。效猶呈，一似説「效犬」、「效羊」、「效牛」、「效馬」，言呈出許多物。大概乾底只是做得個形象，到得坤底則漸次詳密。「資始」、「資生」，於此可見。淵。

「成象之謂乾，效法之謂坤」，依舊只是陰陽。凡屬陽底便是方做未成形之意〔二〇二〕。「成象」謂如日月星辰在天，亦無個懸象〔二〇三〕如此。乾便略，坤便詳。效如陳效之「效」，若今人言效力之類。法是有一成已定之物，可以形狀見者。如條法，亦是實有已成之法。䇮。

「成象之謂乾」，此造化方有些顯露處。「效法之謂坤」，以「法」言之則大段詳密矣。「效」字難看，如效力、效成之「效」，有陳獻底意思。乾坤只是理，理本無心。自人而觀，猶必待乾之成象而後坤能效法。然理自如此，本無相待。且如四時亦只是自然迭運，春夏生物，初不道要秋冬之所成〔二〇四〕；秋冬成物，又不道成就春夏之所生，皆是理之所必然者爾。謨。

「成象之謂乾」，謂風霆雨露日星，只是個象。效者，效力之「效」。效法，則效其形法而可見也。人傑。

右第五章

「夫易，廣矣，大矣。以言乎遠則不禦，〔二〇五〕以言乎邇則静而正，以言乎天地之間則備矣。」「静而正」謂觸處皆見有此道，不待安排，不待措置，雖至小、至近、至鄙、至陋之事，無不見有。隨處皆見足，無所欠缺，只觀之人身便見。「見有」、「見足」之「見」，賢遍反。僩。

「夫易，廣矣，大矣」、「静〔二〇六〕而正」，是無大無小，無物不包，然當體便各具此道理。〔二〇七〕䇮。

「『静而正』，須著工夫看。」徐曰〔二〇八〕：「未動時便都有此道理，都是真實，所以下個『正』

字。」㽦。〔二〇九〕

「其動也闢。」大抵陰是兩件，如陰爻兩畫。闢是兩開去，翕是兩合。如地皮上生出物來，地皮須開。今論天道包著地在，然天之氣却貫在地中，地却虛，有以受天之氣。其下所謂有「大生」、「廣生」之字，〔二一〇〕大是一個大底物事，廣便是容得許多物事。「大」字實，「廣」字虛。㽦。

「『夫坤，〔二一一〕其靜也翕，其動也闢。』地到冬間，氣都翕聚不開；至春則天氣下入地，地氣開以迎之。」又曰：「陰陽與天地自是兩件物事。陰陽是二氣，天地是兩個有形質底物事，如何做一物説得！不成説動爲天而靜爲地，無此理，正如鬼神之説。」僩。

乾靜專動直而大生，坤靜翕動闢而廣生。這説陰陽體性如此，卦畫也彷彿似恁地。淵。

天體大，「是以大生焉」；地體虛，「是以廣生焉」。「廣」有虛之義，如「河廣」、「漢廣」之「廣」。敬仲。

本義云：「乾一而實，故以質言而曰大；坤二而虛，故以量言而曰廣。」學者不曉〔二一二〕，請問。曰：「此兩句解得極分曉。蓋曰以形言之則天包地外，地在天中，所以説天之質大。以理與氣言之則地却包着天，天之氣却盡在地之中，地盡承受得那天之氣，所以説地之量廣。天只是一個物事，一本〔二一三〕故實，從裏面便實出來，流行發生只是一個物事，所以説『乾一而實』。地雖是堅實，然却虛，所以天之氣流行乎地之中，皆從地裏發出來，所以説『坤二而虛』。」用之云：「坤[二一四]形如肺，形質雖硬而中本虛，故陽氣升降乎其中無所障礙，雖金石也透過去。地便承受得這氣，發育萬物。」曰：「然。要之天形如一個鼓鞴，天便是那鼓鞴外面皮殼子，中間包得許多氣開闔消長，所以說『乾一而實』。地只是一個物事，中間盡是這氣升降來往，緣中間虛故容得這氣升降來往。以其包得地，所以說其質之大；以其容得天之氣，所以說其量之廣。非是說地之形有盡故以量言也，只是說地盡容得天之氣，所以說其量之廣耳。今治曆家用律呂候氣，其法最精。氣之至也分寸不差，便是這氣都在地中透上來。如十一月冬至，黃鍾管距地九寸，以葭灰實其中，至之日，氣至灰去，晷刻不差。」又云：「看來天地中間，此氣升降上下當分爲六層。十一月冬至自下面第一層生起，直到第六層上，極至天，是爲四月。陽氣既生足便消，下面陰氣便生。只是這一氣升降循環不已，往來乎六層之中也。」問：「月令中『天氣下降，地氣上騰』，此又似是[二一五]天地各有氣相交合？」曰：「只是這一氣，只是陽極則消而陰生，陰極則消而陽生。『天氣下降』便只是冬至。復卦之時陽氣在下面生起，故云『天氣下降』。」或曰：「據此則却是陰消於上面[二一六]陽生於下，却是[二一七]不得『天氣下降』。」曰：「也須是天運一轉則陽氣在下，故從下生也。今以天運言之則一日自轉一匝。然又有那大轉底時候，須是大著心腸看始得，不可拘一不通也。蓋天本是個大底物事，以偏滯求他不得。」僩。

問：「陰偶陽奇，就天地之實形上看，如何見得？」曰：「天是一個渾淪底物，雖包乎地之外，而氣則迸出乎地之中。地雖一塊物在天之中，其中實虛，容得天之氣迸上來。繫辭云：『乾，静也專，動也直，是以大生焉；坤，静也翕，動也闢，是以廣生焉。』『大生』是渾淪無所不包，『廣生』是廣闊，能容受得那天之氣。『專』、『直』則只是一物直去。『翕』、『闢』則是二個，翕則闔，闢則開。此奇偶之形也。」又曰：「陰陽只得一半，[二一八]兩個方做得一個。」學蒙。[二一九]

易不是象乾、坤，乾、坤乃是易之子目。下面一壁子是乾，一壁子是坤。蓋説易之廣大，是這個[二二〇]乾便做他那大，坤便做他那廣。乾所以説大時，塞了他中心，所以大；坤所以説廣時，中間虛，容得物，所以廣。廣是説他廣闊，着得物。常説道地對他天不得，天便包得地在中心。然而地却是中虛，容得氣過，容得物，便是他廣。天是那[二二一]一直大底物事。地是那[二二二]廣闊底物，有坳處，有陷處，所以説廣。這個只是説理，然而[二二三]也是説書。有這理便有這書，書是載那道理底，若死分不得。大概上面幾句是虛説底，這個配天地、四時、日月、至德是説他實處。淵。

陰陽雖便是天地，然畢竟天地自是天地。「廣大配天地」時，這個理與他一般廣大。淵。

「廣大配天地，變通配四時，陰陽之義配日月」，以易配天。「易簡之善配至德」，以易配人之至德。人傑。

問「易簡之善配至德」。曰：「此是以易中之理取外面一事來對。謂易之廣大，故可配天地；易之變通，如老陽變陰、老陰變陽，往來變化，故可配四時；『陰陽之義』便是日月〔二二四〕；『易簡之善配至德〔二二五〕』便是〔二二六〕在人之至德。」㽦。

問：「『廣大配天地』至〔二二七〕『變通配四時』，這『配』字是配合義〔二二八〕底意思否？」曰：「只是相似之意。」又問「易簡之善〔二二九〕」。曰：「也是易上有這道理，似〔二三〇〕人心之至德也。」學蒙。〔二三一〕

林安卿問：「『廣大配天地』，莫〔二三二〕是配合否？」曰：「配只是似。直〔二三三〕如下句云『變通配四時』，四時如何配合？四時自是流行不息，所謂『變通』者如此。『易簡之善配至德』，『至德』亦如何配合？『易簡』是當行之理，『至德』是自家所傳得者。〔二三四〕」又問：「伊川解『知微知彰，知柔知剛』，云：『知微則知彰，知柔則知剛。』如何？」曰「只作四截看，較闊，言君子無所不知。」良久，笑云：「向時有個人出此語令楊大年對，楊應聲云『小人不耻不仁，不畏不義』，無如此恰好！」義剛。

學只是知與禮，他這意思却好。禮便細密。中庸「致廣大，盡精微」等語，皆只是說知、禮。淵。

「『禮卑』是卑順之意。卑便廣，地卑便廣，高則狹了。人若則〔二三五〕揀取高底做便狹，兩脚踏地做方得。若是着件物事，填教一二尺高，便不穩了，如何會廣！地卑便會廣。世上更無卑似地底。」又曰：「地卑是從貼底謹細處做去[二二三六]，所以能廣。」淵。

知要崇，禮要卑。節。[二二三七]

「知崇，禮卑。」知是知處，禮是行處，知儘要高，行却自近起。可學。

「知崇、禮卑」，這是兩截。「知崇」是智識超邁，「禮卑」是須就切實處行。若知不高則識見淺陋，若履不切則所行不實。知識高便是象天，所行實便是法地。識見高於上，所行實於下，中間便生生而不窮，故說「易行乎其中。成性存存，道義之門」。大學所說格物、致知，是「知崇」之事；所說誠意、正心、修身、齊家、治國、平天下，是「禮卑」之事。賀孫。

「知崇、禮卑」一段。云：「地至卑，無物不載在地上。縱開井百尺，依舊在地上，是無物更卑得似地。所謂『德言盛，禮言恭』，禮是要極卑，故無物事無個禮。至於至微至細底事，皆當畏謹[二二三八]，惟恐失之，這便是禮之卑處。曲禮曰『毋不敬』，自『上東階先左[二二三九]足，上西階先右[二二四〇]足』，『羹之有菜者用梜，無菜者不用梜』，正謂此也。[二二四一]」又曰：「似這處不是他特地要恁地，是他天理合如此。知識日多則知日高，[二二四二]積累多則業益廣。[二二四三]」學蒙。[二二四四]

「知崇、禮卑。」禮極是個卑底事，如地相似，看甚底載在地上。知却要極其高明。「禮儀三百，威儀三千」，無非卑底事，然又不是强安排，皆是天理自然如此。如「羹之有菜者用梜，其無菜者不用梜」，主人升自東階、客自西階之類，「上東階則先左[二二四五]足，上西階則先右[二二四六]足」，若上東階則先右足則背了主人，上西階先左足則背了客，自是理合如此，不可亂。又曰：「『知崇』者，德之所以崇；『禮卑』者，業之所以廣。理纔有些子不到處，這業便是有欠缺，便不廣了。地雖極卑，無所欠闕，故廣。」僩。[二四七]

「知[二四八]崇」，天也，是致知事要得高明。「禮卑」，[二四九]是[二五〇]事事都要踐履過，卑便業廣。[二五一]㽦。

知識貴乎高明，踐履貴乎着實。知既高明，須是[二五二]放低着實做去。銖。

問「天地設位而易行乎其中矣。成性存存，道義之門」。曰：[二五三]「上文言『知崇、禮卑，崇效天，卑法地』。人崇其智須是如天之高，卑其禮須如地之下矣[二五四]。『天地設位』一句只是引起，要説『智崇、禮卑』。人之智、禮能如天地，便能成其性、存其存，道義便自此出。所謂道義便是易也。『成性存存』，不必專主聖人言。」謨。去僞録同。[二五五]

蓋卿[二五六]問：「『天地設位而易行乎其中』，『乾坤成列而易立乎其中』。如『易行乎其中』，此固易曉。至如『易立乎其中』，豈非乾坤既成列之後道體始有所寓而形見？其立也有似『如有所立卓爾』之『立』乎？」曰：「大抵易之言乾坤者多以卦言。『易立乎其中』只是乾坤之卦既成而易立矣。況所謂『如有所立卓爾』，亦只是不可及之意。後世之論多是説得太高，不必如此説。」蓋卿。[二五七]

問：「『天地設位』一段，明道云云[二五八]見劉質夫録論人神處。『天地設位』合道『易』字，道他字不得。不知此說如何？」曰：「明道說話自有不論文義處。」可學。[二五九]

「成性」與「成之者性也」，止爭些子不同。「成之者性」便從上說來，言成這個[二六〇]物。「成性」是說已成底性，如「成德」、「成說」之「成」。然亦只爭些子也，如「正心、心正」，「誠意、意誠」相似。賀孫。

「成性」如名，「明德」如表德相似。「天命」都一般。泳。

「成性」猶言見成底性。這性元自好了，但「知崇、禮卑」，則成性便存存。學蒙。

「成性存存」，[二六一]「成性」不曾作環底。「存」謂常在這裏，存之又存。泳。

「成性存存」不是專主聖人，道義便是易也。人傑。[二六二]

或問：「『成性存存』是不忘其所存。」曰：「衆人多是說到聖人處方是性之成，看來不如此。『成性』，只是一個渾淪之性存而不失，便是『道義之門』，便是生生不已處。」卓。

「成性存存」，[二六三]橫渠謂「成其性，存其存」。伊川易傳中亦是「存其存」，却遺書中作[二六四]「生生之謂易」，意思好。[二六五]僩。

「橫渠言『成性』與古人不同。他所說性雖是那個性，然曰『成性』則猶言『踐形』也。」又曰：「他只[二六六]是說去氣稟物欲之私以成其性。」道夫。

「『知崇禮卑』則性自存，横渠之説非是。如云『性未成則善惡混，當亹亹而繼之以善』云云，又云『纖惡必除，善斯成性矣』，皆是此病。」「知禮成性則道義出」，先生本義中引此而改「成」爲「存」。又曰：「横渠言『「成性」猶孟子云「踐形」』，此説不是。夫性是本然已成之性，豈待習而後成邪！他從上文『繼之者善也，成之者性也』，便是如此説來，與孔子之意不相似。」僩。

右第六章[二六七]

【校勘記】

[一] 那　成化本無。

[二] 五國　此二字原脱，據成化本補。

[三] 下　此字原脱，據成化本補。

[四] 人做　此二字原脱，據成化本補。

[五] 如今看面前　「如」、「前」二字原脱，據成化本補。

〔六〕便是他　「便」、「他」二字原脱，據成化本補。

〔七〕繫辭　成化本無。

〔八〕楊氏説得深了　「氏」、「説」、「了」三字原脱，據成化本補。

〔九〕是説　此二字原脱，據成化本補。

〔一〇〕定乾坤　此三字原脱，據成化本補。且成化本此條語録末注有「㽙」。

〔一一〕天尊地卑至變化見矣　「至」字原脱。成化本爲「『天尊地卑』章」。文公易説卷九爲「『天尊地卑』至『變化見矣』」，據補「至」字。

〔一二〕言　成化本爲「而言」。

〔一三〕而　成化本無。

〔一四〕而　成化本無。

〔一五〕然　成化本無。

〔一六〕母　此字原脱，據成化本補。

〔一七〕父　成化本此下有「兼一家亦只容有一個尊長，不容並」。

〔一八〕此條僩録成化本載於卷六十八，底本卷六十八重複載録。

〔一九〕易　此字原脱，據成化本補。

〔二〇〕砥　成化本作「礪」，且其下注曰：「人傑録云：『方，猶事也。』」

[二一] 字　成化本爲『方』字」。

[二二] 在天成象在地成形　「在」、「天」、「成」、「象」、「在」、「地」六字原脱，據成化本補。

[二三] 易之變　此三字原脱，據成化本補。

[二四] 易中陰陽二爻變化　成化本爲「是易中陰陽三爻之變化」。

[二五] 故　成化本爲「故曰」。

[二六] 退之象　此三字原脱，據成化本補。

[二七] 坤而　此二字原脱，據成化本補。

[二八] 説　成化本此下注曰：「學履録云：『問：「不知是變以成象，化以成形，爲將是『變化』二字同在象、形之間。」曰：「不必如此分。」』」

[二九] 中　此字原脱，據成化本補。

[三〇] 變通　此二字原脱，據成化本補。

[三一] 象也　此二字原脱，據成化本補。

[三二] 變　此字原脱，據成化本補。

[三三] 林録止最親切……皆作先生説　成化本無。

[三四] 於　成化本作「在」。

[三五] 群分　此二字原脱，據成化本補。

〔三六〕陽變化　此三字原脱，據成化本補。
〔三七〕晝夜之象也　「晝」、「夜」、「之」、「也」四字原脱，據成化本補。
〔三八〕時　此字原脱，據上下文意補。
〔三九〕此條與上□□疑一時所同録□少異　成化本無。按，「疑」上有二字缺。「時」字原脱，據上下文意補。「少」上有一字缺。
〔四〇〕砥　成化本作「礪」。
〔四一〕節録同　成化本無。
〔四二〕成　此字原脱，據成化本補。
〔四三〕中　此字原脱，據成化本補。
〔四四〕物　成化本爲「植物」。
〔四五〕如　成化本此下有「有牡麻」。
〔四六〕竹　成化本此上有「及」。
〔四七〕此條泳録成化本無。
〔四八〕知　此字原脱，據成化本補。
〔四九〕曰　此字原脱，據成化本補。
〔五〇〕物資　此二字原脱，據成化本補。

［五一］能　此字原脱，據成化本補。

［五二］乾知　此二字原脱，據成化本補。

［五三］才　成化本作「主」。

［五四］其　成化本無。

［五五］得　成化本作「住」。

［五六］即　成化本作「只」。

［五七］來　此字原脱，據成化本補。

［五八］則　成化本作「只」。

［五九］之理　成化本無。

［六〇］只以健順可見義　成化本爲「只看健順可見」。

［六一］曰　成化本爲「又曰」。

［六二］有人甚健則遇事時自然覺易　成化本爲「如健底人則遇事時便做得去自然覺易」。

［六三］又如人稟得性順及其作事便自然簡　成化本爲「又如人稟得性順底人及其作事便自省事自然是簡」。

［六四］方□談　「談」上有一字缺。成化本爲「伯謨」。據閩中理學淵源考卷九「方士繇，字伯謨。莆田人。……從文公遊，遂棄去舉業，直以學古爲事」，疑此三字當爲「方士繇」。

〔六五〕一個　成化本無。
〔六六〕一恁地　成化本無。
〔六七〕又　此字原脱，據成化本補。
〔六八〕吴必大　成化本無。
〔六九〕又問　成化本無。
〔七〇〕番　成化本作「分」。
〔七一〕乾　成化本此上有「乾以易知」。
〔七二〕淵　成化本作「僩」。
〔七三〕乾易坤簡　成化本爲「乾坤易簡」。
〔七四〕了　成化本此下注曰：「饒本云：『逐日被他健了。』」
〔七五〕是　此字原脱，據成化本補。
〔七六〕意　成化本此下有「子細看便見」。
〔七七〕不是要　成化本爲「不是他要」。按，「不」字原脱，據成化本補。
〔七八〕去僞人傑皆録同　成化本爲「去僞同」。
〔七九〕至　成化本無。
〔八〇〕自　成化本無。

〔八一〕曰　此字原脱，據成化本補。
〔八二〕一　成化本無。
〔八三〕極　成化本無。
〔八四〕難　成化本作「艱」。
〔八五〕故可久　成化本無。
〔八六〕故可大　成化本無。
〔八七〕乾以易知坤以簡能以下　成化本無。
〔八八〕繫辭乾坤易簡之理繼之以久大賢人之德業　成化本無。
〔八九〕底　成化本作「扺」。
〔九〇〕成化本此下注曰：「按楊氏曰：『可而已，非其至也，故爲賢人之德業。』本義謂：『法乾坤之事，賢於人之賢。』」
〔九一〕成　成化本無。
〔九二〕本義云　成化本爲「本義解吉凶者失得之象也一段下云」。
〔九三〕於　成化本作「乎」。
〔九四〕因得其所值以斷吉凶也　成化本爲「得因其所值以爲吉凶之決」。
〔九五〕變　成化本此上有「九六」。

［九六］又　成化本作「反」。

［九七］進自陰而趨乎陽退自陽而趨乎陰也　成化本爲「進自柔而趨乎剛退自剛而趨乎柔」。

［九八］吉凶者……晝夜之象也　成化本爲「吉凶者失得之象四句」。

［九九］這便是吝　成化本無。

［一〇〇］僩録同而略　成化本作「僩」。

［一〇一］吉　成化本此上有「問：『本義説「悔吝者憂虞之象」，以爲「悔自凶而趨吉，吝自吉而向凶」。竊意人心本善，物各有理。若心之所發鄙吝而不知悔，這便是自吉而向凶。』曰：『不然』」。

［一〇二］是　成化本爲「便是」。

［一〇三］是　成化本爲「便是」。

［一〇四］是　成化本爲「便是」。

［一〇五］是　成化本爲「便是」。

［一〇六］或問曰　成化本爲「又問」。

［一〇七］此配陰陽　成化本爲「此以配陰陽則其屬」。

［一〇八］如何説　成化本爲「則如何」。

［一〇九］事　成化本爲「天下事」。

［一一〇］死　成化本此上有「而」。

〔一一一〕若吉而　成化本爲「若這吉處」。

〔一一二〕是有凶之道也　成化本爲「畢竟是向那凶路上去又曰日中則昃月盈則食自古極亂未嘗不生於極治」。

〔一一三〕定　成化本作「足」。

〔一一四〕此條當録成化本置「右第二章」下。

〔一一五〕學蒙　成化本爲「學履」。

〔一一六〕而　成化本無。

〔一一七〕而　成化本無。

〔一一八〕却如何理會得占……到用時便占　成化本爲「却如何占得必是閑常理會得此道理到用時便占」。按,「用」,原作「閑」,據上下文及成化本改。

〔一一九〕居　成化本此上有「『看繫辭須先看易,自「大衍之數」以下皆是説卜筮。若不是説卜筮,却是説一無底物。今人誠不知易。』可學云:『今人只見説易爲卜筮作,便群起而争之,不知聖人乃是因此立教。』曰:『聖人丁寧曲折極備。』因舉大畜九三『良馬逐』。『讀易當如筮相似,上達鬼神、下達人道,所謂「冒天下之道」只如此説出模樣,不及作爲,而天下之道不能出其中。』可學云:『今人皆執畫前易,皆一向亂説。』曰:『畫前易亦分明。』」

〔一二〇〕自　成化本此上有「占」。

〔一二一〕此條可學録成化本載於卷六十六。

〔一二二〕悔　成化本爲「悔吝」。

〔一二三〕可　成化本爲「可以」。

〔一二四〕以　成化本作「於」。

〔一二五〕爻辭如休復吉底自是平易　成化本爲「觀其爻之所向而爲之辭如休復吉底辭自是平易」。

〔一二六〕困於葛藟底　成化本爲「如困於葛藟底辭」。

〔一二七〕大約也是如此　成化本爲「這般處依約看也是恁地自是不曾見得他底透只得隨衆説如所謂吉凶者失得之象一段却是徹底見得聖人當初作易時意似這處更移易一字不得其他處不能盡見得如此所以不能盡見得聖人之心」。

〔一二八〕也不知如何　成化本無。

〔一二九〕盡　成化本作「是」。

〔一三〇〕學蒙　成化本爲「學履」。

〔一三一〕學蒙　成化本爲「學履」。

〔一三二〕本義解作遍滿之意　成化本無。

〔一三三〕明　成化本此下有「之」。

〔一三四〕學蒙　成化本爲「學履」。

〔一三五〕天是陽地是陰　成化本爲「仰以觀於天文俯以察於地理天文是陽地理是陰」。

〔一三六〕此條人傑録成化本以部分内容爲注，附於𥉺録後，參下條。

〔一三七〕人心　成化本無。

〔一三八〕反觀其終　成化本爲「是反回來觀其終也」。

〔一三九〕成化本此下注曰：「人傑録云：『却回頭轉來看其終。』」

〔一四〇〕成化本此下注曰「分章今依本義」。

〔一四一〕成化本此下注曰：「義剛同。」

〔一四二〕氣　成化本作「形」。

〔一四三〕若　成化本無。

〔一四四〕此條僩録成化本無。按，此條與下條内容不同。

〔一四五〕如周乎萬物至道濟　成化本爲「知周乎萬物至道濟天下」。

〔一四六〕是　成化本作「直」。

〔一四七〕與天地相似故不違知周乎萬物而道濟天下故不違　成化本無。

〔一四八〕惠實　成化本爲「實惠」。

〔一四九〕又言　成化本無。

〔一五〇〕學蒙　成化本爲「學履」。

［一五一］有　成化本無。
［一五二］之　成化本無。
［一五三］人傑謨去僞録同　成化本爲「去僞」。
［一五四］方子録無江西一句　成化本無。
［一五五］道　成化本作「化」。
［一五六］道　成化本作「化」。
［一五七］便做成四時節候　成化本爲「便做成四時十二月二十四氣七十二候之類」。
［一五八］一　成化本作「小」。
［一五九］學蒙　成化本爲「學履」。
［一六〇］有　成化本此上有「易」。
［一六一］個　原作「人」，據上下文及成化本改。
［一六二］至仁者見之謂之仁……此又是分著陰陽　成化本爲「仁者見之謂之仁仁亦屬陽知者見之謂之知知亦屬陰此就人氣質有偏處分陰陽」。
［一六三］此是指人氣禀有偏處分屬陰陽耳　成化本無。
［一六四］在陰底　成化本爲「忽然在陰」。
［一六五］學蒙　成化本爲「學履」。

［一六六］其體則謂之易此體是個骨子　成化本無。
［一六七］節録同　成化本無。
［一六八］則　成化本無。
［一六九］道夫　成化本作「驤」。
［一七〇］這　成化本無。
［一七一］不　成化本作「本」。
［一七二］之　成化本無。
［一七三］正卿　成化本爲「學蒙」。按朱子語録姓氏：「林學蒙，字正卿。」
［一七四］去僞録同　成化本爲「謨去僞同」。
［一七五］之　成化本無。
［一七六］此條去僞録底本卷五十五重複載録。
［一七七］便　成化本無。
［一七八］便　成化本無。
［一七九］此意　成化本無。
［一八〇］皆好　成化本爲「好皆」。
［一八一］便屬形而上者　成化本爲「便是形而上者屬陽」。

［一八二］時　成化本無。

［一八三］此條𥳑録成化本載於卷九十四。

［一八四］繼之者善成之者性曰　成化本無。

［一八五］性　成化本此上有「繼之者善，成之者性」。

［一八六］繼之成之　成化本爲「繼之者善成之者性」。

［一八七］仁者知者　成化本爲「問仁者見之」。

［一八八］而　成化本作「便」。

［一八九］而　成化本無。

［一九〇］之　成化本爲「之者」。

［一九一］張文定説公事未判屬陽已判屬陰　成化本爲「張文定公説事未判屬陽已判屬陰」。

［一九二］貞　成化本此下注曰：「𥳑録云：『是「元亨誠之通，利貞誠之復」。』」

［一九三］此條𥳑録成化本作爲注，夾於僩録中，參上條。

［一九四］謨去僞録同　成化本爲「去僞」。

［一九五］不是指聖人　成化本爲「非指聖人而言」。

［一九六］㬇録　成化本作「淵」。「㬇」原誤作「曼」，即指㬇淵。

［一九七］變通之謂事　成化本無。

［一九八］變　成化本無。
［一九九］只　成化本無。
［二〇〇］般　成化本無。
［二〇一］密　朱本作「審」。
［二〇二］便是方做未成形之意　成化本爲「便是只有個象而已象是方做未成形之意已成便屬陰」。
［二〇三］亦無個懸象　成化本爲「亦無個實形只是個懸象」。
［二〇四］之所成　成化本爲「成之」。
［二〇五］夫易廣矣大矣以言乎遠則不禦　成化本無。
［二〇六］靜　成化本此上有「止」。
［二〇七］理　成化本此下有「『「靜而正」須著工夫看。』徐又曰：『未動時便都有此道理，都是真實，所以下個「正」字』」。
［二〇八］曰　成化本爲「又曰」。
［二〇九］成化本合此條與上條爲一條。參上條。
［二一〇］其下所謂有大生廣生之字　成化本爲「下文有大生廣生云者」。
［二一一］夫坤　成化本無。
［二一二］不曉　成化本無。

〔二一三〕本　成化本無。

〔二一四〕坤　成化本作「地」。

〔二一五〕是　成化本無。

〔二一六〕面　成化本作「而」。

〔二一七〕是　成化本作「見」。

〔二一八〕陰陽只得一半　成化本爲「陰偏只是一半」。

〔二一九〕學蒙　成化本爲「學履」。

〔二二〇〕個　成化本無。

〔二二一〕那　成化本無。

〔二二二〕那　成化本無。

〔二二三〕而　成化本無。

〔二二四〕月　成化本此下有「相似」。

〔二二五〕配至德　成化本無。

〔二二六〕是　成化本作「如」。

〔二二七〕至　成化本無。

〔二二八〕義　成化本無。

〔二二九〕善　成化本此下有「配至德」。

〔二三〇〕似　成化本作「如」。

〔二三一〕學蒙　成化本爲「學履」。

〔二三二〕莫　成化本此上有「配」。

〔二三三〕直　成化本作「且」。

〔二三四〕易簡之善配至德……是自家所傳得者　成化本爲「又問易簡之善配至德曰易簡是常行之理至德是自家所得者」。

〔二三五〕則　成化本作「只」。

〔二三六〕做去　成化本爲「做將去」。

〔二三七〕此條節録成化本無。

〔二三八〕畏謹　成化本爲「畏懼戒謹戰戰兢兢」。

〔二三九〕左　今傳本禮記曲禮作「右」。

〔二四〇〕右　今傳本禮記曲禮作「左」。

〔二四一〕正謂此也　成化本爲「無所不致其謹這便都是卑處」。

〔二四二〕高　成化本此下有「這事也合理，那事也合理」。

〔二四三〕積累多則業益廣　成化本爲「積累得多業便廣」。

［二四四］成化本此下注曰：「或録詳，見下。」按，成化本此下一條爲同聞所録，參成化本卷七十四「禮極是卑底物事……所以廣」條。
［二四五］左　今傳本禮記曲禮作「右」。
［二四六］右　今傳本禮記曲禮作「左」。
［二四七］此條僩録成化本無。
［二四八］知　成化本此上有「崇德廣業」。
［二四九］卑　成化本此下有「地也，是踐履事」。
［二五〇］是　成化本此上有「卑」。
［二五一］卑便業廣　成化本爲「凡事踐履將去業自然廣」。
［二五二］是　成化本無。
［二五三］問天地設位而易行乎其中矣成性存存道義之門曰　成化本無。
［二五四］地之下矣　成化本爲「地之廣」。
［二五五］謨去僞録同　成化本爲「去僞」。
［二五六］蓋卿　成化本無。
［二五七］此條蓋卿録成化本載於卷七十五。
［二五八］云　成化本無。

〔二五九〕此條可學録成化本載於卷九十七。

〔二六〇〕個　成化本爲「一個」。

〔二六一〕成性存存　成化本無。

〔二六二〕此條人傑録成化本無。

〔二六三〕成性存存　成化本無。

〔二六四〕却遺書中作　成化本爲「却是遺書中説作」。

〔二六五〕成化本此下注曰：「必大録云：『「成性」如言成就，「存存」是生生不已之意。』」

〔二六六〕只　成化本無。

〔二六七〕右第六章　成化本爲「右第七章」。

晦庵先生朱文公語類卷第七十五

易十一

上繫下

先生命二三子説書，畢，召蔡仲默及義剛語，小子侍立。先生顧義剛曰："勞公教之，不廢公讀書否？"對[一]曰："不廢。"因借先生所點六經。先生曰："被人將去，都無本了。看公於句讀音訓也大段子細。那『言天下之至賾而不可惡也』，是音作去聲字？是公以意讀作去聲？"對[二]曰："只據東萊音訓辭[三]。此字有三音，或音作入聲。"[四]先生笑曰："便是他門好恁地强説。"仲默曰："作去聲也似是。"先生曰："據某看只作入聲亦是。[五]説雖是如此勞攘事多，然也不可以爲惡。[六]而今音訓有全不可曉底。若有兩三音底，便着去裏面揀一個較近底來解。"義剛。[七]

"聖人有以見天下之賾"，"賾"字在説文曰："雜亂也。"古[八]無此字，只是"嘖"字。今從"賾"[九]，亦是口之義。"言天下之賾而不可惡"，雖是雜亂，聖人却於雜亂中見其不雜亂之理，便與下句「天下之物〔一〇〕而不可亂」相對。㽦。

「天下之至賾」與左傳「嘖有煩言」之「嘖」同。那個從「口」，這個從「𦣝」，是個口裏說話多、雜亂底意思，所以下面說「不可惡」。若喚做好字，不應說個「可惡」字也。「探賾索隱」，若與人說話時，也須聽他雜亂說將出來底，方可索他那隱底。淵。〔一一〕

「聖人有以見天下之賾」，正是說畫卦之初，聖人見陰陽變化，便畫出一畫，有一個象，只管生去，自不同。六十四卦各是一樣，更生到千以上卦，亦自各一樣。學蒙。

「擬諸其形容」，未便是說那水火雷風〔一二〕之形容。方擬這卦，看是甚形容，始去象那物之宜而名之。一陽在二陰之下則象以雷，一陰在二陽之下則象以風。「擬」是比度之意。學蒙。

問「聖人有以見天下之賾，而擬諸其形容，象其物宜，是故謂之『象』；聖人有以見天下之動，而觀其會通以行其典禮，繫辭焉以斷其吉凶，是故謂之『爻』」。曰：「象言卦也，下截言爻也。『會通』者，觀衆理之會而擇其通者而行。且如有一事關着許多道理，也有父子之倫，也有君臣之倫，也有夫婦之倫。若是父子重，則就父子行將去，而他有不暇計；若君臣重，則行君臣之義，而他不暇計。若父子之恩重，則便得『身體髮膚，受之父母，不敢毀傷』之義，而『委致其身』之說不可行。若君臣之義重，則當委致其身，而『不敢毀傷』之說不暇顧。此之謂『觀會通』。」僩。

問：「『聖人有以見天下之動』，是說文王、周公否？」曰：「不知伏羲畫卦之初與連山、歸藏有繫辭否？爲復一卦只已有[一三]六畫？」學蒙。

問：「『觀會通，行其典禮』，是就會聚處尋一個通路行[一四]否？」曰：「此是兩件。會是觀衆理之會聚處。如這一項君臣之道也有，父子兄弟之道也有，須是看得周遍始得通，便是一個通行底路，都無窒礙。典禮猶言常理[一五]常法。」又曰：「禮便是節文也，升降揖遜是禮之節文。[一六]但這個『禮』字又說得闊，凡事物之常理皆是。」學蒙。

「一卦之中自有會通，六爻又自各有會通。且如屯卦，初九在卦之下，未可以進，爲屯之義；乾坤始交而遇險陷，亦屯之義；似草穿地而未申，亦屯之義，凡此數義，皆是屯之會聚處。若『盤桓利居貞』，便是一個合行底，却是[一七]通處也。」學蒙。

「『觀會通以行其典禮。』會是衆義[一八]理聚處，雖覺得有許多難易窒礙，必於其中却得個通底道理。謂如庖丁解牛，於族處却『批大郤，導大窾』，此是於其筋骨叢聚之所得其可通之理，故十九年[一九]而刃若新發於硎。且如事理間，若不於會處理會，却只見得一偏，便如何行得通？須是於會處都理會，其間却自有個通處，便如脈理相似。到得多處自然貫通得，所以可『行其典禮』。蓋會而不通便窒塞而不可行，通而不會便不知許多曲直錯雜處。」㽦。

問「『言天下之至賾而不可惡』，此是說天下之事物如此，不是說卦上否？」曰：「卦亦如此，三百八十四爻是多少雜亂。」學蒙。

「言天下之至賾而不可惡也」，蓋雜亂處，人易得厭惡。然而這都是道理中合有底事，自合理會，故不可惡。「言天下之至動而不可亂也」，蓋動亦是合有底，然上面各自有道理，故自不可亂。學蒙。

「天下之至動」，事若未動時，不見得他那[二〇]道理是如何。人平不語，水平不流，須是動方見得。「會通」是會聚處，「典禮」是借這般字來說，只是說道觀他那會通處後[二一]却求個道理來區處他。所謂卦[二二]之動便是法象這個，故曰「爻也者，效天下之動者也」。動亦未說事之動，只是事到面前，自家一念之動要求處置他，便是動也。淵。

問：「『擬之而後言，議之而後動』，凡一言一動皆於易而擬議之否？」曰：「然。」㽦。

「擬之而後言，議之而後動，擬議以成其變化」，此變化只就人事說。擬議只是裁度自家言動使合此理，「變易以從道」之意。如擬議得是便吉，擬議未善則爲凶矣。謨。

問「擬議以成其變化」。曰：「這變化就人動作處說，如下所舉七爻，皆變化也。」學蒙。[二三]

「鳴鶴在陰，其子和之。我有好爵，吾與爾靡之。」此本是說誠信感通之理，夫子却專以言行論之，蓋誠信感通，莫大於言行。上文「言天下之賾而不敢惡也，言天下之動而不敢亂也」，先儒多以「賾」字爲至妙之意。若如此說，則何以謂之「不敢惡」？賾只是一個雜亂冗鬧底意思。言之而不惡者，精粗本末無不盡也。「賾」字與「頤」字相似，此有互體之意。〔二四〕謨。

到孔子方不説象。「鶴鳴」、「好爵」皆卦中有此象。諸爻立象，聖人必有所據，非是白撰，但今不可考耳。到孔子只説「群疑亡也」，便見得上面許多皆是狐惑可疑之事而已。到後人解説便多牽强。如「見豕負塗，載鬼一車」之類，如十三卦中「重門擊柝，以待暴客」只是豫備之意，却須待用互體推艮爲門闕、雷震乎外之意。「剡木爲矢，弦木爲弧」，只爲睽乖，故有威天下之象，亦必待穿鑿附會，就卦中推出制器之義。殊不知卦中但有此理而已，故孔子各以「蓋取諸某卦」言之，亦曰其大意云爾。漢書所謂「獲一角獸，蓋麟云」，皆疑辭也。謨。

問：「『言行，君子之樞機』，是言所發者至近，而所應者甚遠否？」曰：「樞機便是『鳴鶴在陰』。下面大概只説這意，都不解著『我有好爵』二句。」學蒙。

「其利斷金」，斷是斷做兩斷去〔二五〕。學蒙。〔二六〕

右第七章

右第八章無〔二七〕

揲蓍法，不得見古人全文。如今底一半是解，一半是説。如「分而爲二」是説，「以象兩」便是解。想得古人無這許多解，須別有個全文説。淵。

「揲蓍雖是一小事，自孔子來千五百年，人都理會不得。唐時人説得雖有病痛，大體理會得是。近來説得太乖，自郭子和始。奇者，揲之餘爲奇；扐者，歸其餘扐於二指之中。今子和反以掛一爲奇而以揲之餘爲扐，又不用老少，只用三十六、三十二、二十八、二十四，不知[二八]爲策數，以爲聖賢從來只説陰陽，不曾説老少。不知他既無老少則七八九六皆無用，又何以爲卦？」又曰：「龜爲卜，策爲筮。策是餘數[二九]謂之策。他只胡亂説『策』字。[三〇]」或問：「他既如此説，則『再扐而後掛』之説何如？」曰：「他以第一揲扐爲扐，第二、第三揲不掛爲扐，第四揲又掛。然如此則無五年再閏。[三一]如某已前排，真個是五年再閏。聖人下字皆有義。掛者，挂音卦。[三二]也；扐者，勒於二指之中也。」賀孫。[三三]

「蓍卦，當初聖人用之亦須有個見成圖算。後自[三四]失其傳，所僅存者只有這幾句：『大衍之數五十，其用四十有九。分而爲二。掛一，揲之以四，歸奇於扐。』只有這幾句。如『以象兩』、『以象三』、『以象四時』、『以象閏』，已自[三五]是添入許多字去[三六]説他了。」又曰：「『元亨利貞，仁義禮智，金木水火，春夏秋冬，將這四個只管涵泳玩味，儘好。」賀孫。

繫辭言蓍法大抵只是解其大略，想別有文字，今不可見。但如「天數五，地數五」，此是舊文；「五位相得而各有合」是孔子解文。「天數二十有五，地數三十，凡天地之數五十有五」，此是舊文；「此所以成變化而行鬼神」，此是孔子解文。「分而爲二」是本文，「以象兩」是解。「掛一」、「揲之以四」、「歸奇於扐」，皆是本文；「以象三」、「以象四時」、「以象閏」之類，皆解文也。「乾之策二百一十有六，坤之策百四十有四」，孔子則斷之以「當期之日」；「二篇之策萬有一千五百二十」，孔子則斷之以「當萬物之數」。於此可見。謨。

「大衍之數五十」，以「天地之數五十有五」，除出金木水火土五數并天一，便用四十九，此一說也。數家之說雖不同，某自謂此說却分曉。三天兩地則是已虛了天一之數，便只用三對地之[三七]二。又，五是生數之極，十是成數之極，以五乘十亦是五十，以十乘五亦是五十，此一說也。又，數始於一成於五，小衍之而成十，大衍之而成五十，此又是一說。㽦。

掛，一歲；右揲，二歲；扐，三歲一閏也。左揲，四歲；扐，五歲再閏也。人傑。

「沙隨云：『易三百八十四爻，惟閏歲恰三百八十四日，正應爻數。』余曰：『聖人作易如此，則惟三年方一度可用，餘年皆用不得矣。且閏月必小盡，審如公言，則閏年止有三百八十三日，更剩一爻無用處矣。』」或問：「沙隨何以答？」曰：「他執拗不回，豈肯服也！」僩。[三八]

二篇之策當萬物之數。不是萬物盡於此數，只是取象自一而萬，以萬數來當萬物之數耳。㽦。

「策數」云者，凡手中之數皆是。如「倒[三九]策於君前有誅」、「龜策弊則埋之」，不可以既揲餘數不爲策數也。僴。

「大衍之數五十」，蓍之數五十。蓍之籌乃其策也，策中乘除之數則直謂之數耳。僴。

卦雖八而數須十。八是陰陽數，十是五行數。一陰一陽便是二，以二乘二便是四，以四乘四便是八。五行本只是五而有是十者，蓋一個便包兩個：如木便包甲乙，火便包丙丁，土便包戊己，金便包庚辛，水便包壬癸，所以爲十。學蒙。〔四〇〕

「五位相得而各有合」是兩個意：一與二，三與四，五與六，七與八，九與十，是奇偶以類「相得」；一與六合，二與七合，三與八合，四與九合，五與十合，是「各有合」。在十干：甲乙木，丙丁火，戊己土，庚辛金，壬癸水，便是「相得」；甲與己合，乙與庚合，丙與辛合，丁與壬合，戊與癸合，是「各有合」。學蒙。〔四一〕

「所以成變化而行鬼神也。」先生舉程子云：「變化言功，鬼神言用。」張子曰：「成行，鬼神之氣而已。」「數只是氣，變化鬼神亦只是氣。『天地之數五十有五』，變化鬼神皆不越於其間。」僴。

「四營而成易」，「易」字只是個「變」字。四度經營方成一變，若說易之一變却不可。這處未下得「卦」字，亦未下得「爻」字，只下得「易」字。淵。

「引而伸之，觸類而長之」，是占得這〔四二〕一卦則就上面推看。如乾，則推其爲圜、爲君、爲

父之類是也。學蒙。〔四三〕

「神德行」是説人事。那粗做底只是人爲。若決之於鬼神，德行便神。淵。

問「顯道，神德行」。曰：「道較微妙，無形影，因卦詞説出來，道這是吉、這是凶，這可爲、這不可爲。德行是人做底事，因數推出來，方知得這不是人硬恁地做，都是神之所爲也。」又曰：「須知得是天理合如此。」學蒙。

易，惟其「顯道，神德行」，故能與人酬酢而佑助夫神化之功也。學蒙。〔四四〕

「顯道，神德行，是故可與酬酢，可與佑神矣」，此是説蓍卦之用，道理因此顯著。德行是人事，却由取決於蓍。既知吉凶便可以酬酢事變，神又豈能自説吉凶與人！因有易後方著見，便是易來佑助神。僩。

右第九章

「易有聖人之道四。」「至精」、「至變」則合做兩個，是他裏面各有那〔四五〕個。淵。下二字池本作「這個」。〔四六〕

問：「『以言者尚其辭』，以言是取其言以明理斷事，如論語上舉『不恒其德，或承之羞』否？」曰：「是。」學蒙。〔四七〕

問：「『以言者尚其辭』及云[四八]『以動』、『以制器』、『以卜筮』，這『以』字是指以易而言否？」曰：「然。」又問：「辭、占是一類，動、制器[四九]是一類。所以下文『至精』合辭、占説，『至變』合變、象説？」曰：「然。占與辭是一類者，曉得辭方能知得占。若與人説話，曉得他言語，方見得他胸中底藴。變是事之始，象是事之已形者，故亦是一類也。」學蒙。[五〇]

用之問「以制器者尚其象」。曰：「這都難説。『蓋取諸離』，『蓋』字便是一個半間半界底字。如『取諸離』、『取諸益』，不是先有見乎離而後爲網罟，先有見乎益而後爲耒耜之屬[五一]。聖人亦只是見魚鱉之屬，欲有以取之，遂做一個物事去攔截他；欲得耕種，見地土硬，遂做一個物事去剔起他，却合於離之象、合於益之意。」又曰：「有取其象者，有取其意者。」賀孫。

問：「『以卜筮者尚其占』，卜用龜，亦使易占否？」曰：「不用。則是文勢如此。」學蒙。[五二]

問「君子將有爲也，將有行也，問焉而以言，其受命也如響」。曰：「此是説君子作事問於蓍龜也。『問焉以言』，人以蓍問易，求其卦爻之辭而以之發言處事。『受命如響』則易受人之命，如響之應聲，以決未來吉凶也。」去僞。

問「君子將有爲也，將有行也，問焉而以言，其受命也如響」。曰：「此是説君子作事問於蓍龜。言是命龜，受命如響，龜受命也。」是抱龜南面，易只是卜筮之官。謨。人傑同而無注。[五三]

「參伍」是相牽連之意。如參要做五須用添二，五要做六須著添一、做三須著減二。錯綜是兩樣：錯是往來交錯之義；綜如織底綜，一個上去，一個下來。陽上去做陰，陰下來做陽，如綜相似。淵。

「參伍以變，錯綜其數」，參謂互數之。〔五四〕揲蓍本無三數、五數之法，只言交互參考皆有自然之數。如三三爲九、五〔五五〕六三十之類，雖不用以揲蓍，而推算變通未嘗不用。錯者有迭相爲用之意，綜又有總而挈之之意，如織者之綜絲也。謨。

問「參伍以變，錯綜其數」。曰：「荀子說『參伍』處，楊倞解之爲詳。漢書所謂『欲問馬先問牛，參伍之以得其實』。綜如織絲之綜。大抵陰陽奇耦，變化無窮，天下之事不出諸此。『成天地之文』者，若卦爻之陳列變態者是也。『定天下之象』者，物象皆有定理，只以經綸天下之事也。」人傑。

問「參伍以變」。曰：〔五六〕「既三以數之，又五以數之。譬之三十錢，以三數之看得幾個三了，又以五數之看得幾個五。兩數相合，方可看得個成數是〔五七〕如此。」又問：「不獨是以數算，大概只是參合底意思。如趙廣漢『欲問馬，先問牛』，便只是以彼數來參此數否？」曰：「是。却是恁地數了又恁地數，也是將這個去比那個。」又曰：「若是他數猶可湊。參與五兩數自是參差不齊，所以舉以爲言。如這個是三個，將五來比又多兩個；這〔五八〕是五個，將三來比又少兩個。兵家謂『窺敵制變，欲伍以參』。今欲覘〔五九〕敵人之事，教一人探來恁地說，又差一個探來。

若說得不同，便將這兩說相參，看如何以求其實，所以謂之『欲伍以參』。」學蒙。〔六〇〕

「『錯綜其數』，本義云：『錯者，交而互之，一左一右之謂也。』莫是揲蓍以左揲右、右揲左否？」曰：「不特如此。乾對坤，坎對離，自是交錯。」又問：「『綜者，總而挈之』，莫〔六一〕合掛扐之數否？」曰：「且以七八九六明之：六七八九便是次序，然而七是陽，六壓他不得，便當挨上。七去八、八去九，〔六二〕九又須挨上，便是一低一昂。」學蒙。

手指畫

六	五指
七	四指
八	三指
九	二指

「寂然不動，感而遂通天下之故」與「窮理盡性以至於命」，本是說易，不是說人。諸家皆是借來就人上說，亦通。閎祖。

「感而遂通」，感着他卦，卦便應他。如人來問底善，便與說善；來問底惡，便與說惡。所以先儒說道「潔净精微」，這般句說得有些意思。淵。

陳厚之問「寂然不動，感而遂通」。曰：「寂然是體，感是用。當其寂然時理固在此，必感而後發。如仁感爲惻隱，未感時只是仁；義感爲羞惡，未感時只是義。」某問：「胡氏說此，多指心作已發。」曰：「便是錯了。縱使已發，感之體固在，所謂『動中未嘗不静』，如此則流行發見而常卓然不可移。今只指作已發，一齊無本了，終日只得奔波急迫，大錯了！」可學。

「深」就心上說，「幾」就事上說。幾便是有那事了，雖是微，畢竟有件事。「深」在心，甚玄奥；「幾」在事，半微半顯。「通天下之志」猶言「開物」，開通其閉塞。故其下對「成務」。淵。

問：「『惟深也』、『惟幾也』、『惟神也』，此是說聖人如此否？」曰：「是說聖人，亦是易如此。若不深，如何能通得天下之志！」又曰：「雖深，[六三]疑若不可測，然却事事有一個端緒可尋。[六四]所以又[六五]曰『惟幾也，故能成天下之務』，研是[六六]研窮他，幾便是周子所謂『動而未形，有無之間』。[六七]」學蒙。

易便有那「深」有那「幾」，聖人用這底來極出那「深」、研出那「幾」。研是研摩到底之意。詩書禮樂皆是說那已有底事，惟是易說那未有底事。「研幾」是不待他顯著，只在那茫昧時都處置了。深是幽深，通是開通。所以閉塞只爲他淺，若是深後便能開通人志，道理若淺如何開通得人？所謂「通天下之志」亦只似說「開物」相似，所以下一句也說個「成務」。易是說那未有底。六十四卦皆是如此。淵。

極出那深，故能「通天下之志」；研出那幾，故能「成天下之務」。淵。

右第十章

問：「『易，開物成務，冒天下之道』，是易之理能恁地，而人以之卜筮又能『開物成務』否？」先生曰：「然。」學蒙。

「開物成務，冒天下之道。」讀繫辭須見得如何是「開物」，如何是「成務」，又如何是「冒天下之道」。須要就卦中一一見得許多道理，然後可讀繫辭也。蓋易之爲書，大抵皆是[六八]因卜筮以設教，逐爻開示吉凶，包括無遺，如將天下許多道理包藏在其中，故曰「冒天下之道」。如「利用爲依遷國[六九]」一爻，象只曰「下不厚事也」，自此推之，則凡居下者不當厚事。如子之於父、臣之於君、僚屬之於官長，皆不可以踰分越職。縱可爲，亦須是盡善方能無過，所以有「元吉无咎」之戒。繫辭自大衍數以下皆是說卜筮事，若不曉他盡是說爻變中道理，則如所謂「動靜不居，周流六虛」之類有何憑着？今人說易所以不將卜筮爲主者，只是慊怕小却這個道理，故憑虛失實，茫昧臆度而已。殊不知由卜筮而推，而[七〇]上通鬼神，下通事物，精及於無形，粗及於有象，如包罩在此，隨取隨得。「居則觀其象而玩其辭，動則觀其變而玩其占」者，又不待卜而後見，只是體察便自見吉凶之理。聖人作易無不示戒，乾卦纔說「元亨」，便說「利貞」，坤卦纔說「元亨」，便說「利牝馬之貞」。大蓄乾陽在下，爲艮所蓄，三得上應，又畜極必通，故曰「良馬逐」，可謂通快矣。然必艱難貞正，又且曰「閑輿衛」，然後「利有攸往」。設若恃良馬之壯而忘「艱貞」之戒，則必不利矣。乾之九三「君子終日乾乾」，固是好事，然必曰「夕惕若厲」，然後「无咎」也。凡讀易而能句句體驗，每存兢慄戒謹之意，則於已爲有益，不然亦空言爾。謨。

「是故聖人以通天下之志，以定天下之業，以斷天下之疑」，此只是説蓍龜。若不是蓍龜，如何通之、定之、斷之？到「蓍之德圓而神」以下，知是從源頭説，而未是説卜筮。蓋聖人之心具此易三德，故渾然是此道理，不勞作用一毫之私，便是「洗心」，即「退藏於密」。所謂密者，只是他人自無可捉摸他處，便是「寂然不動」。「吉凶與民同患，神以知來，知以藏往」，皆具此道理，却[七一]未用之蓍龜，故曰「古之聰明睿智，神武而不殺者夫」。此言只是譬喻，如聖人已具此理却不犯手耳。「明於天之道」以下方説蓍龜，乃是發用處。「是興神物，以前民用」，聖人既具此理，又將此理復就蓍龜上發明出來，使民亦得前知而用之也。「聖人以此齋戒，以神明其德」，德即聖人之德，又即卜筮齋戒以神明之。聖人自有此理，亦用蓍龜之理以神明之。僩。

「蓍之德圓而神，卦之德方以知，六爻之義易以貢。」蓍與卦以德言，爻以義言，但[七二]只是具這個道理在此而已，故「聖人以此洗心，退藏於密」。「以此洗心」者，心中渾然此理，別無他物。「退藏於密」，只是未見於用，所謂「寂然不動」也。下文説「神以知來」便是以蓍之德知來，「智以藏往」便是以卦之德藏往。「洗心退藏」言體，「知來藏往」言用，然亦只言體用具矣，而未及使出來處。到下文「是興神物以前民用」，方發揮許多道理以盡見於用也。然前段必結之以「聰明睿智神武而不殺者」，只是譬喻蓍龜雖未用而神靈之理具在，猶武是殺人底事，聖人却存此神武而不殺也。謨。

「蓍之德圓而神，卦之德方以知，[七三]六爻之義易以貢。」今解「貢」字，只得以告人説。但「神」、「知」字重，「貢」字輕，却曉不得。學蒙。

「易以貢」是變易以告人。「聖人以此洗心，退藏於密」，是以那易來洗濯自家心了，更没些私意小智在裏許，聖人便似那易了。不假蓍龜而知卜筮，所以説「神武而不殺」。這是他有那「神以知來，知以藏往」，又説個「齋戒以神明其德」，皆是得其理不假其物。前面一截説易之理，未是説到蓍卦卜筮處，後面方説卜筮，便是説他物事。聖人雖無私意知這個，[七四]只是説[七五]聖人之心渾只是圓神、方知、易貢三個物事，更無别物，一似洗得來浄潔了。前面「此」字指易之理言。武是殺底物事，神武却不殺。便如易是卜筮底物事，這個却方是説他理，未到那爾他物[七六]處。到下面「是以明於天之道」，方是説卜筮。淵。[七七]

「聖人以此洗心」，注云：「洗萬物之心。」若聖人之意果如此，何不直言以此洗萬物之心乎？大抵觀聖賢之言，只作自己作文看。如本説洗萬物之心，却止云「洗心」，於心安乎？人傑。

「以此洗心」都只是道理。聖人此心虛明，自然具衆理。「潔静精微」只是不犯手，卦爻許多不是安排對副與人，看是甚人來，自然撞着。易如此，聖人也如此，所以説個「蓍之德」、「神明其德」。淵。

「退藏於密」時固是不用這物事，「吉凶與民同患」也不用這物事。用神而不用蓍，用知而不用卦，全不犯乎。「退藏於密」是不用事時，到他用事也不犯乎。事未到時先安排在這裏了，事到時恁地來恁地應。淵。

「神以知來，知以藏往。」一卦之中，凡爻卦所載、聖人之[七八]所已言者，皆具已見底道理，便是「藏往」。却[七九]占得此卦，因此道理以推未來之事，便是「知來」。僩。

「聖人以此洗心」一段。聖人心[八〇]中都無纖毫私意，不[八一]假卜筮，只是以易之理洗心。其未感物也湛然純一，無累無跡，[八二]所謂「退藏於密」也。及其「吉凶與民同患」，却「神以知來，知以藏往」。[八三]「知來」是如明鏡然，物來都見；[八四]「知以藏往」，只是見在有底事都[八五]識得，藏在裏面。[八六]是誰會恁地？非古之「聰明睿智，神武不殺者」不能如此。[八七]

「古之聰明睿智，神武而不殺者夫」，如譬喻説相似。人傑。

「聖人明於天之道而察於民之故。是興神物，以前民用。」蓋聖人見得天道、人事都是這道理，蓍龜之靈都包得盡，於是作爲卜筮，使人因卜筮知得道理都在這裏面。學蒙。[八八]

「『是興神物，以前民用』，此言有以開民，使民皆知。前時民皆昏塞，吉凶利害是非都不知，因這個開了便能如神明然，此便是『神明其德』。」又云：「民用之則神明民德，聖人用之則自神明其德。『蓍之德』以下三句是未涉於用，『聖人以此洗心』是得此三者之理而不假其物。這個是有那『神以知來，知以藏往』。」淵。

問「聖人以此齋戒以神明其德夫」。[八九]曰：[九〇]「『顯道，神德行』便是[九一]這『神』字，猶言吉凶[九二]若有神陰相之[九三]相似。這都不是自家做得，却若神之所爲。」又曰：「這都只退聽於鬼神。聖人之於卜筮，[九四]其齋戒之心虛靜純一、戒謹恐懼，只退聽於鬼神。」學蒙。

闔闢乾坤，理與事皆如此，書亦如此。這個則[九五]說理底意思多。「知禮成性」，橫渠說得別。他道是聖人成得個性，衆人性而未成。淵。

問：「『闔户之謂坤』一段，只是這一個物，以其闔謂之坤，以其闢謂之乾，以其闔闢謂之變，以其不窮謂之通，發見而未形[九六]謂之象，成形謂之器，聖人修禮立教謂之法，百姓日用則謂之神。」曰：「是如此。」又曰：「『利用出入』者，便是人生日用都離他不得。」又曰：「民之於易，隨取而各足；易之於民，周遍而不窮，所以謂之神。所謂『活潑潑地』便是這處。」學蒙。

右第十一章

太極中全是具一個善。若三百八十四爻中有善有惡，皆陰陽變化以後方有。賀孫。

問「易有太極，是生兩儀」。曰：「自今觀之，陰陽函太極也。推本而言，則太極生陰陽也。」[九七]

周子、康節説太極，和陰陽衮説。易中便抬起説。周子言「太極動而生陽，靜而生陰」。如言太極動是陽，動極而靜，靜便是陰。動時便是陽之太極，靜時便是陰之太極，蓋太極即在陰陽裏。如「易有太極，是生兩儀」，則先從實理處説，若論其生則俱生，太極依舊在陰陽裏。但言其次序，須有這實理方始有陰陽也，其理則一。雖然，自見在事物而觀之則陰陽函太極，推其本則太極生陰陽。學蒙。[九八]

問：「自一陰一陽，見一陰一陽又各生一陰一陽之象。以圖言之，『兩儀生四象，四象生八卦』，節節推去固容易見。就天地間着實處如何驗得？」曰：「一物上自各有陰陽，如人之男女，陰陽也。逐人身上又各有這血氣，血是陰而氣則是陽。[九九]如晝夜之間，晝陽也[一〇〇]，夜陰也，而晝陽自午後又屬陰，夜陰自子後又是陽，此[一〇一]便是陰陽各生陰陽之象。」學蒙。[一〇二]

太極如一木生上，分而爲枝幹，又分而生花生葉，生生不窮。到得成果子，裏面又有生生不窮之理，生將出去又是無限個太極，更無停息。只是到成果實時又却略[一〇三]少歇，也[一〇四]不是止，到這裏自合少止，正所謂「終[一〇五]萬物莫盛乎艮」。艮止是生息之意。賀孫。

問「易有太極，是生兩儀，兩儀生四象，四象生八卦」。曰：「此太極却是爲畫卦説。當未畫卦前，太極只是一個渾淪底道理，裏面包含陰陽、剛柔、奇耦，無所不有。及各畫一奇一耦，便是生兩儀。再於一奇畫上加一耦，此是陽中之陰；又於一奇畫上加一奇，此是陽中之陽；又於一耦畫上加一奇，此是陰中之陽；又於一耦畫上加一耦，此是陰中之陰，是謂四象。所謂八卦者，一象上有兩卦，每象各添一奇或一耦便是八卦。嘗聞一朋友説，一爲儀，二爲象，三爲卦，四爲象，如春夏秋冬，金木水火，東西南北，無不可推矣。」謨。去僞録［一〇六］同。

「易有太極」，便是下面兩儀、四象、八卦。自三百六十［一〇七］爻總爲六十四，自六十四總爲八卦，自八卦總爲四象，自四象總爲兩儀，自兩儀總爲太極。以物論之，易之有太極如木之有根、浮屠之有頂，但木之根、浮圖之頂是有形之極，太極却不是一物，無方所頓放，是無形之極。故周子曰「無極而太極」，是他説得有功處。夫太極之所以爲太極，却不離乎兩儀、四象、八卦，如「一陰一陽之謂道」，指一陰一陽爲道則不可，而道則不離乎陰陽也。僩。

「探賾」，「賾」是雜亂，不是好字。本從「口」，是喧鬧意，從「臣」旁亦然。淳。［一〇八］

「以定天下之吉凶，成天下之亹亹，莫大乎蓍龜。」人到疑而不能自明［一〇九］，往往便放倒，不復能向前，動有疑阻。既有卜筮，知是吉是凶，便自勉勉住不得。其所以勉勉者，是卜筮成之也。僩。

廖氏論洪範篇大段闢河圖、洛書事［一一〇］，以此見知於歐陽公。蓋歐陽公［一一一］有無祥瑞之論。歐公只見五代有僞作祥瑞，故併與古而不信。如河圖、洛書之事，論語自有此説，而歐公不信祥瑞，併不信此，而云繫辭亦不足信。且如[一一二]世間有一等[一一三]石頭上出日月者，人取爲石屏。又有一等石上面[一一四]分明有如枯樹者，亦不足怪也。河圖、洛書亦何足怪。[一一五]

右第十二章

問「書不盡言，言不盡意」一章。「『立象盡意』，是觀奇偶兩畫包含變化，無有窮盡。『設卦以盡情僞』，謂有一奇一偶，設之於卦，自是盡得天下情僞。『繫辭』便斷其吉凶。『變而通之以盡利』，此言占得此卦，陰陽老少變爻[一一六]，因其變便有通之之理。『鼓之舞之以盡神』，未占得則有所疑，既占則無所疑，自然使得人脚輕手快，行得順便。如『大衍』之後，言『顯道，神德行，是故可與酬酢，可與佑神』，『定天下之吉凶，成天下之亹亹』，皆是『鼓之舞之』之意。『乾坤其易之緼邪！乾坤成列而易立乎其中』，這又只[一一七]是言『立象以盡意，設卦以盡情僞』。易不過只是一個陰陽奇偶，千變萬變，則易之體立。若奇偶不交變，奇純是奇，偶純是偶，去那裏見易？易不可見，則陰陽奇偶之用亦何自而辨？」問：「在天地上如何？」曰：「關天地什麼事？此皆[一一八]是説易不外奇偶兩物而已。『化而裁之謂之變，推而行之謂之通』，這是兩截，不相干。『化而裁之』屬前項事，謂漸漸化去，裁制成變，則謂之變；『推而行之』屬後項事，謂推而爲別一卦了，則通行無礙，故爲通。『舉而措之天下謂之事業』，便則[一一九]是『定天下吉凶，成天下亹亹』。『極天下之賾者存乎卦』，謂卦體之中備陰陽變易之形容。『鼓天下之動者存乎辭』，是說出這天下之動如『鼓之舞之』相似。卦即辭[一二〇]也，辭即爻也。大抵易只是一個陰陽奇偶而已，此外更有何物？『神而明之』一段，卻是與形而上之道相對說。自『形而上謂之道』說至於變、通、事業，卻是自至約處說入至粗處去。自『極天下之賾者存乎卦』說至於『神而明之』，則又是由至粗上[一二一]說入至約處。『默而成之，不言而信』則說得又微矣。」學蒙。[一二二]

問：「『書不盡言，言不盡意』，是聖人設問之辭？」曰：「也是如此。亦言是[一二三]不足以盡意，故立象以盡意；書是[一二四]不足以盡言，故繫辭以盡言。」[一二五]又曰：「『立象以盡意』，不獨見聖人有這意思寫出來，自是他象上有這意。『設卦以盡情僞』，不成聖人有情又有僞？自是卦上有這情僞，但今不知[一二六]那處是僞。如下云『中心疑者其辭支，誣善之人其辭游』，也不知如何是支[一二七]，不知那卦上見得。」沉思久之，曰：「看來『情僞』只是個好不好。如剥五陰只是要害一個陽，這是不好底情，便是僞。如復、如臨便是好底卦，便是真情。」學蒙。

問：「立象、設卦、繫辭，是聖人發其精意見於書？變通、鼓舞，是聖人推而見於事否？」曰：「是。」學蒙。

「變而通之以盡利，鼓之舞之以盡神」，立象、設卦、繫辭皆謂卜筮之用，而天下之人方知所以避凶趨吉，奮然有所興作，不知手之舞之、足之蹈之之意。故曰「定天下之吉凶，成天下之亹亹者，蓋[一二八]莫大乎蓍龜」，猶催迫天下之人，勉之爲善相似。謨。

「鼓之舞之以盡神」，鼓舞有發動之意，亦只如「成天下之亹亹」之義。「鼓天下之動者存乎辭」，是因易之辭而知吉凶後如此。「乾坤成列，易立乎其中矣」，乾坤只是説卦[一二九]，此易只是説象[一三〇]，與「天地定位，易行乎其中矣」之「易」不同。「行乎其中」者却是道理[一三一]。謨。[一三二]

「乾坤其易之緼。」問論語[一三三]「衣敝緼袍」。「是[一三四]綿絮胎，今看此『緼』字正是如此取義。易是包著此理，乾坤即是易之體骨耳。」謨。[一三五]

問「乾坤其易之緼邪」。曰：「緼是袍中之胎骨子。『乾坤成列』，便是乾一、兑二、離三、震四，[一三六]卦都成了，[一三七]其變易方立其中。若只是一陰一陽，則未有變易在。」又曰：「有這卦則有變易，無這卦便無這易了。」又曰：「『易有太極』則以易爲主，此一段文意則以乾坤爲主。」學蒙。

問：「『乾坤成列，而易立乎其中』，是謂[一三八]兩畫之列，是謂[一三九]八卦之列？」曰：「兩畫也是列，八卦也是列，六十四卦也是列。」學蒙。

「乾坤毁則無以見易。」易只是陰陽卦畫，没這幾個卦畫，憑個甚寫出那陰陽造化？何處更得易來？這則是反覆説。「易不可見，則乾坤或幾乎息」，只是説揲蓍求卦更推不去。説做造化之理息也得，不若前説較平。淵。節録同而詳。［一四〇］

形是這形質，以上便爲道，以下便爲器，這個分别得最親切，故明道云「惟此語截得上下最分明」。［一四一］淵。方子録同。［一四二］

形而上者，形而下者。形以上底虚，渾是道理；形以下底實，便是器。這個分别得精切。明道説：「只是這個截得上下最分明。」淵。方子録同而詳。［一四三］

問：「『形而上下』，如何以形言？」曰：「此言最的當。設若以『有形』、『無形』言之，便是物與理相間斷了。所以謂『欄［一四四］截得分明』者，只是上下之間分别得一個界止分明。器亦道，道亦器，有分别而不相離也。」謨。

「形而上者謂之道，形而下者謂之器」，［一四五］這個在人看始得。指器爲道固不得，離器於道亦不得。且如此火是器，自有道在裏。夔孫。

「形而上者謂之道，形而下者謂之器。」道是道理，事事物物皆有個道理；器是形迹，事事物物亦皆有個形迹。有道須有器，有器須有道。物必有則。賀孫。

伊川云「『形而上者謂之道，形而下者謂之器』，須着如此説」。曰：「這是伊川見得分明，故云『須著如此説』。『形而上者』是理，『形而下者』是物。如此開説方見分明。如此了，方説得道不離乎器、器不違乎道處。如爲君須止於仁，這是道理合如此。『爲人臣止於敬，爲人子止於孝，爲人父止於慈』，這是道理合如此。今人不解恁地説，便不索性。兩邊説，怎生説得通？」〔一四六〕

「形而上者」指理而言，「形而下者」指事物而言。事事物物皆有其理，事物可見而其理難知，即事即物便要見得此理，只是如此看。但要真實於事物上見得這個道理，然後於己有益。必〔一四七〕須就君臣、父子上見得此理。大學之道不曰「窮理」，而謂之「格物」，只是使人就實處窮竟。事事物物上有許多道理，窮之不可不盡也。謨。

問：「如何分形、器？」曰：「形而上者是理，纔有作用便是形而下者。」問：「陰陽如何是形而下者？」曰：「一物便有陰陽。寒暖、生殺皆見得，是形而下者。事物雖大，皆形而下者，堯舜之事業是也。理雖小，皆形而上者。」祖道。

天地，形而下者。天地，乾坤之形〔一四八〕殼。乾坤而〔一四九〕天地之性情。方子。〔一五〇〕

「化而裁之」方是分下頭項，「推而行之」便是見於事。如堯典分命羲、和許多事，便是「化而裁之」；到「敬授人時」，便是「推而行之」。學蒙。〔一五一〕

「化而裁之。」化是因其自然而化，裁是人爲，變是變了他。且如一年三百六十日，須待一日日漸次進去到那滿時，這便是化。自春而夏，夏而秋，秋而冬，聖人去這裏截做四時，這便是變。化不是一日内便頓然恁地底事。人之進德亦如此。「三十而立」不是到那三十時便立，須從十五志學漸漸化去方到。横渠去這裏説做「化而裁之」，便是這意。柔變而趨於剛，剛變而趨於柔，與這個意思也只一般。自陰來做陽，其勢浸長，便覺突兀有頭面。自陽去做陰，這只是漸漸消化去。這變化之義亦與鬼神屈伸意相似。淵。[一五二]

「化而裁之存乎變」，只在那化中裁截取便是變，如子丑寅卯十二時皆以漸而化，不見其化之之迹。及亥[一五三]子時便截取是屬明日，所謂變也。僩。

問：「『化而裁之謂之變』，又云『存乎變』，是如何？」曰：「上文『化而裁之』便喚做變，下文是説這[一五四]變處見得『化而裁之』。如自初一至三十日便是化，到這三十日裁斷做一月，明日便屬後月，便是變。此便是『化而裁之』，到這裏[一五五]方見得。」可學。[一五六]

變、化二者不同，化是漸化，如自子至亥漸漸消化，以至於無。如自今日至來日則謂之變，變是頓斷有可見處。横渠説「化而裁之」一段好。㽦。

「化而裁之存乎變，推而行之存乎通。」裁是裁截之義。謂如一歲裁爲四時，一時裁爲三月，一月裁爲三十日，一日裁爲十二時，此是變也。又如陰陽兩爻，自此之彼，自彼之此，若不裁[一五七]斷，則豈有定體？通是通其變，將已裁定者而推行之即是通。謂如占得乾之履，便是九三，如[一五八]乾之不息，則是我所行者，以此而措之於民，則謂之事業也。㽦。

右第十二章

【校勘記】

［一］對　成化本無。

［二］對　成化本無。

［三］辭　成化本作「讀」。

［四］聲　成化本此下注曰：「池録云：『或音亞，或如字，或烏路反。』」

［五］是　成化本此下注曰：「池録云：『烏路切於義爲近。』」

［六］惡　成化本此下注曰：「池録云：『也不可厭惡。』」

［七］成化本此下注曰：「池録略而異。」

［八］古　原脱，據上下文及成化本補。

［九］賾　朱文公易説作「𦣝」。

[一〇]物　成化本爲「至動」。
[一一]成化本此下注曰：「淳録云：『本從「口」，是喧鬧意。從「叵」旁亦然。』」
[一二]雷風　成化本爲「風雷」。
[一三]只已有　成化本爲「只是」。
[一四]行　成化本爲「行將去」。
[一五]理　朱本作「禮」。
[一六]禮便是節文也升降揖遜是禮之節文　成化本爲「禮便是節文升降揖遜是也」。
[一七]却是　成化本爲「便是他」。
[一八]義　成化本無。
[一九]年　原作「牛」，據朱文公易説卷一一改。
[二〇]他那　成化本無。
[二一]只是説道觀他那會通處後　成化本爲「觀他會通處」。
[二二]卦　成化本爲「卦爻」。
[二三]學蒙　成化本爲「學履」。
[二四]意　成化本此下注曰：「此間連説互體，失記。」且成化本其下接「鶴鳴、好爵，皆卦中有此象……皆疑辭也」，即成化本中此條與下條合爲一條。

[二五] 兩斷去　成化本爲「兩段」。

[二六] 成化本此上有「又曰：『「同人先號咷而後笑」，聖人却恁地解。』」

[二七] 右第七章右第八章無　成化本爲「右第八章」。

[二八] 不知　成化本無。

[二九] 數　成化本此下注曰：「礪録云：『筴是條數。』」

[三〇] 字　成化本此下注曰：「礪録云：『只鶻突説了。』」

[三一] 閏　成化本此下注曰：「礪録云：『則是六年再閏也。』」

[三二] 音卦　成化本無。

[三三] 成化本此下注曰：「礪録小異。」

[三四] 自　成化本無。

[三五] 自　成化本無。

[三六] 去　成化本無。

[三七] 之　成化本無。

[三八] 此條僩録成化本載於卷六十七。

[三九] 倒　成化本作「散」。

[四〇] 學蒙　成化本爲「學履」。

〔四一〕學蒙　成化本爲「學履」。
〔四二〕這　成化本無。
〔四三〕學蒙　成化本爲「學履」。
〔四四〕學蒙　成化本爲「學履」。
〔四五〕那　成化本作「這」。
〔四六〕下二字池本作這個　成化本無。
〔四七〕學蒙　成化本爲「學履」。
〔四八〕以言者尚其辭及云　成化本爲「以言」。
〔四九〕動制器　成化本爲「變象」。
〔五〇〕學蒙　成化本爲「學履」。
〔五一〕之屬　成化本無。
〔五二〕學蒙　成化本爲「學履」。
〔五三〕此條謨録成化本以部分内容爲注，附於學蒙録後，參成化本卷七十五「問焉而以言……又於上下文不順」條。
〔五四〕參謂互數之　成化本爲「參謂三數之伍謂伍數之」。
〔五五〕五　原脱，據上下文及成化本補。

〔五六〕曰　成化本爲「先生云」。
〔五七〕是　成化本此上有「曰」。
〔五八〕這　成化本爲「這個」。
〔五九〕覘　成化本作「窺」。
〔六〇〕學蒙　成化本爲「學履」。
〔六一〕莫　成化本爲「莫是」。
〔六二〕七去八八去九　成化本爲「七生八八生九」。
〔六三〕雖深　成化本爲「他恁黑窣窣地深」。
〔六四〕然却事事有一個端緒可尋　成化本爲「然其中却事事有又曰事事都有個端緒可尋又曰有路脈線索在裏面」。
〔六五〕又　成化本無。
〔六六〕研是　成化本爲「研者便是」。
〔六七〕幾便是周子所謂動而未形有無之間　成化本爲「或問幾曰便是周子所謂動而未形有無之間者也」。
〔六八〕大抵皆是　成化本無。
〔六九〕依遷國　成化本爲「大作」。按，據周易下經咸傳第四：「初九利用爲大作元吉無咎，象曰：『元吉無咎，下不厚事也。』」又，下文「象只曰『下不厚事也』」，此似當爲「大作」。
〔七〇〕而　成化本作「則」。
〔七一〕却　成化本作「但」。
〔七二〕但　成化本無。
〔七三〕蓍之德圓而神卦之德方以知　成化本無。
〔七四〕便是説他物事聖人雖無私意知這個　成化本無。
〔七五〕只是説　成化本無。
〔七六〕他物　成化本無。
〔七七〕此條淵録成化本爲兩條分處上下，其中「易以貢是變易以告人……皆是得其理不假其物」爲上條，「前面一截説易之理……方是説卜筮」爲下條。
〔七八〕之　成化本無。
〔七九〕却　成化本無。
〔八〇〕心　成化本作「胸」。
〔八一〕不　成化本爲「都不」。
〔八二〕無累無跡　成化本爲「都無一毫之累更無些跡」。
〔八三〕往　成化本此下有「『是誰人會恁地？非古人「聰明睿知、神武而不殺者」不能如此。「神武不殺者」，聖人於天下自是所當者摧，所向者伏，然而他都不費手脚。』又曰：『他都不犯手，這便是「神武不殺」』」。

［八四］知來是如明鏡然物來都見　成化本爲「又曰神以知來如明鏡然物事來都看見」。

［八五］都　成化本此上有「他」。

［八六］藏在裏面　成化本爲「又曰都藏得在這裏」。又，其下又有「又曰如揲蓍然……只退聽於鬼神」，底本此部分内容另作一條，參本卷「問聖人以此齋戒以神明其德夫……只退聽於鬼神」條。

［八七］是誰會恁地……不能如此　此句成化本置「却『神以知來，知以藏往』」後。

［八八］學蒙　成化本無。

［八九］問聖人以此齋戒以神明其德夫　成化本爲「又曰如揲蓍然當其未揲也都不知揲下來底是陰是陽是老是少便是知來底意思及其成卦了則事都絣定在上面了便是藏往下文所以云是以明於天之道察於民之故設爲卜筮以爲民之鄉導故只是事聖人於此又以卜筮而齋戒以神明其德」。

［九〇］曰　成化本無。

［九一］便是　成化本爲「之神字便似」。

［九二］凶　成化本此下有「陰」。

［九三］神陰相之　成化本爲「神明之相」。

［九四］聖人之於卜筮　成化本爲「又曰聖人於卜筮」。

〔九五〕則　成化本作「只」。

〔九六〕未形　成化本爲「未成形」。

〔九七〕此條成化本無。

〔九八〕學蒙　成化本爲「學履」。

〔九九〕血是陰而氣則是陽　成化本爲「血陰而氣陽也」。

〔一〇〇〕也　成化本作「而」。

〔一〇一〕此　成化本無。

〔一〇二〕學蒙　成化本爲「學履」。且此條成化本載於卷六十五。

〔一〇三〕略　成化本無。

〔一〇四〕也　成化本無。

〔一〇五〕終　成化本爲「終始」。

〔一〇六〕録　成化本無。

〔一〇七〕三百六十　成化本爲「三百八十四」。

〔一〇八〕此條淳録成化本作爲注，附於淵録後，參本卷淵録「天下之至賾……方可索他那隱底」條。又，「賾」原作「賾」，據上下文及成化本改。

〔一〇九〕明　成化本此下有「處」。

〔一一〇〕事　成化本爲「之事」。
〔一一一〕歐陽公　成化本爲「歐公」。
〔一一二〕如　成化本爲「如今」。
〔一一三〕一等　成化本無。
〔一一四〕面　成化本無。
〔一一五〕成化本此下注有「義剛」，且此條載於卷六十七。
〔一一六〕變爻　成化本爲「交變」。
〔一一七〕只　成化本無。
〔一一八〕皆　成化本無。
〔一一九〕則　成化本作「只」。
〔一二〇〕辭　成化本作「象」。
〔一二一〕上　成化本無。
〔一二二〕學蒙　成化本爲「學履」。
〔一二三〕言是　成化本爲「是言」。
〔一二四〕是　成化本無。
〔一二五〕言　成化本此下有「又曰：『「書不盡言，言不盡意」，是元舊有此語。』」

〔一二六〕不知　成化本爲「曉不得他」。

〔一二七〕支　成化本此下有「是游」。

〔一二八〕蓋　成化本無。

〔一二九〕卦　成化本爲「二卦」。

〔一三〇〕象　成化本爲「易之書」。

〔一三一〕道理　成化本爲「説易之道理」。

〔一三二〕此條嵤録成化本分爲兩條，其中「鼓之舞之以盡神……知吉凶後如此」爲一條，「乾坤成列……行乎其中者却是説易之道理」另作一條。

〔一三三〕問論語　成化本爲「向論」。

〔一三四〕是　成化本此上有「緼」。

〔一三五〕成化本此下注曰：「人傑録云：『緼，如「緼袍」之「緼」，是個胎骨子。』」

〔一三六〕震四　成化本此下有「巽五、坎六、艮七、坤八」。

〔一三七〕卦都成了　成化本爲「都成列了」。

〔一三八〕謂　成化本作「説」。

〔一三九〕謂　成化本作「説」。

〔一四〇〕節録同而詳　成化本無。

［一四一］成化本此下有「又曰：『形以上底虛渾是道理，形以下底實便是器。』」

［一四二］方子録同　成化本無。

［一四三］此條淵録成化本無。

［一四四］欄　成化本無。

［一四五］形而上者謂之道形而下者謂之器　成化本爲「形而上謂道形而下謂器」。

［一四六］成化本此下注有「賀孫」。

［一四七］必　成化本此上有「爲人君止於仁，爲人子止於孝」。

［一四八］形　成化本作「皮」。

［一四九］而　成化本無。

［一五〇］此條方子録成化本作爲注，附於卷六十八學蒙録後。參底本卷六十八「乾坤是性情……又是兩個物事」條。

［一五一］學蒙　成化本爲「學履」。

［一五二］成化本此下注曰：「方子録云：『陽化而爲陰只恁消縮去，無痕迹，故謂之化。陰變而爲陽，其勢浸長，便覺突兀有頭面，故謂之變。』」此部分方子録底本另作一條載於卷七十六。

［一五三］亥　成化本此下有「後」。

［一五四］這　成化本無。

〔一五五〕裏　成化本作「處」。

〔一五六〕可學　成化本爲「學履」。

〔一五七〕裁　成化本作「截」。

〔一五八〕如　成化本作「乾」。

晦庵先生朱文公語類卷第七十六

易十二

繫辭下

問：「『八卦成列』，只是説乾、兑、離、震、巽、坎、艮、坤。先生解云『之類』，如何？」曰：「所謂『成列』者，不止只論此横圖，若乾南坤北又是一列，所以云『之類』。」學蒙。[一]

問：「『八卦成列，象在其中矣』，象只是乾、兑、離、震之象，未説到天地雷風處否？」曰：「是。然八卦是做[二]一項看，『象在其中』又是逐個看。」又問：「成列是自一奇一偶，畫到三畫處，其中逐一分，便有乾、兑、離、震之象否？」曰：「是。」學蒙。[三]

問：「『剛柔相推，變在其中矣。繫辭焉而命之，動在其中矣。』『變』字是總卦爻之有往來相錯[四]者言，『動』字是專指占者所值當動底爻象爲[五]言否？」曰：「變是就剛柔交錯而成卦爻上言，動是專主當占之爻言。如二爻變，則占者以上爻爲主，這上爻便是動處。如五爻變，一

爻不變，則占者以不變之爻爲主，則這不變底[六]便是動處也。」學蒙。[七]

「剛柔者立本者也，變通者趨時者也」，此兩句亦相對説。剛柔者陰陽之質，是移易不得之定體，故謂之本。若剛變爲柔，柔變爲剛，便是變通之用。僩。

「剛柔者立本者也，變通者趨時者也」，便與「變化者進退之象也，剛柔者晝夜之象也」是一樣。剛柔兩個是本，變通只是其往來者。學蒙。[八]

「吉[九]凶者，貞勝者也。」「貞」字。[一〇]便是他本相如此。猶言附子者，貞熱者也；龍腦者，貞寒者也。[一一]學蒙。

「吉凶者，貞勝者也。」這兩個物事常相勝，一個吉，便有一個凶在後面。天地間一陰一陽，如環無端，便是相勝底道理。陰符經注：「天地萬物之道浸，故陰陽勝，陰陽相推而變化順矣。」[一二]

「吉凶者，貞勝者也」，這一句最好看。這個物事常在這裏相勝。一個吉，便有一個凶在後面來。這兩個物事不是一定住在這裏底。「物各以其所正爲常」，「正」是説他當然之理，蓋言其本相如此也，與「利貞」之「貞」一般，所以説「利貞者，性情也」。橫渠説得這個[一三]別，他説道，貞便能勝得他。如此則下文三個「貞」字説不通。這個只是説吉凶相勝。天地間一陰一陽，如環無端，便是相勝底道理。陰符經説「天地之道浸，故陰陽勝」，「浸」字最下得妙，天地間不陡頓恁地陰陽勝。又説那五個物事在這裏相生相尅，曰「五賊在心，施行於天」。用不好心去看他便都是賊了。「五賊」乃言五性之德，「施行於天」言五行之氣。陳子昂感興詩［一四］亦略見得這般意思。大概説相勝是説他常底，他以本相爲常。淵。

「貞，常也。陰陽常即是個［一五］相勝。如子以前便是夜勝晝，子以後便是晝勝夜。觀，是示人不窮。『貞夫一者也』，天下常只是有一個道理。」又曰：「須是看［一六］字義分明方看得下落，説也只説得到偏旁近處。貞便是他體處，常常如此，所以説『利貞者，性情也』。」砥。［一七］

貞只是常。「吉凶者，貞勝者也」，［一八］吉凶常相勝，不是吉勝凶，便是凶勝吉。二者常相勝，故曰「貞勝」。天地之道則常示，日月之道則常明。「天下之動，貞夫一者也」，天下之動雖不齊，常有一個是底，故曰「貞夫一」。陰符經云「自然之道靜故天地萬物生，天地之道浸故剛柔勝」，若不是極靜則天地萬物不生。浸者，漸也。天地之道漸漸消長，故剛柔勝，此便是「吉凶貞勝」之理。這必是一個識道理人説，其他多不可曉，似此等處特然好。文蔚。

「『吉凶者，貞勝者也。』『貞』猶『常』也。吉則勝凶，凶則勝吉，理自如此。」因説「貞」字兼「正」、「固」二義，惟程子發明之，因云：「凡屬北者兼二義，如冬至前一半屬今年，後一半屬明年。又如夜半子時，前一半屬今日，後一半屬明日。」甚有笑北方玄武龜蛇之象。人傑。［一九］

問：「『吉凶貞勝』一段，横渠説如何？」曰：「説貞勝處巧矣，却恐不如此。只伊川説［二〇］『常』字，甚佳。易［二一］解此字多云『正』、『固』，固乃常也，但不曾發出貞勝之理。蓋吉凶二義無兩立之理，迭相爲勝，非吉之[二二]勝凶則凶勝吉矣，故吉凶常相勝。[二三]所以訓『貞』字作『常』者，貞相[二四]是正固。謂[二五]『正』字盡『貞』字義不得，故又云[二六]『固』字。謂此雖是正，又須常固守之，然後爲貞。其[二七]在五常之中[二八]屬智，孟子所謂『智之實，知斯二者，弗去是也』。正是知之，固是守之，徒知之而不能守之則不可，須是知之又固守之。蓋貞屬冬，大抵北方必有兩件事，皆如此，莫非自然，言之可笑。如[二九]玄武[三〇]便龜、蛇二物。謂如冬至前四十五日屬今年，後四十五日便屬明年。夜分子夜前四刻屬今日，後四刻即屬來日耳。」僩。[三一]

又[三二]問張子「貞勝」之說。曰：「此雖非經意，然其說自好。便只行得他底，此[三三]說有甚不可？大凡人看[三四]解經，雖一時有與經意稍遠，然其說底自是一說，自有用處，不可廢也。不特後人，雖[三五]古來已自[三六]如此。如『元亨利貞』，文王重卦只是大亨利於守正而已，到夫子却自解分作四德看。文王卦辭當看文王意思，到孔子文言當看孔子意思。豈可以一說爲是，一說爲非？」僩。

問：「『爻也者，效此者也』，是效乾坤之變化而分六爻。『象也者，像此者也』，是象乾坤之虛實而爲奇偶。」曰：「『象此』、『效此』，『此』便是乾坤，象只是象其奇偶。」學蒙。

先生問曰：「如何是『爻象動乎內，吉凶見乎外』？」或曰：「陰陽老少在分蓍揲卦之時，而吉凶乃見於成卦之後。」曰：「也是如此。然『內』、『外』字猶言先後微顯。」學蒙。[三七]

「功業見乎變」是就那動底爻見得，這「功業」字似「吉凶生大業」之「業」，猶言事變、庶事相似。學蒙。〔三八〕

「聖人之情見乎辭」，下連接說「天地大德曰生」，此不是相連，乃各自說去。「聖人之大寶曰位」，後世只爲這兩個不相對，有位底無德，有德底無位，有位則事事做得。〔三九〕

「守位曰仁」，釋文「仁」作「人」。伯恭尚欲擔當此，以爲當從釋文。淵。

問：「『人君臨天下，大小大事只言「理財正辭」』，如何？」曰：「是因上文而言。聚得許多人，無財何以養之？有財不能理又不得。『正辭』便只是分別是非。」又曰：「教化便在『正辭』裏面。」學蒙。〔四〇〕

理財、正辭、禁民爲非〔四一〕是三事。大概是辨別是非。理財，言你底還你，我底還我。正辭，言是底說是，不是底說不是，猶所謂「正名」。淵。

右第一章

「仰則觀象於天」一段，只是陰陽奇耦。閎祖。

「觀鳥獸之文與地之宜」，「近取身，遠取物」，「仰觀天，俯察地」，只是一個「陰陽」兩字〔四二〕。聖人看這許多般事物，都不出這〔四三〕「陰陽」兩字。便是河圖、洛書也則是陰陽，粗說時即是奇耦。聖人却看見這個上面都有那陰陽底道理，故説道讀易不可恁逼拶他。歐公只是執定那「仰觀俯察」之説，便與河圖相礙，遂至不信他。淵。節録同而略。[四四]

「古者[四五]伏羲『觀鳥獸之文與地之宜』。那時未有文字，只是仰觀俯察而已。想聖人心細，雖以鳥獸羽毛之微，也盡察得有陰陽。今人心粗，如何察得？」或曰：「伊川見兔曰：『察此亦可以畫卦。』便是此義。」曰：「就這一端上亦可以見。凡草木禽獸無不有陰陽。鯉魚脊上有三十六鱗，陰數。龍脊上有八十一鱗。陽數。龍不曾見，鯉魚必有之。又龜背上文，中間一簇成五段，又[四六]兩邊各插四段，共成八段子，八段之外，兩邊周圍共有二十四段。中間五段者，五行也；兩邊插八段者，八卦也；周圍二十四段者，二十四氣也。個個如此。又如草木之有雌雄，銀杏、桐、楮、牝牡麻、竹之類皆然。又樹木向陽處則堅實，其背陰處必虛軟。男生必伏，女生必偃，其死於水也亦然。蓋男陽氣在背，女陽氣在腹也。」揚子雲太玄云「觀龍虎之文與龜馬之象」，謂二十八篇也。[四七]

「以通神明之德，以類萬物之情」，盡於八卦，而震、巽、坎、離、艮、兑又總於乾坤。曰「動」、曰「陷」、曰「止」，皆健底意思；曰「麗」、曰「悦」、曰「入」，[四八]皆順底意。聖人下此等[四九]八字，極狀得八卦性情盡。㽦。

「蓋取諸益」等，「蓋」字乃模樣是恁地。淳。[五〇]

「黄帝堯舜氏作」，到這時候合當如此變。「易窮則變」，道理亦如此。「垂衣裳而天下治」，是大變他以前底事了。十三卦是大概説，則這幾卦也自難曉。淵。

「通其變[五一]，使民不倦」，須是得一個人「通其變」。若聽其自變，如何得？賀孫。

「蓋取諸渙」之類，「蓋」字有義。可學。[五二]

「上古結繩而治，後世聖人易之以書契。」天下事有古未之爲而後人爲之，因不可無者，此類是也。如年號一事，古所未有，後來既置便不可廢。胡文定却以後世建年號爲非，以爲年號之美有時而窮，不若只作元年、二年、三年也[五三]。此殊不然。三代已前事迹多有不可攷者，正緣無年號所以事無統紀，難記。如云某年，王某月，個個相似，虚無理會處。及漢既建年號，於是事乃各有紀屬而可記。而[五四]今有年號猶自姦僞百出，若只寫一年、二年、三年，則官司詞訴[五五]簿曆憑何而決？少間都無討更理會處[五六]。嘗見前輩説，有兩家争田地。甲家買在元祐幾年，乙家買在前。甲家遂將「元」字改擦作「嘉」字，乙家則將出文字又在嘉祐之先，甲家遂又將嘉祐字塗擦作皇祐。有年號了猶自被人如此，無復[五七]如何！僩。

結繩，今溪洞諸蠻猶有此俗。又有刻板者，凡年月日時以至人馬糧草之數，皆刻板爲記，都不相亂。僩。

右第二章

林安卿問：「『易者，象也；　象也者，像也』，四句莫只是解個『象』字否？」曰：「『象』是解『易』字，『像』又是解『象』字，『材』又是解『象』[五八]字。末句亦然。」義剛。

「易也者，象也；　象也者，像也」，只是髣髴説，不可求得太深。程先生只是見得道理多後，却須將來寄搭在上面説。淵。方子録同。[五九]

「易者，象也；　象也者，像也。彖者，材也；　爻也者，效天下之動也。」[六〇]「易者，象也」是總説起，言易不過則[六一]是陰陽之象。下云「像也」、「材也」、「天下之動也」，則皆是説那上面「象」字。學蒙。[六二]

「二君一民」，試教一個民有兩個君，看是甚模樣！淵。[六三]

「天下何思何慮」一句，便是先打破那個「思」字，却説個[六四]「同歸殊塗，一致百慮」，又再説「天下何思何慮」。謂何用如此「憧憧往來」而爲此朋從之思也。日月寒暑之往來，尺蠖龍蛇之屈伸，皆是自然底道理。不往則不來，不屈則亦不能伸也。今之爲學亦只是如此。「精義入神」，用力於内乃所以「致用」乎外；「利用安身」，求利於外乃所以「崇德」乎内。只是如此做將去。雖至於「窮神知化」地位，亦只是德盛仁熟之所致，何思何慮之有！謨。

「天下何思何慮」一段，此是言自然而然。如「精義入神」自然致用，「利用安身」自然崇德。節。

問：「『天下同歸殊塗，一致百慮』，何不先云『殊塗』、『百慮』，而後及『一致』、『同歸』？〔六五〕」曰：「也只一般。但他是從上説下，自合如此。」學蒙。

尺蠖屈便要求伸，龍蛇蟄便要存身。精研義理無毫釐絲忽之差，入那神妙處，這便是要出來致用；外面用得利而身安，乃所以入來自崇己德。「致用」之「用」，即是「利用」之「用」。所以横渠云：「『精義入神』，事豫吾内，求利吾外；『利用安身』，素利吾外，致養吾内。」「事豫吾内」言曾到這裏面來。淵。從周録同。〔六六〕

「入神」是到那微妙、人不知得處。一事一理上。淵。

且如「精義入神」，如何不思？那致用底却不必思。致用底是事功，是效驗。淵。

「利用安身。」今人循理則自然安利，不循理則自然不安利。升卿。

「窮神知化，德之盛也」，這「德」字只是上面「崇德」之「德」。德盛後便能「窮神知化」，便如「聰明睿智皆由此出」、「自誠而明」相似。淵。方子録同。〔六七〕

「未之或知」是到這裏不可奈何。「窮神知化」，雖不從這裏面出來，然也有這個意思。淵。

或問：「横渠説『精義入神，求利吾外』，『求』字恐有病，似有個先獲底心。『精義入神』，自

利吾外，何用求？」曰：「然。合當云『所以利吾外也』。〔六八〕『事豫吾内』，事未至而先知其理之謂『豫』。」學蒙。〔六九〕

「神化」二字，前人都説不到，惟是横渠分説得出來分曉。雖伊川也説得鶻突。淵。〔七〇〕

「『神化』二字，雖程子説得亦不甚分明，惟是横渠推出來。〔七一〕推行有漸爲化，合一不測爲神。」又曰：「『一故神，兩在，故不測。兩故化』，言『兩在』者，或在陰，或在陽，在陰時全體都是陰，在陽時全體都是陽。化是逐一挨將去底，一日復一日，一月復一月，節節挨將去便成一年，這是化。」直卿云：「『一故神』猶『一動一静互爲其根』，『兩故化』猶『動極而静，静極復動』。」方子。〔七二〕

「窮神知化」，「化」是逐些子挨將去底。一日復一日，一月復一月，節節挨將去便成一年，這是化。「神」是一個物事，或在彼或在此，當其〔七三〕在陰時全體在陰，在陽時全體在陽，都只是這一物，兩處都在，不可測，故謂之神。横渠言「一故神，兩故化」，又注云：「兩在，故不測。」這説得甚分曉。淵。

陽化而爲陰，只恁地〔七四〕消縮去，無痕迹，故謂之化。陰變而爲陽，其勢浸長，便覺突兀有頭面，故謂之變云〔七五〕。方子。〔七六〕

右第三章

問：「『非所困而困焉，名必辱』，大意謂石不能動底物，[七七]自是不須去動他。若只管去用力，徒自困耳。[七八]」曰：「爻意義謂不可做底，便不可入頭去做。」學蒙。[七九]

「公用射隼」，孔子是發出言外意。學蒙。

易曰「知幾其神乎」，便是這事難。如「邦有道，危言危行；邦無道，危行言遜」。今有一樣人，其不畏者又言過於直，其畏謹者又縮做一團，更不敢説一句話，此便是不曉得那幾。若知幾則自裁節[八〇]，無此病矣。「君子上交不諂，下交不瀆」，蓋上交貴於恭，恭則便近於諂；下交貴和易，和則便近於瀆。蓋恭與諂相近，和與瀆相近，只爭些子便至於流也。僩。

問「君子上交不諂，下交不瀆」。曰：「凡人上交必有些小取奉底心，下交必有些小簡傲底心，所爭只是些小。於此察之，非知幾者莫能。」僩。[八一]

「『君子上交不諂，下交不瀆』，他這[八二]下面説『幾』。最要看個『幾』字，只爭些子。凡事未至而空説，道理易見；事已至而顯然，道理也易見。惟事之方萌而動之微處，此最難見。」或問：「『幾者動之微』，何以獨於上交、下交言之？」曰：「上交要恭遜，纔恭遜便不知不覺有個諂底意思在裏頭[八三]。『下交不瀆』亦是如此。所謂『幾』者，只纔覺得近諂、近瀆便勿令如此，此便是『知幾』。『幾者，動之微，吉之先見者也』，漢書引此句，『吉』下有『凶』字。當有『凶』字。」僩。

「幾者動之微」，是欲動未動之間便有善惡，便須就這處理會。若到發出處，更怎生奈何得！所以聖賢説謹獨，便都[八四]是要就幾微處理會。賀孫。

魏問「幾者，動之微，吉之先見者也」。「似[八五]是漏字。漢書説『幾者，動之微，吉凶之先見者也』，似説得是。幾自是有善有惡。君子見幾，亦是見得方舍惡從善。不能無惡。」又曰：「漢書上添字，如『豈若匹夫匹婦之爲諒，自經於溝瀆而人莫之知也』，添個『人』字，似是。」賀孫。

知微、知彰、知柔、知剛，是四件事。學蒙。[八六]

問：「伊川作『見微則知彰矣，見柔則知剛矣』，其説如何？」曰：「也好。看來只作四件事亦自好。既知微又知彰，既知柔又知剛，言其無所不知，所以爲萬民之望也。」學蒙。

「有不善未嘗不知，知之未嘗復行。」直是顏子天資好，如至清之水，纖芥必見。蓋卿。

「天地絪緼，萬物化醇。」「致一」，專一也。惟專一所以能絪緼，若不專一則各自相離矣。「化醇」是已化後。「化生」指氣化而言，草木是也。僩。

「致一」是專一之義，程先生言之詳矣。天地、男女都是兩個方得專一，若三個便亂了。[八七]程先生説初與二、三與上、四與五皆兩個相與，自説得好。「初、二二陽，四、五二陰，同德相比；三與上應，皆兩相與。」學蒙。

右第四章〔八八〕

「乾坤，易之門」，不是乾坤外别有易，只易便是乾坤，乾坤便是易。似那兩扇門相似，一扇開便一扇閉，只是一個陰陽做底，如「闔户謂之坤，闢户謂之乾」。淵。公晦録同。〔八九〕

問：「『乾坤，易之門。』門者是六十四卦皆由是出，如『兩儀生四象』，只管生出耶？爲是取闔闢之義耶？」曰：「只是取闔闢之義。六十四卦只是這一個陰陽闔闢而成。但看他下文云『乾，陽物也；坤，陰物也。陰陽合德而剛柔有體』，便見得只是這兩個。」學蒙。

「乾，陽物；坤，陰物。」陰陽，形而下者；乾坤，形而上者。道夫。

「天地之撰」，撰即是説他做處。淵。〔九〇〕

「以體天地之撰」，撰是所爲。㽦。〔九一〕

問：「『其稱名也雜而不越』，是指繫辭而言，是指卦名而言？」曰：「他後〔九二〕兩三番説名後，又舉九卦説，看來只是謂卦名。」又曰：「繫辭自此以後皆難曉。」學蒙。

「『於稽其類』，一本作『於稽音啓。其顙』，又一本『於』作『烏』，不知如何。」曰：「但不過是説稽考其事類。」淵。

「其衰世之意耶。」伏羲畫卦時這般事都已有了，只是未曾經歷。到文王時世變不好，古來未曾有底事都有了，他一一經歷這崎嶇萬變過來，所以説出那卦辭。如「箕子之明夷」，如「入于左腹，獲明夷之心于出門庭」。此若不是經歷，如何説得！淵。

問：「『彰往察來』，如『神以知來，知以藏往』相似。『往』是已定底，如天地陰陽之變，皆已見在這卦上了；『來』謂方來之變，亦皆在這上。」曰：「是。」〔九三〕

「彰往察來。」往者如陰陽消長，來者事之未來吉凶。學蒙。〔九四〕

「『微顯闡幽。』幽者不可見，便就這顯處説出來。顯者便就上面尋其不可見底，教人知得。」又曰：「如『顯道，神德行』相似。」學蒙。

「微顯闡幽」便是「顯道，神德行」。德行顯然可見者，道不可見者。「微顯闡幽」是將道來事上看，言那個雖是粗底，然皆出於道義之藴。「潛龍勿用」，顯也。「陽在下也」，只是就兩頭説。微顯所以闡幽，闡幽所以微顯，只是一個物事。僩。

將那道理來事物上與人看，就那事物上推出那裏面有這道理：「微顯闡幽。」〔九五〕

右第五章〔九六〕

問論易九卦，云：「聖人道理只在口邊，不是安排來。如九卦，只是偶然説到此，而今人便要説如何不説十卦，又如何不説八卦，便從九卦上起義。皆是胡説。且如『履，德之基』，只是要以踐履爲本。『謙，德之柄』，只是要謙退，若處患難而矯亢自高，取禍必矣。『復，德之本』，如孟子所謂『自反』。『困，德之辨』，困而通則可辨其是，困而不通則可辨其非。損是懲忿窒慾。益是修德，益令廣大。『巽，德之制』，『巽以行權』，巽只是低心下意。要制事須是將心入那事裏面去，順他道理，方能制事，方能行權。若心粗，只從事皮膚上綽過。如此行權便不錯了。巽，伏也，入也。」正卿。〔九七〕

三陳九卦初無他意。觀上面「其有憂患」一句，便見得是聖人説處憂患之道。聖人去這裏偶然看見這幾卦有這個道理，所以就這個説去。若論到底，睽蹇皆是憂禍患底事，何故却不説？以此知只是聖人偶然去這裏見得有此理，便就這裏説出。聖人視易如雲行水流，初無定相，不可確定他。在易之序，履卦當在第十，上面又自不説乾、坤。淵。

三説九卦，是聖人因上面説憂患故發明此一項道理，不必深泥。如「困，德之辨」，若説蹇屯亦可，蓋偶然如此説。大抵易之書如雲行水流，本無定相，確定説不得。揚子雲太玄一爻吉，一爻凶，相間排將去，七百三十贊乃三百六十五日之晝夜，晝爻吉，夜爻凶，又以五行參之，故吉凶有深淺，毫髮不可移，此可爲典要之書也。聖人之易則有變通。如此卦以陽居陽則吉，他卦以陽居陽或不爲吉；此卦以陰居陰則凶，他卦以陰居陰或不爲凶。此不可爲典要之書也。〔九八〕

初七日至信州，有周伯壽、蔣良弼、李思永、黎季成諸友皆來追送，會聚者二十餘人。先生問：「諸公遠來，有可見教可商量處，不惜言之。」[九九]鄭仲履問：「易繫云『作易者其有憂患乎』，如何止取九卦？」先生云：「聖人論處憂患，偶然説此九卦爾。天下道理只在聖人口頭，開口便是道理，偶説此九卦，意思自足。若更添一卦也不妨，更不説一卦也不妨，只就此九卦中亦自儘有道理。且易中儘有處憂患底卦，非謂九卦之外皆非所以處憂患也。若以困爲處憂患底卦，則屯蹇非處憂患而何？觀聖人之經正不當如此。後世拘於象數之學者乃以爲九陽數，聖人之舉九卦蓋[一〇〇]合此數也，尤泥而不通矣。」蓋卿。[一〇一]

既論九卦之後，因言：「今之談經者往往有四者之病：本卑也，而抗之使高；本淺也，而鑿之使深；本近也，而推之使遠；本明也，而必使至於晦。此今日談經之大患也。」蓋卿。[一〇二]

問：「巽何以爲『德之制』？」曰：「巽爲資斧，多[一〇三]作斷制之象。蓋『巽』字非順之義所以能盡，[一〇四]順[一〇五]而能入之義。謂巽一陰入在二陽之下，是入細直徹到底，不只是到皮子上者[一〇六]，如此方能斷得殺。若不見得盡，如何可以『行權』？」嵤。

「謙尊而光，卑而不可踰」，以尊而行謙則其道光，以卑而行謙則其德不可踰。尊對卑言，伊川以謙對卑説，非是。但聖人九卦文[一〇七]引此一句，看來大綱説。僩。[一〇八]

問[一〇九]「損先難而後易」。「如子産爲政，鄭人歌之曰『孰殺子産，吾其與之』，及三年後[一一〇]人復歌而誦之。蓋事之初，在我亦有所勉强，在人亦有所難堪；久之當事理，順人心，這裏方易。便如『利者，義之和』一般，義是一個斷制物事，恰似不和；久之，事得其宜，乃所以爲和。如萬物到秋，許多嚴凝肅殺之氣，似可畏；然萬物到這裏，若不得此氣收斂凝結許多生意，又無所成就。其難者乃所以爲易也。『益，長裕而不設』，長裕只是一事，但充長自家物事教寬裕而已。『困窮而通』，此因困卦説『澤無水，困，君子以致命遂志』，蓋此是『致命遂志』之時，所以困。象曰『險以説，困而不失其所亨，其惟君子乎』，蓋處困而能説也。困而寡怨，是得其處困之道，故無所怨於天，無所尤於人；若不得其道，則有所怨尤矣。『井居其所而遷』，井是不動之物，然其水却流行出去利物。『井以辨義』，辨義謂安而能慮，蓋守得自家先定，方能辨事之是非。若自家心不定，事到面前安能辨其義也？『巽稱而隱』，巽是個卑巽底物事，如『兑見而巽伏也』，自是個隱伏底物事。蓋巽一陰在下、二陽在上，陰初生時已自稱量得個道理了，不待顯而後見。如事到面前，自家便有一個道理處置他，不待發露出來。如云『尊者於己踰等，不敢問其年』，蓋纔見個尊長底人便自不用問其年，不待更計其年然後方稱量合問與不合問也。『稱而隱』是巽順恰好底道理。有隱而不能稱量者，有能稱量而不能隱伏不露形迹者，皆非巽之道也。『巽，德之制也』、『巽以行權』，都是此意。」學蒙録同。[一一一]僩。

問「巽稱而隱」。曰：「以『巽以行權』觀之，則『稱』字宜音去聲，爲稱物之義。」又問：「巽有優游巽入之義；權是仁精義熟，於事能優游以入之意。」曰：「是。巽[一一二]是入細底意，説在九卦之後，是八卦事了方可以行權。某前時以稱爲揚之説[一一三]，錯了。」學蒙。

問：「『巽稱而隱』，『稱』，稱揚也。[一一四]『隱』字何訓？」曰：「隱，不見也。如風之動物，無物不入，但見其動而不見其形。權之用亦猶是也。昨得潘恭叔書，説滕文公問『間於齊楚』與『竭力以事大國』兩段，注云『蓋遷國以圖存者，權也；效死勿去者，義也』，『義』字當改作『經』。思之誠是。蓋義便近權，如或可如此或可如彼，皆義也。經則一定而不易。既對『權』字，須著用『經』字。」僩。

問「井，德之地」。曰：「井有本，故澤及於物而井未嘗動，故曰『居其所而遷』。如人有德而後能施以及人，然其德性未嘗動也。『井以辨義』，如人有德而其施見於物，自有斟酌裁度。」砥。[一一五]

問「井以辨義」。曰：「只是『井居其所而遷』，大小多寡，施之各當。」㽦。

問井義而辨。[一一六]曰：[一一七]「井有定體不動，『居其所而不遷』，[一一八]然水却流行出去而[一一九]不窮。猶人心有持守不動，而應變於外[一二〇]則不動[一二一]也。『井，德之地』亦是指那不動之處。[一二二]」僩。

陳才卿[一二三]問「巽以行權」。曰：「『權』之用便是如此，見得道理精熟後，於物之精微委曲處，無處不入，所以說『巽以行權』。『巽』，風也。猶風之動物，無處不入，但見其動而不見其形。權之用亦猶是也。[一二四]」僩。

鄭仲履問：「『巽以行權』，恐是神道？」曰：「不須如此說。巽只是柔順、低心下意底氣象。人至行權處，不少巽順如何行得？此外八卦各有所主，皆是處憂患之道。」蓋卿。

問：「『巽以行權』，權是逶迤曲折以順理否？」曰：「然。巽有入之義。『巽爲風』，如風之入物。只爲巽便能入義理之中，無細不入。」又問：「『巽稱而隱』，『稱』如風之鼓舞，有稱揚之義。[一二五]隱亦是入物否？」曰：「隱便是不見處。」文蔚。

「巽以行權」，「兑見而巽伏」。權是隱然做底物事，若顯然地做，却不成行權。淵。

右第六章[一二六]

問：「易之所言，無非天地自然之理、人生日用之所不能須臾離者，故曰『不可遠』。」曰：「是。」學蒙。

「既有典常」，是一定了。占得他[一二七]這爻了，吉凶自定，這[一二八]便是「有典常」。淵。

易「不可爲典要」。易不是確定硬本子。揚雄太玄却是可爲典要。他排定三百五十四贊當晝，三百五十四贊當夜，晝底吉，夜底凶，吉之中又自分輕重，凶之中又自分輕重。易却不然。有陽居陽爻而吉底，又有凶底；有陰居陰爻而吉底，又有凶底。有有應而吉底，有有應而凶底。是不可爲典要之書。他這個[一二九]是有那許多變，所以如此。淵。

問：「『内[一三〇]外使知懼』合作『使内外知懼』始得。」曰：「是如此。不知這兩句是如何。上下文意都不相屬，[一三一]硬解也解得，[一三二]但不曉意是訓[一三三]甚底。後面説二與四同功、三與五同功却好，但『不利遠者』也難曉。[一三四]」學蒙。

使「知懼」，便是使人有戒懼之意。易中説如此則吉、如此則凶是也。既知懼，則雖無師保，一似臨父母相似，常恁地戒懼。淵。

問「雜物撰德，辨是與非，則非其中爻不備」。先生云：「這樣處曉不得，某常疑有闕文。先儒解此多以爲互體，如屯卦震下坎上，就中間四爻觀之，自二至四則爲坤，自三至五則爲艮，故曰『非其中爻不備』。互體説，漢儒多用之。左傳中一處説占得觀卦處亦舉得分明。看來此説亦不可廢。」學蒙。[一三五]

右第七章[一三六]

問「道有變動故曰爻，爻有等故曰物，物相雜故曰文」。曰：「『道有變動』，不是指那陰陽老少之變，是說卦中變動。如乾卦中[一三七]六畫，初潛，二見，三惕，四躍，這個便是有變動，所以謂之爻。爻中自有等差，或高或低，[一三八]或貴或賤，皆謂之等，易中便可見。如說『遠近相取而悔吝生』、『近而不相得則凶』、『二與四同功而異位[一三九]』、『三[一四〇]多凶，五多功，貴賤之等也』，又曰『列貴賤者存乎位』，皆是等也。物者，想見古人占卦必有個物事名爲『物』，而今亡矣。這個物是那別貴賤、辨尊卑底。『物相雜故曰文』，如有君又有臣便爲君臣之文，是兩物相對待在這裏故有文，若相離去、不相干，便不成文矣。卦中有陰爻又有陽爻，相間錯則爲文。若有陰無陽，有陽無陰，如何得有文？」學蒙。[一四一]

長孺問：「『乾健坤順』，如何得有過不及？」曰：「乾坤者，一氣運於無心，不能無過不及之差。聖人有心以爲之主，故無過不及之失。所以聖人能贊天地之化育，天地之功有待於聖人。」賀孫。[一四二]

「天行健」，故易；地承乎天，柔順，故簡。簡易，故無艱難。敬仲。[一四三]

乾健，而以易臨下，故知下之險。險底意思在下。坤順，而以簡承上，故知上之阻。阻是自家低，他却高底意思。自上面下來，到那去不得處，便是險；自下而上，上到那去不得處，便是阻。易只是這兩個物事。自東而西也是這個，自西而東也是這個。左而右、右而左皆然。淵。

因言乾坤簡易，知險知阻，而曰：「知險阻便不去了。惟其簡易，所以知險阻而不去。」敬子云：「今行險徼倖之人，雖知險阻而猶冒昧以進。惟乾坤德行本自簡易，所以知險阻。」僩。

問「夫乾，天下之至健也，德行」止[一四四]「知阻」。曰：「不消先說健順。好底物事自是知險阻。恰如良馬，他纔遇險阻處便自不去了。如人臨懸崖之上，若說不怕險了，要跳下來，必跌殺却[一四五]。」良久，又曰：「此段專是以憂患之際而言。且如健，當憂患之際則知險之不可乘；順，當憂患之際便知阻之不可越。這都是當憂患之際、處憂患之道當如此，因憂患方生那知險知阻。若只就健、順上看，便不相似。如下文說『危者使平，易者使傾』、『能說諸心，能研諸慮』，皆因憂患說。大要乾坤只是循理而已。他若知得前有險之不可乘而不去，則不陷於險；知得前有阻之不可冒而不去，則不困於阻。若人不循理，以私意行乎其間，其過乎剛者，雖知險之不可乘却硬要乘，則陷於險矣；雖知阻之不可越却硬要越，則困於阻矣。只是順理便無事。」又問：「在人固是如此，以天地言之則如何？」曰：「在天地自是無險阻，這只是大綱說個乾坤底意思是[一四六]如此。」又曰：「順自是畏謹，宜其不越夫阻。如健，却宜其不畏險，然却知險而不去，蓋他當憂患之際故也。」又問「簡易」。曰：「若長是易時更有甚麼險？他便不知險矣。若長是簡時更有甚麼阻？他便不知阻矣。只是當憂患之際方見得。」僩。

因說：「乾坤知險阻，非是說那定位底險阻。乾是個至健底物，自是見那物事皆低；坤是至順底物，自是見那物事都大。」學者曰：[一四七]「如云『能勝物之謂剛，故常信於萬物之上』相似。」曰：「然。如云『膽欲大而心欲小』。至健『恒易以知險』，如『膽欲大』；至順『恒簡以知阻』，如『心欲小』。又如云『大心則敬[一四八]天而道，小心則畏義而節』相似。」學者曰：[一四九]：「如人欲渡，若風濤洶湧，未有要緊，不渡也不妨。萬一有君父之急，也只得渡。」曰：「固是如此，只是未説到這裏在。這個又是説處那險阻，聖人固自有道以處之。這裏方説知險阻，知得了方去處他。」問：「如此，則乾之所見無非險，坤之所見無非阻矣。」曰：「不然。他是至健底物，自是見那物事低。如人下山坂，自上而下，但見其險，而其行也易。坤是至順底物，則自下而上但見其阻。只[一五〇]是一個物事，一是自上而視下，一是自下而視上。若見些小險便止了，不敢去，安足爲健？若不顧萬仞之險，只認[一五一]從上面擂將下，此又非所以爲乾。若見些小阻便止了，不敢上去，固不是坤。若不顧萬仞之阻必欲上去，又非所以爲坤。」所説險阻與本義異。僩。

或問：「見得[一五二]乾是至健不息之物，經歷艱險處多。雖有險處，皆不足爲其病，自然足以進之而無難否？」曰：「不然。舊亦嘗如此説，覺得終是硬説。易之書本意不如此，正要人知險而不進，不説是恃[一五三]我至健順了，凡有險阻只認冒進而無難。如此，大非聖人作易之意。觀上文云：『易之興也，其當殷之末世，周之盛德邪！當文王與紂之事邪！是故，其辭危。危者使平，易者使傾，其道甚大，百物不廢，懼以終始，其要無咎。此之謂易之道也。[一五四]』看他此語，但是恐懼危險便[一五五]不敢輕進之意。乾之道便是如此。卦中皆然，所以多説『見險而能止』，如需卦之類可見。易之道正是要人知進退存亡之道。若是冒險前進必陷於險，是『知進而不知退，知存而不知亡』，豈乾之道邪！惟其至健而知險，故止於險而不陷於險也。此[一五六]是就人事上說。險[一五七]與阻不同，險是自上視下，見下之險故不敢行；阻是自下觀上，爲上所阻故不敢進。」僩。恪録同。[一五八]

問「夫乾，天下之至健也，德行常易以知險；夫坤，天下之至順也，德行常簡以知阻[一五九]」。曰：「乾健，則看什麽物都剌音辣。將過去。坤則有阻處便不能進，故只是順。如上壁相似，上不得，自是住了。」後復云：「前説差了。乾雖至健，知得險了却不下去；坤雖至順，知得阻了更不上去。以人事言之，若健了一向進去，做甚收殺！」後又一段甚詳。[一六〇]學蒙。

又說「知險知阻」之義，曰：「舊因登山而知之。自上而下則所向爲險，自下而上則所向爲阻。蓋乾則自上而下，坤則自下而上。健則遇險亦易，順則遇阻亦簡。然易則可以濟險，而簡亦有可涉阻之理。」㽦。

因登山而得乾坤險阻之說。尋常從看便[一六一]將險阻作一個意思。其實自高而下，愈覺其險，乾以險言者如此；自下而升，自是阻礙在前，坤以阻言者如此。謨。

自山下上山爲阻，故指坤而言；自山上觀山下爲險，故指乾而言。因登山而明險阻之義。[一六二]敬仲。

「易以知險，簡以知阻。」以登山而得之。自下望著上面，是在前隔着，是阻。自上視下曰險，自下升上曰阻。因登山悟此。公謹。[一六四]泳。[一六三]

大率[一六五]易只是一陰一陽，做出許多般[一六六]樣事。「夫乾」、「夫坤」一段，也似上面「知大始」、「作成物」意思。「説諸心」只是見過了便説，這個屬陽；「研諸慮」是研窮到底，似那「安而能慮」，直是子細了，這個屬陰。「定吉凶」是陽，「成亹亹」是陰，便是上面「作成物」。且以做事言之，吉凶未定時，人自意思懶散不肯做去。吉凶定了，他自勉勉做將去，所以屬陰。大率陽是輕清底，物事之輕清底屬陽；陰是重濁底，物事之重濁者屬陰。「成亹亹」是做將去。淵。

「能説諸心」，乾也；「能研諸慮」，坤也。「説諸心」有自然底意思，故屬陽；「研諸慮」有作爲意思，故屬陰。「定吉凶」，乾也；「成亹亹」，坤也。事之未定者屬乎陽，「定吉凶」所以爲乾；事之已爲者屬陰，「成亹亹」所以爲坤。大抵言語兩端處皆有陰陽。如「開物成務」，「開物」是陽，「成務」是陰。如「致知力行」，「致知」是陽，「力行」是陰。周子之書屢發此意，推之可見。謨。

「能説諸心」是[一六七]凡事見得通透了，自然歡説。既説諸心，是理會得了，於事上更審一審便是研諸慮。研是去研磨他[一六八]。學蒙。

「定天下之吉凶」是割判得這事，「成天下之亹亹」是做得事業。學蒙。〔一六九〕

「變化云爲」是明，「吉事有祥」是幽。「象事知器」是人事，「占事知來」是筮。「象事知器」是人做這事去；「占事知來」是他方有個禎祥，這便是〔一七〇〕得他。如中庸言「必有禎祥」、「見乎蓍龜」之類。吉事有祥，凶事亦有。淵。

問「變化云爲，吉事有祥。象事知器，占事知來」。曰：「上兩句只説理如此，下兩句是人就理上知得。在陰陽則爲變化，在人事則爲云爲。吉事自有祥兆。惟其理如此，故於『變化云爲』則象之而知已有之器，於『吉事有祥』則占之而知未然之事也。」又問：「『器』字則是凡見於有形之實事者皆爲器否？」曰：「易中『器』字是恁地説。」學蒙。〔一七一〕

「天地設位」四句説天人合處。「天地設位」便聖人成其功能，「人謀鬼謀」則雖百姓亦可以與其能。「成能」、「與〔一七二〕能」，雖大小不同，然亦是小小地造化之功用。然「百姓與能」，却須因蓍龜而方知得。「人謀鬼謀」如「謀及乃心、庶人、卜筮」相似。淵。

「百姓與能」，〔一七三〕他無知，因卜筮便會做得事，便是「與能」。「人謀鬼謀」猶洪範之謀及〔一七四〕庶人相似。學蒙。

「八卦以象告」以後，説得叢雜。不知如何。學蒙。

問：「『八卦以象告』至『失其守者其辭屈』〔一七五〕，切疑自『吉凶可見矣』而上，只是總説易書所載如此。自『變動以利言』而下，則專就人占時上説。不知如何？[一七六]」曰：「然。」又問：「『易之情，近而不相得則凶，或害之，悔且吝』，是如何？」曰：「此疑是指占法而言。想古人占法更多，今不見得。蓋遠而不相得則安能爲害？惟切近不相得則凶害便能相及。如一個凶人在五湖四海之外，安能害自家？若與之爲鄰，近則有害矣。」又問云：「此如今人占火珠林課底，若是凶神，動與世不相干則不能爲害，惟是克世應世則能爲害否？」曰：「恐是這樣意思。」學蒙。[一七七]

右第九章[一七八]

【校勘記】

[一]　學蒙　成化本爲「學履」。

[二]　做　成化本無。

[三]　學蒙　成化本爲「學履」。

[四]　相錯　成化本爲「交錯」。

〔五〕爲　成化本作「而」。

〔六〕底　成化本作「者」。

〔七〕學蒙　成化本爲「學履」。

〔八〕學蒙　成化本爲「學履」。

〔九〕吉　成化本此上有「問」。

〔一〇〕字　成化本此下有「『便是性之骨。』曰：『貞是常恁地』」。

〔一一〕猶言附子者……貞寒者也　此部分成化本作小字，且其下有：「天下只有個吉凶常相往來。陰符云『自然之道静故萬物生，天地之道浸故陰陽勝』，極説得妙。静能生動。『浸』是漸漸恁地消去，又漸漸恁地長，天地之道便是常恁地示人。陰符經云：天地萬物之道浸故陰陽勝，陰陽相推而變化順矣。」

〔一二〕此條成化本無。

〔一三〕這個　成化本無。

〔一四〕感興詩　成化本爲「感寓詩」，朱本爲「感遇詩」。

〔一五〕即是個　成化本爲「只是」。

〔一六〕看　成化本此下有「教」。

〔一七〕砥　成化本作「礪」。

〔一八〕吉凶者貞勝者也　成化本無。

［一九］此條人傑録成化本以部分内容夾注於當録中，參下條。
［二〇］説　成化本爲「説作」。
［二一］易　成化本爲「易傳」。
［二二］之　成化本無。
［二三］勝　成化本此下注曰：「人傑録云：『理自如此。』」
［二四］相　成化本無。
［二五］謂　成化本爲「只一」。
［二六］云　成化本爲「著一」。
［二七］其　成化本無。
［二八］之中　成化本無。
［二九］如　成化本此下有「朱雀、青龍、白虎只一物」。
［三〇］玄武　成化本此上有「至」。
［三一］成化本此下注曰：「人傑録略。」
［三二］又　成化本無。
［三三］此　成化本無。
［三四］人看　成化本爲「看人」。

［三五］雖　成化本無。
［三六］自　成化本無。
［三七］學蒙　成化本爲「學履」。
［三八］學蒙　成化本爲「學履」。
［三九］成化本此下注有「淵」。
［四〇］學蒙　成化本爲「學履」。
［四一］禁民爲非　成化本爲「禁非」。
［四二］兩字　成化本無。
［四三］這　成化本無。
［四四］節録同而略　成化本無。
［四五］古者　成化本無。
［四六］又　成化本作「文」，屬上讀。
［四七］馬　成化本作「鳥」。篇　成化本作「宿」。又成化本此條下注有「僩」。
［四八］曰麗曰悦曰入　成化本爲「曰『入』、曰『麗』、曰『悦』」。
［四九］等　成化本無。
［五〇］成化本此下注曰：「可學録云：『「蓋」字有義。』」

〔五一〕通其變　成化本無。

〔五二〕此條可學録成化本以部分内容附注於淳録後，參本卷「『蓋取諸益』等，『蓋』字乃模様是恁地」條。

〔五三〕三年也　成化本無。

〔五四〕而　成化本無。

〔五五〕訴　成化本作「説」。

〔五六〕無討更理會處　成化本爲「無理會處」。

〔五七〕復　成化本作「後」。

〔五八〕象　成化本作「象」。

〔五九〕方子録同　成化本無。

〔六〇〕易者象也……效天下之動也　成化本無。

〔六一〕則　成化本作「只」。

〔六二〕學蒙　成化本爲「學履」。又成化本以上三條置「右第三章」上，即「右第三章」僅收此三條。

〔六三〕此條淵録成化本置「右第四章」上。「右第四章」僅收此一條。

〔六四〕個　成化本無。

〔六五〕何不先云殊塗百慮而後及一致同歸　成化本爲「何不云殊塗而同歸百慮而一致」。

〔六六〕從周録同　成化本爲「至録略」。

［六七］方子録同　成化本無。
［六八］或問横渠説……合當云所以利吾外也　成化本無。
［六九］學蒙　成化本爲「學履」，且此條載於卷九十八。
［七〇］此條淵録成化本卷九十八以部分内容夾注於方子録中，參下條。
［七一］來　成化本此下注曰：「淵録云：『前人都説不到。』」
［七二］此條方子録成化本載於卷九十八。
［七三］其　成化本無。
［七四］地　成化本無。
［七五］云　成化本無。
［七六］此條方子録成化本卷七十五作爲注，附於淵録後。參底本卷七十五淵録「化而裁之……亦與鬼神屈伸意相似」條。
［七七］物　成化本此下注曰：「學蒙録作『挨動不得底物事』。」
［七八］耳　成化本此下注曰：「學蒙録云：『「且以事言，有着力不得處。若只管着力去做，少間做不成，他人却道自家無能，便是辱了。」或曰：「若在其位，則只得做。」曰：「自是如此。」』」
［七九］學蒙　成化本爲「學履學蒙録詳」。
［八〇］裁節　成化本爲「中節」。

〔八一〕此條僩録成化本無。

〔八二〕他這　成化本無。

〔八三〕頭　成化本無。

〔八四〕都　成化本無。

〔八五〕似　成化本此上有「曰」。

〔八六〕學蒙　成化本爲「學履」。

〔八七〕了　成化本此下有「三人行，減了一個則是兩個，便專一。一人行，得其友，成兩個，便專一」。

〔八八〕右第四章　成化本爲「右第五章」。

〔八九〕公晦録同　成化本無。

〔九〇〕成化本此下注曰：「㽦録云：『撰是所爲。』」底本以此㽦録另作一條，參下條。

〔九一〕此條㽦録成化本以部分内容附注於淵録後，參上條。

〔九二〕後　成化本爲「後面」。

〔九三〕成化本此下注有「學蒙」。

〔九四〕學蒙　成化本作「僩」。

〔九五〕成化本此條下注有「僩」。

〔九六〕右第五章　成化本爲「右第六章」。

[九七] 正卿　成化本爲「學蒙」。
[九八] 成化本此下注有「方子」。
[九九] 初七日至信州……不惜言之　成化本無。
[一〇〇] 蓋　成化本無。
[一〇一] 成化本此條與下條蓋卿録合爲一條。
[一〇二] 此條蓋卿録成化本卷十一重複載録，參成化本卷十一蓋卿録「今之談經者往往有四者之病……此今日談經之大患也」條。
[一〇三] 多　成化本此上有「巽」。
[一〇四] 蓋巽字非順之義所以能盡　成化本爲「蓋巽字之義非順所能盡」。按「字」原作「事」，據上下文及成化本改。
[一〇五] 順　成化本此上有「乃」。
[一〇六] 者　成化本無。
[一〇七] 文　成化本作「之」。
[一〇八] 此條僩録成化本載於卷七十。
[一〇九] 問　成化本無。
[一一〇] 後　成化本無。

〔一一一〕學蒙録同　成化本無。

〔一一二〕巽　成化本此上有「又曰」。

〔一一三〕以稱爲揚之説　成化本爲「以稱揚爲説」。

〔一一四〕稱稱揚也　成化本無。

〔一一五〕砥　成化本作「礪」。

〔一一六〕問井義而辨　成化本爲「或問井以辨義之義曰井居其所而遷又云井德之地也」。

〔一一七〕曰　成化本作「蓋」。

〔一一八〕居其所而不遷　成化本無。

〔一一九〕而　成化本無。

〔一二〇〕於外　成化本無。

〔一二一〕動　成化本作「窮」。

〔一二二〕井德之地亦是指那不動之處　成化本爲「德之地也地是那不動底地頭一本云是指那不動之處」又，成化本此下有「又曰：『佛家有「函蓋乾坤」句，有「隨波逐流」句，有「截斷衆流」句。聖人言語亦然。如「以言其遠則不禦，以言其邇則静而正」，此函蓋乾坤句也。如「井以辨義」等句只是隨道理説將去，此隨波逐流句也。如「復其見天地之心」、「神者妙萬物而爲言」，此截斷衆流句也』」，此部分内容底本另作一條載於卷六十七，注爲學蒙録，參底本該卷「佛家有三包……此截斷衆流句也」條。

［一二三］陳才卿　成化本爲「才卿」。
［一二四］巽風也……權之用亦猶是也　成化本無。
［一二五］稱如風之鼓舞有稱揚之義　成化本無。
［一二六］右第六章　成化本爲「右第七章」。
［一二七］他　成化本無。
［一二八］這　成化本無。
［一二九］他這個　成化本無。
［一三〇］内　成化本此上有「據文勢則」。
［一三一］上下文意都不相屬　此八字成化本置於「但不曉其意是説甚底」後，參下文。
［一三二］硬解也解得　成化本爲「硬解時也解得去」。
［一三三］訓　成化本作「説」。
［一三四］後面説二與四同功……不利遠者也難曉　成化本爲「上下文意都不相屬又曰上文説不可爲典要下文又説既有典常這都不可曉常猶言常理」。
［一三五］學蒙　成化本爲「學履」。
［一三六］右第七章　成化本爲「右第九章」。
［一三七］中　成化本無。

［一三八］低　成化本此下有「或遠或近」。
［一三九］位　成化本此下有「二多譽，四多懼，近也」。
［一四〇］三　成化本此上有「三與五同功而異位」。
［一四一］學蒙　成化本爲「學履」。
［一四二］此條賀孫録成化本載於卷六十七。
［一四三］此條敬仲録成化本載於卷七十四。
［一四四］止　成化本作「至」。
［一四五］却　成化本無。
［一四六］是　成化本無。
［一四七］學者曰　成化本爲「敬子云」。
［一四八］敬　「敬」字缺。據韓詩外傳卷四「君子大心則敬天而道，小心則畏義而節」補。
［一四九］學者曰　成化本爲「李云」。
［一五〇］只　成化本此上有「險阻」。
［一五一］認　朱本作「恁」。
［一五二］見得　成化本無。
［一五三］恃　成化本無。

［一五四］當文王與紂之事邪……此之謂易之道也　成化本爲「至此之謂易之道也」。
［一五五］便　成化本無。
［一五六］此　成化本此上有「又曰」。
［一五七］險　成化本此上有「又曰」。
［一五八］恪録同　成化本爲「學履録少異」。
［一五九］夫乾……德行常簡以知阻　成化本爲「乾常易以知險坤常簡以知阻」。
［一六〇］後又一段甚詳　成化本爲「或録云乾到險處便止不行所以爲常易」。
［一六一］從看便　成化本無。
［一六二］因登山而明險阻之義　成化本無。
［一六三］此條泳録成化本無。
［一六四］此條公謹録成化本無。
［一六五］大率　成化本無。
［一六六］般　成化本無。
［一六七］能説諸心是　成化本爲「能説諸心能研諸慮方始能定天下之吉凶成天下之亹亹」。
［一六八］他　成化本無，且此下有「『定天下之吉凶』是剖判得這事，『成天下之亹亹』是做得這事業」。底本此部分内容另作一條，參下條。

〔一六九〕此條與上條學蒙録成化本合爲一條，參上條。
〔一七〇〕是　成化本作「占」。
〔一七一〕學蒙　成化本爲「學履」。
〔一七二〕與　成化本此上有「與」。
〔一七三〕與能　成化本此下有「『與』字去聲」。
〔一七四〕及　成化本此下有「卜筮、卿士」。
〔一七五〕屈　成化本此下有「一段」。
〔一七六〕不知如何　成化本無。
〔一七七〕學蒙　成化本爲「學履」。
〔一七八〕右第九章　成化本爲「右第十二章」。